ISBN 3-7088-0015-X

Autoren: Johann Pabst
Gerald Jeitler
Univ.-Doz. Mag. Dr. Ingrid Kiefer
Mag. Theres Rathmanner
Univ.-Prof. Dr. Michael Kunze

Cover- und Rezeptfotos: Peter Barci; Fotoassistenz: Mag. Anneliese Paulhart

Lektorat: Martina Schäffer

Layout, Fotosatz, technische Bearbeitung: Martin Jurkowitsch, Kneipp-Verlag

Druck: Theiss GmbH, A-9431 St. Stefan

1. Auflage

Leoben, Oktober 2004

PABST · JEITLER
KIEFER · RATHMANNER · KUNZE

DIE GESUNDE KÜCHE

Inhalt

Grundrezepte

Vorspeisen

Suppen

Hauptspeisen vegetarisch

Hauptspeisen Fisch

Hauptspeisen Geflügel

Hauptspeisen Fleisch

Beilagen

Süßes

Verwendete Abkürzungen:

kg	= Kilogramm	l	= Liter
g	= Gramm	cl	= Zentiliter
EL	= Esslöffel	ml	= Milliliter
KL	= Kaffeelöffel	Pkg.	= Packung
TL	= Teelöffel	Bd.	= Bund
Msp.	= Messerspitze		

Kohlenh.	= Kohlenhydrate
Ballastst.	= Ballaststoffe
Chol.	= Cholesterin
mg	= Milligramm
µg	= Mikrogramm
>	= mehr als

Vorwort

Die Gesunde Küche

»Die Gesunde Küche« ist das erste Kochbuch, das ernährungsphysiologisch beurteilte Rezepte von Hauben- und Sternenköchen enthält, die den Anforderungen der modernen Ernährungswissenschaft gerecht werden. Es vereint Rezepte aus der Spitzengastronomie und fundierte ernährungswissenschaftliche und präventivmedizinische Informationen in einer völlig neuartigen Kombination.

Warum »Gesunde Küche«?

Der Titel »Die Gesunde Küche« mag auf den ersten Blick abschreckend wirken, denn »gesund« bedeutet für viele »kein Geschmack, fades Essen, langes Gemüseputzen«, abgesehen vom mühsamen Einkaufen, weil ja die so genannten »gesunden« Zutaten nicht so einfach erhältlich sind. Wie oft hat man schon gehört, dies oder jenes solle man unbedingt essen, weil es gesund sei. Genau diese Vorurteile wollen wir ganz entschieden entkräften, der Weg dazu war aber auch für uns nicht immer einfach.

Geschmack oder Gesundheit?

Viele Kochbücher, unzählige Rezepte haben wir immer wieder kopfschüttelnd und mit großem Erstaunen begutachtet. Bei so genannten »gesunden« Rezepturen hat sich oft schon beim ersten Blick auf die Zutatenliste gezeigt, dass es sich um wahre Kalorien-, Fett-, Zucker- oder auch Cholesterinbomben handelt. Gemüsegerichte, die pro Person über 800 kcal oder 60 g Fett enthalten, sind keine Seltenheit. Unmengen tierischer Fette und Zucker werden so verarbeitet und dann auch verzehrt, diese tragen dazu bei, ernährungsabhängige Krankheiten zu fördern. Die gesunde Küche scheitert in der praktischen Umsetzung meist an einem Grund: am Geschmack.

Die Herausforderung der besonderen Art

Für uns begann aufgrund dieser Tatsachen eine neue Herausforderung: tatsächlich den Beweis anzutreten, dass Rezepte ernährungsphysiologisch günstig sein können, aber auch sehr gut schmecken. Wir beschäftigen uns seit Jahren mit Ernährungsempfehlungen und versuchen, diese praxisgerecht weiterzuvermitteln. Dazu gehört aber nicht nur, sie anschaulich darzustellen, sondern auch genaue Rezepturen und Anleitungen zum Kochen zu geben.

Für dieses Buch haben wir uns nicht gescheut, Spitzenköche zur Mitarbeit zu bitten. Unsere beiden Hauben-/Sterneköche, Johann Pabst und Gerald Jeitler, sind wahre Künstler ihres Faches. Sie verstehen es, aus wenigen, oft sehr einfachen Zutaten himmlische Köstlichkeiten zu »zaubern«.

Unsere persönliche Erfahrung mit Profi-Köchen war in der Vergangenheit nicht immer die beste. Viele sehen es als persönliche Beleidigung ihrer Kochkunst, wenn wir Wissenschaftler ihnen Tipps geben, welche Zutaten sie in ihren Rezepturen lieber weglassen oder in der Menge verringern sollten. Wir haben aber im Rahmen eines österreichweiten Projektes erfahren, dass es sehr wohl sehr berühmte Hauben-/Sterneköche gibt, die sich für unsere Ernährungsempfehlungen interessieren und die diese in entsprechenden Rezepturen auch umsetzen können. Diese Erfahrung war die Grundlage dafür, uns auf die Suche nach den geeigneten Partnern zu begeben.

Wir wurden auch sofort fündig: Johann Pabst und Gerald Jeitler konnten wir sehr schnell für unser doch einzigartiges Projekt gewinnen.

Gerald Jeitler

Unsere Spitzenköche haben sich bereits bei der ersten Kontaktaufnahme besonders interessiert gezeigt, da es auch für sie ein großes Anliegen ist, ihre Gäste nicht nur kulinarisch zu verwöhnen, sondern auch einen Beitrag zu Wohlbefinden und Gesundheit zu leisten. Gerald Jeitler hat ein eigens für uns konzipiertes Menü inklusive den von uns ermittelten Nährwertinformationen in seinem Restaurant auf die Speisekarte gesetzt und war äußerst erfreut, dass dieses Menü bei seinen Gästen sehr großen Anklang fand.

Johann Pabst, der im Steirerhof sein Zepter schwingt, bietet mit seiner engagierten Mannschaft auch schon seit Jahren eine gesunde, wohlschmeckende Kost an, die ganz auf die Philosophie des 5-Sterne-Hauses abgestimmt ist.

Johann Pabst

Nachdem wir nun unsere Mitautoren gefunden hatten, begann eine für uns alle wertvolle Zeit der intensiven Zusammenarbeit. Wir bekamen Einblicke in die Kochkunst der Meister, sie erklärten uns viele küchentechnische Begriffe und Zubereitungsmethoden, aber auch, warum sie bestimmte Lebensmittel oder Gewürze verwenden. Andererseits versuchten wir ihnen zu vermitteln, was aus unserer Sicht ein gesundes Rezept ausmacht. Nicht selten zeigten sich tiefe Stirnfalten auf der einen oder anderen Seite. Nach einem genauen Briefing wurden uns dann nach und nach die Rezepturen dieses Buches übermittelt. Unsere Aufgabe war nun, die ernährungswissenschaftlichen Berechnungen und Beurteilungen durchzuführen. Im ersten Schritt wurden die Gerichte nährwertberechnet. Da wir sehr strenge Kriterien für jede Speisenkategorie erstellt hatten, gab es natürlich einige Rezepturen, die aus unserer Sicht noch etwas zu modifizieren waren. In stundenlanger Arbeit haben wir mit unseren Partnern um jedes Eigelb weniger oder auch um jedes Gramm Fett, insbesondere tierischer Herkunft, gerungen. Oft skeptisch hörten die Köche unseren Ausführungen zu und kamen unseren Bitten nach, doch hier und da noch auf etwas Fett, Eigelb, Zucker und Honig zu verzichten. Marinaden wurden mit weniger Öl zubereitet und bei vielen Fleisch- und Fischspeisen konnten wir uns einigen, dass durch die entsprechenden Geräte wie beispielsweise beschichtete Pfannen auch bei der Zubereitung auf zusätzliches Fett verzichtet wurde.

Eine besondere Herausforderung sowohl für Johann Pabst als auch für uns waren die Nachspeisen. Hier wurden unserem Empfinden nach ganz einfach zu viel Schlagobers (Schlagsahne) und zu viele Eier verwendet. Kopfschüttelnd versuchte uns der Küchenexperte davon zu überzeugen, dass gewisse Gerichte eine bestimmte Konsistenz aufweisen müssten und dass man dazu nun einmal auch Lebensmittel brauchen würde, die etwas kalorienreicher sind. Dennoch schaffte er mit seinen Köchen die Meisterleistung, auf mindestens die Hälfte der ursprünglichen Menge an Obers (Sahne) und dergleichen zu verzichten. Auf alle Fälle kann sich das Ergebnis sehen lassen! Zahlreiche »Testessen« haben uns dies bestätigt. Wie selten zuvor konnten wir so richtig ohne schlechtes Gewissen schlemmen, da wir ja ganz genau wussten, was uns serviert wurde. Niemals hatten wir das unangenehme Völlegefühl, das man sonst oft nach übermäßigem Nahrungskonsum verspürt. Es war tatsächlich immer wieder ein Genuss ohne Reue. Spätestens jetzt wussten wir, dass wir wie noch nie zuvor Gesundheit mit Wohlbefinden und Genuss in einzigartiger Weise verbunden hatten.

Gesundheit und Geschmack – doch kein Widerspruch!!!

»Die Gesunde Küche« ist ein »Kochbuch der besonderen Art«. Die ausgezeichneten Rezepte sind einfach ein kulinarisches Erlebnis und beweisen eindeutig, dass »gesund« und »Geschmack« nicht im Widerspruch stehen, sondern sich tatsächlich ergänzen!

Wir danken hier den Künstlern in der Küche für ihren Mut, sich auf eine Zusammenarbeit mit der Wissenschaft einzulassen, für die Mitarbeit, aber auch für ihr Verständnis und ihre Geduld mit uns und unserem Anforderungsprofil.

Die Nährwertberechnungen erfolgten mit dem ernährungswissenschaftlichen Programm EWP, bei den angegebenen Zahlen handelt es sich um Durchschnittswerte, Schwankungen der Nährstoffe bei Lebensmitteln sind möglich (durch Reifegrad, Boden, Fütterung, Lagerung etc.). Auch die Zubereitung hat auf die Nährstoffe großen Einfluss.

Aufbau des Buches

»Die Gesunde Küche« enthält über 300 Rezepte: Vorspeisen, Suppen, Hauptspeisen mit Fleisch und Fisch, vegetarische Hauptspeisen, Beilagen sowie Desserts.

Neben der Zutatenliste und der leicht verständlichen Zubereitungsanleitung finden sich bei jedem Rezept Angaben zu den enthaltenen Mengen an Energie, Eiweiß, Fett, Kohlenhydraten, Ballaststoffen, Cholesterin und speziellen sekundären Pflanzenschutzstoffen. Für jedes Rezept gibt es noch zusätzlich Informationen über die Menge der enthaltenen Vitamine und Mineralstoffe in besonders praktikabler Form: Auf einen Blick ist ersichtlich, zu welchem Anteil eine Portion des Gerichtes die empfohlene Tageszufuhr an ausgewählten Vitaminen und Mineralstoffen deckt.

Eine spezielle Ernährungsinformation bietet bei jedem Rezept Erkenntnisse aus der Ernährungswissenschaft und Präventivmedizin, in kleinen »Happen« verständlich aufbereitet. Auf diese Art wird dem/der interessierte/n Leser/-in die gesamte Ernährungslehre näher gebracht.

Spezielle Serviervorschläge und weitere Zubereitungstipps vervollständigen jedes Rezept.

Die Werte für die empfohlene Tageszufuhr der einzelnen Vitamine und Mineralstoffe stammen aus den »Referenzwerten für die Nährstoffzufuhr« der deutschen und österreichischen Gesellschaften für Ernährung sowie der schweizerischen Gesellschaft für Ernährungsforschung und der schweizerischen Vereinigung für Ernährung.

Diese Referenzwerte für die tägliche Zufuhr sind unterteilt in Empfehlungen, Schätz- und Richtwerte. Empfehlungen werden für jene Nährstoffe ausgesprochen, bei denen der Bedarf ausreichend bekannt ist. Für einige Nährstoffe kann der Bedarf des Menschen noch nicht mit der wünschenswerten Genauigkeit bestimmt werden. Für diese Nährstoffe wurden Schätzwerte festgesetzt. Richtwerte sind Orientierungshilfen für Nährstoffe, deren Zufuhr nicht innerhalb scharfer Grenzen, aber dennoch innerhalb bestimmter Bereiche notwendig ist.

Für alle Empfehlungen gilt, dass sie mit einem so hohen Sicherheitszuschlag versehen sind, dass durch Aufnahme der jeweils angegebenen Menge 98 Prozent aller Gesunden bedarfsdeckend versorgt sind. Meist liegt der Bedarf an einem bestimmten Nährstoff allerdings deutlich unter der jeweiligen Empfehlung.

So beträgt beispielsweise der tägliche Bedarf an Eisen nur etwa 2 mg, die empfohlene Zufuhr aber 10 mg für Männer und 12 mg für Frauen im gebärfähigen Alter. Der Grund liegt hier in der schlechteren Eisenverwertbarkeit des Körpers. Eisen wird aus Lebensmitteln in relativ kleinen Raten vom Körper aufgenommen: Eisen aus tierischen Quellen bis zu 30 Prozent, jenes aus pflanzlichen Quellen zu weniger als 10 Prozent. Auch die Zusammensetzung der Nahrung beeinflusst diesen Anteil. In der Empfehlung für die Eisenzufuhr sind diese Umstände berücksichtigt, sodass bei einer Aufnahme von 10 bzw. 15 mg pro Tag der tatsächliche Eisenbedarf gesunder Erwachsener gedeckt ist.

Am Ende dieses Buches findet sich eine tabellarische Übersicht sämtlicher für die menschliche Ernährung bedeutender Nährstoffe, deren Wirkungen, Vorkommen und Zufuhrempfehlungen. Die darin angegebenen Referenzwerte beziehen sich auf die Altersgruppe der 25- bis 50-jährigen Frauen und Männer. Für viele Nährstoffe unterscheiden sich die Referenzwerte bei Erwachsenen zwischen den Altersgruppen. Die empfohlene Aufnahmemenge an Vitamin D ist bei den über 65-Jährigen verdoppelt, weil deren Fähigkeit zum Vitamin-D-Aufbau unter der Haut stark vermindert ist. Auch der Schätzwert für Vitamin K ist bei Älteren etwas erhöht. Die Referenzwerte für Energie, die Vitamine E, B_1, B_2, Niacin sowie für die Mineralstoffe Magnesium und Jod sind für Jüngere höher und mit zunehmendem Alter rückläufig. Die empfohlene Aufnahmemenge an Eisen sinkt bei Frauen ab dem Alter von 51 Jahren auf den Wert der Männer.

Für die Angaben in der »Gesunden Küche« wurden alle Rezepte mit dem ernährungswissenschaftlichen Programm EWP, Version 3.0, berechnet. Als Bezugswert für die Angabe, zu welchem Anteil eine Portion jedes Gerichts den Referenzwert für die Nährstoffzufuhr abdeckt, wurde für jeden Nährstoff der Mittelwert aus den Referenzwerten für die Altersgruppen 19 – 24, 25 – 51 und 51 – 65 Jahre, Männer und Frauen, errechnet. Die Angaben zu Jod beziehen sich lediglich auf die in den Lebensmitteln enthaltenen Mengen. Bei der Verwendung von jodiertem Speisesalz ist die Jodaufnahme entsprechend höher. In Österreich ist Speisesalz per Gesetz jodiert und enthält 20 µg Jod pro Gramm. Auch in Deutschland ist jodiertes Speisesalz im Handel erhältlich.

Die wissenschaftlichen Autoren (von links nach rechts) Univ.-Doz. Mag. Dr. Ingrid Kiefer, Univ.-Prof. Dr. Michael Kunze und Mag. Theres Rathmanner bei der Schlussbesprechung.

Was bedeutet »Gesunde Küche«?

»Gesunde Küche« bedeutet die Verwendung einer überlegten Auswahl von hochwertigen Zutaten sowie die Anwendung spezieller Zubereitungsarten. Gemüse, Obst, Getreide und Getreideprodukte, fettarme Milch und Milchprodukte, Fisch, mageres Fleisch und hochwertige Öle sind die Basis der gesunden Küche. Es gibt kein Lebensmittel, das im Rahmen einer gesunden Ernährung absolut verboten ist!

In den Rezepturen werden vorwiegend Zutaten aus besonders günstigen Lebensmittelgruppen verwendet. Damit erfüllen die Speisen die ernährungsphysiologischen Anforderungen und leisten einen wesentlichen Beitrag zu einer gesunden Lebensweise.

Die Auswahl der Zutaten

Bei der Auswahl der Zutaten für die gesunde Küche bildet die Lebensmittelpyramide die Basis. Sie zeigt sehr anschaulich, in welchen Mengenverhältnissen Lebensmittel aus den unterschiedlichen Gruppen verzehrt werden sollten. Je weiter unten ein Lebensmittel in dieser Pyramide zu finden ist, desto häufiger und in umso größeren Mengen soll es konsumiert werden.

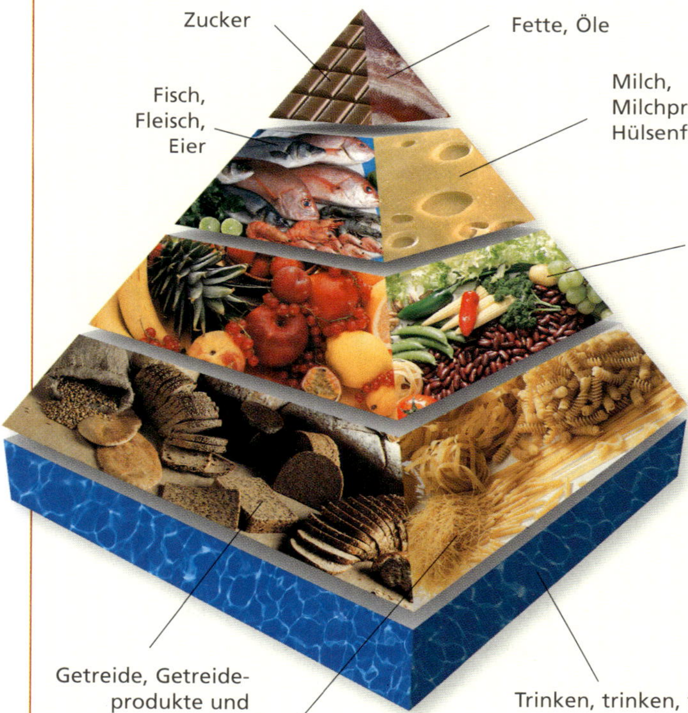

Getreide und Getreideprodukte bilden gemeinsam mit Gemüse und Obst die Basis der gesunden Ernährung und sollten dementsprechend häufig gegessen werden, wobei Vollkornprodukten aufgrund ihres höheren Gehalts an Ballaststoffen, Vitaminen, Mineralstoffen und sekundären Pflanzeninhaltsstoffen der Vorzug gegeben werden sollte. Von Gemüse und Obst sollten mindestens 400 g pro Tag verzehrt werden. Besonders empfehlenswert ist eine bunte Mischung, ein so genannter »Regenbogen am Teller«. Die Verwendung von Lebensmitteln entsprechend der Saison hat viele Vorteile: Die Transportwege sind kürzer, weshalb Obst und Gemüse reifer geerntet werden und ihren Geschmack besser ausbilden können. Unsere Spitzenköche verarbeiten hauptsächlich saisonale Lebensmittel. Selbstverständlich können die in den Rezepten angeführten Zutaten je nach Saison durch andere ersetzt werden.

Getreide, Kartoffeln, Gemüse und Obst sind auch deshalb besonders günstige Zutaten in der gesunden Küche, weil sie einen hohen Sättigungswert bei vergleichsweise niedrigem Energiegehalt haben. In den Rezepturen unserer Spitzenköche wurden diese günstigen Lebensmittelgruppen in großen Mengen verarbeitet, besonders reich an Getreide und Gemüse sind die Gerichte aus der Kategorie »Hauptspeisen vegetarisch«.

Milch, Milchprodukte, Fleisch und Fleischprodukte (ebenfalls möglichst fettarm), Fisch, Eier, Hülsenfrüchte und Nüsse stellen die Eiweißversorgung sicher. Fleisch sollte höchstens 3-mal, Fisch mindestens 2-mal pro Woche gegessen werden. Mit der großen Anzahl an köstlichen Fischrezepten wird die Erfüllung dieser Empfehlung in Zukunft sehr leicht fallen.

Milchprodukte stellen eine besondere Herausforderung in der gesunden Küche dar. In den meisten Rezepturen herkömmlicher Kochbücher werden große Mengen fettreicher Milchprodukte wie Schlagobers (Schlagsahne), Crème fraîche oder Sauerrahm (saure Sahne) verwendet. In den Rezepturen der »Gesunden Küche« wurde auch hier gezielt angesetzt: Bei den Süßspeisen konnte beispielsweise bei den Parfaits die Menge an Schlagobers (-sahne) halbiert werden, indem stattdessen über Dampf geschlagener Eischnee verwendet wurde. Viele Suppen und Soßen wurden mit Jogurt statt mit Schlagobers (-sahne) gebunden. Gerald Jeitler verriet uns hier einen besonderen Tipp: Er verwendet zum Verfeinern vieler Soßen Jogurt. Dieses flockt beim Erhitzen zwar aus, durch starkes Aufmixen mit einem Stabmixer erhält man allerdings eine schöne Konsistenz. Für die Zubereitung von Suppen und Soßen kann meist generell statt Schlagobers (-sahne) Magermilch verwendet werden, wodurch sich der Fettgehalt erheblich verringern lässt.

An der Spitze der Ernährungspyramide stehen Fette, Öle und Süßigkeiten, sie sollten dementsprechend selten und in kleinen Mengen konsumiert werden. Besonders bei Fetten und Ölen ist es allerdings notwendig, neben der Menge auch auf die Qualität zu achten. Tierische Fette sind in ihrer Zusammensetzung weniger günstig, pflanzlichen Ölen sollte hier der Vorzug gegeben werden. Unsere Spitzenköche haben dieser Ernährungsempfehlung Rechnung getragen und bei den meisten Rezepten gezielt Butter eingespart, wobei diese durch pflanzliche Öle, hauptsächlich Olivenöl, ersetzt wurde. Zum Montieren von Soßen verwendeten sie fast durchgehend Stärkemehl statt Butter.

Die richtige Zubereitung

Die Gesunde Küche macht zum einen die überlegte Auswahl der Zutaten aus, zum anderen spielt natürlich auch die Art der Zubereitung eine wesentliche Rolle. Ähnlich wie bei den Zutaten gibt es auch Zubereitungsarten, die besonders günstig sind. Dazu gehören beispielsweise Dämpfen über einem Einsatz oder im Dampfgarer oder Dünsten in wenig Flüssigkeit. Dabei benötigt man kein zusätzliches Fett, gleichzeitig bleiben Vitamine und Mineralstoffe bei diesen Methoden bestmöglich erhalten.

Ein Hinweis zur Zubereitung im Dampfgarer: Wenn man die Möglichkeit hat, Speisen im Dampfgarer zuzubereiten, sollte man sie nutzen. Bei Gerichten aus der »Gesunden Küche«, die im Dampfgarer zubereitet werden können, findet sich dieser Hinweis als Zubereitungstipp im jeweiligen Rezept. Wie lange die einzelnen Gerichte im Dampfgarer verbleiben, hängt von dessen Ausstattung ab. Üblicherweise benötigen Aufläufe eine Garzeit von durchschnittlich 20 – 25 Minuten; Nockerln, Knödel und dergleichen etwas länger als deren übliche Kochzeit im Wasser beträgt.

Auch Kochen ist eine fettarme Zubereitungsart, dabei sollte man aber das Kochwasser in der weiteren Zubereitung mitverwenden, da wasserlösliche Vitamine und Mineralstoffe aus dem Lebensmittel ausgeschwemmt werden und ins Kochwasser übergehen.

Beschichtete Pfannen eignen sich hervorragend für besonders fettarmes Braten.

Durch die Verwendung von Backpapier, Backfolien und beschichteten Backformen lässt sich bei der Zubereitung von Mehlspeisen gezielt Fett einsparen, weil ein Einfetten nicht notwendig ist.

Gesunde Küche bedeutet zusammenfassend also:

- frische Zutaten, möglichst saisonal
- häufig Gemüse und Obst
- häufig Getreide und Getreideprodukte, vorzugsweise Vollkorn
- mindestens einmal pro Woche Fisch
- 2- bis 3-mal pro Woche Fleisch und Fleischprodukte, möglichst magere Sorten
- häufig Milch und Milchprodukte, möglichst fettarm
- pflanzliche Öle statt tierischer Fette
- schonende, fettarme Zubereitung (Dämpfen, Dünsten)
- Braten und Backen in beschichteten Pfannen und Backformen

In der gesunden Küche ist allerdings nichts verboten. Es gibt weder Zutaten noch Zubereitungsarten, die nicht erlaubt wären. Speisen, die von der Wahl der Zutaten und von ihrer Zubereitung her als weniger »günstig« einzustufen sind, sollten einfach in kleineren Portionen und seltener, z. B. zu besonderen Anlässen, gegessen werden.

Wir danken folgenden Köchen,
die Johann Pabst tatkräftig unterstützt haben:

Christian Jeitler, Andreas Gollowitsch,
Renato Jungo und Johann Hirschböck.

GRUNDREZEPTE

Zutaten
für 1 1/2 Liter Fond

1,5 kg Kalbsknochen
2 l Wasser
150 g Wurzelwerk
80 g Zwiebeln
1 Bouquet garni
3 Pfefferkörner
1 Wacholderbeere
1 Gewürznelke
1 Korianderkorn
Salz

Kalbsfond *von Gerald Jeitler*

Kalbsknochen mit Wasser kalt ansetzen, zum Kochen bringen und ca. 4 – 5 Stunden kochen lassen. Nach der halben Kochzeit das geschnittene Wurzelwerk und die geschnittenen Zwiebeln, das Bouquet garni, die Pfeffer- und Gewürzkörner sowie wenig Salz zugeben.

Nach Beendigung des Kochvorganges den Fond durch ein Tuch abseihen.

Zutaten
ergeben 1 Liter Fond = ca. 5 Portionen

3 kg Knochen vom Kalb
1 EL Öl
250 g Sehnen vom Kalb
200 g Zwiebeln, 100 g Karotten
80 g Knollensellerie
100 g Tomatenmark
1/2 l Weißwein
70 g Lauch, 1 Lorbeerblatt
5 Pfefferkörner, Salz
je 1 Zweig Rosmarin u. Thymian
4 l Wasser oder heller Kalbsfond
1 Petersilienstängel
30 g Abschnitte von Pilzen oder getrocknete Pilze
Salz

Brauner Kalbsfond *von Johann Pabst*

Die Knochen nussgroß schneiden (am besten beim Metzger) und in einem Bräter am Herd in Öl anbraten. Etwas später die Sehnen dazugeben. Das Ganze im Rohr bei 180° C ca. 30 – 40 Minuten langsam bräunen lassen und das nussgroß geschnittene Gemüse (außer Lauch) dazugeben. Das Fett abgießen und das Tomatenmark mitrösten. Mit Weißwein mehrmals ablöschen und wieder einreduzieren. Wenn es eine schöne hellbraune Farbe hat, den nussgroß geschnittenen Lauch und die Gewürze beigeben.

Die Knochen aus dem Rohr nehmen und den Sud in einen Topf geben. Dann wird mit kaltem Wasser oder hellem Kalbsfond der Topf aufgefüllt. Petersilienstängel und die Pilzabschnitte beifügen. Aufkochen und den Schaum ständig abschöpfen.

Nach ca. 3-stündigem leichten Köcheln den Fond durch ein Passiertuch abseihen und nochmals mit Salz abschmecken.

Heller Kalbsfond *von Johann Pabst*

Zutaten

ergeben 1 Liter Fond =
ca. 5 Portionen

- 1 kg Kalbsknochen, nussgroß geschnitten
- evtl. ca. 200 g Sehnen
- 2 – 3 l Wasser
- 1/8 l Weißwein
- 100 g Zwiebeln
- 50 g Lauch
- 50 g Karotten
- 30 g Knollensellerie
- evtl. 50 g Champignonstängel
- evtl. 2 g getrocknete Steinpilze
- 1 Lorbeerblatt
- 5 Pfefferkörner
- 1 Thymianzweig
- 1 Rosmarinzweig
- 2 Wacholderbeeren
- Salz

Die Kalbsknochen mit den Sehnen in einem Topf mit kaltem Wasser ansetzen, Weißwein beigeben und langsam zum Kochen bringen. Der Schaum, der sich bildet, wird immer wieder abgeschöpft.

Nach ca. einer Dreiviertelstunde gibt man das geschnittene Gemüse, die Pilzabschnitte und die Gewürze dazu.

Etwa eine halbe Stunde weiterkochen lassen, dann durch ein Passiertuch abseihen und mit Salz abschmecken.

Zubereitungstipps

- → Diese Grundrezeptur wird auch für andere Fonds, z. B. mit Huhn, Ente oder Wild verwendet.
- → Alle Fonds und auch braunen Soßen werden immer mit kaltem Wasser aufgegossen.
- → Es ist empfehlenswert, größere Mengen vom hellen Kalbsfond zuzubereiten und diesen dann portionsweise einzufrieren.

Fischfond *von Johann Pabst*

Zutaten

ergeben 1/2 Liter Fond = ca. 2 – 3 Portionen

500 g Fischkarkassen, vorwiegend von Plattfischen
100 g Zwiebeln oder Schalotten
50 g Lauch
50 g Stangensellerie
2 Champignons
1 EL Olivenöl
1/8 l Weißwein
1/16 l Noilly Prat
1 l Wasser
5 Pfefferkörner
2 Lorbeerblätter
1 Prise Salz
1 Zweig Thymian
1/4 Zitrone

Die Fischkarkassen mit einem Messer oder einer Schere klein schneiden und 20 – 25 Minuten gut auswässern.

Die Zwiebeln oder Schalotten und das Gemüse klein schneiden und in Olivenöl kurz andünsten. Die abgetropften Fischkarkassen beigeben und mit Weißwein und Noilly Prat ablöschen. Mit kaltem Wasser auffüllen. Aufkochen lassen und den sich bildenden Schaum permanent abschöpfen. Die Gewürze und die Zitrone beigeben. Den Fond ca. 20 – 25 Minuten simmern (leicht köcheln) lassen und dann durch ein Passiertuch abseihen.

Zubereitungstipp

→ Es ist empfehlenswert, größere Mengen vom Fischfond zuzubereiten und diesen dann portionsweise einzufrieren.

Fischfond *von Gerald Zeitler*

Zutaten

für 1 Liter Fond

1 kg Fischkarkassen
50 g Zwiebeln, 1 Tomate
1 kleine Petersilienwurzel
1 Bouquet garni
3 Pfefferkörner
je 1 Wacholderbeere, Gewürznelke, Korianderkorn
250 ml Weißwein
Saft von 1 Zitrone
1 l Wasser, Salz

Fischkarkassen mit geschnittenen Zwiebeln, zerkleinerter Petersilienwurzel, geviertelter Tomate, dem Bouquet garni, den Pfeffer- und Gewürzkörnern, etwas Salz, Weißwein und Zitronensaft in kaltem Wasser ansetzen, zum Kochen bringen und 1/2 Stunde köcheln lassen.

Danach durch ein Sieb abseihen.

Gemüsefond *von Johann Pabst*

Zutaten

ergeben 1 Liter Fond = ca. 5 Portionen

- 50 g Karotten
- 50 g Kohlrabi
- 30 g Sellerie
- 20 g Petersilienwurzeln
- 1/2 Zwiebel
- 10 g Kohl
- 10 g Lauch
- 1,2 l Wasser
- Thymian
- Pfefferkörner
- Lorbeerblatt
- zerdrückte Knoblauchzehe
- Rosmarin
- Salz

Karotten, Kohlrabi, Sellerie, Petersilienwurzeln, Zwiebel, Kohl und Lauch klein schneiden und mit kaltem Wasser auffüllen. Thymian, Pfefferkörner, Lorbeerblatt, zerdrückte Knoblauchzehe und Rosmarin beigeben, zum Kochen bringen und eine Dreiviertelstunde leicht köcheln lassen.

Durch ein Passiertuch abseihen und mit Salz abschmecken.

Zubereitungstipps

- → Für den Gemüsefond verwendet man am besten Schalen und Abschnitte von verschiedenen Gemüsesorten.
- → Es ist empfehlenswert, größere Mengen vom Gemüsefond zuzubereiten und diesen dann portionsweise einzufrieren.

Gemüsefond *von Gerald Zeidler*

Zutaten

für 1 Liter Fond

- 3 Karotten
- 1 Gelbe Rübe
- 1 Petersilienwurzel
- 1 Knoblauchzehe
- 2 Schalotten
- 2 – 3 Pfefferkörner
- Salz
- 1 l Wasser

Alle Gemüsesorten grob schneiden, gemeinsam mit den Pfefferkörnern und etwas Salz mit kaltem Wasser ansetzen, zum Kochen bringen, 2 1/2 – 3 Stunden köcheln lassen.

Danach durch ein Sieb seihen.

Zutaten

für 3/4 Liter Fond

150 g Zwiebeln
1 Knoblauchzehe
2 EL Olivenöl
300 g Strauchtomaten
150 g geschälte Tomaten aus der Dose
Salz und weißer Pfeffer aus der Mühle
1 Prise Zucker
700 ml Gemüsefond

Tomatenfond *von Gerald Zeitler*

Geschnittene Zwiebeln und blättrig geschnittenen Knoblauch in Olivenöl anschwitzen. Frische, halbierte Tomaten und leicht zerdrückte Dosentomaten samt Saft zufügen, mit Salz, Pfeffer und Zucker würzen. Mit Gemüsefond aufgießen und 1 Stunde lang leicht köcheln lassen.

Danach durch ein Sieb passieren und nochmals mit den Gewürzen abschmecken.

Zutaten

für 1 1/2 Liter Fond

1,5 kg Geflügelklein
2 l Wasser
150 g Wurzelwerk
80 g Zwiebeln
1 Bouquet garni
3 Pfefferkörner
1 Wacholderbeere
1 Gewürznelke
1 Korianderkorn
Salz

Geflügelfond *von Gerald Zeitler*

Geflügelklein mit Wasser kalt ansetzen, zum Kochen bringen und ca. 4 – 5 Stunden kochen lassen. Nach der halben Kochzeit das geschnittene Wurzelwerk und die geschnittenen Zwiebeln, das Bouquet garni, die Pfeffer- und Gewürzkörner sowie wenig Salz zugeben.

Nach Beendigung des Kochvorganges den Fond durch ein Tuch abseihen.

Weiße Grundsoße *von Johann Pabst*

Zutaten
für ca. 8 – 10 Portionen

- 1 TL Butter
- 120 g Zwiebeln oder Schalotten
- 30 g Knollensellerie
- 30 g Pastinaken oder Petersilienwurzel
- 20 g Lauch
- evtl. 1 Champignon
- 1/16 l Weißwein
- 1/4 l heller Kalbsfond
- 1 Lorbeerblatt
- 1 Zweig Thymian
- 1 Zweig Rosmarin
- 1/8 l Obers (Sahne)
- Salz
- Pfeffer aus der Mühle
- evtl. 1 TL Stärkemehl für leichte Bindung

Butter in einem Topf aufschäumen lassen und das klein geschnittene weiße Mirepoix (Zwiebeln oder Schalotten, Sellerie, Pastinaken oder Petersilienwurzel und Lauch) und evtl. den klein geschnittenen Champignon andünsten. Mit Weißwein ablöschen, einreduzieren und mit Kalbsfond aufgießen. Das Lorbeerblatt, den Thymian und den Rosmarinzweig beigeben und ca. 20 Minuten köcheln lassen. Das Obers hinzufügen.

Rosmarin, Thymian und Lorbeer entfernen und mit einem Mixer pürieren. Durch ein Haarsieb passieren und nochmals aufkochen. Mit Salz und Pfeffer abschmecken und wenn nötig mit Stärkemehl leicht binden.

Zubereitungstipp

→ Diese weiße Grundsoße lässt sich mit jedem anderen Fond in verschiedene Geschmacksrichtungen variieren.

Rotweinsoße *von Gerald Zeitler*

Zutaten
für 100 ml Soße / 4 Portionen

- 2 Schalotten
- 1/4 Lorbeerblatt
- 1 Prise Zucker
- 300 ml Merlot
- 10 g Butter
- Salz und Pfeffer aus der Mühle

Geschnittene Schalotten, Lorbeerblatt, Zucker und Merlot in einen Topf geben, bei mittlerer Hitze erwärmen, abschöpfen und auf etwa 100 ml einkochen lassen. Soße würzen und mit kalter Butter montieren.

Zutaten

250 g glattes Mehl
125 ml lauwarmes Wasser
25 g Tafelöl
eine Prise Salz
etwas Öl zum Bestreichen
flüssige Butter zum Bestreichen

Strudelteig *von Johann Pabst*

Alle Zutaten am besten in der Rührmaschine mit dem Knethaken zu einem glatten Teig verkneten.

Nochmals kurz mit der Hand durchkneten, auf einen bemehlten Teller geben und mit etwas Öl bestreichen, damit die Oberfläche nicht austrocknet. Ca. 1/2 Stunde rasten lassen.

Danach den Teig auf ein bemehltes Tuch legen und mit dem Nudelholz anfangs etwas ausrollen, danach den Teig mit dem Handrücken hauchdünn und gleichmäßig ausziehen.

Die dickeren Teigränder können weggeschnitten werden oder auch dranbleiben, je nach Belieben.

Danach den Teig dünn mit flüssiger Butter bestreichen, sodass er beim Backen schön blättert.

Nun die jeweilige Fülle auf dem unteren Drittel des Teiges verteilen und die seitlichen Ränder leicht einschlagen. Durch Anheben des Tuches den Strudel straff einrollen und diesen mit Hilfe des Tuches mit der Naht nach unten auf ein befettetes Blech oder in eine etwas tiefere Backform geben, je nachdem, ob es sich um eine festere Fülle handelt oder eine leichtere, die beim Backen noch aufgeht (z. B. Topfen- oder Biskuitmasse).

Strudel bei 160 °C ca. 30 Minuten backen, bis er eine schöne goldbraune Farbe hat. Etwas überkühlen lassen und noch warm servieren.

Zubereitungstipp

→ Fertiger Strudel, sowohl roh als auch gebacken, sowie Strudelteig lassen sich problemlos einfrieren. Bei Bedarf auftauen (am besten über Nacht im Kühlschrank) und weiterverarbeiten.

Mürbteig *von Johann Pabst*

Butter in kleine Stücke schneiden, mit dem Mehl verbröseln, mit Zucker, Vanillezucker, abgeriebener Zitronenschale, einer Prise Salz und Dotter rasch verkneten. Teig in Frischhaltefolie wickeln und ca. 2 Stunden rasten lassen.

Den Teig nach Bedarf weiterverwenden.

Zutaten

100 g Butter
150 g glattes Mehl
50 g Staubzucker
1 Pkg. Vanillezucker
Schale von 1/2 Zitrone
Salz
1 Dotter (Eigelb)

Palatschinken *von Johann Pabst*

Alle Zutaten miteinander verrühren. In einer beschichteten Pfanne dünne Palatschinken backen.

Zutaten

für 10 Stück

2 Eier
30 g Mehl
20 g Zucker
eine Prise Salz
125 ml Magermilch

Zubereitungstipp

→ Für die Zubereitung von Palatschinken ist auch Vollkornmehl gut geeignet.

VORSPEISEN

Johann Pabst

Zutaten

für 2 Personen

1/2 gut gereifte Avocado
2 – 3 EL kräftige Bouillon
Saft von 1/4 Zitrone
Salz, Pfeffer aus der Mühle
4 Blatt Zitronenmelisse
1 Eiweiß
Melissenblätter zum Garnieren

Avocadosorbet mit Zitronenmelisse

Die Avocado halbieren, entkernen und das Fleisch in Würfel schneiden. Mit warmer Bouillon begießen und ganz fein pürieren. Mit Zitronensaft, Gewürzen und gehackter Melisse in den Pacojet oder in eine Sorbetiere geben und zum Schluss das steif geschlagene Eiweiß locker darunter ziehen.

Serviertipp

→ Ideale Ergänzung zu einer Vorspeise an sehr heißen Tagen.

Ernährungsinfo

Avocado: Alligatorbirne. Das helle, weiche Fruchtfleisch wird von einer dunkelgrünen festen Haut umschlossen. Innen befindet sich ein großer Kern. Die Früchte sind birnenförmig. Das Fruchtfleisch enthält bis zu 25 % Fett, das sich vorwiegend aus mehrfach ungesättigten Fettsäuren zusammensetzt. Typisch ist ein nussartiger Geschmack.

Nährwerte pro Portion

kcal:	178	Kohlenh.:	1,6 g
Eiweiß:	2,8 g	Ballastst.:	2,7 g
Fett:	17,8 g	Chol.:	1 mg

Besonders reich an

einfach ungesättigten Fettsäuren
Phytosterinen

Eine Portion deckt z. B. von der empfohlenen Tageszufuhr

Pantothensäure: 15 %

Vitamin B_6:	29 %	Biotin:	18 %
Kupfer:	18 %	Vitamin C:	18 %

Johann Pabst

Avocadosalat

Avocado und Apfel schälen und in Würfel schneiden.

Orange filetieren, den Saft zum Abschmecken der Soße verwenden.

Alle Zutaten der Soße vermengen und über die Früchte und Avocado nappieren.

Mit verschiedenen Blattsalaten dekorativ anrichten.

Zutaten

für 2 Personen

1 Avocado
1 Apfel
1 Orange

Soße:

3 – 4 EL Apfelessig
1/4 Zitrone
2 EL Sauerrahm (saure Sahne)
100 g Magerjogurt
15 g frische Zitronenmelisse
Salz, Cayennepfeffer

30 g Blattsalat

Zubereitungstipp

→ Dieses Gericht kann auch ohne Sauerrahm zubereitet werden, indem man diesen durch Jogurt ersetzt.

Ernährungsinfo

Cayennepfeffer: Gewürz aus gemahlenen Chilis. Cayennepfeffer ist auch als Chilipfeffer und Chilipulver erhältlich. Er wird vor allem zum Würzen exotischer Gerichte verwendet. Der scharfe Geschmack stammt ebenso wie der der Chilis von dem sekundären Pflanzeninhaltsstoff Capsaicin, das in geringen Dosen die Salzsäure-Produktion des Magens erhöht und damit verdauungsfördernd wirkt.

Nährwerte pro Portion

kcal:	296	Kohlenh.:	18,9 g
Eiweiß:	5,2 g	Ballastst.:	6,0 g
Fett:	21,2 g	Chol.:	10 mg

Besonders reich an

einfach ungesättigten Fettsäuren
Phytosterinen
Monoterpenen

Eine Portion deckt z. B. von der empfohlenen Tageszufuhr

Pantothensäure: 23 %

Vitamin C:	70 %	Kalium:	41 %
Biotin:	26 %	Magnesium:	17 %
Folsäure:	15 %	Kalzium:	15 %

Johann Pabst

Zutaten

für 15 Portionen

8 Stangen Lauch
5 – 6 reife Avocados, geschält und entkernt
Salz, Pfeffer
1 Zitrone
4 Blatt aufgeweichte Gelatine
1/8 l Obers (Sahne)
1/16 l Hühnerfond
1 Lachsfilet (ca. 400 g)
Salz, Pfeffer, Zitronensaft
5 EL Nussöl
2 EL Himbeeressig
Salz, Pfeffer

Avocadoterrine mit Lachs

Den Lauch waschen und putzen, die äußeren grünen Blätter entfernen. In Salzwasser ca. 5 Minuten weich kochen. Abschrecken und abtropfen lassen. Das Avocadofleisch im Mixer pürieren, salzen, pfeffern und mit Zitronensaft abschmecken. Aufgeweichte Gelatine mit lauwarmem Obers vermengen und mit Hühnerfond unter das Avocadopüree rühren. Terrine mit einzelnen Lauchblättern auslegen. Lachsfilet salzen, pfeffern und mit etwas Zitronensaft beträufeln. Schichtweise Avocadomousse, Lauchstangen und in der Mitte das Lachsfilet einlegen. Wenn die Terrinenform voll ist, den Lauch darüber schlagen. Terrine am besten über Nacht im Kühlschrank fest werden lassen. Die kalte Terrine in etwa fingerbreite Stücke schneiden. Aus Nussöl, Himbeeressig, Salz und Pfeffer eine Marinade herstellen, die Scheiben damit begießen und servieren.

Zubereitungstipp

→ Statt Obers kann auch Magerjogurt oder Buttermilch verwendet werden. Damit kann der Fettgehalt deutlich verringert werden. Es verändert sich aber auch der Geschmack, da das Obers am Gaumen ein Gefühl der Leichtigkeit erzeugt.

Serviertipp

→ Kann wie auf dem Foto mit Avocado und Lachsrose oder auf verschiedenen Blattsalaten angerichtet werden.

Ernährungsinfo

Vitamin B_6 (Pyridoxin): Wasserlösliches Vitamin. Wirkt im Körper als Coenzym bei über 50 enzymatischen Reaktionen. Es ist aber auch bei der Bildung von Antikörpern und einigen Gewebshormonen beteiligt. Es beeinflusst das Nervensystem, die Immunabwehr und die Bildung des roten Blutfarbstoffes. Ein Mangel führt u. a. zur Schädigung der Haut und Schleimhaut und zur Beeinträchtigung des Nervensystems.

Nährwerte pro Portion

kcal:	391	Kohlenh.:	4,9 g
Eiweiß:	10,3 g	Ballastst.:	6,4 g
Fett:	37,1 g	Chol.:	30 mg

Besonders reich an

einfach ungesättigten Fettsäuren
Omega-3-Fettsäuren
Phytosterinen
Sulfiden
Phenolsäuren

Eine Portion deckt z. B. von der empfohlenen Tageszufuhr

Vitamin D:	89 %	Vitamin B_6:	81 %
Kalium:	49 %	Vitamin C:	46 %
Niacin:	37 %	Biotin:	35 %
Vitamin A:	26 %	Vitamin E:	23 %

Gerald Zeitler

Zutaten

für 4 Personen

2 Fenchelknollen
1 EL Olivenöl, Salz
einige Spritzer Pastis (Anisschnaps)
1 roter Paprika, geschält, entkernt und in Stücke geschnitten
1 EL Olivenöl
2 Zucchini, 2 Auberginen
1 EL Olivenöl
Salz, Pfeffer aus der Mühle
1 kg Tomaten, enthäutet, entkernt und halbiert
2 EL Olivenöl
1/2 Knoblauchknolle
Thymian
Salz, Pfeffer aus der Mühle

Senfpüree:
1 Artischocke
1 Karotte, 1 Zwiebel
2 große Champignons
1 Knoblauchzehe, in Milch blanchiert
1 EL Olivenöl, 100 ml Weißwein
3 TL Senf, 1 Prise Meersalz, grob
3 Blatt eingeweichte Gelatine

Nährwerte pro Portion

kcal:	286	Kohlenh.:	20,0 g
Eiweiß:	10,2 g	Ballastst.:	16,8 g
Fett:	15,5 g	Chol.:	0 mg

Besonders reich an

Carotinoiden, Polyphenolen
Sulfiden, Monoterpenen
Isothiocyanaten

Eine Portion deckt z. B. von der empfohlenen Tageszufuhr

Vitamin C: > empf. Tageszufuhr

Kalium:	77 %	Vitamin E:	77 %
Ballastst:	56 %	Eisen:	53 %
Kupfer:	53 %	Folsäure:	51 %

Gemüseterrine mit süßem Senfpüree

Fenchelknollen (vorher grobe, äußere Blätter entfernen) in Olivenöl dünsten und leicht salzen. Etwas Pastis zugeben und ca. 20 Minuten kochen lassen. Paprika in heißes Olivenöl legen und ca. 20 Minuten dünsten. Die Zucchini und Auberginen in Streifen schneiden und dabei einen Teil des weißen Inneren übrig lassen. Die beiden Gemüse in Olivenöl andünsten, salzen, pfeffern und 15 Minuten köcheln lassen. Die Tomaten in Olivenöl mit Knoblauch, Thymian, Salz und Pfeffer einlegen. 2 1/2 Stunden bei 80 °C im Backrohr ziehen lassen.

Für das Senfpüree Gemüse und Knoblauchzehe klein schneiden. Ca. 10 Minuten in heißes Olivenöl geben und mit Weißwein ablöschen. Senf und Meersalz zufügen. Mit Alufolie abdecken, weitere 15 Minuten dünsten lassen und anschließend pürieren.

In eine mit Folie ausgelegte Terrinenform schichtweise hineingeben: Auberginen, Zucchini, Fenchel, Paprika. Zwischen jede Schicht Tomaten und 1 Blatt Gelatine legen. Die Terrinenform schließen und im Wasserbad ca. 20 Minuten bei 175 °C im Backrohr garen.

Abkühlen lassen, stürzen, schneiden und mit Senfpüree anrichten.

Zubereitungstipp

→ Statt frischen Tomaten kann man auch 200 g in Öl eingelegte Tomaten verwenden.

Ernährungsinfo

Folsäure: Wasserlösliches Vitamin. Ist wichtig bei der Zellvermehrung und beim Abbau von Cystein. Es verhindert gemeinsam mit den Vitaminen B_6 und B_{12} eine Erhöhung des Homocysteinspiegels. Ein Mangel führt u. a. zur Störungen im Blutbild (megaloblastische Anämie) und in der Schwangerschaft zu Missbildungen (z. B. Neuralrohrdefekten) bzw. zum Abortus.

Pilzterrine

Zutaten

für 1 Form – 15 Portionen

- 150 g Hendlbrüste ohne Haut
- 1 kleine Zwiebel, fein geschnitten
- 200 g Steinpilze
- 200 g Eierschwammerln (Pfifferlinge)
- 100 g Morcheln
- 100 g Austernpilze
- 20 g Butter
- Salz, Pfeffer, Knoblauch
- Petersilie
- 50 g flüssiges Obers (Sahne)
- 50 g Jogurt
- Armagnac zum Abschmecken
- 50 g geschlagenes Obers (Sahne)
- 60 g Schinkenspeck

Die Hendlbrüste durch den Fleischwolf (feine Scheibe) drehen und ca. 15 – 20 Minuten in den Gefrierschrank geben. Zwiebel und Pilze in Butter scharf anbraten, bis die Flüssigkeit verdampft ist, würzen und kalt stellen. In einem Cutter oder einer Küchenmaschine die faschierten Hendlbrüste mit Obers und Jogurt zu einer Farce verarbeiten und würzen. Zum Schluss die erkalteten Pilze mit der Farce vermischen, mit Armagnac abschmecken und das geschlagene Obers unterziehen.

Eine Terrinenform erst mit Klarsichtfolie, dann mit Schinkenspeck auskleiden, die Masse einfüllen. Ca. 40 – 45 Minuten bei 130 °C im Rohr pochieren (= Bräter mit Zeitungspapier auslegen und 2 – 3 cm mit Wasser füllen und Formen einstellen). Anschließend mit einem Brett pressen und im Kühlschrank kalt stellen.

Zubereitungstipps

- Die angegebenen Pilze können durch Pilze der Saison ersetzt werden.
- Durch Verwendung einer beschichteten Pfanne kann wesentlich weniger Butter zum Anschwitzen verwendet werden.

Ernährungsinfo

Morchel: Speisepilz. Schlauchpilz. Auf einem hohlen Stiel bildet die Morchel einen rundlichen Hut mit wabenartiger Oberfläche. Morcheln sollten nicht roh verzehrt werden. Morcheln enthalten hochwertiges Eiweiß, B-Vitamine, Kalium, Eisen, Kupfer, Mangan und Jod.

Nährwerte pro Portion

kcal:	84	Kohlenh.:	0,8 g
Eiweiß:	3,2 g	Ballastst.:	2,3 g
Fett:	7,0 g	Chol.:	20 mg

Besonders reich an

Chitin

Eine Portion deckt z. B. von der empfohlenen Tageszufuhr

Pantothensäure:	18 %		
Niacin:	31 %	Vitamin D:	22 %
Biotin:	16 %	Kupfer:	12 %

Gerald Zeitler

Gemüseterrine mit Tomaten-Basilikum-Kompott

Zutaten

für 2 Personen

1 Schalotte
1 EL Olivenöl
150 g Champignons
10 ml Weißwein
Weißweinessig
200 g Gemüsefond
4 Blatt Gelatine

Gemüseeinlage:
je 50 g Karotten, Kohlblätter, Fisolen (grüne Bohnen), Brokkoli, Kohlrabi

Tomaten-Basilikum-Kompott:
3 Fleischtomaten
1 TL Olivenöl
Salz, Pfeffer aus der Mühle
1 TL Sherryessig
1 EL Basilikumöl
8 Blätter Basilikum

Gehackte Schalotte in Olivenöl glasig anschwitzen, geschnittene Champignons dazugeben, kurz durchschwitzen und mit Weißwein und einem Schuss Essig ablöschen. Mit dem Gemüsefond auffüllen, einreduzieren lassen und dann passieren. Danach den heißen Fond aufmixen und die eingeweichte Gelatine dazugeben. Die Gemüseeinlage in Salzwasser weich kochen, abschrecken und abkühlen lassen. Eine Terrinenform mit Klarsichtfolie auslegen, dann schichtweise mit dem Gemüsefond und dem Gemüse auslegen bzw. auffüllen.

Im Kühlschrank ca. 5 Stunden kalt stellen.

Die Tomaten schälen, entkernen und würfelig schneiden. Zwei Drittel der Tomatenwürfel in heißem Olivenöl andünsten und zu einem Püree einkochen lassen. Mit Salz, Pfeffer, Sherryessig und Basilikumöl abschmecken.

Nach dem Abkühlen die restlichen Tomatenwürfel und die Basilikumblätter dazugeben. Das Kompott anschließend erkalten lassen.

Zusammen mit der Gemüseterrine anrichten.

Nährwerte pro Portion

kcal:	213	Kohlenh.:	7,6 g
Eiweiß:	8,2 g	Ballastst.:	6,9 g
Fett:	16,0 g	Chol.:	0 mg

Besonders reich an

Carotinoiden, Flavonoiden
Phenolsäuren, Lycopin

Eine Portion deckt z. B. von der empfohlenen Tageszufuhr

Pantothensäure: 40 %

Vitamin C:	75 %	Kupfer:	45 %
Kalium:	43 %	Niacin:	42 %
Biotin:	38 %	Vitamin E:	36 %

Ernährungsinfo

Schalotte: Kulturart des Lauchs. Hat die Größe einer Knoblauchzehe. Rötlich-braune Schale. Charakteristisch ist ein milder Geschmack. Sie wird wie Zwiebel verwendet. Enthält Kalium, Eisen, Zink, Mangan und die für alle Zwiebelgewächse charakteristischen Sulfide. Hoch ist auch der Gehalt an Quercetin, ein Pflanzenschutzstoff, der unter anderem vor der Entstehung von Krebskrankheiten schützen kann.

Johann Pabst

Eierschwammerlterrine

Zutaten

für 15 Portionen

300 g Schalotten
1.200 g Eierschwammerln (Pfifferlinge)
70 g geräucherter Speck
5 g Butter
1 Knoblauchzehe
Salz, Pfeffer

Hühnerfarce:

150 g Hühner - oder Putenbrust
2 Eiklar (Eiweiß)
1/4 l Crème fraîche oder Obers (Sahne)

200 g Pastetenspeck

Schalotten klein schneiden, Schwammerln putzen, in große Stücke teilen. Räucherspeck kleinwürfelig schneiden. Alles in Butter anschwitzen, mit Knoblauch, Salz und Pfeffer würzen. Kalt stellen.

Für die Hühnerfarce Hühnerbrust mit der feinen Scheibe durch den Fleischwolf drehen, mit Eiklar, Crème fraîche zu einer Farce verarbeiten.

Die ausgekühlten Schwammerln unterrühren.Terrinenform mit Speckblättern auslegen, mit der Masse füllen, mit Speckblättern abschließen und im Rohr bei 130 °C 40 – 45 Minuten lang im Wasserbad pochieren.

Nährwerte pro Portion

kcal:	212	Kohlenh.:	1,3 g
Eiweiß:	5,8 g	Ballastst.:	4,8 g
Fett:	20,6 g	Chol.:	23 mg

Besonders reich an

Sulfiden
Flavonoiden
Phenolsäuren
Chitin

Eine Portion deckt z. B. von der empfohlenen Tageszufuhr

unlösliche Ballaststoffe: 25 %

Niacin:	55 %	Eisen:	47 %
Vitamin D:	34 %	Biotin:	30 %
Kupfer:	30 %	Kalium:	27 %

Ernährungsinfo

Eierschwammerln/Pfifferlinge: Speisepilz, Leistenpilz. Eierschwammerln wachsen ausschließlich wild. Sie sind kalorienarm, reich an hochwertigem Eiweiß, liefern Ballaststoffe, Vitamin D, B-Vitamine, die Mineralstoffe Kalium, Eisen, Kupfer und Mangan. Wegen ihres Gehalts an Chitin sind sie schwer verdaulich.

Gerald Zeitler

Savarin von Waldpilzen

Pilze in heißem Olivenöl anbraten, würzen, Schalotten und Lauch zufügen, kurz anschwitzen, mit den Weinen ablöschen. Die Flüssigkeit vollkommen einkochen lassen, mit dem Wasser auffüllen, würzen und 1/2 Stunde ziehen lassen. Kalt stellen, Pilze herausnehmen.

Eiweiß unter den kalten Fond rühren, langsam aufkochen lassen, auf 0,3 Liter einkochen, abschmecken und durch ein feines Passiertuch abseihen. Gut ausgedrückte Gelatine in der warmen Essenz auflösen. Pilze für die Einlage mit Kerbel mischen.

In 4 Savarinformen je 1 EL vom ausgekühlten, aber noch flüssigen, Gelee geben und anziehen lassen. Preiselbeeren und Kerbel darauf verteilen, mit etwas Gelee überziehen und bis zur Hälfte mit Pilzen füllen.

Für das Mus Schalotten in Olivenöl anschwitzen, Pilze beigeben und knackig dünsten. Würzen, das Jogurt dazugießen und 10 Min. köcheln lassen. Fein pürieren, durch ein Haarsieb streichen. Gelatine auflösen und unter das Pilzmus rühren, Obers unterheben und abschmecken.

Die Formen mit dem Pilzmus verschließen, glatt streichen, 2 Std. kalt stellen und danach stürzen.

Ernährungsinfo

Chitin: Mehrfachzucker. Inhaltsstoff von Pilzen und des Panzers von Krustentieren. Chitin kann von den menschlichen Verdauungsenzymen nicht aufgespalten werden und macht Pilze aus diesem Grund schwer verdaulich.

Zutaten

für 2 Personen

200 g gemischte Pilze, gewaschen und halbiert
1 EL Olivenöl
Salz, Pfeffer, Zitrone
3 Schalotten, gehackt
1 kleine Stange Lauch, gehackt (nur das Weiße)
20 ml Portwein, 10 ml Weißwein
0,7 l Wasser
3 Wacholderbeeren
1/2 Lorbeerblatt, 1 Thymianzweig
1 Eiweiß, halb geschlagen
2 Blatt eingeweichte Gelatine für 0,3 l Pilzfond
1 TL Kerbel, geschnitten

Preiselbeeren und Kerbel

Pilzmus:
2 Schalotten, fein gehackt
1 EL Olivenöl
100 g gemischte Pilze, geschnitten
Salz, Pfeffer, Zitrone
180 g Magerjogurt
2 Blatt eingeweichte Gelatine
10 g geschlagenes Obers (Sahne)

Nährwerte pro Portion

kcal:	224	Kohlenh.:	9,3 g
Eiweiß:	10,2 g	Ballastst.:	4,6 g
Fett:	14,3 g	Chol.:	9 mg

Besonders reich an

Chitin, Sulfiden

Eine Portion deckt z. B. von der empfohlenen Tageszufuhr

Pantothensäure: 54 %

Niacin:	59 %	Biotin:	47 %
Kalium:	39 %	Eisen:	26 %
Jod:	25 %	Kalzium:	22 %

Johann Pabst

Zutaten

für 4 Gläser

1/4 l Hühner- oder Rindsuppe
1 Lorbeerblatt
3 frische Thymianzweige
3 Knoblauchzehen
1/4 l Weißwein
1 kleiner Bund Petersilie
ca. 500 g Pilze

Nährwerte pro Glas

kcal:	296	Kohlenh.:	18,9 g
Eiweiß:	5,2 g	Ballastst.:	6,0 g
Fett:	21,2 g	Chol.:	10 mg

Besonders reich an

hochwertigem Eiweiß
Chitin

Eine Portion deckt z. B. von der empfohlenen Tageszufuhr

Pantothensäure: 47 %

Vitamin D:	83 %	Kupfer:	50 %
Biotin:	47 %	Vitamin B_2:	47 %
Kalium:	36 %	Eisen:	28 %

Eingelegte Pilze

Suppe mit allen Zutaten (außer Pilzen) aufkochen und 1 Stunde lang ziehen lassen. Die Pilze können jetzt sowohl im Ganzen als auch in Scheiben geschnitten verarbeitet werden. Schwammerln in das Glas einlegen und Marinade mit den Gewürzen darüber gießen, bis das Glas bis auf 1 cm unter dem Rand voll ist. Glas verschließen und bei 70 °C Wassertemperatur 20 Minuten lang pasteurisieren. Danach aus dem Wasserbad nehmen und in kaltes Wasser stellen, damit im Glas ein Vakuum entsteht.

Nach zwei Tagen sollten die Gläser nochmals überprüft werden. Gläser, die sich geöffnet haben, müssen noch einmal pasteurisiert werden.

Serviertipp

→ Die Pilze eignen sich besonders für Soßen, Suppen oder für ein kleines Gericht mit Eiern und frischen Kräutern.

Ernährungsinfo

Speisepilze: Für den menschlichen Verzehr geeignete Pilze. Verzehrt wird der Fruchtkörper, der Vegetationskörper bildet unterirdisch ein breites Fadengeflecht (Myzel) aus. Pilze sind kalorienarm, liefern hochwertiges Eiweiß, viele Ballaststoffe, Vitamin D, B-Vitamine, Kalium, Eisen, Kupfer und Mangan. Wegen ihres Gehalts an Chitin sind sie allerdings schwer verdaulich, häufig schwermetallbelastet und reich an Purinen.

Johann Pabst

Eingelegter junger Knoblauch

Zutaten
für 4 Gläser

- 1 kg junger Knoblauch
- 1/4 l Weinessig
- 1/4 l Weißwein
- 1/2 l Wasser
- 6 EL Zucker
- 2 EL Salz
- 4 Lorbeerblätter
- 12 grüne Pfefferkörner
- 12 Senfkörner
- 1 Thymianzweig
- 3/8 l Olivenöl

Knoblauch auslösen und schälen. Wasser aufkochen. Knoblauch kurz blanchieren, abseihen und auskühlen lassen.

Dicht verschließbare Gläser zum Einlegen des Knoblauchs sorgfältig reinigen.

Für die Marinade Weinessig mit Weißwein, Wasser, Zucker, Salz, Lorbeerblättern, Pfefferkörnern, Senfkörnern und Thymianzweig vermengen, aufkochen und 2 Minuten auskühlen lassen.

Knoblauch in Gläser füllen und mit so viel Marinade übergießen, dass alle Knoblauchzehen bedeckt sind. Mit Olivenöl begießen, sodass eine dichte Ölschicht auf der Marinade schwimmt.

Gläser verschließen und Knoblauch mindestens 4 Wochen kühl und möglichst dunkel lagern.

Nährwerte pro Glas

kcal:	529	Kohlenh.:	94,5 g
Eiweiß:	15,7 g	Ballastst.:	4,7 g
Fett:	3,0 g	Chol.:	0 mg

Besonders reich an

Sulfiden
Flavonoiden
Phenolsäuren

Eine Portion deckt z. B. von der empfohlenen Tageszufuhr

Kalium:	72 %	Vitamin B_6:	69 %
Kupfer:	63 %	Eisen:	59 %
Vitamin B_1:	46 %	Mangan:	42 %
Vitamin C:	35 %	Zink:	34 %

Serviertipp

→ Dieser eingelegte Knoblauch passt hervorragend zu einer Lammterrine oder zu Wild.

Ernährungsinfo

Knoblauch: Brutzwiebel (»Zehen«) eines Liliengewächses. Knoblauch enthält reichlich sekundäre Pflanzeninhaltsstoffe: neben Flavonoiden hauptsächlich Sulfide, die das Wachstum von Krankheitskeimen hemmen. Knoblauch kann möglicherweise den Cholesterin- und Triglyzeridspiegel senken und die Verklumpung der Blutplättchen hemmen. Darüber hinaus haben Sulfide im Tierversuch krebshemmende Wirkung gezeigt.

Gerald Zeitler

Tomatengelee

Zutaten

für 2 Personen

- 1 kg reife Tomaten (ergibt ca. 1/4 l Saft)
- 1 g Salz
- 2 Stück Sternanis
- 1 EL Noilly Prat
- 4 Blatt Gelatine
- 50 g Seeteufel
- 50 g Lachs
- Salz
- Basilikumblätter zum Garnieren

Die Tomaten grob teilen und im Mixer mit dem Salz gut zerkleinern. In ein Passiersieb geben, zusammenbinden, über einen großen Topf hängen und über Nacht abtropfen lassen.

Die Hälfte des klaren Tomatensaftes mit Sternanis und dem Noilly Prat aufkochen lassen. Anis herausnehmen und die eingeweichte, ausgedrückte Gelatine in dem Saft auflösen.

Dann das Ganze zu dem restlichen Tomatensaft geben.

Das Gelee in einer Schüssel auf Eis kalt rühren.

Kurz vor dem Stocken das Tomatengelee in gekühlte Gläser einfüllen.

Fische in kleine Würfel schneiden, salzen und über Dampf kurz garen und kalt stellen.

Zum Anrichten die Fischwürfel über das Gelee streuen und mit Basilikumblättern garnieren.

Ernährungsinfo

Kalium (K): Mineralstoff. Spielt eine wichtige Rolle für den Elektrolythaushalt. Ist verantwortlich für die Erregbarkeit der Muskeln und Nerven und Bestandteil der Verdauungssäfte des Magen-Darm-Traktes und fördert die Darmträgheit. Ein Mangel führt u. a. zu Müdigkeit, Muskelschwäche, Darmträgheit, Appetitlosigkeit, Schwächezuständen bis hin zum Kollaps.

Nährwerte pro Portion

kcal:	88	Kohlenh.:	3,6 g
Eiweiß:	11,3 g	Ballastst.:	0,3 g
Fett:	2,4 g	Chol.:	15 mg

Besonders reich an

Lycopin
Omega-3-Fettsäuren
hochwertigem Eiweiß

Eine Portion deckt z. B. von der empfohlenen Tageszufuhr

Vitamin D:	94 %	Vitamin B_{12}:	41 %
Niacin:	29 %	Kalium:	23 %
Vitamin B_6:	22 %	Biotin:	14 %
Vitamin C:	13 %		

Johann Pabst

Zutaten

für 2 Personen

40 g Glasnudeln
1 EL Sonnenblumenöl
1 Knoblauchzehe
1 Stk. Koriander, frisch
60 g faschiertes Schweinefleisch
20 g Krabbenfleisch
20 g Karotten, geschält und julienne geschnitten
20 g Kohl, fein geschnitten
2 Stangen Sellerie, fein geschnitten
15 g Trompeten- oder Mu-Er-Pilze, fein geschnitten
1 TL Sojasoße
1 TL Zucker
Salz, Pfeffer aus der Mühle
4 Blätter (10 g) Frühlingsrollenteig vom Fachhandel
1 Eiweiß zum Bestreichen
Erdnussöl zum Ausbacken

Nährwerte pro Portion

kcal:	318	Kohlenh.:	14,5 g
Eiweiß:	16,3 g	Ballastst.:	4,8 g
Fett:	21,7 g	Chol.:	50 mg

Besonders reich an

Carotinoiden, Monoterpenen
hochwertigem Eiweiß

Eine Portion deckt z. B. von der empfohlenen Tageszufuhr

Vitamin A:	75 %	Vitamin E:	44 %
Niacin:	38 %	Eisen:	31 %
Kalium:	30 %	Vitamin B1:	25 %
Kupfer:	25 %	Zink:	23 %

Frühlingsrolle

Die Glasnudeln für 25 Minuten in warmem Wasser einweichen und etwas abschneiden. Öl im Wok erhitzen; Knoblauch und Koriander darin braten; Schweine -und Krabbenfleisch hinzugeben und ca. 2 Minuten weiterbraten. Anschließend das Gemüse für 1 Minute mitbraten, würzen. Am Schluss die Glasnudeln untermengen und wieder kurz braten.

Nach dem Auskühlen jeweils 1 EL von der Masse auf dem Frühlingsrollenteig platzieren, fest einrollen und mit dem Eiweiß verschließen. Frühlingsrollen im heißen Fett (170 °C) schwimmend ca. 3 Minuten backen und auf einem Küchenkrepp abtropfen lassen.

Serviertipp

→ Kann auch mit Blattsalaten und einer Jogurt-Kräuter-Soße angerichtet werden.

Zubereitungstipps

→ Statt Schweinefleisch kann auch jede andere Fleischsorte, beispielsweise Kalb oder Pute, verwendet werden.
→ Das Krabbenfleisch kann durch Fisch, beispielsweise Forelle, ersetzt werden.
→ Wenn Sie anstatt Schweinefleisch und Krabben mehr Gemüse verwenden, erhalten Sie ein vegetarisches Gericht.

Ernährungsinfo

Vitamine: Mikronährstoffe. Als Vitamine werden Substanzen bezeichnet, die für den menschlichen Körper unentbehrlich sind, von ihm aber nicht selbst hergestellt werden können. Vitamine müssen mit der Nahrung zugeführt werden. Entsprechend ihrer chemischen Eigenschaften unterscheidet man zwischen fett- und wasserlöslichen Vitaminen. Vitamine liefern keine Energie.

Gerald Zeitler

Mairübenpüree mit Trüffelgelee

Zutaten

für 2 Personen

5 ml Olivenöl
5 ml Traubenkernöl
15 g geriebene Trüffel
Salz

200 g Mairüben (weiße Rüben)
1 EL Olivenöl
Salz

250 ml Gemüsefond
5 g Stärkemehl
Salz

Am Vortag Olivenöl und Traubenkernöl mischen, geriebene Trüffel darunter heben, salzen und über Nacht stehen lassen.

Mairüben schälen, waschen, in Scheiben schneiden und weich kochen. Mit Olivenöl pürieren, würzen und durch ein Sieb streichen. In kleine Schalen füllen und kalt stellen.

Gemüsefond mit dem Stärkemehl aufkochen lassen, salzen, 3 Minuten kochen lassen und ebenfalls kalt stellen.

Vor dem Servieren Gemüsefond zur Trüffelmischung geben, kräftig durchschlagen und abseihen.

Auf dem Rübenpüree verteilen und kalt stellen.

Zubereitungstipps

- → Statt Trüffeln kann man auch feste Steinpilze verwenden.
- → Mairüben kann man durch Sellerie, Topinambur oder Pastinaken ersetzen.

Ernährungsinfo

Mairübe: Speiserübe. Mairüben sind die rübenförmigen Wurzeln eines Kreuzblütlers, sie sind weiß und kugelförmig. Der Name rührt vom Erntezeitpunkt her. Mairüben haben im Gegensatz zu den Herbstrüben ein zarteres Aroma und schmecken süßlich. Sie sind reich an Vitamin C und Kalium.

Nährwerte pro Portion

kcal:	154	Kohlenh.:	8,1 g
Eiweiß:	1,7 g	Ballastst.:	5,4 g
Fett:	12,9 g	Chol.:	0 mg

Besonders reich an

Polyphenolen
einfach und mehrfach ungesättigten Fettsäuren

Eine Portion deckt z. B. von der empfohlenen Tageszufuhr

unlösliche Ballaststoffe: 24 %

Vitamin E:	28 %	Eisen:	21 %
Kalium:	19 %	Ballastst.:	18 %
Biotin:	14 %	Jod:	12 %

Johann Pabst

Zutaten

für 2 Personen

Gemüse-Schafkäse-Mousse

je 75 g Brokkoli und Karfiol (Blumenkohl)
2 EL Gemüsefond
3 Blatt Gelatine
Salz, Pfeffer
Muskatnuss, Kümmel gemahlen
1/8 l Schlagobers (-sahne)
60 g Crème fraîche
80 g Schaf-Frischkäse
1 Scheibe Vollkornbrot

Terrinenform (Inhalt 1/4 l) mit Frischhaltefolie auslegen. Brokkoli und Karfiol in kleine Röschen teilen. Gemüse getrennt in Salzwasser weich kochen, vom Feuer nehmen und mit ein bisschen Gemüsefond fein pürieren. Jedes Gemüsepüree mit je 40 g Schaf-Frischkäse glatt rühren. Je 1 1/2 Gelatineblätter getrennt in kaltemWasser einweichen. Gelatine gut ausdrücken, in jedem Gemüsepüree 1 1/2 Blätter auflösen. Pürees mit Salz, Pfeffer, Muskatnuss und Kümmel würzen und ein wenig abkühlen lassen.

Inzwischen Obers schlagen und kalt stellen. Je die Hälfte von Crème fraîche und Obers unter jedes Püree heben.

Brokkolipüree in die vorbereitete Form dressieren und für ca. 1/4 Stunde kühl stellen. Danach das Karfiolpüree draufstreichen, halbierte Brotscheibe drauflegen und behutsam andrücken.

Form mit Frischhaltefolie zudecken. Masse zum Festwerden kühl stellen (ca. 6 – 8 Stunden).

Mousse stürzen, Folie entfernen. Mousse in Scheiben schneiden und mit verschiedenen Blattsalaten anrichten.

Nährwerte pro Portion

kcal:	483	Kohlenh.:	14,4 g
Eiweiß:	13,9 g	Ballastst.:	5,3 g
Fett:	41,5 g	Chol.:	103 mg

Besonders reich an

Carotinoiden
Glucosinolaten
Flavonoiden
Phenolsäuren

Eine Portion deckt z. B. von der empfohlenen Tageszufuhr

Vitamin A:	100 %	Vitamin C:	35 %
Kalzium:	32 %	Vitamin B_{12}:	28 %
Zink:	25 %	Niacin:	24 %
Mangan:	23 %	Eisen:	19 %

Serviertipp

→ Kann mit Spargel und Orangen-Pfeffer-Soße angerichtet werden.

Ernährungsinfo

Schafkäse: Schafmilchprodukt. Wird aus Schafmilch oder einer Mischung aus Schaf- und Kuhmilch hergestellt, es gibt ihn als Frisch-, Weich-, Schnitt- und Hartkäse. Schafmilch und damit auch -käse ist im Gegensatz zu Kuhmilch energiereicher und enthält größere Mengen an Eiweiß, Fett, Vitaminen und Mineralstoffen. Besonders hoch ist der Gehalt an Vitamin B_2 und Kalzium.

Gerald Zeitler

Artischockenmousse mit Rucola

Zutaten

für 2 Personen

1 Schalotte
3 kleine Artischocken, geputzt
1 EL Olivenöl
100 ml Tomatenfond
Thymian, Rosmarin
2 Blatt Gelatine
30 g Jogurt
Rucola zum Garnieren

Gehackte Schalotte und klein geschnittene Artischocken in Olivenöl anschwitzen, mit Tomatenfond aufgießen und mit Gewürzen weich kochen. Danach abseihen und den Fond beiseite geben.

Artischocken pürieren und so viel Fond beigeben, dass eine dickflüssige Masse entsteht.

Danach die eingeweichte Gelatine in das noch warme Püree geben. Jogurt in einem Schneekessel mit der Schneerute durchschlagen und unterheben.

Mousse erkalten lassen, Nocken ausstechen und mit Rucola garnieren.

Nährwerte pro Portion

kcal:	101	Kohlenh.:	3,9 g
Eiweiß:	4,2 g	Ballastst.:	11,7 g
Fett:	7,5 g	Chol.:	2 mg

Besonders reich an

Carotinoiden
Flavonoiden
Phenolsäuren
Terpenen
Inulin

Eine Portion deckt z. B. von der empfohlenen Tageszufuhr

unlösliche Ballaststoffe: 54 %
lösliche Ballaststoffe: 24 %

Ballastst.:	39 %	Kupfer:	30 %
Kalium:	14 %	Mangan:	12 %

Zubereitungstipp

→ Man kann auch in Öl eingelegte Artischocken verwenden, diese dann vor der Zubereitung in heißes Wasser einlegen und so vom Öl befreien.

Ernährungsinfo

Artischocke: Älteste Küchenpflanze der Menschheit. Essbar sind die fleischigen Blütenböden der geschlossenen Knospe der Pflanze (Artischockenboden) und die unteren Teile der Hüllblätter, die vor dem Blühen zart sind. Sie sind besonders reich an Kalium, Kalzium, Magnesium, Eisen, Kupfer und Mangan. Außerdem sind sie durch den enthaltenen Bitterstoff (Cynarin) verdauungs- und appetitanregend.

Polenta-Tapas

Zutaten

für 4 Personen

150 g Polenta (Maisgrieß)
375 ml klare Gemüsesuppe
80 g Parmesan
25 g Kürbiskerne
8 Salbeiblätter
Salz, Pfeffer

Auflage nach Wahl:
Parmaschinken, Oliven, Maiskölbchen, Scampi, Roastbeef, Käse, Tomatenscheiben, Mozzarellabällchen

Polenta in der kochenden Gemüsebrühe zu einem dicken Brei kochen. 20 Minuten ausquellen und abkühlen lassen. Den geraffelten Käse, die leicht gerösteten Kürbiskerne und den in Streifen geschnittenen Salbei unter die Maisgrießmasse ziehen, würzen. Auf einem feuchten Brett die Masse ca. 1 cm dick aufstreichen und fest werden lassen. In Rauten schneiden und die gewählte Auflage mit Spießchen fixieren.

Zubereitungstipp

→ Statt Parmesan kann man auch jeden anderen fettarmen Schnittkäse verwenden.

Ernährungsinfo

Salbei: Gewürzpflanze, Lippenblütler. Die Blätter des Salbei sind grau und filzig und von hocharomatischem Duft. Aufgrund ihres bitteren, stark würzigen Geschmacks sollten sie sparsam verwendet werden. Salbei enthält ätherische Öle, ist reich an den sekundären Pflanzenstoffen Terpenen und an Bitterstoffen. Salbei wirkt appetitanregend und verdauungsfördernd.

Nährwerte pro Portion ohne Auflage

kcal:	174	Kohlenh.:	8,8 g
Eiweiß:	9,5 g	Ballastst.:	2,1 g
Fett:	11,2 g	Chol.:	16 mg

Besonders reich an

komplexen Kohlenhydraten

Eine Portion deckt z. B. von der empfohlenen Tageszufuhr

Kalzium:	27 %	Vitamin A:	21 %
Kupfer:	17 %	Niacin:	17 %
Zink:	17 %	Vitamin B_{12}:	13 %

Johann Pabst

Johann Pabst

Grüner Cappuccino

Zutaten
für 2 Personen

- 1 Salatgurke
- 1/8 l Gemüsesuppe
- 1/4 l Jogurt
- 1 EL Dill, gehackt
- 1 EL Petersilie, gehackt
- Zitronensaft
- 1/2 kleine Knoblauchzehe, gehackt oder gepresst
- 1 TL Olivenöl
- Salz, Pfeffer
- 1/8 l Milch für die Garnitur

Gurke schälen, der Länge nach halbieren, Kerne mit einem Kaffeelöffel herauslösen und grob schneiden. Mit kalter Suppe und Jogurt pürieren. Kräuter, Zitronensaft, Knoblauch und Öl hinzufügen, nochmals kurz aufmixen und mit Salz und Pfeffer abschmecken. Kalt stellen. Kurz vor dem Servieren in gut gekühlte Gläser füllen. Für die Garnitur Milch in einem kleinen Topf kurz erwärmen, schaumig schlagen und auf jede Portion ein Milchhäubchen setzen.

Zubereitungstipps

- → Statt Jogurt mit herkömmlicher Fettstufe kann auch Magerjogurt verwendet werden.
- → Auch für das Milchhäubchen kann man Magermilch verwenden.

Ernährungsinfo

Cucurbitane: Pflanzenschutzstoffe. Terpene, die in Gurkengewächsen vorkommen. Schmecken bitter. Cucurbitane haben krebshemmende Eigenschaften, wirken entwässernd, antirheumatisch und blutdrucksenkend.

Nährwerte pro Portion

kcal:	225	Kohlenh.:	20,1 g
Eiweiß:	9,7 g	Ballastst.:	2,4 g
Fett:	10,8 g	Chol.:	34 mg

Besonders reich an

Cucurbitanen
Phenolsäuren

Eine Portion deckt z. B. von der empfohlenen Tageszufuhr

Vitamin A:	40 %	Vitamin C:	37 %
Kalium:	36 %	Kalzium:	29 %
Kupfer:	29 %	Folsäure:	19 %
Eisen:	16 %	Zink:	16 %

Gerald Zeitler

Zutaten

für 2 Personen

Marinade:

20 g Schalotten

1/2 Knoblauchzehe, gehackt

frische Kräuter (Basilikum, Kerbel, Petersilie, Schnittlauch,….)

1 EL Olivenöl

1 EL Basilikumöl

Salz, Pfeffer aus der Mühle

80 g Ziegenkäse

200 g Salat nach Saison

Eingelegter Ziegenkäse mit Salatbukett

Schalotten feinwürfelig schneiden, Knoblauch und frische Kräuter hacken, mit allen Zutaten der Marinade verrühren, über den Ziegenkäse geben und eine Stunde ziehen lassen.

Den geputzten Salat gefällig auf den Tellern anrichten, den Ziegenkäse dazulegen und mit der Marinade den Salat beträufeln.

Serviertipp

→ Dazu passen geröstetes Weißbrot oder heurige Kartoffeln.

Ernährungsinfo

Ziegenkäse: Ziegenmilchprodukt. Wird aus Ziegenmilch oder einer Mischung aus Ziegen- mit Schaf- oder Kuhmilch hergestellt. Er wird als Frisch-, Weich-, Schnitt- und Hartkäse angeboten. Ziegenmilch ist von ihren Inhaltsstoffen her der Kuhmilch sehr ähnlich. Ziegenkäse enthält hochwertiges Eiweiß, Vitamin B_2 und Kalzium.

Nährwerte pro Portion

kcal:	232	Kohlenh.:	3,2 g
Eiweiß:	8,9 g	Ballastst.:	1,6 g
Fett:	20,4 g	Chol.:	24 mg

Besonders reich an

Carotinoiden
Flavonoiden
Phenolsäuren
einfach ungesättigten Fettsäuren

Eine Portion deckt z. B. von der empfohlenen Tageszufuhr

Vitamin A:	47 %	Kalzium:	25 %
Vitamin B_{12}:	22 %	Vitamin C:	22 %
Vitamin E:	16 %	Eisen:	16 %
Zink:	15 %	Folsäure:	12 %

Johann Pabst

Karotten-Apfel-Rohkost mit Sesam

Zutaten

für 2 Personen

125 g Karotten
50 g Magerjogurt
1/2 EL Distelöl
Salz, weißer Pfeffer
125 g Äpfel
4 Radicchioblätter
etwas Apfelessig
25 g Sesam

Die Karotten fein reiben, mit Jogurt, Distelöl, Salz und Pfeffer marinieren. Die Äpfel in feine Streifen (Julienne) schneiden und zu den Karotten mischen.

Radicchioblätter mit Apfelessig beträufeln und zwei Rohkostschalen damit auslegen.

Die Karotten darauf anrichten und mit Sesam bestreuen.

Ernährungsinfo

Distelöl (Safloröl): Speiseöl. Wird durch Pressung der Distelsamen gewonnen und ist meist als kalt gepresstes Öl erhältlich, das nicht erhitzt werden sollte. Distelöl eignet sich besonders zur Verwendung für Rohkost und Salate. Es enthält circa 80 % mehrfach ungesättigte Fettsäuren (hauptsächlich Linolsäure), ist reich an Vitamin E und Phytosterinen.

Nährwerte pro Portion

kcal:	157	Kohlenh.:	12,6 g
Eiweiß:	4,0 g	Ballastst.:	5,1 g
Fett:	9,9 g	Chol.:	1 mg

Besonders reich an

Carotinoiden
Polyphenolen
Phytosterinen
mehrfach ungesättigten Fettsäuren

Eine Portion deckt z. B. von der empfohlenen Tageszufuhr

unlösliche Ballaststoffe: 23 %

Vitamin K:	80 %	Eisen:	25 %
Kupfer:	23 %	Magnesium:	19 %
Phosphor:	19 %	Zink:	18 %

Gerald Zeitler

Zutaten

für 2 Personen

2 grüne Birnen
1 EL Pinienkerne
1 EL Sherryessig
1 EL Erdnussöl
1 Entenbrust (ca. 160 g)
Salz
Pfeffer aus der Mühle
10 g Butter
1 Selleriestange
1 Karotte
Schale einer Orange
Kresseblätter
Korianderkörner

Entenfiletsalat mit Birnen und Sherry

Birnen schälen und in kleine Stücke schneiden. Zusammen mit den Pinienkernen zu einem Salat vermischen. Eine Vinaigrette aus Sherryessig und Erdnussöl bereiten, mit drei Vierteln davon den Birnensalat würzen.

Die Entenbrust auf der Hautseite mit Salz und Pfeffer würzen. Die Entenbrust mit Butter zuerst auf der Hautseite ca. 8 – 9 Minuten braten, umdrehen und auf der anderen Seite weitere 2 – 3 Minuten braten, die Pfanne vom Herd nehmen und die Entenbrust 10 Minuten ruhen lassen, dabei nicht zudecken. Nach der Ruhezeit in dünne Scheiben schneiden, Sellerie und Karotte in dünne Streifen schneiden und blanchieren. Ebenso mit ein wenig Orangenschale verfahren.

Die Entenbrustscheiben mit der restlichen Vinaigrette marinieren. In die Tellermitte jeweils den Birnensalat geben, die Sellerie- und Karottenstreifen darüber streuen und dann die Entenbrustscheiben verteilen. Mit den Orangenschalenstreifen dekorieren und zwischen den Fleischscheiben einige Kresseblätter und Korianderkörner legen.

Nährwerte pro Portion

kcal:	367	Kohlenh.:	17,3 g
Eiweiß:	17,0 g	Ballastst.:	5,7 g
Fett:	25,9 g	Chol.:	73 mg

Besonders reich an

hochwertigem Eiweiß
ungesättigten Fettsäuren
Carotinoiden
Polyphenolen
Phytosterinen
Monoterpenen

Eine Portion deckt z. B. von der empfohlenen Tageszufuhr

unlösliche Ballaststoffe: 29 %

Niacin:	44 %	Vitamin B_1:	32 %
Eisen:	30 %	Zink:	26 %
Kalium:	25 %	Vitamin B_6:	24 %

Zubereitungstipp

→ Statt Entenbrust kann man auch Rehfilet verwenden.

Ernährungsinfo

Birne: Kernobst. Familie der Rosengewächse. Die Birne ist eine sehr alte Obstart. Die Birne hat einen ähnlich hohen ernährungsphysiologischen Wert wie der Apfel, sie ist reich an Vitamin B_2, Folsäure und Kalium. Ihre Süße verdankt sie dem hohen Gehalt an fruchteigenem Zucker bei gleichzeitig niedrigem Gehalt an Fruchtsäuren.

Johann Pabst

Herbstlicher Salat mit Rehrückenfilet, Herbstpilzen und Roten Rüben

Zutaten

für 2 Personen

100 g Rehfilet oder Rehrückenfilet
1 TL Butter
Essig zum Ablöschen

Dressing:
1/2 Schalotte
Weißwein- oder Balsamicoessig
1 EL Kürbiskernöl
Salz, Pfeffer
1/2 TL Honig

1 Rote Rübe
gemahlener Kümmel
1/2 Friséesalat
50 g Feldsalat
50 g Pilze
50 g Brotcroûtons

Das Rehrückenfilet in aufschäumender Butter beidseitig anbraten, mit etwas Essig ablöschen und in einer Alufolie ruhen lassen.

Für das Dressing Schalotte klein hacken und mit den anderen Zutaten verrühren, evtl. mit etwas Honig abrunden. Die Rote Rübe in dünne Scheiben schneiden, mit dem Dressing und etwas gemahlenem Kümmel marinieren.

Den leicht marinierten Friséesalat flach auf einem großen Teller anrichten. In die Mitte etwas Feldsalat geben, um den Feldsalat Rote-Rüben-Scheiben, Rehfilet und ansautierte oder rohe Pilze anrichten. Die Rehfiletscheiben mit etwas von dem sich durch das Ruhen gebildeten Fleischsaft nappieren. Die noch warmen Brotcroûtons über den Salat geben.

Nährwerte pro Portion

kcal:	217	Kohlenh.:	14,9 g
Eiweiß:	18,2 g	Ballastst.:	3,1 g
Fett:	9,1 g	Chol.:	50 mg

Besonders reich an

hochwertigem Eiweiß
Carotinoiden
Flavonoiden
Phenolsäuren

Eine Portion deckt z. B. von der empfohlenen Tageszufuhr

Niacin:	36 %	Eisen:	28 %
Zink:	28 %	Vitamin A:	27 %
Kalium:	27 %	Kupfer:	25 %
Mangan:	16 %	Magnesium:	11 %

Zubereitungstipp

→ Bei diesem Gericht können Pilze je nach Saison verwendet werden.

Ernährungsinfo

Wild: Man unterscheidet Haarwild (Hase, Gämse, Hirsch, Reh, Wildschwein) und Wildgeflügel (Fasan, Rebhuhn, Wildgans). Wild sollte gut abgehangen sein. Wild ist fettärmer und feinfasriger als Fleisch von Schlachttieren. Es ist reich an hochwertigem Eiweiß, B-Vitaminen, Eisen und Zink.

Salatkomposition mit Riesengarnelen und marinierten Muscheln

Zutaten

für 2 Personen

2 Riesengarnelen (à 80 g)
Cayennepfeffer, Meersalz
1 EL Olivenöl, 1/8 l Weißwein
2 Jakobsmuscheln
4 Venusmuscheln
1 Schalotte, fein gehackt
1 Thymianzweig

70 g Salat nach Saison: Frisée, Vogerlsalat, Lollo Rosso, Rucola...

Nussvinaigrette:
20 ml Weißwein Essig
20 ml Apfelessig, 1 TL Honig
1 EL Portwein, weiß
100 ml Geflügelfond
10 ml Haselnussöl
Salz, Pfeffer
1 Bund Dille, fein gehackt
1 Bund Schnittlauch

Balsamico-Vinaigrette:
20 ml Balsamico-Essig
10 ml Haselnussöl
1 EL Portwein, rot

Die Riesengarnelen würzen und in Olivenöl anbraten, Muscheln dazugeben und mit Weißwein aufgießen. Schalotte und Thymian dazugeben und ca. 3 Minuten fertig schmoren.

Die Salate putzen, waschen und trockenschleudern.

Die beiden Salatsoßen zubereiten.

Die Blattsalate mit Nussvinaigrette marinieren, auf Tellern anrichten und mit Dille und Schnittlauch bestreuen.

Die verschiedenen Muscheln und die Riesengarnelen auf dem Salat platzieren und mit der Balsamico-Vinaigrette beträufeln.

Nährwerte pro Portion

kcal:	359	Kohlenh.:	6,7 g
Eiweiß:	24,0 g	Ballastst.:	1,2 g
Fett:	19,6 g	Chol.:	157 mg

Besonders reich an

hochwertigem Eiweiß
Omega-3-Fettsäuren
Carotinoiden, Phenolsäuren
Flavonoiden

Eine Portion deckt z. B. von der empfohlenen Tageszufuhr

Vitamin B_{12}: > empf. Tageszufuhr

Vitamin D:	97 %	Jod:	74 %
Niacin:	51 %	Eisen:	49 %
Vitamin E:	42 %	Zink:	38 %

Ernährungsinfo

Thymian: Gewürzpflanze, Lippenblütler. Man unterscheidet den gemeinen Thymian (Gartenthymian) und die wild wachsende Form, den Quendel. Thymian wird sowohl frisch als auch getrocknet zum Würzen von Fleisch-, Kartoffel- und Gemüsegerichten verwendet. Er ist reich an ätherischen Ölen, Phenolen und Eisen.

Gerald Zeitler

Gerald Zeitler

Vogerlsalat mit Erdäpfeldressing und geräuchertem Forellenfilet

Zutaten
für 2 Personen

4 mittelgroße Champignonköpfe, in Stifte geschnitten

Dressing:
150 g Erdäpfel (Kartoffeln), mehlige
ca. 1/8 l Bouillon
1 – 2 EL Sherryessig
1 EL Olivenöl
1 kleine Schalotte
Salz, Pfeffer aus der Mühle

1 Räucherforelle, in Stücke geschnitten

100 g Vogerlsalat geputzt, gewaschen und so trocken wie möglich geschleudert

Für das Dressing Erdäpfel schälen, in Salzwasser kochen, heiß durch die Presse drücken und etwas abkühlen lassen. Zuerst mit 3/4 der Bouillon glatt rühren, Essig und Öl zugeben und mit weiterer Bouillon verdünnen, bis eine dickflüssige Soße entsteht – je nach Beschaffenheit der Erdäpfel. Die fein gehackte Schalotte untermischen und mit Salz und Pfeffer abschmecken.

Die Forellenstücke im Backofen bei 100 °C und offener Tür ca. 3 – 4 Minuten erwärmen.

Vogerlsalat büschelweise durch das Dressing ziehen, leicht ausschütteln und auf zwei großen Tellern verteilen. Die lauwarmen Forellenstücke dazulegen und mit Champignonstiften garniert servieren.

Nährwerte pro Portion

kcal:	276	Kohlenh.:	11,9 g
Eiweiß:	31,9 g	Ballastst.:	3,6 g
Fett:	10,7 g	Chol.:	78 mg

Besonders reich an
Carotinoiden
Phenolsäuren
Omega-3-Fettsäuren
komplexen Kohlenhydraten

Eine Portion deckt z. B. von der empfohlenen Tageszufuhr
Vitamin D: > empf. Tageszufuhr
Vitamin B_{12}: > empf. Tageszufuhr
Pantothensäure: 48 %
Kalium: 55 % Zink: 31 %

Ernährungsinfo

Vogerlsalat (Feldsalat): Baldriangewächs. Kulturform eines auf Wiesen und Äckern wachsenden Wildkrautes. Die Blätter wachsen in Büscheln. Vogerlsalat hat ein nussartiges Aroma. Er ist reich an Vitamin C, Folsäure, Betakarotin, Kalium und Eisen.

Johann Pabst

Zutaten

für 2 Personen

100 g Kürbisfleisch
(American Gigant)
Salz, Dill, Ingwer, Kümmel
1 EL Kernöl
Balsamicoessig
1 EL gehackte Kürbiskerne

Kürbissalat

Den geraspelten Kürbis mit Salz, Dill, Ingwer und Kümmel eine Stunde marinieren, evtl. etwas Flüssigkeit abgießen und dann mit Kernöl, Balsamicoessig und den gehackten Kürbiskernen abschmecken.

Nährwerte pro Portion

kcal:	81	Kohlenh.:	2,8 g
Eiweiß:	1,6 g	Ballastst.:	0,7 g
Fett:	7,2 g	Chol.:	0 mg

Besonders reich an

Carotinoiden
Phenolsäuren
mehrfach ungesättigten Fettsäuren

Eine Portion deckt z. B. von der empfohlenen Tageszufuhr

Vitamin A: 13 % Vitamin B_1: 5 %

Serviertipp

→ Dieser Salat ist eine schöne Beilage für verschiedene Terrinen oder Sülzchen.

Ernährungsinfo

Kürbiskernöl: Speiseöl. Hergestellt aus den Kernen von Kürbissen, meist durch Kaltpressung. Steirische Spezialität. Sehr hochwertiges Speisefett. Enthält 50 % Linol- und 25 % Ölsäure. Reich an Vitamin E. Besonders geeignet für Rohkost und Salate, aber auch Süßes.

Gerald Zeitler

Heilkräutersalat

Zutaten

für 2 Personen

Je 1/2 Bund:
Kerbel
Basilikum
Schnittlauch
Gartenkresse
Fenchelkraut
Petersilie
Pimpinelle
Korianderblätter
Spinatblätter
Rucola

Kapuzinerkresseblüten und
Gurkenkrautblüten

Vinaigrette:
1 Knoblauchzehe
2 EL Olivenöl, kaltgepresst
Salz
1 TL Zitronenessig

Die Blätter sämtlicher Kräuter waschen und abtropfen lassen.

Für die Vinaigrette Knoblauchzehe fein hacken, mit Olivenöl, Salz und Zitronenessig verrühren.

Kräuterblätter mit einem Teil der Vinaigrette mischen.

Einige Blüten der Kapuzinerkresse dekorativ auf den Tellern anordnen, den Kräutersalat in der Mitte aufhäufen und mit Gurkenkrautblüten dekorieren. Rundherum mit etwas Vinaigrette beträufeln.

Ernährungsinfo

Petersilie: Gewürzpflanze, Doldenblütler. Verwendet werden hauptsächlich die frischen oder tiefgekühlten Blätter, da Petersilie in getrocknetem Zustand ihr Aroma fast vollständig verliert. Petersilie ist reich an Vitamin C, K, Folsäure, Betakarotin, Kalium, Kalzium, Magnesium und Eisen. Darüber hinaus enthält Petersilie die sekundären Pflanzeninhaltsstoffe Terpene in den aromagebenden ätherischen Ölen.

Nährwerte pro Portion

kcal:	133	Kohlenh.:	3,7 g
Eiweiß:	2,1 g	Ballastst.:	2,9 g
Fett:	12,3 g	Chol.:	0 mg

Besonders reich an

Sulfiden, Carotinoiden
Flavonoiden, Phenolsäuren
einfach ungesättigten Fettsäuren

Eine Portion deckt z. B. von der empfohlenen Tageszufuhr

unlösliche Ballaststoffe: 14 %

Vitamin C:	23 %	Eisen:	17 %
Vitamin E:	15 %	Kalium:	14 %
Mangan:	13 %		

Gerald Zeitler

Zutaten

für 2 Personen

250 g Rinderfilet
Salz, zerstoßener Pfeffer
1 EL Olivenöl, kaltgepresst
2 Selleriestangen (100 g)
1 Knoblauchzehe
Salz
Wasser
1 EL Olivenöl, kaltgepresst
Pfeffer

Marinade:
1 EL Walnussöl
1 EL Balsamicoessig
Salz, schwarzer Pfeffer

Garnitur:
100 g Rucola
1 EL geriebener Parmesan

Rindfleischsalat mit Sellerie und Walnussöl

Das Rinderfilet der Länge nach halbieren. Mit Salz, Pfeffer und Olivenöl würzen. In einer heißen Pfanne das Fleisch pro Seite eine Minute braten, bis es außen stark angebräunt ist. Innen soll es aber noch blutig sein. Dann lauwarm auskühlen lassen. Saft für die Marinade beiseite stellen.

Die groß geschnittenen Selleriestangen mit Wasser, Knoblauchzehe und Salz zum Kochen bringen und dünsten. Von der Platte nehmen, Olivenöl und Pfeffer dazugeben und eine Stunde ziehen lassen.

In einer Schüssel die Zutaten für die Marinade verrühren und den Saft vom Anbraten des Rinderfilets dazugeben. Das Rinderfilet kurz vor dem Servieren in 1/2 cm dicke Scheiben schneiden. Rucola, Rinderfilet, Sellerie und frisch geriebenen Parmesan abwechselnd schichtweise anrichten. Die Marinade großzügig darauf verteilen und den Salat sofort servieren.

Nährwerte pro Portion

kcal:	415	Kohlenh.:	4,6 g
Eiweiß:	40,7 g	Ballastst.:	2,1 g
Fett:	25,8 g	Chol.:	98 mg

Besonders reich an

hochwertigem Eiweiß
Carotinoiden, Monoterpenen
einfach und mehrfach ungesättigten Fettsäuren

Eine Portion deckt z. B. von der empfohlenen Tageszufuhr

Vitamin B_{12}:	88 %	Zink:	83 %
Niacin:	82 %	Vitamin A:	46 %
Eisen:	41 %	Kalium:	29 %
Vitamin E:	26 %	Kalzium:	15 %

Ernährungsinfo

Walnussöl: Speiseöl. Wird hauptsächlich als kaltgepresstes Öl angeboten. Walnussöl besteht zu ca. 70 % aus mehrfach ungesättigten Fettsäuren. Es sollte nicht erhitzt werden und ist besonders für Salate und Rohkost geeignet. Walnussöl ist reich an Vitamin E und Phytosterinen.

Johann Pabst

Mariniertes Rinderfilet mit Mozzarella und winterlichem Blattsalat

Rinderfilet ca. 2 Stunden in das Tiefkühlfach legen. In der Zwischenzeit Mozzarella in dünne Scheiben schneiden. Basilikumblätter abzupfen, in feine Streifen schneiden.

Das gekühlte Rinderfilet mit der Schneidemaschine in hauchdünne Scheiben schneiden.

Rinderfilet- und Mozzarellascheiben auf gekühlten Tellern kreisförmig anrichten, mit Salz und Pfeffer würzen. Darauf den bunten Blattsalat dekorativ anrichten. Mit Olivenöl, Balsamicoessig und Zitronensaft marinieren und mit geschnittenem Basilikum oder Brunnenkresse bestreuen.

Serviertipp

→ Möglichst kalt servieren.

Ernährungsinfo

Mozzarella: Milchprodukt. Mozzarella gehört zu den Frischkäsen, er wird ohne vorher zu reifen verzehrt. Ursprünglich wurde er ausschließlich aus Büffelmilch hergestellt, heute hauptsächlich aus Kuhmilch. Mozzarella spielt vor allem in der italienischen Küche eine bedeutende Rolle. Er ist reich an Fett, hochwertigem Eiweiß, Vitamin B_2, Phosphor und Kalzium.

Zutaten

für 2 Personen

- 120 g Rinderfilet
- 125 g Mozzarella
- 1/2 Bund Basilikum
- oder Brunnenkresse
- Salz, weißer Pfeffer
- 40 g gemischter Blattsalat
- 1 EL Olivenöl
- 2 EL Balsamicoessig
- Saft einer Zitrone

Nährwerte pro Portion

kcal:	325	Kohlenh.:	7,6 g
Eiweiß:	25,3 g	Ballastst.:	0,4 g
Fett:	20,8 g	Chol.:	72 mg

Besonders reich an

hochwertigem Eiweiß
Monoterpenen

Eine Portion deckt z. B. von der empfohlenen Tageszufuhr

Pantothensäure:	16 %		
Vitamin B_{12}:	82 %	Niacin:	55 %
Zink:	45 %	Vitamin A:	31 %
Kalzium:	28 %		

Gerald Zeitler

Rindscarpaccio mit Olivenmarinade

Zutaten

für 2 Personen

250 g Rindslungenbraten, gut abgehangen
Olivenöl zum Bestreichen
4 Stk. schwarze Oliven

Marinade:
50 ml Hühnerbouillon
5 ml Olivenöl
Salz, Pfeffer aus der Mühle
2 EL Balsamicoessig

40 g marktfrische Pilze
1 TL Butter

Friséesalat zum Garnieren
1/2 EL frischer Kerbel

Den Lungenbraten in dünne Scheiben schneiden. Eine Klarsichtfolie mit Olivenöl bestreichen und die Filetscheiben darauf legen. Danach mit Klarsichtfolie zudecken, mit einem Fleischschlögel dünn ausklopfen und auf einen kalten Teller legen. Oliven entkernen und pürieren (eventuell mit etwas Olivenöl geschmeidiger machen) und auf den Fleischscheiben verteilen.

Hühnerbouillon, Olivenöl, Salz, Pfeffer und Essig zu einer Marinade verrühren.

Pilze putzen, in Scheiben schneiden und kurz in Butter anschwitzen. Salat putzen und trockenschleudern. Salatblätter durch die Marinade ziehen und mit den Pilzen über dem rohen Fleisch gefällig anrichten. Das Gericht mit etwas Marinade beträufeln und mit Kerbel bestreuen.

Nährwerte pro Portion

kcal:	266	Kohlenh.:	1,1 g
Eiweiß:	29,1 g	Ballastst.:	1,0 g
Fett:	15,9 g	Chol.:	100 mg

Besonders reich an

hochwertigem Eiweiß
einfach ungesättigten Fettsäuren

Eine Portion deckt z. B. von der empfohlenen Tageszufuhr

Pantothensäure: 29 %

Vitamin B_{12}:	88 %	Niacin:	84 %
Zink:	70 %	Eisen:	30 %
Kalium:	30 %	Vitamin B_6:	20 %

Ernährungsinfo

Oliven: Früchte des Ölbaumes. Unreife bis halbreife Oliven sind grün, reife schwarz. Oliven werden entweder roh oder eingelegt verzehrt oder zu Olivenöl verarbeitet. Sie sind reich an Fett, vor allem an der einfach ungesättigten Ölsäure. Schwarze Oliven haben einen höheren Fettgehalt als grüne.

Gerald Geißler

Zutaten

für 2 Personen

Gebeiztes Alpenlachsfilet auf mariniertem Gemüse

300 g Alpenlachsfilet
10 g Meersalz, 2 g Staubzucker
2 g Zitronenpfeffer
60 g Dill, 15 g Koriander
10 ml Zitronenessig
2 EL Olivenöl, 1 EL Magermilch

Marinade:

4 Schalotten
4 Scheiben Ingwerwurzel
3 Knoblauchzehen
1 Stängel Zitronengras
1 EL Olivenöl
je 10 Koriander- u. Pfefferkörner
1 EL Zucker, 1/4 l Noilly Prat
3/4 l Geflügelfond
je 1 EL Erdnuss-, Walnuss- und Sesamöl
Zitronensaft, Essig, Salz, weißer Pfeffer aus der Mühle
Prise brauner Zucker

Gemüse:

1 Karotte, 1 Knollensellerie
1/2 Fenchelknolle, 1 EL Butter
Salz, weißer Pfeffer
1 Stange Staudensellerie
je 1/4 gelber und roter Paprika
1 Tomate

Lachs mit den Gewürzen, Olivenöl und Magermilch mindestens 24 Stunden beizen.

Schalotten, Ingwerwurzel und Knoblauch in Scheiben schneiden und mit Zitronengras in Öl andünsten, Koriander- und Pfefferkörner zufügen, mit dem Zucker bestreuen. Diesen unter Rühren schmelzen lassen und mit Noilly Prat ablöschen. Um 3/4 einkochen lassen, mit Geflügelfond auffüllen und 30 Min. leise köcheln, dann abkühlen lassen. Mit allen Ölsorten, Zitronensaft, Essig, Salz, Pfeffer und braunem Zucker zur Marinade verrühren und recht pikant abschmecken.

Karotte und Knollensellerie schälen und mit Fenchel in ca. 1 cm dicke Scheiben schneiden und in Butter leicht andünsten, mit Wasser bedecken, würzen, leise köcheln lassen, bis das Gemüse weich ist. Den Saft vorsichtig abgießen und in die Marinade geben. Geschälte Staudensellerie in kleine Stangen schneiden, in Salzwasser blanchieren. Tomaten enthäuten, entkernen und vierteln. Das gekochte Gemüse abtropfen lassen und mit dem übrigen Gemüse mindestens 4 – 5 Stunden bei Zimmertemperatur in der Marinade ziehen lassen.

Lachs aus der Beize nehmen, dünn aufschneiden, Gemüse aus der Marinade nehmen und gemeinsam mit dem Lachs servieren.

Nährwerte pro Portion

kcal:	507	Kohlenh.:	15,0 g
Eiweiß:	33,6 g	Ballastst.:	10,7 g
Fett:	34,4 g	Chol.:	67 mg

Besonders reich an

Omega-3-Fettsäuren
hochwertigem Eiweiß, Carotinoiden
Monoterpenen, Phenolsäuren

Eine Portion deckt z. B. von der empfohlenen Tageszufuhr

Vitamin D: > empf. Tageszufuhr
Vitamin B_{12}: > empf. Tageszufuhr
Vitamin B_6: > empf. Tageszufuhr
Vitamin E: 81 % Kupfer: 51 %

Ernährungsinfo

Vitamin E: Fettlösliches Vitamin. Es wirkt als Antioxidans und schützt so sauerstoffempfindliche Substanzen wie ungesättigte Fettsäuren, Vitamin A, Karotin und eine Reihe von Hormonen vor einer Oxidation. Auf diese Weise schützt Vitamin E u. a. vor der Entstehung von Krebskrankheiten und beugt der Entwicklung der Arteriosklerose vor. Es hemmt auch Entzündungsprozesse.

Räucherforellenparfait mit Räucherlachs und kleinem Salat

Zutaten

für 2 Personen

- 100 g geräuchertes Forellenfilet
- 1 EL Jogurt
- Salz, Pfeffer
- Zitronensaft
- 1 1/2 Blatt Gelatine
- 30 g Räucherlachs
- Dill, gehackt
- 1 EL Obers (Sahne)
- 70 g verschiedene Blattsalate, geputzt
- 1 1/2 EL Olivenöl
- 1 EL Sherryessig
- Salz und Pfeffer

Das geräucherte Forellenfilet mit Jogurt im Mixer fein pürieren und mit Salz, Pfeffer und Zitronensaft würzen. Anschließend die aufgelöste Blattgelatine sowie den fein geschnittenen Räucherlachs und gehackten Dill untermischen. Zum Schluss das halb geschlagene Obers unterziehen und in mit Klarsichtfolie ausgelegte Dariolformen oder Kaffeetassen einfüllen und ca. 4 Stunden in den Kühlschrank stellen. Den Blattsalat nach Wahl gefällig anrichten, mit Olivenöldressing marinieren.

Das Räucherforellenparfait darauf stürzen und anschließend servieren.

Zubereitungstipp

→ Dieses Parfait kann auch aus jedem anderen Fisch zubereitet werden.

Ernährungsinfo

Olivenöl: Speiseöl. Hoher Gehalt an einfach ungesättigten Fettsäuren (70 % Ölsäure), Vitamin E und K. Natives (vergine) Olivenöl ist kaltgepresst und nicht raffiniert. Aus der Erstpressung wird es als »natives Olivenöl extra« (extra vergine) bezeichnet. Beide sollten nicht über 180 °C erhitzt werden. Besonders geeignet für Rohkost und Salate.

Nährwerte pro Portion

kcal:	204	Kohlenh.:	3,4 g
Eiweiß:	15,7 g	Ballastst.:	0,6 g
Fett:	13,9 g	Chol.:	44 mg

Besonders reich an

Omega-3-Fettsäuren
hochwertigem Eiweiß

Eine Portion deckt z. B. von der empfohlenen Tageszufuhr

Vitamin D: > empf. Tageszufuhr

Vitamin B_{12}:	83 %	Niacin:	33 %
Vitamin E:	19 %	Kalium:	18 %
Vitamin B_6:	17 %	Kupfer:	15 %

Johann Pabst

Zutaten

für 2 Personen

75 g Sushireis
1 TL fein gehackte Zwiebel
1 TL Olivenöl, 90 ml Wasser
1 EL Reis-Essig, Salz
1/2 TL Kristallzucker
1 Norialgenblatt
75 g geräucherter Tofu
1 TL Pesto zum Marinieren aus
1 EL Olivenöl, 10 Stk. Pignolien,
1/2 Knoblauchzehe, Basilikum
6 getrocknete Tomaten

70 g verschiedene Blattsalate
1 EL Balsamicoessig
1/2 EL Olivenöl
Salz, Pfeffer aus der Mühle

Wasabisoße:
1 EL Magerjogurt
1 EL Sauerrahm (saure Sahne)
Salz, Zitronensaft,
Wasabi nach Geschmack

Nährwerte pro Portion

kcal:	301	Kohlenh.:	38,6 g
Eiweiß:	9,6 g	Ballastst.:	3,0 g
Fett:	11,2 g	Chol.:	6 mg

Besonders reich an

Phytoöstrogenen, Carotinoiden Phenolsäuren, Flavonoiden

Eine Portion deckt z. B. von der empfohlenen Tageszufuhr

Mangan:	40 %	Vitamin C:	33 %
Vitamin A:	29 %	Magnesium:	24 %
Folsäure:	23 %	Niacin:	23 %
Vitamin E:	22 %	Eisen:	22 %

Sushi vom geräucherten Tofu mit Blattsalaten und Wasabisoße

Reis in einem Sieb unter fließendem Wasser waschen, gut abtropfen lassen. Zwiebel in etwas Olivenöl leicht andünsten, Reis beigeben und mitanschwitzen. Mit Wasser aufgießen, zudecken und ca. 15 Minuten garen. Vom Herd nehmen und anschließend noch 10 Minuten rasten lassen. Essig, Salz und Kristallzucker verrühren, den Reis in eine Schüssel geben und nach und nach die Essigmischung vorsichtig unterheben.

Auf einer Makimatte ein Norialgenblatt auflegen, marinierten Reis darauf gleichmäßig verteilen, mit dem geräucherten, mit Pesto marinierten Tofu und getrockneten Tomaten füllen und einrollen. Im Kühlschrank rasten lassen. In Scheiben schneiden und mit mariniertem Salat dekorativ anrichten. Die Wasabisoße extra anrichten und dazu reichen.

Eine Makimatte ist eine Strohmatte (ca. 20 x 20 cm), die für das Einrollen des Maki-Sushis verwendet wird.

Zubereitungstipp

→ Statt Wasabi kann auch Sojasoße oder ein Krenjogurt verwendet werden.

Ernährungsinfo

Wasabi: Japanischer Kren. Gewürzpflanze, Kreuzblütler. Wasabi ist dem europäischen Kren in Geruch und Geschmack ähnlich, allerdings noch schärfer. Bei uns ist er hauptsächlich als grüne Paste erhältlich, die z. B. zu Sushi gereicht wird. Auch Wasabi enthält die sekundären Pflanzeninhaltsstoffe Isothiocyanate, die hemmend gegenüber Krankheitskeimen wirken und möglicherweise krebshemmende Eigenschaften haben.

Gerald Geißler

Zutaten

für 2 Personen

100 g Erbsenschoten
3 Radieschen
100 g Matjesfilet
1/2 kleiner Apfel, geschält
1 EL Jogurt, abgeronnen
Salz
Pfeffer
Cayennepfeffer
Zitronensaft
1 EL Schnittlauch
2 Scheiben Pumpernickel

Matjestartar auf Pumpernickel

Erbsenschoten und Radieschen in Scheiben schneiden, Matjesfilet und Apfel in kleine Würfel schneiden, mit Jogurt vermischen und mit den Gewürzen pikant abschmecken.

Auf Pumpernickel anrichten.

Nährwerte pro Portion

kcal:	234	Kohlenh.:	21,4 g
Eiweiß:	12,2 g	Ballastst.:	6,2 g
Fett:	10,8 g	Chol.:	61 mg

Besonders reich an

Omega-3-Fettsäuren
komplexen Kohlenhydraten
Carotinoiden
Glucosinolaten
Flavonoiden
Phenolsäuren

Eine Portion deckt z. B. von der empfohlenen Tageszufuhr

Vitamin D: > empf. Tageszufuhr

Vitamin B_{12}:	69 %	Kupfer:	34 %
Mangan:	34 %	Kalium:	28 %
Vitamin B_6:	27 %	Eisen:	23 %

Ernährungsinfo

Vitamin D: Fettlösliches Vitamin. Es fördert die Aufnahme von Kalzium und Phosphat aus dem Darm ins Blut und die Bildung von Knochensubstanz und Knorpel. Es kann durch längeren Aufenthalt im Freien auch in der menschlichen Haut gebildet werden und ist deshalb mehr ein Hormon als ein Vitamin. Sonnenschutz ab einem Sonnenschutzfaktor 8 kann diese Bildung in der Haut völlig hemmen.

Matjes-Törtchen

Zutaten

für 2 Personen

- 20 g Magerjogurt
- 40 g Sauerrahm (saure Sahne)
- 4 g gelbe Rübenbrunoise
- 30 g Apfelwürfel (Delicious)
- 1 EL Calvados
- 20 g Kartoffelwürfel, gekocht
- Salz, Pfeffer, Zitronensaft
- 1 Matjesfilet (ca. 30 – 35 g)
- 1 1/2 Blatt Gelatine
- 1 EL Obers (Sahne)
- Dill, Basilikum

Jogurt, Sauerrahm, gelbe Rüben, in Calvados glacierte Apfelwürfel und Kartoffelwürfel verrühren, mit Salz, Pfeffer und Zitronensaft würzen. Die eingeweichte Gelatine auflösen, zügig unterrühren und zum Schluss das geschlagene Obers und die gehackten Kräuter unterziehen.

Dariolförmchen mit Klarsichtfolie auslegen, Masse bis zur Hälfte einfüllen, Matjesfilet einlegen und ca. 3 Stunden im Kühlschrank kalt stellen.

Serviertipp

→ Kann auf Blattsalaten oder Tsatsiki (Knoblauchrahmgurken) angerichtet werden.

Zubereitungstipp

→ Hat man keine Dariolformen, kann man auch Kaffeetassen, kleine Wassergläser oder große Keksausstecher verwenden.

Ernährungsinfo

Matjeshering: Fettfisch. Als Matjesheringe werden die jungen, noch nicht geschlechtsreifen Heringe bezeichnet, deren Fleisch noch besonders zart ist. Heringe enthalten neben hochwertigem Eiweiß reichlich Omega-3-Fettsäuren, Vitamin D, B-Vitamine und Jod.

Nährwerte pro Portion

kcal:	145	Kohlenh.:	7,0 g
Eiweiß:	4,7 g	Ballastst.:	0,9 g
Fett:	8,2 g	Chol.:	35 mg

Besonders reich an

Omega-3-Fettsäuren

Eine Portion deckt z. B. von der empfohlenen Tageszufuhr

Vitamin D:	70 %	Vitamin B_{12}:	25 %
Vitamin A:	14 %	Kupfer:	12 %

Gerald Zeitler

Bachsaiblingsfilet in Grüntee mariniert mit Pastinakencoulis

Zutaten
für 2 Personen

5 TL Grünteeblätter
1 Sternanis
60 ml Zitronenessig
6 Pfefferkörner
1 Gewürznelke
Meersalz
1/4 l Fischfond

2 Bachsaiblingsfilets (à 50 g)

200 g Pastinaken, geschält und fein gewürfelt
1 EL Olivenöl
1 EL Jogurt
Zitronensaft
Salz

Zerstoßene Grünteeblätter mit Gewürzen vermengen, mit heißem Fischfond aufgießen und ziehen lassen. Nach dem Abseihen Filets ca. 2 Stunden in die lauwarme Marinade einlegen, herausnehmen und abtropfen lassen.

Pastinaken in Olivenöl anschwitzen, Jogurt beigeben und weich dünsten. Würzen und mit den Filets anrichten.

Nährwerte pro Portion

kcal:	226	Kohlenh.:	5,4 g
Eiweiß:	27,8 g	Ballastst.:	4,7 g
Fett:	9,5 g	Chol.:	73 mg

Besonders reich an

Omega-3-Fettsäuren
hochwertigem Eiweiß
Phenolsäuren
Flavonoiden
Monoterpenen

Eine Portion deckt z. B. von der empfohlenen Tageszufuhr

Vitamin D: > empf. Tageszufuhr

Vitamin B_{12}:	84 %	Mangan:	80 %
Niacin:	58 %	Jod:	53 %
Kalium:	41 %	Vitamin B_6:	28 %

Zubereitungstipp

→ Statt Pastinaken kann man auch Karotten oder Topinambur verwenden.

Ernährungsinfo

Grüntee: Getrocknete Blattknospen, junge Blätter oder junge Triebe des Teestrauches. Im Gegensatz zu Schwarztee ist Grüntee nicht fermentiert (Umsetzungsprozess durch Enzyme), da durch Hitzebehandlung die Enzyme zerstört werden und die Blätter die grüne Farbe behalten. Grüntee enthält Koffein und reichlich Polyphenole, allen voran Catechine und Tannine.

Mariniertes Saiblingsfilet mit grünem Spargel

Zutaten

für 2 Personen

2 Saiblingsfilets (à 120 g)
1 kleiner Bund Dill
Petersilie
1 EL Koriander, frisch
1 TL Senfkörner
Meersalz
1 TL Zucker

400 g grüner Spargel, frisch
1 Stange Junglauch
50 g Karotten
50 g Gelbe Rüben
1 EL Olivenöl
50 g Pilze
10 ml Weißwein
50 ml Tomatenfond
10 ml Weintraubenkernöl
20 ml Zitronenessig
Salz, Pfeffer

Saiblingsfilets waschen und trockentupfen. Kräuter und Gewürze, Salz und Zucker vermischen und Filets damit bedecken (ca. 12 Stunden marinieren).

Spargel bissfest kochen (je nach Stärke bis zu 8 Minuten) und kalt abschrecken. Kleinwürfelig geschnittenes Gemüse in Olivenöl anschwitzen, Pilze beigeben und mit Wein ablöschen. Den Tomatenfond dazugeben und reduzieren. Wenn das Gemüse bissfest ist, das Öl beigeben und mit Zitronenessig, Salz und Pfeffer abschmecken.

Saiblingfilets aus der Marinade nehmen, in dünne Streifen schneiden, mit Spargel und Gemüse anrichten.

Nährwerte pro Portion

kcal:	340	Kohlenh.:	10,4 g
Eiweiß:	35,7 g	Ballastst.:	7,0 g
Fett:	16,5 g	Chol.:	83 mg

Besonders reich an

Omega-3-Fettsäuren, Sulfiden
Saponinen, Carotinoiden
Phenolsäuren

Eine Portion deckt z. B. von der empfohlenen Tageszufuhr

Vitamin D: > empf. Tageszufuhr
Vitamin B_{12}: > empf. Tageszufuhr
Pantothensäure: 56 %
Niacin: 95 % Folsäure: 29 %

Ernährungsinfo

Niacin: Wasserlösliches Vitamin. Bestandteil von Enzymen und besonders wichtig für die Haut und das Nervensystem. Ein Mangel führt zu Hautveränderungen (trockene und rissige Hautstellen), Durchfall, Gewichtsverlust durch geringen Appetit, Schwindel, Kopfschmerzen, Schlaflosigkeit, Müdigkeit und in schweren Fällen zu Depressionen und Verwirrungszuständen.

Lachstörtchen mit Keta-Kaviar

Zutaten

für 2 Personen

1/2 Kohlrabi
100 g gebeizte Lachsfilets
Saft von 1 Limette und 1 Zitrone
1/2 EL Olivenöl
Salz, Pfeffer
Schnittlauch
1 Scheibe Pumpernickelbrot
1/2 Friséesalat
1/2 EL Olivenöl
Salz, Pfeffer aus der Mühle
Zitronensaft
20 g Keta-Kaviar
(Forellen-Kaviar)

Kohlrabi schälen, in 2 mm dünne Scheiben schneiden, dann mit Ausstecher 4 Scheiben herstellen. Diese in Salzwasser kochen. Mit kaltem Wasser abschrecken, abtupfen und beiseite stellen. Lachsfilets enthäuten, fein hacken. Mit Limetten- und Zitronensaft, Öl, Salz, Pfeffer und gehacktem Schnittlauch vermischen. Kurz kalt stellen. Brot ausstechen und in runde, 4 cm hohe Ringe legen. Lachstartar mit einem Löffel einfüllen. Kohlrabischeibe darauf legen, dann wieder Lachs, dann noch einmal Kohlrabi. Mit der Lachsschicht abschließen. Den Friséesalat zupfen und waschen. Blätter mit Olivenöl, Salz und Zitronensaft marinieren. Mit dem Keta-Kaviar vollenden.

Zubereitungstipp

- Statt Pumpernickel kann auch Vollkorn-Toastbrot verwendet werden.

Serviertipps

- Die Lachstörtchen können eventuell auch mit Sauerrahm garniert werden.
- Kann auch wie auf dem Foto mit mariniertem Lauch, Navets (= kleine weiße Rüben) und Rucola angerichtet werden.

Ernährungsinfo

Kaviar: Fischrogen. Echter Kaviar ist der gesalzene Rogen des Störs. Frisch ist er hell und durchsichtig, durch Salzen und Konservieren wird er schwarz. Kaviar ist reich an hochwertigem Eiweiß, Vitamin D, E, Niacin und B_{12} sowie an dem Mineralstoff Jod, enthält allerdings auch große Mengen an Salz bzw. Natrium und Cholesterin.

Nährwerte pro Portion

kcal:	260	Kohlenh.:	20,2 g
Eiweiß:	16,3 g	Ballastst.:	3,7 g
Fett:	11,7 g	Chol.:	50 mg

Besonders reich an

Omega-3-Fettsäuren
hochwertigem Eiweiß
Glucosinolaten
Flavonoiden
Phenolsäuren

Eine Portion deckt z. B. von der empfohlenen Tageszufuhr

Vitamin D: > empf. Tageszufuhr
Vitamin B_{12}: > empf. Tageszufuhr

Niacin:	50 %	Vitamin B_6:	38 %
Kupfer:	34 %	Eisen:	21 %

Gerald Zeitler

Zutaten
für 2 Personen

Alpenlachs mit Blattspinat, Tomatengelee und Jogurt

Gelee:
500 g Tomaten, geviertelt
Salz
3 Eiweiß
2 Sternanis
1/8 l Noilly Prat (Martini)
4 Blatt Gelatine

240 g Alpenlachs
Salz

100 g Jogurt
Salz
Zitronensaft
50 g junge, rohe Spinatblätter

Tomaten mit Salz im Mixer pürieren. Zusammen mit den ungeschlagenen Eiweißen in einem Topf zum Kochen bringen, bis sich das Fruchtfleisch vom Saft trennt. Durch ein Tuch passieren. Noilly Prat auf die Hälfte einreduzieren und die eingeweichte Gelatine darin auflösen. Noilly Prat und Sternanis zu den Tomaten geben und 10 Minuten ziehen lassen, nicht kochen! Sternanis herausnehmen, Gelee auf Eis glatt rühren. Masse soll dickflüssig werden, aber nicht gelieren.

Alpenlachs in Salzwasser ca. 1 Minute garen.

Timbaleform auf Eis stellen und gut kühlen. Danach mit dem Tomatengelee chemisieren, den Alpenlachs einlegen und mit Gelee zugießen, ca. 1/2 Stunde kühl stellen.

Jogurt mit Salz, Zitronensaft abschmecken und auf vorgekühlte Teller einen Spiegel gießen. Die Tomatentimbale aus der Form stürzen und auf dem Teller mit den Spinatblättern anrichten.

Zubereitungstipps

- Statt Alpenlachs kann man jedes beliebige Fischfilet verwenden.
- Ältere und größere Spinatblätter sollte man vor dem Anrichten kurz blanchieren.

Ernährungsinfo

Mehrfach ungesättigte Fettsäuren: Polyenfettsäuren, PUFA. Haben mindestens zwei Doppelbindungen. Aufgrund der chemischen Struktur unterscheidet man Omega-3- und Omega-6-Fettsäuren. Können vom Körper nicht selbst hergestellt werden. Können Gesamt- und LDL-Cholesterinspiegel senken. Enthalten in Pflanzenölen, Walnüssen, Linsen und Spinat.

Nährwerte pro Portion

kcal:	390	Kohlenh.:	24,9 g
Eiweiß:	28,2 g	Ballastst.:	1,8 g
Fett:	10,3 g	Chol.:	50 mg

Besonders reich an

Omega-3-Fettsäuren
hochwertigem Eiweiß
Lycopin

Eine Portion deckt z. B. von der empfohlenen Tageszufuhr

Vitamin B_{12}: > empf. Tageszufuhr

Niacin:	80 %	Vitamin B_6:	64 %
Vitamin A:	38 %	Vitamin E:	33 %
Kupfer:	30 %	Folsäure:	18 %

Fenchelsalat mit Rauchlachs und Krabben

Zutaten

für 2 Personen

- 1 Fenchelknolle
- 750 g junger Lauch
- 1/16 l frischer Orangensaft
- 10 g Olivenöl
- 1/2 EL Honig
- 20 g Weißweinessig
- Salz, Pfeffer
- 20 g Bauernjogurt (3,6 % Fett)
- 10 g Ketchup
- 10 g Whisky
- Salz, Pfeffer
- 50 g Krabben
- 100 g Rauchlachs

Von der Fenchelknolle das Grün abzupfen, fein hacken und beiseite geben. Die Knolle der Länge nach halbieren und anschließend feinnudelig schneiden. Lauch ebenfalls fein schneiden und mit Fenchel in kochendem Salzwasser ca. 1 Minute überkochen. Das Wasser abgießen, Gemüse mit Orangensaft, Olivenöl, Honig, Essig, Salz und Pfeffer vermischen. Ca. 1 Stunde stehen lassen und erst dann das Fenchelgrün beigeben und wenn nötig mit Salz und Pfeffer nachwürzen.

Jogurt mit Ketchup vermischen, mit Whisky, Salz und Pfeffer abschmecken. Das Krabbenfleisch darunter mischen und ca. 15 Minuten beizen lassen.

Fenchelsalat auf Teller setzen und mit Krabben und Rauchlachstranchen servieren.

Zubereitungstipps

- → Um den Fettgehalt dieses Gerichtes zu verringern, kann das Bauernjogurt durch Magerjogurt ersetzt werden.
- → Statt der Krabben kann Fisch nach Geschmack verwendet werden.

Ernährungsinfo

Unlösliche Ballaststoffe: Enthalten in Getreide und Getreideprodukten aus Vollkorn. Unentbehrlich für eine normale Darmtätigkeit. Helfen mit, giftige oder krebserregende Stoffe schneller auszuscheiden und schützen den Darm so vor der Entstehung von Krebserkrankungen.
Tägliche Zufuhr: 15 Gramm.

Nährwerte pro Portion

kcal:	323	Kohlenh.:	24,0 g
Eiweiß:	27,3 g	Ballastst.:	14,7 g
Fett:	10,8 g	Chol.:	54 mg

Besonders reich an

Carotinoiden
Sulfiden
Polyphenolen
Monoterpenen
Omega-3-Fettsäuren

Eine Portion deckt z. B. von der empfohlenen Tageszufuhr

unlösliche Ballaststoffe: 74 %
Vitamin D: > empf. Tageszufuhr
Vitamin B_6: > empf. Tageszufuhr
Folsäure: 94 % Eisen: 75 %

Gerald Zeitler

Zutaten

für 2 Personen

Säuerlich marinierte Lachsforelle mit Gemüse-Dill-Gelee

Marinade:

1/4 l Tomatenfond
1 EL Salz
1 EL brauner Zucker
1 EL gehackter Dill
1 KL gehackter Ingwer

2 Lachsforellenfilets (à 100 g)

1 EL brauner Zucker
Zitronenessig
150 ml Wasser
50 ml Weißwein
je 1 EL fein gewürfelte
Karotte, Fenchel, Gelbe Rübe,
Tomate, Sellerie
1 EL Dill, gehackt
3 Blatt Gelatine
Salz, Pfeffer

Tomatenfond mit Gewürzen und Kräutern aufkochen, abkühlen lassen, die Filets damit übergießen und ca. 1 Tag marinieren.

Zucker karamellisieren, mit Zitronenessig ablöschen und mit Wasser und Wein aufgießen. Gemüse darin bissfest kochen, abkühlen lassen. Dill und die eingeweichte Gelatine beigeben und abschmecken.

Filets aus der Marinade nehmen, abwischen, in dünne Scheiben schneiden, mit dem Gemüsegelee bedecken und ca. 5 Stunden kalt stellen.

Nährwerte pro Portion

kcal:	277	Kohlenh.:	18,8 g
Eiweiß:	29,1 g	Ballastst.:	2,2 g
Fett:	7,3 g	Chol.:	69 mg

Besonders reich an

Omega-3-Fettsäuren
hochwertigem Eiweiß

Eine Portion deckt z. B. von der empfohlenen Tageszufuhr

Vitamin D: > empf. Tageszufuhr
Vitamin B_{12}: > empf. Tageszufuhr
Pantothensäure: 30 %
Niacin: 56 % Kalium: 33 %

Ernährungsinfo

Dill: Gewürzpflanze, Doldenblütler. Dill wird auch Gurkenkraut genannt. Dill schmeckt und riecht sehr aromatisch. Das Kraut wird zum Würzen von Salaten, Suppen, Soßen, Fischgerichten und zum Einlegen von Gurken verwendet. Geschmack und Geruch rühren vom ätherischen Öl her, das sekundäre Pflanzeninhaltsstoffe aus der Gruppe der Terpene enthält.

Johann Pabst

Marinierte Lachsröllchen mit Sojagemüse

Zutaten

für 2 Personen

- 4 dünne Scheiben Rohlachs (80 g)
- etwas Salz
- Saft einer 1/2 Zitrone
- 1 TL Sesamöl
- 125 g Sojasprossen
- frischer Ingwer nach Geschmack
- 1 TL Sojasoße

Die Lachsscheiben auf einen kalten Teller legen, leicht salzen, mit Zitronensaft und Sesamöl gut marinieren. Sojasprossen kurz abwaschen, Sesamöl erhitzen, die Sprossen darin anschwitzen, mit Ingwer würzen und mit Sojasoße ablöschen.

Das Sojagemüse in die Mitte der einzelnen Lachsscheiben setzen und vorsichtig zu Röllchen drehen.

Zubereitungstipp

→ Verwendet man zum Braten eine beschichtete Pfanne, benötigt man nur ganz wenig oder gar kein Öl.

Serviertipp

→ Die Röllchen werden mit verschiedenen marinierten Blattsalaten angerichtet.

Ernährungsinfo

Sojasprossen: Familie der Hülsenfrüchte. Gekeimte, junge Triebe der Sojabohne. Sojasprossen werden in der asiatischen Küche häufig verwendet. Sie liefern reichlich Folsäure und Kalium. Des Weiteren sind sie reich an Phytoöstrogenen, Phenolsäuren und Saponinen.

Nährwerte pro Portion

kcal:	129	Kohlenh.:	5,8 g
Eiweiß:	11,2 g	Ballastst.:	2,0 g
Fett:	6,1 g	Chol.:	14 mg

Besonders reich an

Omega-3-Fettsäuren
hochwertigem Eiweiß
Phytoöstrogenen
Phenolsäuren
Saponinen

Eine Portion deckt z. B. von der empfohlenen Tageszufuhr

Vitamin D: > empf. Tageszufuhr
Pantothensäure: 23 %

Niacin:	44 %	Vitamin B_{12}:	39 %
Vitamin B_6:	32 %	Folsäure:	29 %

Johann Pabst

Gelee von geräucherten und gebeizten Fischen mit Fenchelsalat

Zutaten

für 12 Portionen
oder eine Terrinenform

Beize:
2 EL Rohrzucker, 8 EL Salz
10 Korianderkörner, zerdrückt
10 Wacholderbeeren, zerdrückt
je 1 TL Dill, Estragon, Petersilie
200 g Lachsfilets
100 g geräucherte Forellenfilets
120 g Keniabohnen als Einlage

Fond für Gelee:
je 50 g Stangensellerie, Lauch
Karotten, Fenchel, Zwiebeln
5 g Butter, 1.000 g Fischgräten
40 ml Noilly Prat, 1/2 l Weißwein
1/2 l Wasser, Salz, 18 Blatt Gelatine

Forellenmus:
100 g geräuchertes Forellenfilet
10 ml Jogurt, 10 ml Obers
Zitronensaft, 2 Blatt Gelatine
30 g Lachskaviar

Fenchelsalat:
1 Orange, Fenchelgrün
Weißweinessig, 1 TL Honig
Salz, Pfeffer aus der Mühle
1 TL Oliven-, 5 EL Sonnenblumenöl
500 g Fenchelherzenscheiben

Garnitur:
12 Schlangenbohnen
120 g Radieschensprossen

Nährwerte pro Portion

kcal:	210	Kohlenh.:	6,5 g
Eiweiß:	11,3 g	Ballastst.:	3,2 g
Fett:	11,7 g	Chol.:	27 mg

Besonders reich an

Omega-3-Fettsäuren, Carotinoiden
Monoterpenen, Phenolsäuren

Eine Portion deckt z. B. von der empfohlenen Tageszufuhr

Vitamin E:	62 %	Vitamin B_{12}:	55 %
Vitamin A:	53 %	Vitamin C:	52 %
Niacin:	27 %	Kalium:	26 %
Eisen:	20 %	Folsäure:	19 %

Am Vortag: Lachsfilets mit gemischten Gewürzen und gehackten Kräutern belegen. Filets mit der Innenseite zusammenklappen, mit Folie abdecken, nach 12 Stunden umdrehen (Beizdauer = 24 Std. im Kühlschrank).
Fond: Würfelig geschnittenes Gemüse in Butter kurz andünsten, gewaschene und zerkleinerte Fischgräten beigeben, mit Noilly Prat ablöschen, mit Weißwein und Wasser auffüllen und ca. 1/2 Stunde kochen. Den Fond durch ein Tuch passieren und bis auf 1 Liter einkochen. Zum Schluss den Fond salzen, die eingeweichten Gelatineblätter darin auflösen, abkühlen lassen.
Terrine: Die gereinigten Lachsfilets in dünne Scheiben schneiden und in eine mit Klarsichtfolie ausgelegte Terrinenform 2/3 hoch einlegen. Das in Streifen geschnittene Forellenfilet abwechselnd mit den gekochten Keniabohnen drauflegen und mit einer gebeizten Lachsscheibe abdecken. Das noch leicht flüssige Gelee darauf gießen und mind. 2 Std. kühl stellen.
Forellenmus: Forellenfilet mit Jogurt fein pürieren und mit Salz, Pfeffer und Zitronensaft würzen. Aufgelöste Gelatine einrühren, geschlagenes Obers darunter ziehen. Lachskaviar beigeben, letzte 1/3 der Terrine damit auffüllen, 2 Std. kühl stellen.
Fenchelsalat: Orangensaft, Weißweinessig, Honig sowie Gewürze gut vermengen und mit Öl aufrühren. Feine Fenchelscheiben und Fenchelgrün damit marinieren. Das Gelee auf Fenchelsalat anrichten, mit Schlangenbohnen eine Schnecke drehen, mit Radieschensprossen und Kresse sowie Karottenchips vollenden. Mit einer Traubenkernölmarinade (4 EL Traubenkernöl, 5 EL Balsamico, 3 EL Traubensaft, Salz, Pfeffer) marinieren.

Ernährungsinfo

Grüne Bohnen: Hülsenfrüchte. Grüne Sorten der niedrigen Buschbohne und der kletternden Stangenbohne. Bekannte Vertreter sind Prinzessbohnen, Brechbohnen und die dünnen Keniabohnen. Grüne Bohnen liefern Eiweiß, Kohlenhydrate, Ballaststoffe, Vitamin C, Folsäure, Kalium, Magnesium und Eisen. Aufgrund des Gehalts an blutgerinnungsfördernden Stoffen in rohen Bohnen dürfen sie nur gekocht verzehrt werden.

Gerald Zeitler

Tunfischcarpaccio mit frittiertem Knoblauch

Zutaten

für 2 Personen

- 20 g Knollensellerie
- 10 g Parmesan
- 20 g Schnittlauch
- 20 g Trüffel
- 10 g Knoblauch
- Milch zum Blanchieren
- Erdnussöl zum Frittieren
- Selleriesalz
- 200 g roher Tunfisch
- 10 ml Olivenöl
- Pfeffer aus der Mühle
- grobes Meersalz
- Kerbel
- Basilikum

Sellerie für die Garnitur kleinwürfelig schneiden. Parmesan raspeln, Schnittlauch fein schneiden und Trüffel hacken. Knoblauch schälen, blättrig schneiden und mit Milch zweimal blanchieren, abtropfen lassen und bei 180 °C in Öl frittieren. Anschließend mit Selleriesalz würzen.

Den Tunfisch in sehr dünne Scheiben schneiden, flach drücken und auf einen (mit Olivenöl und Pfeffer bestrichenen) Teller legen. Dann den Tunfisch mit Öl bepinseln und mit Pfeffer und Meersalz würzen. Selleriewürfel, Schnittlauch und Trüffel darüber streuen. Einige Scheibchen Parmesan, Kerbelblätter, Basilikum und die frittierten Knoblauchblätter darauf dekorativ verteilen.

Nährwerte pro Portion

kcal:	353	Kohlenh.:	2,6 g
Eiweiß:	25,1 g	Ballastst.:	2,8 g
Fett:	27,4 g	Chol.:	74 mg

Besonders reich an

Omega-3-Fettsäuren
hochwertigem Eiweiß
Sulfiden
Flavonoiden
Phenolsäuren

Eine Portion deckt z. B. von der empfohlenen Tageszufuhr

Vitamin B_{12}: > empf. Tageszufuhr
Vitamin D: > empf. Tageszufuhr

Niacin:	89 %	Vitamin A:	56 %
Vitamin B_6:	49 %	Jod:	30 %

Zubereitungstipp

→ Statt Trüffeln kann man auch feste Steinpilze verwenden.

Ernährungsinfo

Tunfisch: Fettfisch, Seefisch. Familie der Makrelen. Tunfisch wird sowohl frisch als auch als Dosenkonserve angeboten. Er ist reich an hochwertigem Eiweiß, Fett, den Vitaminen A, D, E, Niacin, B_{12}, liefert reichlich Zink und Jod. Das Fett des Tunfisches besteht zu einem großen Teil aus mehrfach ungesättigten Omega-3-Fettsäuren, die vor Herz-Kreislauf-Erkrankungen schützen können.

Gerald Zeitler

Carpaccio aus Lachs und Zander mit Hopfensprossen

Für die Vinaigrette in einer Schüssel Balsamicoessig, Salz, Pfeffer unter Zugabe von Olivenöl gut verrühren.

Die Fischfilets in dünne Scheiben schneiden und zwischen zwei eingeölten Klarsichtfolien flach drücken, im Gefrierfach etwas kühlen und dann in die gewünschte Form schneiden.

Hopfensprossen in Salzwasser weich kochen.

Zander- und Lachscarpaccio harmonisch auf den Tellern anordnen, salzen und pfeffern und mit der Balsam-Vinaigrette bestreichen. Darüber einige zerteilte Hopfensprossen verteilen, mit etwas grobem Meersalz und Estragonblättern bestreuen.

Zubereitungstipp

- → Statt Hopfensprossen kann man auch Sojasprossen verwenden.

Ernährungsinfo

Hopfen: Familie der Hanfgewächse. Hopfen wird einerseits in Form von Hopfenmehl in der Bierherstellung verwendet, andererseits finden Hopfensprossen, die jungen Triebe, auch Anwendung in der Küche. Sie können roh als Salat oder gedünstet als Gemüse verzehrt werden. Hopfensprossen liefern Vitamin C und sind eine reiche Quelle für sekundäre Pflanzenstoffe wie Phytoöstrogene und Flavonoide.

Zutaten

für 4 Personen

Balsamico-Vinaigrette:

2 EL Olivenöl

50 ml Balsamicoessig

Salz, Pfeffer

250 g Lachsfilet

250 g Zander

1 TL Olivenöl

50 g Hopfensprossen

Salz

Estragonzweig

Meersalz, grob

Pfeffer aus der Mühle

Nährwerte pro Portion

kcal:	203	Kohlenh.:	0,7 g
Eiweiß:	24,2 g	Ballastst.:	0,3 g
Fett:	11,3 g	Chol.:	66 mg

Besonders reich an

Omega-3-Fettsäuren
hochwertigem Eiweiß
Phytoöstrogenen
Flavonoiden

Eine Portion deckt z. B. von der empfohlenen Tageszufuhr

Vitamin D: > empf. Tageszufuhr

Vitamin B_{12}:	94 %	Niacin:	70 %
Vitamin B_6:	49 %	Kalium:	26 %
Vitamin E:	24 %	Vitamin B_1:	21 %

Gerald Zeitler

Zutaten

für 2 Personen

200 g Tunfisch, roh
2 Limonen
Meersalz, Pfeffer aus der Mühle
1 EL Olivenöl

2 Topinambur, geschält, in dünne Scheiben geschnitten
2 Topinambur, in Würfel geschnitten
40 ml Sherry
100 ml Gemüsefond
1 EL Jogurt, Salz, Pfeffer

Pesto:
10 Strauchtomaten
Salz, Thymianblüten
1/2 Knoblauchzehe
1 TL Pinienkerne, geröstet
1 EL Olivenöl, Salz, Pfeffer

Ofentomatenscheiben für die Garnitur

Tunfischtartar mit Topinambur und Tomatenpesto

Tunfisch in sehr feine Würfel schneiden, kalt stellen. Limonen dünn schälen und Schale in feine Streifen schneiden, diese kurz blanchieren. Limonen filetieren, die Hälfte davon in Würfel schneiden, mit den Limonenstreifen zum Tunfisch geben. Tartar würzen, 5 Min. ziehen lassen. Abschmecken und das Olivenöl unterrühren. Mit Hilfe von Reifenformen anrichten.

Topinamburscheiben ohne Fett auf ein Blech legen und knusprig braten.

Soße: Den Sherry um 1/3 einreduzieren, den Gemüsefond dazugießen und aufkochen lassen. Topinamburwürfel in heißen Fond legen und 8 Min. aufkochen lassen. Jogurt einrühren, abschmecken.

Pesto: 8 Tomaten enthäuten, vierteln, entkernen, leicht gesalzen auf ein Backpapier legen, mit Thymianblüten bestreuen.
Im 50 °C warmen Backrohr ca. 10 Std. trocknen lassen.

2 Tomaten grob zerkleinern, mit Knoblauch und Pinienkernen kurz mixen und das Olivenöl langsam einlaufen lassen. Ofentomaten untermixen, mit Salz und Pfeffer abschmecken.

Topinamburscheiben mit der Soße um das Tartar anrichten. Mit Tomatenpesto und Tomatenscheiben garnieren.

Nährwerte pro Portion

kcal:	482	Kohlenh.:	10,8 g
Eiweiß:	27,3 g	Ballastst.:	15,3 g
Fett:	32,0 g	Chol.:	71 mg

Besonders reich an

Inulin, Omega-3-Fettsäuren
Lycopin

Eine Portion deckt z. B. von der empfohlenen Tageszufuhr

Vitamin B_{12}: > empf. Tageszufuhr
Vitamin D: > empf. Tageszufuhr
Niacin: > empf. Tageszufuhr
Kalium: 64 % Vitamin B_6: 62 %

Ernährungsinfo

Topinambur: Erdartischocke, Erdbirne, »Diabetikerkartoffel«. Korbblütler. Wird wie die Kartoffel zubereitet. Im Geschmack ähnelt sie der Artischocke, sie ist etwas süßlich und nussig. Die Schale ist essbar, kann aber Blähungen verursachen. Enthält einen hohen Anteil (bis 16 %) an Inulin. Dabei handelt es sich um einen Ballaststoff, der sich besonders günstig auf den Blutzucker- und Cholesterinspiegel auswirkt.

Gerald Zeitler

Zutaten

für 2 Personen

250 g Tunfisch, roh
1 roter Paprika
Olivenöl zum Bestreichen
1 Schalotte, klein geschnitten
1/2 Bund Schnittlauch, gehackt
1/2 TL Senf
einige Tropfen Zitronensaft
Salz, Pfeffer aus der Mühle
10 ml Olivenöl
3 Tomaten, 4 milde Chilis

Vinaigrette:
20 ml Weißweinessig
20 ml Apfelessig, 1 TL Honig
1 EL Portwein, weiß
100 ml Geflügelfond
10 ml Haselnussöl
Salz, Pfeffer

Kerbel, Schnittlauch

Nährwerte pro Portion

kcal:	507	Kohlenh.:	14,1 g
Eiweiß:	33,7 g	Ballastst.:	5,1 g
Fett:	33,9 g	Chol.:	100 mg

Besonders reich an

Omega-3-Fettsäuren
hochwertigem Eiweiß
Carotinoiden, Phenolsäuren
Lycopin

Eine Portion deckt z. B. von der empfohlenen Tageszufuhr

Vitamin B_{12}: > empf. Tageszufuhr
Vitamin D: > empf. Tageszufuhr
Niacin: > empf. Tageszufuhr
Vitamin B_6: 91 % Kupfer: 74 %

Tunfischtartar mit milden Chilis

Tunfisch in kleine Würfel von 2 mm Größe schneiden. Paprika mit Olivenöl bestreichen und bei starker Hitze (220 °C – bis die Haut schwarz wird) im Backrohr backen. Abkühlen lassen, enthäuten und 60 g davon in 2 mm große Würfel schneiden. Tunfisch, Paprika, Schalotte und Schnittlauch vermischen.

Tomaten blanchieren, enthäuten, entkernen und vierteln. Die Enden der Chilis abtrennen, der Länge nach aufschneiden, entkernen und in kleine Streifen schneiden.

Tunfischtartar mit Senf, Zitronensaft, Salz und Pfeffer würzen, Olivenöl dazugeben und kräftig mischen. Kühl stellen.

Die Vinaigrette aus den Zutaten zubereiten.

Mit zwei Esslöffeln Nockerln formen (drei pro Person) und abwechselnd mit den Tomatenvierteln auf einem Teller anrichten. Mit Chilistreifen belegen, mit Vinaigrette übergießen und in der Mitte mit

Ernährungsinfo

Chili: Beerenfrucht, Nachtschattengewächs. Die Heimat der Chilis ist Südamerika. Chilis sind eng mit Paprika verwandt und haben auch ähnliche Inhaltsstoffe. Frisch sind sie besonders reich an Vitamin C und Betakarotin. Ihren scharfen Geschmack verdanken Chilis ihrem hohen Gehalt an Capsaicin, einem Polyphenol, das in geringen Dosen die Salzsäure-Produktion des Magens erhöht und damit verdauungsfördernd wirkt.

Oktopus-Tartar auf Süßkartoffelpüree

Oktopus weich kochen und fein würfeln. Für das Tartar alle Zutaten vermengen, abschmecken und eine Stunde im Kühlschrank ziehen lassen.

Für das Püree Süßkartoffeln schälen, weich kochen und mit Magermilch, Salz, Butter vermengen und durch ein Sieb streichen.

Aus dem Tartar mit einem Suppenlöffel Nockerln ausstechen und auf das Püree geben.

Zubereitungstipp

→ Statt Oktopus kann man auch Räucherforellen verwenden.

Ernährungsinfo

Vitamin B_{12} (Cobalamin): Wasserlösliches Vitamin. Wichtiger Bestandteil von zahlreichen Enzymen. Beeinflusst die Bildung der roten Blutkörperchen und wird für die Umwandlung der Folsäure in ihre physiologische Form benötigt. Beim Mangel können die roten Blutkörperchen nicht ausreifen. Da es fast nur in tierischen Lebensmitteln vorkommt, können bei langjähriger strenger vegetarischer Kost Mangelerscheinungen auftreten.

Gerald Zeitler

Zutaten

für 2 Personen

Tartar:

100 g Oktopus
1/2 Limette
1 TL Apfel-Balsamico-Essig
Salz
Szechuanpfeffer
(Japanischer Bergpfeffer, aus dem Feinkostladen)
1 EL Olivenöl
2 EL Tomatenwürfel
1 EL gewürfelte Artischockenböden
1 EL Stangenselleriewürfel

Püree:

200 g Süßkartoffeln
1/16 l Magermilch
Salz
1 EL braune Butter

Nährwerte pro Portion

kcal:	273	Kohlenh.:	28,0 g
Eiweiß:	11,2 g	Ballastst.:	4,6 g
Fett:	12,0 g	Chol.:	76 mg

Besonders reich an

hochwertigem Eiweiß
Omega-3-Fettsäuren
komplexen Kohlenhydraten

Eine Portion deckt z. B. von der empfohlenen Tageszufuhr

Vitamin A: > empf. Tageszufuhr

Vitamin B_{12}:	91 %	Kupfer:	52 %
Kalium:	36 %	Vitamin B_6:	35 %
Biotin:	26 %	Niacin:	26 %

Gerald Zeitler

Zutaten
für 2 Personen

Flusskrebserln mit pikantem Gemüse

100 ml trockener Weißwein
50 ml Martini
200 ml Wasser
20 ml Zitronenessig
Salz, Zucker,
Pfeffer aus der Mühle
1/2 Mokkalöffel Kurkuma
1 Knoblauchzehe
60 g Karfiolröschen
(Blumenkohl-)
100 g Zucchini
50 g Junglauch
2 Schalotten
6 Shii-Take-Pilze (ca. 90 g)
1/2 EL Stärke

10 Flusskrebse

4 Salatblätter
1 EL Sesam, geröstet
einige Tropfen Sesamöl

Weißwein, Martini, Wasser und Essig zum Kochen bringen, würzen und fein geschnittenes Gemüse, Pilze und Knoblauch darin bei geringer Hitze 3 – 4 Minuten garen.

Die Hälfte des Gemüsefonds abseihen, auf ein Drittel reduzieren und mit Stärke binden.

Gemüse im restlichen Fond ca. 5 Stunden ziehen lassen. Abseihen und im gebundenen Fond mit den Krebserln erwärmen und lauwarm auf den Salatblättern anrichten. Sesam drüberstreuen und Sesamöl drübertröpfeln.

Nährwerte pro Portion

kcal:	281	Kohlenh.:	16,3 g
Eiweiß:	15,9 g	Ballastst.:	4,1 g
Fett:	6,5 g	Chol.:	80 mg

Besonders reich an

hochwertigem Eiweiß
Omega-3-Fettsäuren
Carotinoiden
Phenolsäuren

Eine Portion deckt z. B. von der empfohlenen Tageszufuhr

Pantothensäure: 24 %

Vitamin B_6:	76 %	Kupfer:	58 %
Vitamin D:	45 %	Eisen:	36 %
Kalium:	33 %	Biotin:	23 %

Zubereitungstipp

→ Statt Flusskrebserln kann man Bachforellen, Bachsaibling, Alpenlachs etc. verwenden.

Ernährungsinfo

Flusskrebse: Krustentiere. Gehören wie Langusten und Hummer zu den Panzerkrebsen. Flusskrebse leben im Süßwasser. Sie sind reich an hochwertigem Eiweiß, fettarm und enthalten Omega-3-Fettsäuren. Sie sind reich an Vitamin B_{12}, Eisen, Zink, Kupfer und Jod, aber auch an Cholesterin.

Gerald Zeitler

Flusskrebse in Gelee mit Zitronengras und Sellerienockerln

Fein geschnittenes Gemüse und Tomatenmark anrösten, mit Fischfond aufgießen. Zitronengras mit Ingwer und halb steif geschlagenen Eiweißen verrühren, in die Suppe einrühren, aufkochen und abseihen. Eingeweichte Gelatine in die abgeseihte noch warme Suppe geben, abgetropfte Flusskrebse unterheben. In Formen füllen und im Kühlschrank mind. 2 – 3 Stunden kalt stellen.

Für die Sellerienockerln Sellerie anschwitzen, mit Geflügelfond aufgießen und weich kochen. Mit Magerjogurt und brauner Butter fein cuttern. Mind. 1 Stunde kalt stellen.

Gelee auf Teller stürzen, aus der Nockerlmasse mit einem Löffel Nockerln ausstechen und mit dem Gelee servieren.

Zutaten

für 2 Personen

30 g Lauch
20 g Sellerie
20 g Karotten
30 g Tomatenmark
3/8 l Fischfond
4 Stangen Zitronengras, klein geschnitten
20 g eingelegter Ingwer
2 Eiweiß
3 Blatt Gelatine
10 Flusskrebse in Salzlache

Nockerln:

100 g Sellerie, klein geschnitten und gekocht
1 EL Olivenöl
1/8 l Geflügelfond
10 g Magerjogurt
1 TL braune Butter

Zubereitungstipp

→ Statt Zitronengras kann man Estragon oder Zitronenmelisse verwenden.

Ernährungsinfo

Zitronengras (Lemongrass): Gewürz, Süßholzgrasgewächs. Der Stamm und die Blätter vom Zitronengras werden vor allem in der asiatischen Küche verwendet. Man aromatisiert eine Speise mit Zitronengras, indem man es grob zerkleinert, mitkocht und danach wieder entfernt. Zitronengras riecht und schmeckt sehr aromatisch und erinnert an Zitrone. Dieser zitronenartige Geschmack rührt von dem enthaltenen ätherischen Öl her.

Nährwerte pro Portion

kcal:	333	Kohlenh.:	12,7 g
Eiweiß:	41,0 g	Ballastst.:	4,2 g
Fett:	12,8 g	Chol.:	167 mg

Besonders reich an

hochwertigem Eiweiß
Monoterpenen
Polyphenolen

Eine Portion deckt z. B. von der empfohlenen Tageszufuhr

Vitamin B_6:	99 %	Jod:	78 %
Niacin:	78 %	Kupfer:	63 %
Vitamin D:	62 %	Kalium:	51 %
Vitamin A:	39 %	Eisen:	27 %

Johann Pabst

Zutaten

für 2 Personen

30 g Karotten
20 g Kohlrabi
25 g Zucchini
20 g Brokkoliröschen
75 g Magerjogurt
25 g Sauerrahm (saure Sahne)
Schnittlauch, Petersilie
Kerbel, Basilikum
Salz, Pfeffer, Knoblauch
1,5 Blatt Gelatine
1 EL Gemüsefond
30 g halb festes Obers (Sahne)

Polentamantel:

1/8 l Magermilch
3 g Butter
35 g Polenta
Salz, Pfeffer, Muskat
1/2 Blatt Gelatine

Nährwerte pro Portion

kcal:	200	Kohlenh.:	20,3 g
Eiweiß:	8,0 g	Ballastst.:	2,5 g
Fett:	9,4 g	Chol.:	29 mg

Besonders reich an

komplexen Kohlenhydraten

Eine Portion deckt z. B. von der empfohlenen Tageszufuhr

Vitamin A:	37 %	Vitamin C:	25 %
Kalzium:	19 %	Kalium:	18 %

Gemüse-Kräuter-Tartar im Polentamantel

Das Gemüse schälen bzw. waschen und feinwürfelig schneiden. Dämpfen und gut ausdrücken. Danach mit Jogurt, Sauerrahm, Kräutern und den Gewürzen glatt rühren. Die Gelatine einweichen, in etwas Gemüsefond auflösen und unter die Masse rühren. Zum Schluss das halb geschlagene Obers unterziehen.

Polentamantel: Milch mit Butter aufkochen und Polenta einrieseln lassen. Mit Salz, Pfeffer und Muskat würzen und ca. 20 Minuten ziehen lassen. Zum Schluss die eingeweichte Gelatine unterrühren und auf einer Frischhaltefolie 3 – 5 mm dick auftragen und auskühlen lassen. Danach in die Terrinen- oder Dariolformen einschneiden, das Tartar einfüllen, ca. 4 Stunden kalt stellen und mit Blattsalaten dekorativ anrichten.

Zubereitungstipp

→ Statt Milch kann zum Kochen der Polenta auch Gemüsefond verwendet werden.

Ernährungsinfo

Sekundäre Pflanzeninhaltsstoffe: Bioaktive Substanzen, die nicht zu den Nährstoffen zählen (= nicht-nutritive Inhaltsstoffe). Der Pflanze dienen sie als Schutz vor UV-Strahlung (Farbstoffe) oder vor Tierfraß (z. B. Bitterstoffe). Im menschlichen Körper reichen ihre Wirkungen von cholesterinspiegelsenkend über verdauungsfördernd bis krebshemmend.

Johann Pabst

Zutaten

für 2 Personen

Kürbis:
100 g Kürbisfleisch (American Gigant)
1 Msp. Ingwer
1/2 EL Orangenblütenwasser (aus der Apotheke)
1 – 2 Streifen unbehandelte Zitronenschale, 1 Zitrone
30 g Gelierzucker (1:1)

Rehrücken:
140 g Rehrückenfilet, entsehnt
Koriander, Wacholder, Salz und Pfeffer aus der Mühle
Sonnenblumenöl zum Braten

Marinade:
2 – 3 Himbeeren
1 EL Walnussöl
1 EL Himbeeressig
Salz und Pfeffer aus der Mühle

70 g verschiedene Blattsalate (Lollo Rosso, Kopf-, Radicchio- und Friséesalat)

Nährwerte pro Portion

kcal:	335	Kohlenh.:	23,6 g
Eiweiß:	23,1 g	Ballastst.:	1,9 g
Fett:	15,1 g	Chol.:	71 mg

Besonders reich an

hochwertigem Eiweiß
Carotinoiden
Phenolsäuren
Flavonoiden
mehrfach ungesättigten Fettsäuren

Eine Portion deckt z. B. von der empfohlenen Tageszufuhr

Vitamin C:	44 %	Niacin:	34 %
Kupfer:	34 %	Vitamin E:	30 %
Kalium:	30 %	Eisen:	29 %
Zink:	29 %	Vitamin B_{12}:	24 %

Kürbis in Ingwersirup mit gebratenem Rehrückenfilet und Himbeeressig-Walnussöl-Dressing

Kürbis in 1 cm große Würfel schneiden, in einem großen Topf mit kaltem Wasser bedecken und aufkochen. Bei schwacher Hitze ca. 4 Min. köcheln lassen, bis die Würfel gerade weich sind. Herausnehmen und gut abtropfen lassen. Dem Wasser Ingwer, Orangenblütenwasser, Zitronenschale und -saft beimengen, aufkochen und 10 Min. einkochen lassen. Zucker beigeben und unter ständigem Rühren auflösen. Kürbiswürfel zufügen, bei schwacher Hitze leise köcheln lassen, bis sie durchscheinend sind. Mit einem Schaumlöffel die Würfel herausnehmen. Den Sirup noch weitere 5 Minuten sprudelnd kochen lassen.

Das Rehrückenfilet mit Gewürzen einreiben und in Öl beidseitig vorsichtig fein rosa braten. In einer Alufolie rasten lassen, damit sich das Blut schön verteilt. Himbeeren, Öl, Essig und Gewürze aufmixen und passieren.

Die noch warmen Kürbiswürfel mit dem Sirup auf einem Teller anrichten. Darauf das gebratene Rehrückenfilet mit verschiedenen Blattsalaten anrichten.

Zubereitungstipps

- Statt Rehrückenfilet kann man auch Kaninchen- oder Spanferkelfilet verwenden.
- Statt Orangenblütenwasser kann man gefilterten Orangensaft verwenden.

Ernährungsinfo

Reh: Haarwild. Kleinste heimische Hirschart. Fleisch von Jungtieren ist rotbraun, feinfasrig und saftig. Gleichzeitig ist es fettarm, reich an hochwertigem Eiweiß, besonders reich an Eisen und Vitaminen des B-Komplexes.

Gerald Zeitler

Bayrische Creme mit Artischocken und Krevetten

Geputzte und geviertelte Artischocken, mit dem klein geschnittenen Gemüse in Olivenöl anschwitzen, den Geflügelfond untermischen. Martini, Weißwein, Koriander und Salz dazugeben und einkochen. Im Mixer pürieren, durch ein Sieb streichen und passieren. Mit Olivenöl mischen, etwas Zitronensaft und Gelatineblätter dazugeben, abkühlen lassen, dann das Jogurt unterheben.

Gehackte Schalotten, Petersilie, klein geschnittene Champignons und Oliven in Öl anschwitzen, dünsten, im Mixer pürieren und ein Gelatineblatt dazugeben. Masse auf ein Blech streichen, kalt stellen. Wenn sie fest ist, Scheiben ausstechen. Runde Förmchen zu 1/4 mit Artischockenmousse füllen, Gemüsescheibe darauf legen und mit Mousse bis 2 mm unter den Rand auffüllen. Artischocken klein schneiden und mit Knoblauch, Gewürzzweigen in einem zugedeckten Topf dünsten.

Krevetten im Krevettenfond kochen.

Vinaigrette zubereiten, Tomate enthäuten, in Würfel schneiden und gehackte Oliven dazugeben. Vinaigrette mit dem Gelatineblatt verrühren. Bayrische Creme mit Olivenvinaigrette bedecken und kalt stellen.

Bayrische Creme und drei Krevetten auf die Teller geben.

Ernährungsinfo

Krustentiere: Gliederfüßer, hauptsächlich Meeresbewohner, gelegentlich auch im Süßwasser angesiedelt. Zu den Krustentieren gehören u. a. Garnelen (Krevetten, Shrimps), Krebse, Langusten, Hummer und Krabben. Krustentiere sind reich an hochwertigem Eiweiß, Omega-3-Fettsäuren, Vitamin E, B-Vitaminen, Magnesium, Eisen, Kupfer, Selen, Zink und Jod, aber auch an Cholesterin.

Zutaten

für 2 Personen

2 violette Artischocken
1 Tomate, 1 Schalotte
1 Knoblauchzehe, 2 Champignons
1/2 Lauchstange, 1 Selleriestange
1 TL Olivenöl, 25 ml Geflügelfond
50 ml Martini, 50 ml Weißwein
frischer grüner Koriander, Salz
1 TL Olivenöl, 1 Zitrone
2 Gelatineblätter, eingeweicht
80 ml Magerjogurt

2 Schalotten, Petersilie
2 Champignons
4 grüne Oliven, entsteint
1 TL Olivenöl, 1 Gelatineblatt
2 violette Artischocken, geputzt
Knoblauch, zerdrückt
je 1 Thymian- u. Rosmarinzweig

12 Krevetten (à 10 bis 12 g)

Krevettenfond:
250 g Suppengrün
5 g Kreuzkümmel, Dill
Salz, Pfeffer aus der Mühle

Vinaigrette:
1 TL Rotweinessig
1 TL Madeira, 1 TL Olivenöl
1 Tomate, 4 schwarze Oliven
1 Gelatineblatt, eingeweicht

Nährwerte pro Portion

kcal:	427	Kohlenh.:	24,1 g
Eiweiß:	23,7 g	Ballastst.:	19,7 g
Fett:	16,8 g	Chol.:	96 mg

Besonders reich an

hochwertigem Eiweiß, Inulin
Omega-3-Fettsäuren
Polyphenolen, Carotinoiden

Eine Portion deckt z. B. von der empfohlenen Tageszufuhr

unlösliche Ballaststoffe: 94 %

Kalium:	67 %	Ballastst.:	66 %
Eisen:	52 %	Jod:	52 %
Vitamin E:	46 %	Folsäure:	43 %

Johann Pabst

Mariniertes Schweinsfiletspießchen

mit Apfel-Kürbis-Kompott und Apfelessiglack

Zutaten

für 2 Personen

120 g Schweinsfilet

Marinade:
1 Korianderwurzel
2 Knoblauchzehen
1/2 TL Currypulver
1/4 TL Kurkuma
3/4 EL Zucker, 1/4 TL Salz
4 EL Kokosmilch
1 1/2 TL Sojasoße, 1 EL Öl
weißer Pfeffer
1 Prise Kreuzkümmel

Kompott:
125 g Kürbis (American Gigant)
1/8 l Wasser
1 1/2 EL Barrique Apfelessig
70 g Zucker
1/2 Zimtrinde
2 Gewürznelken
2 Neugewürzkörner
Scheiben von 1 Zitrone
100 g Delicious Apfelwürfel
Stärkemehl für leichte Bindung

Apfelessiglack:
10 g Zucker, 10 g Apfelessig

Nährwerte pro Portion

kcal:	382	Kohlenh.:	60,9 g
Eiweiß:	15,4 g	Ballastst.:	3,8 g
Fett:	7,8 g	Chol.:	42 mg

Besonders reich an

hochwertigem Eiweiß
Curcumin
Carotinoiden
Phenolsäuren

Eine Portion deckt z. B. von der empfohlenen Tageszufuhr

Vitamin B1:	55 %	Niacin:	43 %
Vitamin B_{12}:	40 %	Vitamin E:	35 %
Kalium:	35 %	Vitamin B_6:	30 %
Eisen:	28 %		

Korianderwurzel und Knoblauch im Mörser zermahlen; die Paste mit den restlichen Marinade-Zutaten gut vermischen. Filet in Streifen schneiden, in der Marinade wenden und 2 Stunden in den Kühlschrank stellen. Das Fleisch auf Spieße stecken und 3 – 4 Minuten am Griller grillen oder in einer beschichteten Pfanne braten, dabei das Fleisch immer wieder mit der Marinade beträufeln.

Kompott: Kürbis schälen, in Würfel schneiden und über Nacht in Essigwasser (bedeckt) legen. Abseihen und Sud wegschütten. Wasser, Essig, Zucker, Zimtrinde, Gewürznelken und Neugewürz ca. 25 Min. kochen lassen. Gewürze herausfischen, da sonst braune Flecken am Kürbis entstehen. Kürbiswürfel und Zitronenscheiben köcheln lassen, bis bissfest – zum Schluss die Apfelwürfel dazugeben und nochmals aufkochen lassen. Mit Stärkemehl ganz leicht binden. Noch heiß inkl. Zitronenscheiben in Rexgläser (bleibt im Kühlschrank länger haltbar) abfüllen und gleich verschließen.

Apfelessiglack: Zucker mit Apfelessig ein Drittel reduzieren und abkühlen lassen.

Die gegrillten Schweinsfiletspieße auf lauwarmem Apfel-Kürbis-Kompott anrichten und mit Streifen vom Apfelessiglack überziehen.

Ernährungsinfo

Apfelessig: Obstessig, Würz- und Konservierungsmittel. Entsteht durch Vergärung von Apfelmost oder Apfelwein mit Essigsäurebakterien. Apfelessig enthält Vitamin C, Vitamin B_{12}, Kalium, den Ballaststoff Pektin sowie Flavonoide.

Johann Pabst

Kaninchensülze

Zutaten

für 12 Portionen
oder 1 Terrinenform

1 Kaninchen (Schulter, Keulen; Rückenfleisch – 200 g Fleisch)
1 l Kaninchenfond
150 g feine grüne Bohnen
150 g Sellerie
150 g junge Karotten
1/2 Staudensellerie
250 g Kalbfleischabschnitte (»Flachsen«)
18 Blatt Gelatine
2 Eiweiß
1 EL Sherryessig
0,1 l Sherry
Salz, Pfeffer
1 EL Butter
50 g Kaninchenleber

Das Kaninchenfleisch ohne Filets im Fond garen und erkalten lassen.

Das Gemüse klein würfeln und blanchieren. Das Fleisch in kleine Würfel schneiden.

Den Fond mit dem Klärfleisch aufsetzen und 15 Min. ziehen lassen, durch ein Tuch passieren, die eingeweichte Gelatine darin auflösen. Mit Sherryessig, Sherry und Gewürzen abschmecken.

Die Kaninchenrückenfilets und Kaninchenleber in Butter rosa braten und nach dem Erkalten mit dem Gemüse und Kaninchenfleisch schichtweise in Formen füllen. Mit dem Gelee übergießen und 4 Stunden kalt stellen.

Zubereitungstipp

→ Die Kalbfleischabschnitte erhält man beim Fleischhauer. Sie dienen zum Klären von Fonds und Suppen.

Ernährungsinfo

Kaninchen: Weiße Fleischsorte. Die erhältlichen Tiere werden im Alter von etwa drei Monaten mit einem Gewicht von rund 1,5 kg geschlachtet. Kleine Kaninchen können im Ganzen zubereitet werden, meist werden allerdings Fleischteile angeboten. Kaninchenfleisch ist hellrosa, zart und saftig und mit Hühnerfleisch vergleichbar. Es ist fettarm, reich an hochwertigem Eiweiß, B-Vitaminen, vor allem Niacin und Vitamin B_{12}, Eisen und Mangan.

Nährwerte pro Portion

kcal:	113	Kohlenh.:	2,3 g
Eiweiß:	13,9 g	Ballastst.:	1,7 g
Fett:	4,2 g	Chol.:	55 mg

Besonders reich an

hochwertigem Eiweiß

Eine Portion deckt z. B. von der empfohlenen Tageszufuhr

Vitamin A: > empf. Tageszufuhr
Vitamin B_{12}: > empf. Tageszufuhr

Niacin:	38 %	Kupfer:	33 %
Kalium:	17 %	Zink:	17 %

Blutwurstsulz mit Pilzen und kleinem Blattsalat

Zutaten

für 2 Personen

- 10 g Pilze, geputzt
- 5 g Butter
- 30 g feine grüne Bohnen
- 40 g Blutwurst
- 1/8 l Rindsuppe
- 1 TL Sherryessig
- Salz, Pfeffer
- 2,5 Blatt Gelatine
- 5 g frische Kräuter

- 70 g Blattsalate nach Saison
- 1 EL Walnussöl
- 1 TL Sherryessig
- Kerbel
- Koriander, Salz, Pfeffer aus der Mühle

Die Pilze würzen und in etwas Butter anbraten. Die Bohnen in Salzwasser kochen und in Eiswasser abschrecken (damit sie die schöne grüne Farbe behalten). Die Blutwurst in 3 mm dicke Scheiben schneiden. Die Rindsuppe erhitzen, mit Sherryessig, Salz und Pfeffer abschmecken. Die Gelatineblätter einweichen, ausdrücken und in die noch warme Rindsuppe einrühren.

In 2 Dariolformen oder Mokkatassen die gehackten Kräuter einstreuen und etwa 2 mm hoch Rindsuppe eingießen. Kurz im Kühlschrank anziehen lassen, danach die Pilze, die Blutwurstscheiben und die geschnittenen feinen Bohnen darauf geben. Zum Schluss Rindsuppe eingießen und die Sülze ca. 3 Stunden im Kühlschrank kalt stellen.

Den durch die Marinade gezogenen Blattsalat gefällig am Teller anrichten, die Blutwurstsülze stürzen und mit der restlichen Marinade überziehen.

Zubereitungstipp

→ Der Gemüseanteil dieses Gerichts kann noch erhöht werden, wenn zusätzlich zu den grünen Bohnen auch Karotten, Sellerie und Gelbe Rüben verwendet werden.

Ernährungsinfo

Vitamin K: Fettlösliches Vitamin. Es ist unentbehrlich für den normalen Ablauf der Blutgerinnung, da es in erster Linie an der Bildung so genannter Gerinnungsfaktoren beteiligt ist. Es ist auch beteiligt am Knochenaufbau und an der Gesunderhaltung der Muskeln. Es kann von Bakterien (v. a. von Darmbakterien) gebildet werden und Mangelerscheinungen kommen nur bei Beeinträchtigung der Darmflora vor.

Nährwerte pro Portion

kcal:	178	Kohlenh.:	1,9 g
Eiweiß:	7,3 g	Ballastst.:	1,3 g
Fett:	15,5 g	Chol.:	20 mg

Eine Portion deckt z. B. von der empfohlenen Tageszufuhr

Vitamin K: > empf. Tageszufuhr
Eisen: 40 % Vitamin A: 22 %
Vitamin B_{12}: 16 %

Gerald Zeitler

Kaltes Hühner-Limetten-Rollgerstel

Zutaten

für 2 Personen

- 1 EL Schalotten, geschnitten
- 2 EL Olivenöl
- 80 g Rollgerstl
- 1/4 l Hühnerfond
- 1/8 l Wasser
- 3 EL Limettensaft
- 1 Knoblauchzehe, fein gehackt
- 2 TL frischer Thymian
- Salz, Pfeffer aus der Mühle
- 3 Frühlingszwiebeln, fein gehackt
- 180 g Hühnerfleisch
- Pfeffer
- 1 rote Paprikaschote, entkernt und 1 cm große Stücke geschnitten
- Blattsalat zum Garnieren

Schalotten in Öl anschwitzen, mit Rollgerstel, Hühnerfond und Wasser aufgießen und 2 Minuten kochen lassen. Zudecken, von der Herdplatte nehmen und 5 Min. nachziehen lassen, danach mit einer Gabel auflockern und die Masse in eine große Schüssel geben. Abkühlen lassen (auch im Kühlschrank möglich).

Für das Dressing 2 EL Limettensaft mit Knoblauch, Thymian, Salz und Pfeffer vermischen und die Hälfte der Frühlingszwiebeln dazugeben.

Hühnerfleisch in 2 cm große Stücke schneiden und in Öl unter Rühren braun anrösten. Den restlichen Limettensaft mit reichlich Pfeffer zum Fleisch geben und unterrühren.

Fleisch aus der Pfanne heben und im Kühlschrank kalt stellen.

Rollgerstel, Hühnerfleisch, Paprikaschote, die restlichen Frühlingszwiebeln und das Dressing vermengen und gut durchrühren.

Nährwerte pro Portion

kcal:	466	Kohlenh.:	35,4 g
Eiweiß:	34,7 g	Ballastst.:	7,7 g
Fett:	20,1 g	Chol.:	92 mg

Besonders reich an

komplexen Kohlenhydraten
hochwertigem Eiweiß
Phenolsäuren
Phytoöstrogenen
Phytinsäure, Limonen

Eine Portion deckt z. B. von der empfohlenen Tageszufuhr

Niacin: > empf. Tageszufuhr

Vitamin B_6:	82 %	Vitamin A:	48 %
Zink:	43 %	Kupfer:	43 %
Vitamin E:	38 %	Eisen:	35 %

Ernährungsinfo

Limette: Beerenfrucht. Familie der Rautengewächse. Die Limette ist sehr kälteempfindlich und wächst ausschließlich in den Tropen. Im Gegensatz zur Zitrone ist ihre Schale auch im rohen Zustand grün und dünner, ihr Fruchtfleisch saftiger und aromatischer. Limetten sind reich an Vitamin C, Kalium, Kalzium und Phosphor sowie an Flavonoiden, Phenolsäuren und dem Terpen Limonen.

Johann Pabst

Käsecracker

Zutaten

für 20 Stück

- 1 Eiweiß
- 40 g Butter
- 40 g Parmesan
- Salz, Pfeffer
- Erdnussöl zum Ausbacken

Eiweiß mit zerlassener Butter und Parmesan vermischen, würzen und zu einer 3 cm dicken Rolle formen. In Klarsichtfolie einschlagen und kurz im Tiefkühlfach anfrieren. In 3 mm dicke Scheiben schneiden und in Erdnussöl schwimmend herausbacken und auf Küchenkrepp abtropfen lassen.

Serviertipps

- Ideale Beilage für Salat oder Vorspeisen.
- Kann auch in Verbindung mit Räucherfischmousse oder Gemüsemousse zu verschiedenen Geschmacksrichtungen verwendet werden.

Ernährungsinfo

Erdnussöl: Speiseöl. Hoher Gehalt an einfach ungesättigten Fettsäuren (Ölsäure). Eignet sich gut zum Erhitzen, da es fast ausschließlich in raffinierter Form angeboten wird. Zur Gewinnung werden die Samen gemahlen, warm gepresst oder extrahiert.

Nährwerte pro Stück

kcal:	29	Kohlenh.:	27,1 g
Eiweiß:	0,9 g	Ballastst.:	0 g
Fett:	2,9 g	Chol.:	6 mg

Besonders reich an

einfach ungesättigten Fettsäuren

Kürbiskompott

Zutaten

für 10 Portionen

- 250 g Kürbis
- 200 ml Wasser
- 20 ml Essig
- 110 g Zucker
- Zimtrinde
- 2 Gewürznelken
- 2 Neugewürzkörner
- 1/2 Zitrone

Kürbis schälen, in Würfel schneiden und über Nacht in Essigwasser (bedeckt) legen. Abseihen und Sud wegschütten.

Wasser, Essig, Zucker, Zimtrinde, Gewürznelken und Neugewürz ca. 25 Min. kochen lassen.

Gewürze herausfischen – da sonst braune Flecken am Kürbis entstehen. Kürbiswürfel und Zitronenscheiben einlegen und bis bissfest bzw. glasig köcheln lassen. Noch heiß inkl. Zitronenscheiben in Gläser abfüllen und gleich verschließen.

Serviertipp

→ Eignet sich als Vorspeise, insbesondere zu Schweinsfilet, oder auch als Dessert.

Ernährungsinfo

Piment: Gewürz. Beeren des Pimentbaumes, Myrtengewächs. Auch Neugewürz oder Nelkenpfeffer genannt. Piment ist als ganze Körner, ähnlich wie Pfefferkörner, oder gemahlen erhältlich. Es ist Bestandteil vieler Gewürzmischungen, wird zum Würzen von Süßspeisen (z. B. Lebkuchen) verwendet. Pimentkörner enthalten ätherische Öle, die den typischen Geschmack nach Pfeffer, Gewürznelke, Muskat und Zimt ausmachen.

Nährwerte pro Portion

kcal:	107	Kohlenh.:	24,8 g
Eiweiß:	0,8 g	Ballastst.:	0,5 g
Fett:	0,2 g	Chol.:	0 mg

Besonders reich an

Carotinoiden
Phenolsäuren

Eine Portion deckt z. B. von der empfohlenen Tageszufuhr

Vitamin A:	13 %	Kupfer:	7 %
Vitamin C:	7 %	Niacin:	5 %

Johann Pabst

Avocadoaufstrich

Zutaten

für 4 Portionen

1 vollreife Avocado
1/2 Zwiebel
1/2 Knoblauchzehe
2 EL Jogurt
1 EL Sauerrahm (saure Sahne)
1/2 TL Zitronensaft
Salz, Pfeffer

Avocado fein zerdrücken, Zwiebel fein hacken, Knoblauch zerdrücken, mit den restlichen Zutaten vermischen.

Zubereitungstipps

- Wenn Sie die Avocados mit Äpfeln zusammen an einen warmen Ort stellen, dann bekommen Sie eine wunderschöne Reife.
- Wenn Sie den Avocadokern in den Aufstrich oder auch in irgendeine kalte Soße geben, bleibt die Farbe erhalten.

Ernährungsinfo

Phytosterine: Pflanzensterine, Pflanzenschutzstoff. Fettbegleitstoff, in Pflanzen vorkommend. Besonders hohe Mengen in unraffinierten Pflanzenölen und z. B. Avocados. Struktur ähnlich dem Cholesterin. Können in Mengen bis zu 2 Gramm pro Tag den Cholesterinspiegel senken. Werden zu diesem Zweck Nahrungsmitteln beigegeben (Margarine, Milch und Milchprodukte).

Nährwerte pro Portion

kcal:	137	Kohlenh.:	1,3 g
Eiweiß:	1,6 g	Ballastst.:	2,0 g
Fett:	14,1 g	Chol.:	0 mg

Besonders reich an

einfach ungesättigten Fettsäuren
Sulfiden
Phytosterinen

Eine Portion deckt z. B. von der empfohlenen Tageszufuhr

Pantothensäure: 11 %

Vitamin B_6:	22 %	Kalium:	16 %
Biotin:	14 %	Kupfer:	10 %

Camembert-Sesam-Aufstrich

Zutaten

für 4 Portionen

- 100 g Camembert
- 1 EL Magerjogurt
- 1 EL Sauerrahm (saure Sahne)
- 1/2 Zwiebel
- 10 g Sesam, weiß und schwarz
- Petersilie
- 1/2 TL Paprikapulver
- Salz und Pfeffer

Den Camembert durch den Fleischwolf faschieren, mit Jogurt, Sauerrahm, gehackter Zwiebel, Sesam, Petersilie und Paprikapulver vermischen, mit Salz und Pfeffer abschmecken.

Ernährungsinfo

Sesamsamen: Ölsamen. Familie der Pedaliengewächse. Entsprechend der Farbe unterscheidet man zwischen schwarzem (nussig), braunem (intensiv) und weißem Sesam (mild schmeckend). Neben reichlich Fett (v. a. ungesättigte Fettsäuren), Eiweiß, Ballaststoffen, Vitamin E, B_1, sehr hohen Mengen an Kalium, Kalzium, Magnesium und Eisen enthält Sesam auch Phytinsäure, Phytosterine und Lignane.

Nährwerte pro Portion

kcal:	119	Kohlenh.:	1,1 g
Eiweiß:	5,4 g	Ballastst.:	0,6 g
Fett:	10,5 g	Chol.:	25 mg

Besonders reich an

Sulfiden

Eine Portion deckt z. B. von der empfohlenen Tageszufuhr

Vitamin A:	23 %	Vitamin B_{12}:	18 %
Kalzium:	13 %	Niacin:	12 %
Zink:	12 %		

Johann Pabst

Zutaten

für 4 Portionen

1 mittelgroße Karotte
1 Apfel (Golden Delicious)
etwas Kren
1 Essiggurke
250 g Magertopfen (-quark)
Salz und Pfeffer aus der Mühle

Nährwerte pro Portion

kcal:	67	Kohlenh.:	7,2 g
Eiweiß:	8,2 g	Ballastst.:	1,4 g
Fett:	0,3 g	Chol.:	1 mg

Besonders reich an

hochwertigem Eiweiß
Carotinoiden
Pektin
Sulfiden

Eine Portion deckt z. B. von der empfohlenen Tageszufuhr

Vitamin A:	26 %	Vitamin B_{12}:	21 %
Biotin:	13 %	Niacin:	13 %

Karottenaufstrich

Karotte, Apfel, Kren und Essiggurke fein raspeln, mit dem Topfen vermischen und mit Salz und Pfeffer abschmecken.

Ernährungsinfo

Vitamin A: Fettlösliches Vitamin. Es ist am Sehprozess beteiligt und so für das Dämmerungssehen unerlässlich, ebenso für das Zellwachstum und bei der Entwicklung des Embryos. Es hält Haut und Schleimhäute gesund und spielt auch eine wichtige Rolle bei der Abwehr von Krankheitserregern und schützt möglicherweise vor der Entstehung von Krebserkrankungen.

Johann Pabst

Kartoffelaufstrich

Zutaten

für 4 Portionen

- 1 – 2 gekochte Kartoffeln (z. B. Ditta)
- 1/2 Zwiebel
- 1/2 Knoblauchzehe
- 2 EL Magerjogurt
- 1 EL Sauerrahm (saure Sahne)
- Schnittlauch, Petersilie
- Salz und Pfeffer aus der Mühle

Kartoffeln pressen, Zwiebel fein hacken, Knoblauch zerdrücken. Mit Jogurt, Sauerrahm und Kräutern vermischen, mit Salz und Pfeffer abschmecken.

Ernährungsinfo

Pfeffer: Gewürz. Pfeffergewächs. Je nach Reifegrad und Herstellungsverfahren sind grüner, weißer, roter und schwarzer Pfeffer erhältlich, wobei grüner und schwarzer Pfeffer besonders aromatisch und weißer Pfeffer am schärfsten ist. Pfeffer enthält ein Alkaloid namens Piperin, das für den scharfen Geschmack verantwortlich ist. Piperin regt die Speichel- und Magensaftproduktion an, wirkt appetitanregend und verdauungsfördernd.

Nährwerte pro Portion

kcal:	40	Kohlenh.:	3,9 g
Eiweiß:	1,0 g	Ballastst.:	0,7 g
Fett:	0,7 g	Chol.:	2,1 mg

Besonders reich an

komplexen Kohlenhydraten
Protease-Inhibitoren
Phenolsäuren
Sulfiden

SUPPEN

Johann Pabst

Zutaten

für 2 Personen

1/2 Zwiebel
1 EL Sesamöl
1 Ingwerwurzel
1/8 l Kokosmilch
200 g Karotten
Saft von 1 Limette
Salz
1/2 Msp. Currypulver
1/8 l Rindsuppe
Filets von 1 Limette

Karottencremesuppe mit Limetten und Ingwer

Die Zwiebel schälen und fein hacken, Sesamöl in einen Suppentopf gießen und die Zwiebel darin anschwitzen. Gut umrühren, damit nichts anbrennt. Die Ingwerwurzel putzen und klein schneiden, danach mitrösten. Nach ein paar Minuten mit der Kokosmilch aufgießen, leicht köcheln lassen. Die Karotten schälen und klein reiben, so lange mitdünsten lassen, bis sie weich sind. Limette halbieren, den Saft gut auspressen, die Suppe salzen, Currypulver einstreuen, mit Limettensaft vorsichtig abschmecken und mit Rindsuppe aufgießen.

In vorgewärmten Tellern mit Limettenfilets als Einlage anrichten und mit gehackten, blanchierten Limettenzesten garnieren.

Nährwerte pro Portion

kcal:	164	Kohlenh.:	15,9 g
Eiweiß:	3,2 g	Ballastst.:	5,0 g
Fett:	8,5 g	Chol.:	4 mg

Besonders reich an

Carotinoiden
Polyphenolen
Phytosterinen
Terpenen

Eine Portion deckt z. B. von der empfohlenen Tageszufuhr

Vitamin A: > empf. Tageszufuhr

Mangan:	37 %	Vitamin C:	36 %
Kupfer:	27 %	Eisen:	25 %
Magnesium:	19 %	Zink:	17 %

Zubereitungstipp

→ Statt der Limette kann auch eine Grapefruit verwendet werden, die Suppe wird dann mit Campari abgeschmeckt.

Ernährungsinfo

Karotte/Möhre: Hoher Gehalt an Karotin (= Vorstufe von Vitamin A aus). Je intensiver die Farbe, desto höher ist der Gehalt. Da Karotin fettlöslich ist, sollten Möhren immer mit etwas Fett gegessen werden, wobei aber einige Tropfen genügen. Karotten sind sehr leicht bekömmlich und eignen sich außer für die Krankenkost auch für die Kinderernährung.

Geeiste Avocadocremesuppe

Zutaten

für 2 Personen

- 1/2 reife Avocado
- Saft einer 1/2 Zitrone
- 1/8 l Hühnersuppe
- 30 g Obers (Sahne)
- Salz, Pfeffer aus der Mühle
- Worcestersoße

Avocado schälen, entkernen und in kleine Würfel schneiden. Im Mixer pürieren. Die Masse sofort in eine Glasschüssel geben und etwas Zitronensaft untermischen. So verhindert man, dass sich die Avocado verfärbt.

Mit einem Schneebesen langsam die Hühnersuppe und das Obers einrühren. Mit Salz, Pfeffer aus der Mühle und einem Spritzer Worcestersoße abschmecken.

Zubereitungstipps

- → Statt Obers als Bindemittel kann man Vollmilch und etwas Stärkemehl verwenden.
- → Wenn die Avocadocremesuppe länger gelagert wird, dann sollte man den Kern beigeben, damit sich die Suppe nicht verfärbt.

Serviertipp

- → Als Einlage eignen sich Crevetten oder Krabbenfleisch.

Ernährungsinfo

Einfach ungesättigte Fettsäuren: Wichtigster Vertreter = Ölsäure. Haben eine Doppelbindung. Bei Raumtemperatur flüssig. Können vom Körper selbst hergestellt werden. Erhöhen das HDL-Cholesterin und schützen somit vor der Entstehung von Herz-Kreislauf-Erkrankungen. Enthalten in Oliven-, Erdnuss- und Rapsöl und in Avocados.

Nährwerte pro Portion

kcal:	276	Kohlenh.:	6,1 g
Eiweiß:	6,1 g	Ballastst.:	2,8 g
Fett:	25,2 g	Chol.:	33 mg

Besonders reich an

einfach ungesättigten Fettsäuren
Phytosterinen

Eine Portion deckt z. B. von der empfohlenen Tageszufuhr

Vitamin B_6:	33 %	Kalium:	25 %
Kupfer:	24 %	Niacin:	20 %
Biotin:	19 %	Pantothens.:	18 %
Vitamin C:	18 %	Vitamin B_{12}:	11 %

Johann Pabst

Zutaten

für 2 Personen

1/2 Hummer (à 450 g)

Hummersoße:

Schalen vom Hummer
1 TL Olivenöl
30 g Tomatenmark
50 ml Cognac
1/16 l Weißwein
1/8 l Fischfond
1/16 l Obers (Sahne)
evtl. Stärkemehl zum Binden

Melonensuppe:

150 g vollreifes Zuckermelonenfleisch
125 g Magerjogurt
5 Minzeblätter
Cayennepfeffer
Cognac zum Abschmecken

Nährwerte pro Portion

kcal:	361	Kohlenh.:	14,4 g
Eiweiß:	19,6 g	Ballastst.:	0,9 g
Fett:	15,8 g	Chol.:	101 mg

Besonders reich an

hochwertigem Eiweiß
Omega-3-Fettsäuren
einfach ungesättigten Fettsäuren
Carotinoiden

Eine Portion deckt z. B. von der empfohlenen Tageszufuhr

Pantothensäure: 37 %

Kupfer:	47 %	Vitamin D:	44 %
Jod:	43 %	Vitamin B_6:	43 %
Niacin:	35 %	Zink:	17 %

Geeiste Melonensuppe mit Hummer und Minze

Hummer 5 Minuten kochen, auskühlen lassen, herausnehmen und ausbrechen. Das Hummerfleisch in kleine Würfel schneiden.

Hummersoße: Hummerschalen stoßen und in Olivenöl anrösten. Das Fett abgießen, Tomatenmark hinzufügen, mit Cognac und Weißwein ablöschen und völlig einkochen. Mit Fischfond auffüllen und nochmals reduzieren. Das Obers beigeben und 20 Minuten ziehen lassen, passieren und kalt stellen. Eventuell mit Stärkemehl binden.

Melonensuppe: Mit einem Perlausstecher aus der Melone kleine Kugerln ausstechen für die Einlage. Das restliche Zuckermelonenfleisch zusammen mit dem Jogurt im Mixer pürieren. In eine Schüssel gießen, Minze, Hummerfleischwürfel und die erkaltete Hummersoße vorsichtig unterrühren. Mit Cayennepfeffer und einem Spritzer Cognac abschmecken.

Zubereitungstipp

→ Statt Hummer können auch andere Meeresfrüchte oder Fische (z. B. Forelle, Saibling) verwendet werden.

Serviertipp

→ Mit Milchschaum und Cayennepfeffer anrichten.

Ernährungsinfo

Zuckermelone: Beerenfrucht. Familie der Kürbis-/Gurkengewächse. Neben der gelben Honig- und der gerippten Kantalup-Melone ist vor allem die Netzmelone als Zuckermelonensorte bekannt. Sie ist außen grün und mit einem netzförmigen Muster überzogen, das Fruchtfleisch ist lachsfarben, süß und aromatisch. Zuckermelonen enthalten reichlich Kohlenhydrate, Vitamin C, Vitamin A bzw. Carotinoide und Kalium.

Johann Pabst

Zutaten

für 2 Personen

2 Äpfel
Zitronensaft
1/2 Zwiebel
30 g Pastinaken
1 EL Butter
Saft von 1/2 Zitrone
1/2 EL Currypulver
frisch geriebener Ingwer
1 Gewürznelke
1/4 l Hühnersuppe
1/16 l Apfelsaft
1/16 l Obers (Sahne)
Salz, Pfeffer
2 EL Apfelsaft
1/2 TL Honig

Apfel-Curryschaum-Suppe

Äpfel vom Kerngehäuse befreien und in Würfel schneiden. Eine Apfelhälfte in dünne Stifte schneiden, mit etwas Zitronensaft beträufeln und zum Garnieren zur Seite stellen.

Zwiebel fein schneiden, mit geschnittenen Pastinaken und gewürfelten Äpfeln in Butter anschwitzen, mit Zitronensaft würzen. Currypulver, Ingwer und Gewürznelke dazugeben.

Mit Hühnersuppe, Apfelsaft und Obers aufgießen. Zugedeckt bei wenig Hitze 15 Minuten köcheln lassen. Gewürznelke herausnehmen, Suppe pürieren, mit Salz und Pfeffer abschmecken. In einer Pfanne 2 EL Apfelsaft und Honig aufkochen und die vorbereiteten Apfelstifte kurz einlegen.

Suppe in tiefen Tellern anrichten und mit den Apfelstiften garnieren.

Zubereitungstipp

→ Statt Pastinaken kann man auch Petersilienwurzel verwenden.

Serviertipp

→ Kann wie auf dem Foto in einem großen geschälten Apfel angerichtet werden.

Ernährungsinfo

Phosphor (P): Mineralstoff. Ist Baustein von Knochen, Zähnen und Zellen. Ist auch beteiligt an der Übertragung, Speicherung und Verwertung von Nahrungsenergie. Sorgt gemeinsam mit dem Kalzium für die Festigkeit von Knochen und Zähnen. Kommt in vielen Lebensmitteln vor, daher ist ein Mangel sehr selten. Zu viel Phosphor wird über die Niere ausgeschieden.

Nährwerte pro Portion

kcal:	352	Kohlenh.:	29,7 g
Eiweiß:	10,0 g	Ballastst.:	3,9 g
Fett:	21,0 g	Chol.:	81 mg

Besonders reich an

Curcumin
Phenolsäuren
Flavonoiden
Pektin

Eine Portion deckt z. B. von der empfohlenen Tageszufuhr

Vitamin C:	32 %	Kupfer:	32 %
Vitamin B_{12}:	23 %	Eisen:	23 %
Phosphor:	20 %	Zink:	20 %
Mangan:	14 %	Magnesium:	13 %

Gerald Zeitler

Zutaten

für 2 Personen

100 g Schalotten
300 g Kürbis
1 EL Olivenöl
2 Tomaten
2 Tomaten, getrocknet
1/2 l Hühnerbouillon
Saft von 1 Orange
20 g eingelegter Ingwer
Salz, Pfeffer

Kürbis-Ingwer-Suppe

Geschnittene Schalotten und Kürbis in Olivenöl anschwitzen, gehäutete und entkernte Tomaten sowie getrocknete Tomaten beigeben und mit Hühnerbouillon aufgießen.

Weich kochen lassen. Orangensaft und klein geschnittenen Ingwer beigeben, mixen und mit Salz und Pfeffer abschmecken.

Zubereitungstipp

→ Statt Kürbis kann man auch Zucchini verwenden.

Ernährungsinfo

Betakarotin: Carotinoid, Provitamin, Pflanzenschutzstoff. Kann im Körper in Vitamin A umgewandelt werden. Wichtiges Antioxidanz, wirkt anticanzerogen. Enthalten in roten, orangen, gelben und grünen Gemüse- und Obstsorten. Wird in der Lebensmittelindustrie als Farbstoff eingesetzt.

Nährwerte pro Portion

kcal:	300	Kohlenh.:	22,3 g
Eiweiß:	20,0 g	Ballastst.:	3,4 g
Fett:	13,9 g	Chol.:	60 mg

Besonders reich an

Carotinoiden
Phenolsäuren
Sulfiden
Terpenen

Eine Portion deckt z. B. von der empfohlenen Tageszufuhr

Niacin:	69 %	Vitamin A:	58 %
Kalium:	58 %	Vitamin B_{12}:	42 %
Kupfer:	40 %	Vitamin B_6:	38 %
Zink:	34 %		

Johann Pabst

Selleriesuppe

Zutaten

für 2 Personen

- 10 g Lauch, Zwiebel
- 10 g Butter
- 50 g Stangensellerie
- 1/4 l Gemüsefond
- 60 g Schlagobers (-sahne)
- evtl. Stärkemehl zum Binden
- 10 g kalte Butter
- Salz, Pfeffer

Das klein geschnittene Mirepoix (Wurzelwerk) in Butter leicht ansautieren, den klein geschnittenen Sellerie dazugeben, kurz durchrühren und mit dem Gemüsefond auffüllen. 10 Minuten köcheln lassen, Obers beigeben, 5 Minuten weiterkochen lassen. Im Mixer pürieren und durch ein Sieb gießen. Nochmals zum Kochen bringen evtl. mit Stärkemehl binden, die eisgekühlte Butter in die Suppe mixen und mit den Gewürzen abschmecken.

Zubereitungstipps

- → Diese Suppe kann mit jedem anderen Saisongemüse zubereitet werden.
- → Zur Fettreduktion kann die Butter zum Montieren auch weggelassen werden.

Ernährungsinfo

Obst und Gemüse: Lebensmittelgruppe. Mit Getreide bildet diese Lebensmittelgruppe die Basis der gesunden Ernährung. 5 Portionen bzw. 400 g Obst und Gemüse sollten pro Tag konsumiert werden. Vertreter dieser Lebensmittelgruppe haben eine hohe Nährstoffdichte, d. h. sie liefern viele Vitamine und Mineralstoffe bei einem niedrigen Energiegehalt und sind besonders reich an Pflanzenschutzstoffen.

Nährwerte pro Portion

kcal:	220	Kohlenh.:	4,8 g
Eiweiß:	3,0 g	Ballaststst.:	2,7 g
Fett:	21,3 g	Chol.:	83 mg

Besonders reich an

Carotinoiden
Monoterpenen

Eine Portion deckt z. B. von der empfohlenen Tageszufuhr

Vitamin A:	59 %	Vitamin B_{12}:	15 %
Kupfer:	13 %	Vitamin D:	12 %

Johann Pabst

Zutaten

ergeben 1 Liter Fond = ca. 5 Portionen

200 g mageres Rindfleisch (z. B. Schulterscherzel)
150 g weißes Mirepoix (Lauch, Zwiebeln und Sellerie)
2 Thymianzweige
2 Rosmarinzweige
1 Lorbeerblatt
5 Pfefferkörner
2 Wacholderbeeren
2 Zimtnelken
2 leicht angedrückte Knoblauchzehen
1 Petersilienstängel
1 Prise Zucker
4 Eiweiß
1 Dose geschälte Tomaten (250 g)
150 – 200 g Crasheis oder Eiswüfel
1 l Gemüse- oder Geflügelfond
2 cl Wodka oder Gin
Salz

Nährwerte pro Portion

kcal:	113	Kohlenh.:	4,3 g
Eiweiß:	16,8 g	Ballastst.:	1,2 g
Fett:	1,9 g	Chol.:	29 mg

Besonders reich an

hochwertigem Eiweiß
Lycopin

Eine Portion deckt z. B. von der empfohlenen Tageszufuhr

Vitamin B_{12}:	54 %	Niacin:	39 %
Zink:	20 %	Eisen:	19 %
Vitamin A:	15 %	Kupfer:	11 %

Tomatenessenz

Das Rindfleisch und das weiße Mirepoix mit der groben Scheibe durch den Fleischwolf drehen. Mit den Gewürzen und den Eiweißen gut vermengen. Die Tomaten sowie ein bisschen Crasheis oder Eiswürfel zugeben.

Die Masse mit dem Fond auffüllen und langsam unter ständigem Rühren zum Kochen bringen. Beiseite stellen und ca. 1 Stunde ziehen lassen. Durch ein Passiersieb mit einem Etamin (Passiertuch) abseihen und mit Wodka oder Gin und Salz abschmecken.

Zubereitungstipps

→ Das Eis in der Zubereitung ist notwendig für das Klären der Suppe. Je kälter die Suppe ist, desto mehr öffnen sich die Poren des Fleisches und desto mehr Geschmack erhält die Suppe. Möchte man eine gute Suppe, so muss man sie kalt ansetzen. Ist man daran interessiert, dass das Fleisch saftig bleibt, muss man es in die heiße Suppe einlegen, damit sich die Poren sofort schließen.

→ Es ist empfehlenswert, größere Mengen von der Tomatenessenz zuzubereiten und diese dann portionsweise einzufrieren.

Serviertipp

→ Als Einlage eignen sich weiße Rübchen, Tomatenwürfel, gelbe und rote Paprikarauten, Basilikum und Steinpilzravioli oder Basilikumnockerln.

Ernährungsinfo

Sellerie: Doldengewächs. Man unterscheidet Knollen-, Schnitt- und Stangensellerie. Der typische Geruch stammt von ätherischen Ölen, den Terpenen, die sowohl in der Knolle als auch in Stängeln und Blättern enthalten sind. Sellerie ist reich an Vitamin C, K, Kalium, Kalzium und Mangan.

Johann Pabst

Zutaten

für 2 Personen

30 g Wurzelgemüse
Knoblauch
1 EL Weißwein
1/4 l Gemüsefond
Salz, Pfeffer, Muskat
1/16 l Obers (Sahne)
50 g blanchierter Spinat
evtl. Stärkemehl

Topfennockerln (für 20 Stück):
250 g Magertopfen (-quark)
50 g Sauerrahm (saure Sahne)
70 g Grieß
1 Ei , 1 Eidotter (Eigelb)
Salz, Pfeffer, Muskat

Zitronencroûtons:
60 g Weißbrotwürfel
1/2 Zitronenschale,
in Streifen geschnitten
10 g Butter

Nährwerte pro Portion

kcal:	327	Kohlenh.:	26,0 g
Eiweiß:	10,5 g	Ballastst.:	4,5 g
Fett:	19,7 g	Chol.:	100 mg

Besonders reich an

Carotinoiden
Phenolsäuren
hochwertigem Eiweiß
komplexen Kohlenhydraten

Eine Portion deckt z. B. von der empfohlenen Tageszufuhr

unlösliche Ballaststoffe: 22 %

Niacin:	33 %	Eisen:	22 %
Kupfer:	22 %	Biotin:	21 %
Vitamin C:	20 %	Kalium:	20 %

Spinatrahmsuppe mit Topfennockerln und Zitronencroûtons

Das Wurzelgemüse und den Knoblauch leicht andünsten, mit Weißwein ablöschen und mit dem Gemüsefond aufgießen.
Ca. 15 Minuten weich kochen, würzen und Obers beimengen. Mit dem blanchierten Spinat im Mixer gut mixen, sodass die Suppe eine schön hellgrüne Farbe erhält. Passieren und eventuell mit Stärkemehl leicht binden.

Für die Topfennockerln alle Zutaten zusammenrühren und ca. 2 Stunden im Kühlschrank rasten lassen. Danach Nockerln formen, in leicht siedendes Wasser einkochen und ziehen lassen.

Die Weißbrotwürfel mit den Zitronenstreifen kurz in Butter anschwenken.

Suppe mit Zitronencroûtons und je zwei Topfennockerln als Einlage servieren.

Ernährungsinfo

Spinat: Gänsefußgewächs. Besonders reich an Vitamin A, C und Eisen. Er ist aber nicht das eisenreichste Gemüse, wie fälschlicherweise früher angenommen wurde. Spinat ist überhaupt keine gute Eisenquellen, da die in größeren Menge enthaltene Oxalsäure die Eisenverwertung hemmt.

Kartoffel-Kresse-Suppe

Schalotte und Knoblauchzehe feinwürfelig schneiden, Porree putzen, waschen und ebenfalls feinwürfelig schneiden. Alles in Olivenöl leicht andünsten. Kresse waschen, ohne Stiele in den Topf geben, salzen und mit den rohen, würfelig geschnittenen Kartoffeln weich dünsten, ohne Farbe anzunehmen. Nach ca. 15 Minuten mit Rindsbouillon aufgießen und aufkochen lassen. Im Mixer pürieren und durch ein Sieb streichen. Jogurt dazugießen, mit Salz, Pfeffer und Cayennepfeffer abschmecken.

Morcheln, Karotten, Porree und Stangensellerie nudelig schneiden, in Olivenöl andünsten und mit Salz und Pfeffer würzen.

Cremesuppe in Tellern anrichten, mit Morcheln, Gemüsestreifen und Brunnenkresse garnieren.

Zubereitungstipp

→ Statt Morcheln kann man andere Pilze der Saison (Eierschwammerln, Pfifferlinge, Steinpilze etc.) verwenden.

Ernährungsinfo

Kresse (Gartenkresse): Gewürzkraut, Kreuzblütengewächs. Kresse wird frisch gekeimt für Salate, Kräuterdips und -soßen oder für Suppen verwendet. Kresse ist reich an Vitamin C und Mineralstoffen und enthält die sekundären Pflanzeninhaltsstoffe Isothiocyanate, die für den scharfen Geschmack verantwortlich sind, hemmend gegenüber Krankheitskeimen wirken und möglicherweise krebshemmende Eigenschaften haben.

Gerald Zeitler

Zutaten

für 2 Personen

1 Schalotte
1 Knoblauchzehe
1/2 Stange Porree (Lauch)
1 EL Olivenöl
1 Bund Brunnenkresse
Salz
ca. 200 g mehlige Kartoffeln
1/2 l Rindsbouillon
25 ml Jogurt
Salz, Pfeffer aus der Mühle
Cayennepfeffer

25 g frische Morcheln
20 g Karotten
25 g Porree (Lauch)
20 g Stangensellerie
1 EL Olivenöl
Salz, Pfeffer
Brunnenkresse zum Garnieren

Nährwerte pro Portion

kcal:	217	Kohlenh.:	15,5 g
Eiweiß:	8,0 g	Ballastst.:	4,0 g
Fett:	13,4 g	Chol.:	17 mg

Besonders reich an

komplexen Kohlenhydraten
Sulfiden
Carotinoiden
Polyphenolen

Eine Portion deckt z. B. von der empfohlenen Tageszufuhr

Vitamin A:	51 %	Vitamin B_{12}:	39 %
Kalium:	29 %	Kupfer:	27 %
Niacin:	27 %	Vitamin B_6:	27 %
Vitamin C:	26 %	Zink:	23 %

Johann Pabst

Zutaten

für 2 Personen

100 g weißer Spargel
1 nussgroßes Stück Butter
35 g weißes Wurzelgemüse (Zwiebel, Petersilienwurzel, Lauch, Sellerie)
1/4 l Wasser
1 Prise Salz
1 Prise Zucker
Saft einer 1/2 Zitrone
50 g Schlagobers (-sahne)
evtl. Stärkemehl zum Binden

1 Scheibe Weißbrot
1 EL geschlagenes Obers (Sahne)
1 Eidotter (Eigelb)

Nährwerte pro Portion

kcal:	252	Kohlenh.:	14,3 g
Eiweiß:	4,6 g	Ballastst.:	1,6 g
Fett:	19,5 g	Chol.:	170 mg

Besonders reich an

Sulfiden
Saponinen
Phenolsäuren
Inulin

Eine Portion deckt z. B. von der empfohlenen Tageszufuhr

Vitamin A:	32 %	Kupfer:	19 %
Vitamin D:	18 %	Folsäure:	17 %
Vitamin C:	15 %	Eisen:	12 %

Überbackene Spargelcremesuppe

Den Spargel unter dem Kopf beginnend schälen und klein schneiden. In einem Topf etwas Butter aufschäumen, weißes Wurzelgemüse und Spargel darin farblos andünsten, mit Wasser aufgießen, mit Salz, Zucker und Zitronensaft würzen, weich kochen. Obers beigeben, aufkochen und mit dem Stabmixer pürieren. Abschmecken und evtl. leicht binden.

Backofengriller auf 220 °C vorheizen.

Das Weißbrot entrinden, in kleine Würfel schneiden und in einer beschichteten Pfanne trocken anrösten. Das geschlagene Obers mit dem Eidotter verrühren. Die heiße Suppe in Tassen oder Tellern anrichten, mit dem Eidotter-Obers-Gemisch nappieren und im Rohr mit der Grillfunktion ca. 1 – 2 Minuten überbacken. Mit Croûtons bestreuen und servieren.

Zubereitungstipp

→ Um den Cholesteringehalt dieses Gerichts zu vermindern, reicht man die Suppe, ohne sie zu überbacken.

Ernährungsinfo

Inulin: Mehrfachzucker. Reservekohlenhydrat in Pflanzen. Aufgebaut aus Fruchtzucker (Fruktose). Unverdaulich, deshalb zu den Ballaststoffen zählend. Reichlich enthalten in Topinambur, Artischocke und Spargel. Ausgangsstoff für die Herstellung von Fruchtzucker und Diabetikernahrungsmittel. Regt das Wachstum der Darmbakterien an und erhält die Darmflora gesund (= präbiotische Wirkung).

Johann Pabst

Stoßsuppe mit Nussbrotcroûtons

Zutaten

für 2 Personen

- 10 g Butter
- 1 Schalotte
- 1/8 l Rindsuppe
- Kümmel
- 1/8 l Sauermilch
- 75 g Magertopfen (-quark)
- 2 EL Obers (Sahne)
- 3 EL Most (Obstwein)
- Stärkemehl zum Binden
- 50 g Kartoffelwürfel
- Salz, Pfeffer aus der Mühle
- 50 g Nussbrot, entrindet

Die Butter aufschäumen und die fein geschnittene Schalotte darin anschwitzen. Mit Rindsuppe und Kümmel aufkochen. Sauermilch und Topfen in die Suppe einrühren. Die Hälfte des Obers und den Most dazugeben und nochmals aufkochen lassen. Im Mixer pürieren, mit Stärkemehl leicht binden. Zum Schluss die gekochten Kartoffelwürfel und das restliche Obers unterheben. Abschmecken. Nussbrotwürfel im Rohr bei 180 °C ca. 10 Minuten rösten.

Die Suppe mit gerösteten Nussbrotwürfeln servieren.

Nährwerte pro Portion

kcal:	250	Kohlenh.:	22,7 g
Eiweiß:	11,1 g	Ballastst.:	2,7 g
Fett:	11,7 g	Chol.:	36 mg

Eine Portion deckt z. B. von der empfohlenen Tageszufuhr

Pantothensäure: 13 %

Vitamin B_{12}:	33 %	Niacin:	22 %
Kalium:	21 %	Kalzium:	16 %
Vitamin D:	14 %	Eisen:	14 %

Ernährungsinfo

Kümmel: Gewürzpflanze, Doldenblütler. Verwendet werden die Früchte. Kümmel ist eines der ältesten Gewürze Europas. Er wird zur Herstellung von Brot und Gebäck, Wurst, Käse sowie Gemüsekonserven verwendet. Kümmel ist besonders reich an ätherischen Ölen, die hauptsächlich Terpene enthalten und zahlreichen Verdauungsbeschwerden entgegenwirken.

Gerald Zeitler

Pastinakencremesuppe

Zutaten

für 2 Personen

- 50 g Schalotten
- 1 EL Sonnenblumenöl
- 250 g Pastinaken
- 1/16 l Weißwein
- 1/16 l Magermilch
- 1/2 l Hühnerfond
- Salz
- Zitronenpfeffer
- 1 TL Zitronenessig
- 1 EL braune Butter

Kleinwürfelig geschnittene Schalotten in Öl anschwitzen, Pastinaken putzen, schälen und in grobe Stücke schneiden, zu den Schalotten geben und mit Weißwein ablöschen. Einreduzieren lassen, mit Milch, Hühnerfond aufgießen und weich kochen. Würzen, braune Butter beimengen, mixen und gegebenenfalls nochmals abschmecken.

Zubereitungstipp

→ Statt Pastinaken kann man auch Sellerie verwenden.

Ernährungsinfo

Sonnenblumenöl: Speiseöl, Samenöl. Wird durch Pressung von Sonnenblumensamen gewonnen. Sonnenblumenöl ist kaltgepresst und raffiniert (aufbereitet) erhältlich. Kaltgepresstes Sonnenblumenöl sollte nicht erhitzt, sondern nur für Salate und Rohkost verwendet werden. Es ist reich an mehrfach ungesättigten Fettsäuren, natürlichem Vitamin E und Phytosterinen.

Nährwerte pro Portion

kcal:	287	Kohlenh.:	5,8 g
Eiweiß:	18,8 g	Ballastst.:	5,7 g
Fett:	18,3 g	Chol.:	73 mg

Besonders reich an

Flavonoiden
Monoterpenen
Phenolsäuren

Eine Portion deckt z. B. von der empfohlenen Tageszufuhr

unlösliche Ballaststoffe: 28 %

Niacin:	57 %	Vitamin B_{12}:	46 %
Zink:	39 %	Kalium:	36 %
Kupfer:	30 %	Eisen:	23 %

Johann Pabst

Pastinakensuppe mit Gemüsecannelloni

Zutaten

für 2 Personen

1 Schalotte, klein geschnitten
1 EL Olivenöl
2 Pastinaken, gut gebürstet und in Scheiben geschnitten
1/16 l Weißwein
1/4 l Geflügelfond
2 EL Obers (Sahne)
Salz, Pfeffer, Muskat
2 Gemüsecannelloni als Einlage

Gemüsecannelloni (für 4 Stk.):
75 g Mehl
1 Ei, 1 Dotter (Eigelb)
10 ml Wasser
Salz
1 EL Gemüsebrunoise (Sellerie, Karotten, Gelbe Rüben, Zucchini klein geschnitten)
1 TL Olivenöl
Schnittlauch zum Binden

Nährwerte pro Portion

kcal:	330	Kohlenh.:	17,8 g
Eiweiß:	14,4 g	Ballastst.:	5,7 g
Fett:	19,7 g	Chol.:	166 mg

Besonders reich an

Flavonoiden
Monoterpenen
Phenolsäuren

Eine Portion deckt z. B. von der empfohlenen Tageszufuhr

unlösliche Ballaststoffe: 27 %

Niacin:	40 %	Kalium:	38 %
Vitamin B_{12}:	36 %	Vitamin D:	36 %
Zink:	32 %	Eisen:	23 %

Suppe: Schalotte in Olivenöl andünsten, Pastinakenscheiben beigeben und kurz durchschwenken. Mit Weißwein ablöschen, mit Geflügelfond auffüllen und köcheln lassen, bis das Gemüse weich ist. Mixen, durch ein feines Sieb passieren, Obers beigeben, nochmals aufkochen lassen, mit Salz, weißem Pfeffer und Muskat abschmecken und mit jeweils zwei Gemüsecannelloni heiß servieren.

Gemüsecannelloni: Zutaten für den Nudelteig rasch und glatt abkneten, in Plastikfolie einschlagen, 1 Stunde im Kühlschrank rasten lassen. Für die Füllung Gemüse in wenig Olivenöl im eigenen Saft dünsten, mit Salz, Pfeffer, Knoblauch, Schnittlauch und Petersilie abschmecken und erkalten lassen. Teig dünn ausrollen, zu Rechtecken (6 x 5 cm) schneiden, Füllung darauf verteilen, die Teigränder mit Wasser bepinseln und einrollen. Die Enden mit Schnittlauch binden und die Cannelloni in leise köchelndem Wasser ca. 1 Minute ziehen lassen.

Zubereitungstipps

- Lässt man den Dotter bei der Zubereitung der Cannelloni weg, kann der Cholesteringehalt dieser Suppe deutlich verringert werden. Um trotzdem eine gelbe Farbe zu erreichen, kann man das Wasser mit Safran versetzen.
- Statt Pastinaken kann man auch Petersilienwurzeln verwenden.

Ernährungsinfo

Pastinake: Hammel- oder Hirschmöhre. Fleischige, gelbe Wurzel. Das Fleisch hat einen würzigen, süßen Geschmack und kann roh gegessen werden. Am besten ist der Geschmack nach dem ersten Frost. Enthält Kalium, Magnesium, Zink, Mangan, Folsäure und sehr viele Ballaststoffe.

Gerald Zeitler

Zutaten

für 2 Personen

400 g Tomaten
100 g Zwiebeln
1 Knoblauchzehe
1 EL Olivenöl
300 ml Gemüsefond
1/16 l Weißwein
Salz, Pfeffer aus der Mühle
1 EL Basilikum

Tomatensuppe mit Basilikum

Tomaten blanchieren, schälen und Fruchtfleisch kleinwürfelig schneiden.

Zwiebeln und Knoblauch hacken und anschwitzen, mit Gemüsefond und Weißwein aufgießen und zum Kochen bringen. Tomaten beigeben, ca. 10 Minuten köcheln lassen. Mit Salz, Pfeffer und in Streifen geschnittenem Basilikum würzen.

Nährwerte pro Portion

kcal:	148	Kohlenh.:	8,4 g
Eiweiß:	3,0 g	Ballastst.:	3,5 g
Fett:	8,6 g	Chol.:	0 mg

Besonders reich an

Lycopin
Sulfiden
Phenolsäuren

Eine Portion deckt z. B. von der empfohlenen Tageszufuhr

Vitamin C:	52 %	Vitamin E:	31 %
Kalium:	30 %	Vitamin A:	27 %
Biotin:	22 %	Folsäure:	21 %

Ernährungsinfo

Basilikum: Gewürzpflanze, Lippenblütler. Heimat: Indien. Basilikum wird sowohl frisch als auch getrocknet verwendet. Frisches Basilikum ist reich an Vitamin C und Folsäure. Der aromatische Geruch und Geschmack rühren von den ätherischen Ölen her, die hauptsächlich Terpene enthalten. In der Volksmedizin wird Basilikumtee bei Verdauungsstörungen zur Appetitanregung und zur Entwässerung eingesetzt.

Rote-Rüben-Suppe mit Hühnerfilets in Krenpanier

Zwiebel in Butter hell anschwitzen, mit Suppe und Rotem Rübensaft ablöschen und aufkochen. Ca. 100 g Sauerrahm und Mehl glatt rühren, in die Suppe gießen, unter Rühren aufkochen und bei schwacher Hitze ca. 6 Minuten köcheln lassen und würzen.

Hühnerfleisch quer zur Faser in 2 Streifen schneiden, mit Salz und Pfeffer würzen. Fleisch im Kren wälzen, im Mehl wenden, durch das verschlagene Ei ziehen und in den Böseln panieren. Ca. 3 Finger hoch Öl erhitzen, die Hühnerstreifen darin goldgelb backen, mit einem Siebschöpfer herausheben und auf Küchenpapier abtropfen lassen.

Suppe in vorgewärmte Teller gießen, mit restlichem Sauerrahm garnieren und mit je einem gebackenen Hühnerstreifen als Einlage servieren.

Zubereitungstipps

- → Die Menge der Butter zum Anschwitzen kann auf 5 g reduziert werden, wenn man eine beschichtete Pfanne verwendet.
- → Eine Fettreduktion erreicht man auch, wenn man die halbe Menge Sauerrahm durch Jogurt ersetzt.

Ernährungsinfo

Rote Rüben/Rote Bete: Wurzelgemüse. Typisches Wintergemüse. Die charakteristisch dunkelrote Farbe stammt von Anthocyanen. Dieser Farbstoff wird als Lebensmittelfarbstoff eingesetzt. Er wird vollständig wieder ausgeschieden und färbt Harn und Stuhl rot. Reich an Mineralstoffen wie Kalium, Magnesium, Eisen, Kupfer und Mangan aus. Weiters enthalten sie Folsäure.

Zutaten

für 2 Personen

1/2 Zwiebel, kleinwürfelig geschnitten
15 g Butter
1/8 l Hühnersuppe
1/8 l Roter Rübensaft
125 g Sauerrahm (saure Sahne)
15 g Mehl
Salz, Pfeffer, Kümmel
1 Schuss Weißweinessig

1 Hühnerbrustfilet (50 g)
Salz, Pfeffer

Krenpanier (für 10 Portionen):
1 EL Kren
15 g Mehl
1 Ei
50 g Brösel
Öl zum Ausbacken

Nährwerte pro Portion

kcal:	353	Kohlenh.:	18,4 g
Eiweiß:	15,3 g	Ballastst.:	1,4 g
Fett:	24,3 g	Chol.:	103 mg

Besonders reich an

Anthocyan (Flavonoiden)
Phenolsäuren
hochwertigem Eiweiß

Eine Portion deckt z. B. von der empfohlenen Tageszufuhr

Niacin:	47 %	Vitamin E:	28 %
Vitamin B_{12}:	25 %	Kalium:	24 %
Zink:	21 %	Vitamin A:	20 %
Vitamin B_6:	17 %		

Johann Pabst

Johann Pabst

Zutaten

für 2 Personen

1 TL Butter
1/2 Zwiebel
10 g Lauch
10 g Sellerie
100 g Kürbis (American Gigant oder Hokkaido)
1/2 Knoblauchzehe
1 Lorbeerblatt
1/4 TL edelsüßer Paprika
1 Msp. Kümmel
Salz, weißer Pfeffer
etwas Balsamico
1/2 l Gemüsefond oder Rindsuppe
10 g Schlagobers (-sahne)
Stärkemehl zum Binden

Nährwerte pro Portion

kcal:	148	Kohlenh.:	12,5 g
Eiweiß:	5,1 g	Ballastst.:	5,1 g
Fett:	8,4 g	Chol.:	59 mg

Besonders reich an

Carotinoiden
Phenolsäuren

Eine Portion deckt z. B. von der empfohlenen Tageszufuhr

unlösliche Ballaststoffe: 26 %

Vitamin C:	30 %	Kalium:	26 %
Kupfer:	26 %	Eisen:	22 %
Niacin:	21 %	Mangan:	16 %

Kürbiscremesuppe

Butter in einem Topf erhitzen, klein geschnittene Zwiebel anschwitzen. Klein geschnittenes weißes Mirepoix (Wurzelwerk) und Kürbis beigeben und bei mittlerer Hitze ein paar Minuten dünsten. Zerdrückte Knoblauchzehe, Lorbeerblatt, Paprikapulver, Kümmel, Salz und Pfeffer beifügen.

Mit Balsamico ablöschen und mit Rindsuppe und Schlagobers aufgießen, aufkochen und ca. 15 – 20 Minuten köcheln lassen. Lorbeerblatt entfernen und Suppe im Mixer aufmixen. Wenn nötig, mit Stärkemehl etwas binden.

Serviertipps

- Beim Anrichten geröstete Kürbiskernbrotwürfel (im Rohr bei 180 °C 5 Minuten rösten) sowie geschrotete geröstete Kürbiskerne draufgeben.
- Eventuell mit ein paar Tropfen Kernöl verzieren.
- Diese Suppe kann man auch in einem ausgehöhlten Zwergkürbis dekorativ anrichten.

Ernährungsinfo

Hokkaidokürbis: Speisekürbis mit orangerotem Fruchtfleisch und oranger Schale und einem Gewicht von 0,3 bis 3 kg. Hokkaidokürbisse müssen vor dem Verzehr nicht geschält werden, die Schale kann mitgegessen werden. Sie enthalten große Mengen an Betakarotin und Kalium.

Johann Pabst

Rindsuppe mit Grießstrudel

Zutaten
für 2 Personen

30 g Butter
1 Dotter (Eigelb)
50 g Weizengrieß
Salz, Muskat
1 Eiklar (Eiweiß)
1 kleines Blatt Strudelteig (DIN A5)
400 ml Rindsuppe

Butter mit Dotter schaumig rühren, Weizengrieß beigeben, würzen und steif geschlagenes Eiweiß unterheben. Strudel füllen, mit bemehltem Kochlöffelstiel 5 cm lange Stücke eindrücken, mit der Teigkarte durchschneiden, Schnittflächen gut zusammendrücken, Strudelstücke in kochendes Wasser einlegen und ca. 15 Minuten ziehen lassen. Je dünner die Rolle ist, desto leichter lassen sich die 5 cm langen Stücke schneiden. Bei einer dicken Rolle würden die Stücke beim Kochen platzen.

Der Strudel wird in die Mitte des Tellers gegeben und mit heißer Rindsuppe serviert.

Zubereitungstipps

- Dieser Grießstrudel eignet sich hervorragend für die Zubereitung im Dampfgarer.
- Man kann davon große Mengen zubereiten, einfrieren und nach Bedarf verwenden.

Ernährungsinfo

Muskat: Same eines Muskatnussgewächses. Die Muskatnuss ist genau genommen keine Nuss, sondern der innere Kern einer pfirsichähnlichen Frucht. Muskat ist meist im Ganzen erhältlich und wird beim Kochen frisch gerieben. Muskat enthält neben Terpenen das ab einer Menge von fünf Gramm giftige Myristicin. In geringen Mengen wirkt Myristicin gegen Verdauungsbeschwerden.

Nährwerte pro Portion

kcal:	285	Kohlenh.:	20,2 g
Eiweiß:	10,1 g	Ballastst.:	2,1 g
Fett:	21,1 g	Chol.:	167 mg

Besonders reich an

komplexen Kohlenhydraten

Eine Portion deckt z. B. von der empfohlenen Tageszufuhr

Vitamin B_{12}:	50 %	Vitamin A:	35 %
Zink:	28 %	Vitamin D:	22 %
Niacin:	20 %	Kupfer:	17 %

Lungenstrudel gebacken oder gekocht

Zutaten

für 4 Personen

- 1 Schalotte
- 10 g Butter
- 100 g Beuschel, gekocht
- 1 Eidotter (Eigelb)
- Salz, Pfeffer aus der Mühle
- 1/2 TL Petersilie, gehackt
- 1/2 TL Schnittlauch
- Majoran
- 1 Knoblauchzehe
- 1 Eiklar (Eiweiß)
- 1 Strudelteigblatt

Die fein geschnittene Schalotte in Butter anschwitzen und auskühlen lassen.

Das gekochte Beuschel grob faschieren. Die angeschwitzte Schalotte sowie den Eidotter untermengen. Mit Salz und Pfeffer sowie den gehackten Kräutern und Knoblauch würzen. Eiklar zu Schnee schlagen und locker unterheben. Auf zwei Drittel des Strudelteigblattes streichen und einrollen.

Entweder im Rohr backen (20 – 30 Minuten; anfangs bei 180 °C, dann bei 160 °C), anschließend in schräge Scheiben schneiden oder mit einem Teller vier Zentimeter große Polster abstechen und in der Rindsuppe zehn Minuten kochen.

Zubereitungstipps

- → Das gekochte Beuschel erhält man beim Fleischhauer.
- → Der Lungenstrudel eignet sich hervorragend für die Zubereitung im Dampfgarer.

Serviertipp

- → Der Lungenstrudel ist eine hervorragende Suppeneinlage.

Ernährungsinfo

Cholesterin: Fettähnliche Substanz. Kommt nur in tierischen Produkten vor. Besonders reich sind Innereien und Eigelb. Ist Strukturbestandteil von Membranen und dient als Vorstufe für den Aufbau von Hormonen, Vitamin D und Gallensäure. Kann vom Körper selbst gebildet werden. Pro Tag sollten höchstens 300 mg mit der Nahrung aufgenommen werden.

Nährwerte pro Portion

kcal:	76	Kohlenh.:	2,2 g
Eiweiß:	6,8 g	Ballastst.:	0,3 g
Fett:	4,4 g	Chol.:	110 mg

Eine Portion deckt z. B. von der empfohlenen Tageszufuhr

Vitamin B_{12}:	28 %	Eisen:	25 %
Niacin:	15 %		

Johann Pabst

Gelbe Paprikasuppe mit Ricottanockerln

Zutaten

für 2 Personen

1 1/2 große, gelbe Paprika
1/2 Zwiebel
1/2 EL Olivenöl
1/2 Knoblauchzehe
1 – 2 TL Zitronensaft
0,3 l Hühnerfond
40 g Obers (Sahne)
1/2 TL Honig
1 Rosmarinzweig
Salz

Ricottanockerln:

(für 10 Nockerln):
35 g Parmesan, gerieben
150 g Ricotta
1 Ei
2 – 3 EL Mehl
Salz, Pfeffer; Muskatnuss

Strunk entfernen und Paprika in etwa 1 cm große Quadrate schneiden. Zwiebel schälen und fein schneiden. In einem Topf Olivenöl erhitzen. Zuerst Zwiebel und dann Paprika anschwitzen. Gepressten Knoblauch beigeben und kurz mitschwitzen. Mit Zitronensaft, Hühnerfond und Obers aufgießen. Mit Honig, Rosmarin und Salz würzen. Zugedeckt etwa 10 Minuten köcheln lassen.

Für die Nockerln alle Zutaten vermischen und 10 Minuten ziehen lassen. Wasser aufkochen, salzen. Mit einem Löffel Nockerln formen und ins Wasser legen. Etwa 10 Minuten zart wallend köcheln lassen.

Rosmarinnadeln aus der Suppe entfernen, Suppe cremig aufmixen.

Ein Nockerl pro Suppenteller anrichten und mit Suppe servieren.

Nährwerte pro Portion

kcal:	288	Kohlenh.:	12,7 g
Eiweiß:	15,3 g	Ballastst.:	4,8 g
Fett:	19,4 g	Chol.:	95 mg

Besonders reich an

Carotinoiden
Phenolsäuren

Eine Portion deckt z. B. von der empfohlenen Tageszufuhr

unlösliche Ballaststoffe: 29 %

Niacin:	42 %	Vitamin B_6:	37 %
Vitamin B_{12}:	35 %	Kalium:	25 %
Kupfer:	25 %	Zink:	24 %

Zubereitungstipp

→ Obers kann auch durch Milch ersetzt werden.

Ernährungsinfo

Ricotta: Milchprodukt, Frischkäse. Frischkäse hat einen Wassergehalt in der fettfreien Käsemasse von mindestens 73 %, er wird verzehrt, ohne vorher zu reifen. Ricotta wird im Gegensatz zu den meisten anderen Frischkäsen aus Molke statt aus Milch hergestellt. Er ist reich an hochwertigem Eiweiß, Vitamin B_2 und Kalzium, sein Fettgehalt beträgt ca. 13 %.

Johann Pabst

Zutaten

für 2 Personen

20 g Dinkel
2 g Schalotte
3 g Butter
Selchkarreeknochen oder
1 Selchripperl
2 g Lauch
2 g Karotte
2 g Sellerie
1/4 l Bouillon
10 g Schlagobers (-sahne)
Salz, Pfeffer aus der Mühle
10 g Vulcanoschinken
Kerbelblätter

Dinkelsuppe mit Vulcano

Den Dinkel über Nacht einweichen, in einem Sieb abtropfen lassen. Die fein geschnittene Schalotte in etwas Butter andünsten, den Dinkel und Selchkarreeknochen dazugeben, mit Bouillon aufgießen und ca. 15 Minuten kochen lassen, geschnittenes Gemüse beimengen und nochmals 2 – 3 Minuten ziehen lassen.

Den Knochen aus der Suppe nehmen, Schlagobers unterrühren, mit Salz und Pfeffer abschmecken. Die Suppe vor dem Anrichten ohne Gemüse und Dinkel mixen. Danach den Dinkel und das Gemüse als Einlage in die Suppe geben und mit gebratenen Vulcanaoschinkenstreifen und Kerbel garnieren.

Zubereitungstipps

- Selchkarreeknochen erhält man beim Fleischhauer.
- Statt Schlagobers kann man auch Vollmilch verwenden.

Ernährungsinfo

Schinken: Fleischerzeugnis. Schinken entsteht durch Pökeln (Einsalzen mit Nitritpökelsalz) und Kochen (Kochschinken) bzw. Räuchern und Trocknen (Rohschinken). Schinken stammt meist vom Schweinsschlögel. Der Fettgehalt ist abhängig vom verwendeten Fleischteil.

Nährwerte pro Portion

kcal:	85	Kohlenh.:	6,7 g
Eiweiß:	4,6 g	Ballastst.:	1,3 g
Fett:	4,4 g	Chol.:	20 mg

Besonders reich an

komplexen Kohlenhydraten

Eine Portion deckt z. B. von der empfohlenen Tageszufuhr

Vitamin B_{12}:	21 %	Vitamin A:	16 %
Zink:	13 %	Mangan:	12 %
Niacin:	12 %		

Johann Pabst

Consommé vom Styria-Beef mit Gemüse-Blätterteig-Feuillete

Zutaten

für 10 Personen

1 kg mageres Rindfleisch zum Klären (z. B. Brustkern)
80 g Sellerie, 40 g Lauch
80 g Karotten
1/2 Tomate
1 Zwiebel, 1 Knoblauchzehe
6 Eiweiß
2,5 l Rindsuppe
Lorbeerblatt, Wacholderbeeren, Pfefferkörner

Blätterteigfeuillete:
200 g Blätterteig
50 g Karotten
50 g Gelbe Rüben
50 g Knollensellerie
1/4 l Gemüsefond
1 Ei zum Bestreichen

10 Scheiben (ca. 100 g) Rinderfilet vom Styria-Beef
Schnittlauch

Das Rindfleisch mit dem Gemüse faschieren, Zwiebel und Knoblauch hacken und hinzufügen, Eiweiße unterrühren, mit der kalten Rindsuppe aufgießen, mit Lorbeerblatt, Wacholderbeeren, Pfefferkörnern würzen und langsam aufkochen lassen (= klären).

Ca. 1 Stunde simmern (= leichtes Köcheln) und anschließend die fertige Consommé durch ein Sieb mit Passiertuch passieren.

Blätterteigfeuillete: Den Blätterteig dünn ausrollen. Das Gemüse dünnblättrig schneiden und in ca. 1/4 l Gemüsefond etwas vorblanchieren. Schichtweise Blätterteig und Gemüse übereinander legen, mit etwas Ei bestreichen und mit Blätterteig abschließen, backen. Den gebackenen Blätterteig in kleine Würfel schneiden.

4 Stück jeweils mit einer Scheibe rohem Rinderfilet in der Mitte des Tellers anrichten und mit Schnittlauch garnieren. Consommé separat servieren.

Zubereitungstipp

- → Klare Suppe immer in größeren Mengen kochen. Wird sie nur für 2 Personen zubereitet, schmeckt sie nicht so gut.

Ernährungsinfo

Wacholder: Gewürz, Zypressengewächs. Als Gewürz werden die beerenartigen Zapfen des Wacholderstrauches verwendet, die erst grün sind und nach dreijähriger Reifung schwarz werden. Der typische bittersüße Geschmack stammt von den Inhaltsstoffen Zucker und Monoterpenen.

Nährwerte pro Portion

kcal:	260	Kohlenh.:	20,2 g
Eiweiß:	16,3 g	Ballastst.:	3,7 g
Fett:	11,7 g	Chol.:	50 mg

Besonders reich an

hochwertigem Eiweiß

Eine Portion deckt z. B. von der empfohlenen Tageszufuhr

Vitamin K:	50 %	Vitamin B_{12}:	48 %
Vitamin A:	38 %	Zink:	24 %
Niacin:	18 %	Kupfer:	16 %
Eisen:	11 %		

Gerald Zeitler

Rollgerstelsuppe mit Kaninchenrücken

Zutaten

für 2 Personen

- 200 g Rollgerste
- 10 g Butter
- 1 l kräftige Rindsuppe
- 1 Bouquet garni (Kräutersträußchen aus Lauch, Sellerie, Karotten, Petersilie)
- 1 Schalotte
- 1 Thymianzweig
- 40 g Karottenwürfel
- 40 g Lauchscheiben
- 20 g Selleriewürfel, blanchiert
- Salz, Pfeffer, Zitronensaft
- 200 g Kaninchenrückenfilet
- Salz, Pfeffer, Zitronensaft
- 1 EL Olivenöl zum Anbraten

Die Rollgerste 2 Stunden im kalten Wasser einweichen. In ein Sieb gießen und abtropfen lassen. Die eingeweichte Rollgerste in Butter anschwitzen, mit ca. 200 ml Rindsuppe aufgießen und das Bouquet garni, die geschnittene Schalotte und den Thymianzweig dazugeben. Ca. 30 Minuten kochen lassen, abseihen und abtropfen lassen. Restliche Rindsuppe in einem Topf erwärmen, Karottenwürfel, Lauchscheiben, Selleriewürfel und die Rollgerste hineingeben und mit Salz, Pfeffer und Zitronensaft abschmecken.

Für die Einlage das Kaninchenrückenfilet mit Salz, Pfeffer und Zitronensaft leicht würzen, kurz anbraten und warm stellen. Kaninchenrückenfilet aufschneiden, die Scheiben auf 2 tiefe Teller verteilen und mit der heißen Rollgerstelsuppe aufgießen.

Zubereitungstipp

→ Statt Kaninchen kann man auch Putenfleisch verwenden.

Ernährungsinfo

Gerste: Ältestes Kulturgetreide. Wird in zahlreicher Form, unter anderem als Gerstenmehl und Gerstenkeime, angeboten. Bei den Gerstengraupen sind die geschälten Körner der Gerste, die auch als Rollgerste angeboten werden. Aus Gerste wird auch Malz hergestellt. Malzextrakt ist in feuchter Wärme gekeimte Gerste, deren Stärke durch den Keimprozess in Malzzucker und Dextrin umgewandelt wurde.

Nährwerte pro Portion

kcal:	322	Kohlenh.:	33,9 g
Eiweiß:	24,6 g	Ballastst.:	6,2 g
Fett:	9,5 g	Chol.:	67 mg

Besonders reich an

komplexen Kohlenhydraten
hochwertigem Eiweiß

Eine Portion deckt z. B. von der empfohlenen Tageszufuhr

Niacin:	73 %	Vitamin B_{12}:	54 %
Zink:	45 %	Kupfer:	39 %
Eisen:	34 %	Vitamin B_6:	31 %
Mangan:	28 %	Magnesium:	24 %

Johann Pabst

Pot au feu vom Lammrückenfilet

Zutaten

für 2 Personen

100 g Wurzelgemüse wie Sellerie, Karotte, Zucchini und dergleichen
1/4 – 1/2 l Lammfond von den Knochen
100 g Lammrückenfilet
Salz, Pfeffer
1 Knoblauchzehe
1 EL Olivenöl
20 ml Weißwein
10 ml Portwein, weiß
20 g Butter
frisches Basilikum
Schnittlauch
Thymian, Rosmarin
1 Spritzer Pernod
Pfeffer aus der Mühle

Das Gemüse putzen, in mundgerechte Stäbchen schneiden und separat in Salzwasser kochen oder dämpfen.
Aus Lammknochen, etwas Wurzelwerk (Abschnitte vom Wurzelgemüse) und Gewürzen (Rosmarin, Thymian und zerdrückte Knoblauchzehe) einen kräftigen Lammfond kochen (etwa 30 Minuten) und abseihen. Das Lammrückenfilet mit Salz, Pfeffer, Knoblauch würzen und in der Pfanne anbraten. Danach im Fond ziehen lassen, bis es eine schöne rosa Farbe hat. Das Fleisch herausnehmen und in Alufolie wickeln und warm stellen.
Weißwein und weißen Portwein reduzieren, mit dem Fond auffüllen und etwas einkochen lassen. Diese Flüssigkeit mit 20 g Butter mit dem Stabmixer aufmontieren, das auf den Punkt gegarte (= knackige) Gemüse und die Kräuter zufügen, einmal aufwallen lassen, abschmecken mit Pernod, Salz und Pfeffer und sofort in tiefe heiße Teller schöpfen. Das Filet in dünne Scheiben schneiden und gefällig auflegen. Mit etwas Pfeffer aus der Mühle nachwürzen. Mit frischem Thymian garnieren.

Serviertipps

- Dieses Gericht kann sowohl als Hauptspeise als auch als kräftige Suppe serviert werden.
- Dazu reicht man gekochte Kartoffeln.

Ernährungsinfo

Carnitin: Bioaktiver Stoff. Enthalten in roten Fleischsorten, vor allem in Lammfleisch. Kann vom Körper aus den Aminosäuren Lysin und Methionin hergestellt werden. Carnitin spielt eine wichtige Rolle im Fettstoffwechsel. Seinen Bedarf an Carnitin kann der Körper bei ausreichender Eiweißzufuhr selbst decken.

Nährwerte pro Portion

kcal:	313	Kohlenh.:	4,1 g
Eiweiß:	17,6 g	Ballastst.:	2,4 g
Fett:	23,4 g	Chol.:	82 mg

Besonders reich an

hochwertigem Eiweiß
Carnitin

Eine Portion deckt z. B. von der empfohlenen Tageszufuhr

Vitamin B_{12}:	71 %	Kupfer:	63 %
Vitamin A:	59 %	Zink:	47 %
Niacin:	44 %	Eisen:	23 %

Gerald Geitler

Zutaten

für 2 Personen

2 Schalotten
1 EL Olivenöl
20 ml Weißwein
1/2 l Gemüsefond
100 g Bärlauch
3 EL Jogurt
150 g Welsfilet
Salz
Pfeffer aus der Mühle
Paprikapulver

Bärlauchsuppe mit Welsfilet

Klein geschnittene Schalotten in Olivenöl anschwitzen, mit Wein aufgießen und einkochen. Mit Gemüsefond aufgießen, gewaschenen, gehackten Bärlauch beigeben und mit Jogurt mixen.

Welsfilet würzen, anbraten, mit Paprikapulver bestreuen und in der Suppe servieren.

Zubereitungstipp

→ Statt Bärlauch kann man auch Spinat verwenden.

Ernährungsinfo

Bärlauch: Wilder Knoblauch, Lauchgewächs. Verwendet werden die jungen Blätter, die eine große Anzahl von verschiedenen Schwefelverbindungen haben. Diese sind verantwortlich für den typischen Knoblauchgeruch. Dieser unterscheidet den Bärlauch auch vom ähnlich aussehenden, jedoch giftigen Maiglöckchen oder der Herbstzeitlose.

Nährwerte pro Portion

kcal:	320	Kohlenh.:	17,8 g
Eiweiß:	16,5 g	Ballastst.:	2,6 g
Fett:	19,5 g	Chol.:	117 mg

Besonders reich an

hochwertigem Eiweiß
Omega-3-Fettsäuren
Sulfiden
Flavonoiden
Phenolsäuren

Eine Portion deckt z. B. von der empfohlenen Tageszufuhr

Vitamin B_{12}:	55 %	Kalium:	36 %
Niacin:	35 %	Vitamin A:	32 %
Vitamin B_6:	30 %	Vitamin E:	30 %
Kupfer:	28 %		

Legierte Petersilienwurzelsuppe mit Fisch

Petersilienwurzel schälen, in Scheiben schneiden. Schalotte mit Wurzelscheiben in Butter andünsten. Mit Weißwein ablöschen und mit Geflügelfond aufgießen. Die Petersilienwurzel weich kochen, im Mixer pürieren, passieren und abschmecken. Kurz vor dem Servieren mit Eidotter legieren (= Obers und Eidotter vermischen und diese Mischung in die nicht kochende Suppe einrühren, nicht mehr aufkochen lassen), würzen, Petersilienblätter beigeben und mit einem Stabmixer aufschäumen.

Aus dem Blätterteig kleine Stangen formen, mit Eigelb bestreichen, mit Sesam bestreuen und bei 190 °C 12 Minuten backen. Die Suppe mit dem gedämpften Fischfilet und den Blätterteigstangerln anrichten.

Zubereitungstipp

→ Diese Suppe schmeckt auch mit einer Pastinake statt der Petersilienwurzel hervorragend.

Serviertipp

→ Schwarzer Sesam ist besonders dekorativ. Man kann aber auch nur weißen Sesam verwenden.

Ernährungsinfo

Monoterpene: Pflanzenschutzstoffe. Monoterpene sind Bestandteile zahlreicher ätherischer Öle, sie sind beispielsweise im Zitrus- und Kümmelöl und in der Petersilienwurzel enthalten. Monoterpene wirken dem Keimwachstum entgegen und krebshemmend.

Zutaten

für 2 Personen

1 Petersilienwurzel
1 Schalotte
10 g Butter
1/16 l Weißwein
1/4 l Geflügelfond
2 EL Obers (Sahne)
1 Eidotter (Eigelb)
Muskat, Salz,
Pfeffer aus der Mühle
1 EL Petersilienblätter

10 g Blätterteig
etwas Eigelb zum Bestreichen
je 2 g schwarzer
und weißer Sesam

20 g Fischfilet, gedämpft

Nährwerte pro Portion

kcal:	280	Kohlenh.:	4,0 g
Eiweiß:	16,4 g	Ballastst.:	2,7 g
Fett:	19,6 g	Chol.:	252 mg

Besonders reich an

Flavonoiden
Monoterpenen
Phenolsäuren

Eine Portion deckt z. B. von der empfohlenen Tageszufuhr

Vitamin D:	43 %	Niacin:	41 %
Vitamin B_{12}:	39 %	Vitamin A:	31 %
Zink:	29 %	Kupfer:	27 %
Eisen:	25 %	Kalium:	22 %

Gerald Zeitler

Zutaten

für 2 Personen

90 g Krauspetersilie, gewaschen und gezupft
30 g Schalotten
1 EL Olivenöl
10 Blatt glatte Petersilie
4 EL Weißwein
1/2 l Geflügelfond, kräftig
Butter
1/4 l Magerjogurt
Salz
Pfeffer aus der Mühle
Zitronensaft

1 EL geschlagenes Obers (Sahne)

2 Lachsforellenfilets (à ca. 120 g)
1 EL Olivenöl

Nährwerte pro Portion

kcal:	439	Kohlenh.:	10,8 g
Eiweiß:	36,0 g	Ballastst.:	2,7 g
Fett:	25,9 g	Chol.:	115 mg

Besonders reich an

Omega-3-Fettsäuren
hochwertigem Eiweiß
Polyphenolen
Carotinoiden
Terpenen

Eine Portion deckt z. B. von der empfohlenen Tageszufuhr

Vitamin D: > empf. Tageszufuhr
Vitamin B_{12}: > empf. Tageszufuhr

Vitamin C:	91 %	Niacin:	89 %
Zink:	48 %	Mangan:	42 %

Petersiliencreme mit Lachsforelle

Krauspetersilie in kochendes, leicht gesalzenes Wasser geben, einmal aufkochen lassen und danach sofort abgießen. In einem Topf die geschnittenen Schalotten mit dem Olivenöl anschwitzen. Petersilie dazugeben und mit Weißwein ablöschen. Geflügelfond und etwas Butter zugeben. Mit dem Jogurt mischen und 3 Minuten aufkochen lassen. Dann mit dem Mixer fein pürieren, durch ein Haarsieb streichen, mit Salz, Pfeffer und Zitronensaft abschmecken. Vom Herd wegstellen, damit die Creme nicht grau wird.

Jedes Lachsfilet in 4 – 6 gleich große Stücke schneiden. Im Olivenöl auf beiden Seiten leicht braten, ohne dass der Fisch Farbe annimmt.

Die Creme eventuell nochmals kurz erwärmen, aufmixen, geschlagenes Obers beimengen und in Suppentellern anrichten, Lachsforellenstücke einlegen.

Ernährungsinfo

Vitamin C: Wasserlösliches Vitamin. Ist am Aufbau von Bindegewebe beteiligt, verbessert die Eisenaufnahme aus der Nahrung. Wird für die Synthese von Hormonen benötigt und übt eine Schutzwirkung auf andere Vitamine aus. Es beschleunigt den Heilungsprozess von Wunden und Knochenbrüchen, dient der Abwehr von Infektionen und schützt vor der Entstehung von Krebserkrankungen.

Gerald Zeitler

Zutaten

für 2 Personen

1 Salatgurke
Meersalz, Pfeffer aus der Mühle
1 Tomate
150 ml Gemüsefond
1/2 Knoblauchzehe
2 Blätter Zitronenmelisse
100 g Räucherlachs
1 EL Olivenöl
Zitronensaft
1 TL Balsamico-Essig, weiß

4 Scheiben Baguette

Kalte Gurkensuppe mit Räucherlachs und Croûtons

Gurke schälen, in Würfel schneiden, mit Salz und Pfeffer würzen und mit Tomate, Gemüsefond, Knoblauch und Zitronenmelisse mixen.

20 g Räucherlachs mit Olivenöl und Zitronensaft pürieren. Restlichen Lachs in Würfel schneiden und in die mit Essig abgeschmeckte Gurkensuppe geben.

Baguette im Backrohr kurz rösten und mit der Räucherlachspaste bestreichen. Man kann diese separat servieren oder in die Suppe geben.

Zubereitungstipp

→ Weißer Balsamicoessig oder Weißweinessig oder Zitronenessig wird wegen der Farbe verwendet.

Serviertipp

→ Mit aufgeschäumter Milch servieren.

Ernährungsinfo

Gurke: Kürbisgewächs. Besteht aus fast 97 % Wasser. Besonders reich an Vitamin K, Kalzium, Zink und Mangan. Diese wichtigen Inhaltsstoffe befinden sich größtenteils unter der Schale. Aus diesem Grund sollte man Gurken nur gründlich waschen und mit der Schale verwenden. Durch Einsalzen kann man einen eventuellen bitteren Geschmack mindern, dabei gehen aber auch viele wertvolle Inhaltsstoffe verloren.

Nährwerte pro Portion

kcal:	287	Kohlenh.:	30,5 g
Eiweiß:	15,2 g	Ballastst.:	3,0 g
Fett:	11,2 g	Chol.:	19 mg

Besonders reich an

Omega-3-Fettsäuren
hochwertigem Eiweiß
Curcurbitacinen
Phenolsäuren

Eine Portion deckt z. B. von der empfohlenen Tageszufuhr

Vitamin B_{12}:	50 %	Niacin:	44 %
Vitamin B_6:	34 %	Kupfer:	34 %
Kalium:	28 %	Vitamin E:	25 %
Vitamin C:	24 %	Vitamin A:	21 %

Johann Pabst

Zutaten

für 2 Personen

1/2 Schalotte
1/4 l Gemüsefond
50 g Kartoffel
20 g Schnittlauch
10 g Butter
10 g geschlagenes Obers (Sahne)
evtl. Stärkemehl zum Binden
100 g Zanderfilet
Salz und Pfeffer aus der Mühle
1 Knoblauchzehe
Olivenöl

Schnittlauchschaumsuppe mit Zanderstreifen

Schalotte in Würfel schneiden, in einer beschichteten Pfanne kurz anschwitzen und mit Gemüsefond aufgießen, Kartoffelabschnitte zugeben und ca. 1/4 Stunde leicht kochen lassen. Das Ganze im Mixer mit geschnittenem Schnittlauch, Butter und Obers pürieren, passieren und abschmecken. Wenn nötig, mit etwas Stärkemehl binden.

Den Zander in Streifen schneiden, mit Salz und Pfeffer würzen und mit zerdrücktem Knoblauch in Olivenöl braten. In warmen Suppentellern anrichten und mit den Zanderstreifen belegen.

Nährwerte pro Portion

kcal:	188	Kohlenh.:	8,0 g
Eiweiß:	14,2 g	Ballastst.:	3,3 g
Fett:	11,0 g	Chol.:	85 mg

Besonders reich an

Sulfiden
Flavonoiden
Phenolsäuren
hochwertigem Eiweiß
Omega-3-Fettsäuren

Eine Portion deckt z. B. von der empfohlenen Tageszufuhr

Vitamin B_{12}:	35 %	Vitamin A:	33 %
Niacin:	30 %	Kalium:	24 %
Vitamin B_6:	22 %	Vitamin C:	21 %
Kupfer:	17 %	Vitamin E:	16 %

Ernährungsinfo

Schnittlauch: Gewürzpflanze, Lauchgewächs. Schnittlauch ist eng mit Zwiebel und Lauch verwandt und enthält auch dieselben sekundären Pflanzeninhaltsstoffe, die den charakteristischen scharfen Geschmack ausmachen: Sulfide. Schnittlauch muss beim Kochen immer zuletzt beigegeben werden, da er beim Erhitzen sein Aroma verliert. Schnittlauch ist reich an Vitamin C, Carotinoiden, Phenolsäuren und Flavonoiden.

Kalte Gemüsesuppe mit Bachforellen

Paprika, Gurke und Schalotten in kleine Stücke schneiden. Tomaten häuten und 3 Stücke für die Dekoration beiseite legen. Die anderen halbieren, entkernen und in Stücke schneiden. Das Gemüse im Mixer pürieren. Semmelbrösel und Olivenöl dazugeben und erneut durchmixen. Essig, Salz, Pfeffer, Knoblauch und einen Schuss Tabasco unterrühren. Durch ein Sieb passieren und kalt stellen.

Die Forellenfilets über Dampf ca. 3 – 4 Minuten glasig garen.

Grünen, gelben und roten Paprika mit den drei restlichen Tomaten kleinwürfelig schneiden. Das Gazpacho in Suppenteller gießen, ein Stück Forelle drauflegen, mit Paprika- und Tomatenwürfeln, gehacktem Schnittlauch bestreuen und mit einem Petersilienblatt dekorieren.

Zutaten

für 2 Personen

40 g Paprika, rot
10 g Gurke, entkernt
50 g Schalotten
260 g Tomaten
1 EL Semmelbrösel
10 ml Olivenöl
1 EL Essig
Salz, Pfeffer aus der Mühle
1 Knoblauchzehe
etwas Tabasco

240 g Bachforellenfilet

Garnitur:

Je 1/2 grüner, gelber und roter Paprika
3 Tomaten
1 TL Schnittlauch
Petersilienblätter

Nährwerte pro Portion

kcal:	302	Kohlenh.:	20,5 g
Eiweiß:	30,1 g	Ballastst.:	8,1 g
Fett:	10,3 g	Chol.:	67 mg

Besonders reich an

Omega-3-Fettsäuren
hochwertigem Eiweiß
Carotinoiden
Phenolsäuren

Eine Portion deckt z. B. von der empfohlenen Tageszufuhr

Vitamin D: > empf. Tageszufuhr
Vitamin B_{12}: > empf. Tageszufuhr
Pantothensäure: 53 %
Niacin: 80 % Biotin: 45 %

Ernährungsinfo

Tabasco: Würzsoße. Fermentierter (enzymatisch umgesetzter) Extrakt aus gemahlenen Chilis, Salz und Essig. Tabasco ist äußerst scharf und sollte nur tropfenweise verwendet werden. Er enthält den sekundären Pflanzeninhaltsstoff Capsaicin.

Johann Pabst

Mini-Bouillabaisse von Süßwasserfischen

Zutaten

für 2 Personen

100 g frische Fischfilets (Forelle, Zander, Karpfen, Hecht, Waller und dgl.)
50 g Fischgräten für den Fond
10 g Olivenöl, 1 Knoblauchzehe
450 ml Wasser
1 Gewürzbündchen (Nelke, Lorbeer, Schalotte, Thymian)
50 g Zwiebel, fein geschnitten
25 g Weißes vom Lauch, in Ringe geschnitten
50 g Fenchel, in Streifen geschnitten
1 TL Olivenöl, 2 EL Weißwein
1 Msp. Safran
Pernod zum Abschmecken
Salz und Pfeffer aus der Mühle

25 g Tomaten, gehäutet, entkernt und gewürfelt
Fenchelkraut, Dill, Basilikum zum Garnieren

10 g Kräuterbutter
1/2 TL Tomatenmark
2 Scheiben Toastbrot

Fische ausfiletieren, aus den Gräten einen Fond ansetzen (Gräten in kleine Stücke schneiden, in Olivenöl zusammen mit dem Knoblauch anschwitzen, mit Wasser auffüllen und mit dem Gewürzbündchen ca. 15 Minuten lang köcheln lassen). Inzwischen Zwiebel, Lauchringe und Fenchelstreifen in Olivenöl anschwitzen, mit Weißwein ablöschen und mit dem Fond aufgießen. Mit Safran und Pernod sowie Salz und Pfeffer abschmecken.

Die Fische ca. 2 Minuten andämpfen, herausnehmen, auf heißen Tellern verteilen, die Tomatenwürfel zufügen und mit der heißen Suppe auffüllen. Mit den geschnittenen Kräutern bestreuen.

Die Kräuterbutter mit Tomatenmark vermischen, das Toastbrot damit bestreichen und im Rohr bei 220 °C Oberhitze ca. 5 Minuten gratinieren. Die Fischsuppe mit dem Toastbrot servieren.

Nährwerte pro Portion

kcal:	259	Kohlenh.:	19,4 g
Eiweiß:	15,2 g	Ballastst.:	3,3 g
Fett:	12,0 g	Chol.:	53 mg

Besonders reich an

Omega-3-Fettsäuren
hochwertigem Eiweiß, Sulfiden
Flavonoiden, Phenolsäuren

Eine Portion deckt z. B. von der empfohlenen Tageszufuhr

Vitamin B_{12}:	34 %	Vitamin A:	31 %
Vitamin E:	30 %	Niacin:	28 %
Eisen:	24 %	Kupfer:	24 %
Kalium:	20 %	Mangan:	19 %

Ernährungsinfo

Anis: Gewürz, Doldenblütler. Als Gewürz werden die Früchte des Anis verwendet, die fälschlicherweise häufig als Samen bezeichnet werden. Anis riecht und schmeckt süßlich und aromatisch. Er wird hauptsächlich für Süßspeisen und Gebäck, aber auch zur Herstellung von Likören (Pernod, Pastis) verwendet. Anis enthält ätherische Öle und wirkt appetit- und verdauungsanregend.

Johann Pabst

Zutaten

für 2 Personen

20 g Karotte
1 Schalotte
10 g kleine Fenchelknolle
10 g Selleriestange
5 g roter Paprika
1 EL Olivenöl
1 Knoblauchzehe, blättrig geschnitten
250 g Miesmuscheln
1/8 l Weißwein
3/8 l Hühnerfond
Pfefferkörner
1 Thymianzweig
1 Briefchen Safran
1 Spritzer Pernod
1 Spritzer Wermut
10 g Obers (Sahne)
1 TL Erdäpfel- oder Stärkemehl
gehacktes Fenchelgrün
Salz und Pfeffer

Nährwerte pro Portion

kcal:	282	Kohlenh.:	8,1 g
Eiweiß:	17,8 g	Ballastst.:	1,5 g
Fett:	13,9 g	Chol.:	115 mg

Besonders reich an

hochwertigem Eiweiß
Omega-3-Fettsäuren

Eine Portion deckt z. B. von der empfohlenen Tageszufuhr

Vitamin B_{12}: > empf. Tageszufuhr
Vitamin D: > empf. Tageszufuhr

Niacin:	48 %	Zink:	40 %
Jod:	30 %	Kalium:	27 %

Miesmuschel-Gemüse-Suppe

Gemüse in Würfel schneiden, in Öl anschwitzen, Knoblauch kurz glasig mitdünsten, dann Muscheln hinzufügen, alles mit Wein und Fond aufgießen und anschließend Pfefferkörner, Thymian, Safran, Pernod und Wermut dazugeben. Das Ganze ca. 3 Minuten köcheln lassen, danach die Muscheln herausnehmen und das Fleisch herauslösen. Muscheln, die jetzt noch geschlossen sind, unbedingt wegwerfen! Den Kochsud mit Obers auffüllen, mit zuvor in Wasser angerührtem Erdäpfelmehl binden und nochmals 5 Minuten köcheln lassen. Das Muschelfleisch in die Suppe legen, Fenchelgrün untermengen, salzen und pfeffern. Das Ganze in Suppentellern anrichten und mit Muschelschalen und evtl. mit 1/2 TL klein geschnittenen blanchierten Paprikawürfeln dekorieren.

Ernährungsinfo

Safran: Gewürz. Schwertliliengewächs. Verwendet werden die Blütennarben einer Krokusart. Um 1 kg Safran zu erhalten, müssen 100.000 Blütennarben gewonnen werden. Daher ist Safran das teuerste Gewürz der Welt. Er wird einerseits zum Würzen, andererseits zum Färben von z. B. Reis oder Kuchen verwendet. Safran enthält ätherische Öle, Bitterstoffe sowie Farbstoffe aus der Gruppe der Carotinoide.

Johann Pabst

Bröselknödel

Zutaten

für 4 Personen

40 g Butter
1 Ei
1 Eidotter (Eigelb)
2 Semmeln
1/8 l Wasser
50 g Brösel
Salz, Pfeffer, Petersilie

Aus der Butter, dem Ei und dem Eidotter einen Abtrieb machen, die in Wasser eingeweichten Semmeln auspressen, durchpassieren und mit den Bröseln unter die Masse mengen, würzen, gehackte Petersilie beimengen, kalt stellen, Knödel formen, in leicht kochendes Salzwasser geben und ca. 10 – 15 Minuten ziehen lassen (= pochieren).

Zubereitungstipps

- → Die Knödel können auch im Dampfgarer zubereitet werden.
- → Um Fett einzusparen, kann statt der Butter auch Topfen (Quark) verwendet werden.

Serviertipp

- → Die Bröselknödel eignen sich als Einlage für die Rindsuppe.

Ernährungsinfo

Polysaccharide: Mehrfachzucker, komplexe Kohlenhydrate. Verknüpfung von vielen Einfachzuckern zu einer langen Kette. Müssen vor der Aufnahme in den Organismus im Magen-Darm-Trakt in Einfachzucker gespalten werden. Dadurch erfolgt die Aufnahme langsam, der Blutzuckerspiegel steigt nicht so schnell und hoch an. Zu ihnen zählen Stärke, Dextrine und Glykogen.

Nährwerte pro Portion

kcal:	215	Kohlenh.:	20,8 g
Eiweiß:	5,8 g	Ballastst.:	1,3 g
Fett:	12,1 g	Chol.:	143 mg

Besonders reich an

komplexen Kohlenhydraten

Eine Portion deckt z. B. von der empfohlenen Tageszufuhr

Biotin:	18 %	Vitamin A:	17 %
Vitamin D:	17 %	Vitamin B_{12}:	13 %

Johann Pabst

Topfennockerln

Zutaten

für 20 Stück

250 g Magertopfen (-quark)
50 g Sauerrahm (saure Sahne)
70 g Grieß
1 Ei
1 Eidotter (Eigelb)
Salz, Pfeffer, Muskat

Alle Zutaten zusammenrühren und ca. 2 Stunden im Kühlschrank rasten lassen. Danach Nockerln formen, in leicht siedendes Wasser einkochen und ca. 10 Minuten ziehen lassen.

Zubereitungstipp

→ Diese Topfennockerlmasse kann man mit verschiedenen Aromen oder Kräutern wie z. B. Bärlauch, Basilikum, Petersilie, Walnüsse oder Pistazien ergänzen.

Serviertipp

→ Die Topfennockerln eignen sich als Einlage für die Tomatenessenz oder Gemüsesuppe.

Ernährungsinfo

Magertopfen (-quark): Milchprodukt. Magertopfen ist ein Frischkäse. Wird aus entrahmter Milch hergestellt, indem sie durch Sauermilchbakterien und Lab eingedickt und danach die Molke abgetrennt wird. Bei der Topfenherstellung entsteht immer Magertopfen. Fettere Sorten erhält man durch anschließendes Beimischen von Rahm. Magertopfen ist eine hervorragende Quelle für hochwertiges Eiweiß, B-Vitamine und Kalzium.

Nährwerte pro Portion

kcal:	65	Kohlenh.:	6,1 g
Eiweiß:	5,0 g	Ballastst.:	0,5 g
Fett:	2,1 g	Chol.:	50 mg

Besonders reich an

hochwertigem Eiweiß

Eine Portion deckt z. B. von der empfohlenen Tageszufuhr

Vitamin B_{12}: 14 % Biotin: 10 %

HAUPTSPEISEN VEGETARISCH

Johann Pabst

Haferflocken-Gemüse-Puffer

auf Erdäpfelcreme und mariniertem Rucola

Zutaten

für 2 Personen

50 g Haferflocken
1/8 l Magermilch
1 Ei
50 g Karotten
30 g Zucchini
30 g Kohlrabi
Knoblauch, Salz, Pfeffer
2 EL Sonnenblumenöl

Erdäpfelcreme:

140 g Erdäpfel (Kartoffeln), z. B. Ditta
1/8 l Magermilch
1/2 TL Trüffelöl
Salz, Muskat

50 g Rucola
1 TL Olivenöl
Balsamicoessig
Salz, Pfeffer aus der Mühle

Haferflocken mit Milch und Ei vermischen, etwas quellen lassen. Die geraspelten und ausgedrückten Karotten, Zucchini und Kohlrabi einrühren, Gewürze dazugeben und kleine Puffer formen. In einer beschichteten Pfanne in heißem Öl die Puffer goldgelb backen.

Erdäpfelcreme: Die geschälten Erdäpfel dämpfen und passieren. Mit Milch, Trüffelöl, Salz und Muskat eine Erdäpfelcreme bereiten.

Auf die Mitte der Teller die Creme anrichten, die Puffer und den marinierten Rucola draufsetzen.

Nährwerte pro Portion

kcal:	393	Kohlenh.:	35,6 g
Eiweiß:	13,7 g	Ballastst.:	4,6 g
Fett:	21,4 g	Chol.:	120 mg

Besonders reich an

komplexen Kohlenhydraten
Protease-Inhibitoren
Phytinsäure
Phenolsäuren
Carotinoiden

Eine Portion deckt z. B. von der empfohlenen Tageszufuhr

Vitamin E:	68 %	Vitamin A:	47 %
Mangan:	40 %	Biotin:	38 %
Kalium:	38 %	Vitamin B_{12}:	32 %
Vitamin B_1:	31 %	Folsäure:	17 %

Ernährungsinfo

Haferflocken: Getreideerzeugnis. Entstehen durch das Dämpfen und Pressen von entspelzten Haferkörnern. Vollkornflocken sind reich an komplexen Kohlenhydraten, Ballaststoffen, Vitamin B_1, Magnesium, Eisen, Zink und Mangan. Die enthaltene Haferkleie wirkt cholesterinspiegelsenkend.

Johann Pabst

Buchweizenlaibchen mit Karottenpüree und Spargel

Zutaten

für 2 Personen

120 g Buchweizen
1/4 l Gemüsefond
Salz, Majoran, Schnittlauch
50 g Magertopfen (-quark)
20 g Semmelbrösel
2 EL Sonnenblumenöl

Karottenpüree:
50 g Karotten
1/2 Zwiebel
1 EL Butter
Gemüsefond
Salz, Pfeffer
2 EL Milch

250 g grüner Spargel
Salz
1/2 TL Zucker
1/2 Semmel
10 g Butter

Buchweizen im Gemüsefond ca. 30 Minuten weich dünsten. Restwasser abseihen, Gewürze und Magertopfen darunter mengen. Zu Laibchen formen und in Semmelbröseln wälzen. In Öl beidseitig braten.

Karottenpüree: Die geschälten Karotten mit der Zwiebel in Butter hell anschwitzen, mit Gemüsefond aufgießen, weich dünsten, würzen und mit Milch zu Püree mixen.

Spargel schälen und in reichlich Salzwasser mit Zucker und der 1/2 Semmel blanchieren. In heißer Butter schwenken und mit dem Karottenpüree und den Buchweizenlaibchen anrichten.

Zubereitungstipp

→ Spargel wird deshalb mit Zucker und der 1/2 Semmel blanchiert, weil dadurch Bitterstoffe entzogen werden.

Ernährungsinfo

Buchweizen (Heidekorn): Dreieckige, dunkelbraune Früchte mit nussigem Geschmack. Besonders reich an Kalium, Eisen, Kalzium, Magnesium, Kieselsäure, Vitamin B_1, B_2 und Vitamin C. Außerdem enthält er Lecithin, aber kein Gluten. Die biologische Wertigkeit seines Eiweißes übertrifft alle anderen Getreidesorten. Das aus gerösteten Samen gewonnene Mehl ist das Heidenmehl.

Nährwerte pro Portion

kcal:	509	Kohlenh.:	58,6 g
Eiweiß:	14,6 g	Ballastst.:	7,6 g
Fett:	23,8 g	Chol.:	50 mg

Besonders reich an

komplexen Kohlenhydraten
Phytinsäure
Phenolsäuren
Sulfiden
Saponinen

Eine Portion deckt z. B. von der empfohlenen Tageszufuhr

Vitamin A:	77 %	Vitamin E:	72 %
Kupfer:	72 %	Mangan:	46 %
Niacin:	46 %	Folsäure:	41 %
Vitamin C:	39 %	Vitamin B_1:	36 %

Johann Pabst

Zutaten

für 2 Personen

300 g Zucchini, fein reiben
Salz, Dill
70 g Mehl
1 Ei
110 g Grieß
Salz, Pfeffer aus der Mühle
Knoblauch
Semmelbrösel
Öl zum Herausbacken

Erdäpfelschnitte:
1 TL Olivenöl
1/2 EL Semmelbrösel
120 g Erdäpfel (Kartoffeln), sehr fein geschnitten
1 EL Trüffelöl
eventuell frische Perigord-Trüffel
Salz, Pfeffer aus der Mühle

Nährwerte pro Portion

kcal:	551	Kohlenh.:	84,0 g
Eiweiß:	17,4 g	Ballastst.:	9,1 g
Fett:	15,5 g	Chol.:	119 mg

Besonders reich an

komplexen Kohlenhydraten
Phenolsäuren
Phytosterinen

Eine Portion deckt z. B. von der empfohlenen Tageszufuhr

unlösliche Ballaststoffe: 44 %

Zink:	38 %	Eisen:	35 %
Kupfer:	30 %	Vitamin B_6:	28 %
Vitamin B_1:	25 %	Folsäure:	23 %

Zucchinilaibchen mit getrüffelter Erdäpfelschnitte

Zucchini leicht salzen, ein paar Minuten stehen lassen und gut ausdrücken. Dill waschen und fein hacken. Zucchini, Dill, Mehl, Ei, Grieß, Salz, Pfeffer und Knoblauch gut verrühren. Ca. 15 Minuten stehen lassen, dann Laibchen formen, in Bröseln wenden und in einer beschichteten Pfanne in wenig heißem Öl auf beiden Seiten goldbraun backen. Aus dem Fett heben und mit einem Küchenkrepp trockentupfen.

Erdäpfelschnitte: Eine Terrinenform ausölen und mit Bröseln auskleiden. Die fein geschnittenen Erdäpfel mit Trüffelöl (oder wenn vorhanden frischer Trüffel), Salz und Pfeffer würzen und in die Terrinenform einfüllen. Danach im Backrohr bei 160 °C ca. 30 Minuten backen. Ein paar Minuten rasten lassen, kurz pressen und stürzen. Terrine in Schnitten schneiden und mit Trüffelöl noch einmal bepinseln.

Die gebratenen Zucchinilaibchen mit der Erdäpfelschnitte auf einem Teller anrichten.

Zubereitungstipps

- Dieses Gericht kann auch mit einer Jogurt- oder Schnittlauchsoße oder einer warmen Gemüsesoße aus gekochtem und püriertem Wurzelgemüse gereicht werden.
- Man kann dazu auch ein Pesto reichen. Herstellung: 1 Knoblauchzehe, 5 EL Olivenöl, 30 g Parmesan, 20 g Pinienkernen, 1 Bund frisches Basilikum, Salz und Pfeffer im Mixer zu einer cremigen Konsistenz pürieren.

Ernährungsinfo

Trüffel: Speisepilz, Schlauchpilz. Trüffeln sind ungefähr so groß wie Kartoffeln, hellgrau, braun oder schwarz und wachsen unterirdisch. Aufgrund ihres seltenen Vorkommens sind Trüffeln die teuersten Speisepilze. Am begehrtesten sind der schwarze Périgordtrüffel und der weiße Trüffel. Trüffeln werden zum Würzen von Pasteten, Ölen oder edlen Speisen verwendet.

Johann Pabst

Zutaten

für 2 Personen

Teig:

65 g Erdäpfel (Kartoffeln), Ditta

120 g glattes Mehl

1 TL Weizengrieß

Salz, Wasser

Fülle:

1/4 einer kleinen Zwiebel

1/2 Knoblauchzehe

10 g Butter, 75 g Spinat

Salz, Pfeffer, Muskat

1 EL Erdäpfelpüree (Kartoffel-)

100 g Eierschwammerln (Pfifferlinge)

1 TL Butter, 50 g Zwiebel

1/2 Knoblauchzehe

4 EL Hühnerbrühe

Petersilie, Schnittlauch

Würfel von 1/2 Tomate

Salz, Pfeffer

Nährwerte pro Portion

kcal:	335	Kohlenh.:	52,7 g
Eiweiß:	10,8 g	Ballastst.:	8,0 g
Fett:	8,5 g	Chol.:	25 mg

Besonders reich an

komplexen Kohlenhydraten
Protease-Inhibitoren
Phenolsäuren

Eine Portion deckt z. B. von der empfohlenen Tageszufuhr

unlösliche Ballaststoffe: 38 %
Pantothensäure: 29 %

Eisen:	50 %	Niacin:	46 %
Kupfer:	36 %	Kalium:	34 %

Erdäpfeltascherln mit Spinat und Eierschwammerln

Teig: Erdäpfel kochen, durchdrücken, mit Mehl, Grieß und 1 Prise Salz ca. 5 Min. in der Küchenmaschine kneten, ganz langsam ein wenig Wasser dazugeben, bis ein glatter, runder Teig entsteht.

Fülle: Zwiebel und Knoblauch klein schneiden, in Butter leicht anziehen, blanchierten Spinat dazugeben. 2 – 3 Minuten dünsten, würzen, auf ein Sieb geben, abtropfen lassen, ausdrücken und mit Erdäpfelpüree binden.

Teig dünn ausrollen, kleine Häufchen von der Spinatfülle draufsetzen, mit Teig abdecken und die gewünschte Form und Größe ausstechen. Tascherln im kochenden Wasser 4 Minuten kochen.

In der Zwischenzeit Schwammerln putzen, in Butter mit etwas Zwiebel und Knoblauch anziehen, mit Hühnerbrühe aufgießen, frische Petersilie, Schnittlauch und Tomatenwürfel dazugeben, würzen und über die Tascherln gießen.

Serviertipp

→ Die Erdäpfeltascherln eignen sich auch hervorragend als Beilage. Die angegebenen Mengen sind dann für 4 Personen.

Ernährungsinfo

Protease-Inhibitoren: Pflanzenschutzstoffe. Enzyme, die Nahrungseiweiß aufspalten können. Enthalten in Sojabohnen, Vollkorngetreide, Bohnen, Linsen und Kartoffeln. Können schädliche Oxidationen verhindern und schützen vor Krebserkrankungen. Es wird eine entzündungshemmende Wirkung diskutiert.

Gefüllte Gerstel-Gemüse-Tascherln

mit getrüffelter Erdäpfelcreme und mariniertem Rucola

Mit Weizenmehl, kochendem Wasser (damit der Teig schnell bindet) und etwas Öl (damit der Teig nicht reißt) einen plastelinähnlichen Teig bereiten, salzen und eine 1/2 Stunde rasten lassen.

Fülle: Rollgerste kochen, abseihen, mit den blanchierten Gemüsewürfeln und den restlichen Zutaten zu einer Masse verarbeiten. Man braucht kein Ei, weil die Gerste bindet.

Teig dünn ausrollen, Kreise mit einem großen Ausstecher (Ø 12 cm) ausstechen und die Fülle in der Mitte draufgeben. Den Teig mit etwas Wasser benetzen und zusammenklappen. Hinterher kann man den Teig noch randeln.

In eine beschichtete Pfanne etwas Öl und etwas Wasser geben. Die Teigtascherln mit der gerandelten Seite nach oben hineinstellen und mit einem Glasdeckel verschließen. Die Tascherln werden jetzt zuerst gedämpft und dann gleichzeitig auf der unteren Seite gebraten.

Erdäpfelcreme: Mit gekochten, passierten Erdäpfeln, Milch, Trüffelöl und etwas Trüffel eine Erdäpfelcreme bereiten und würzen. Die Tascherln auf die Erdäpfelcreme setzen und den marinierten Rucola gefällig platzieren.

Ernährungsinfo

Rucola: Rauke. Familie der Kreuzblütler. Löwenzahnähnliche, gezackte Blätter mit scharfem, an Kresse erinnernden Geschmack. Reich an Kalium, Kalzium, Zink und Karotin. Hauptverwendung als Salat, kann aber auch gegart werden. Hat eine leicht harntreibende Wirkung.

Zutaten

für 2 Personen

4 EL Weizenmehl, Wasser
1/2 TL Öl , 1 Prise Salz

Fülle:
1 EL Rollgerste
20 g Gemüsewürfel (Karotten, Zucchini, Sellerie, gelbe Rüben)
Zitronenabrieb, Ingwerabrieb
Salz, Pfeffer, Sojasoße

1 EL Olivenöl

Erdäpfelcreme:
60 g Erdäpfel (Kartoffeln)
2 EL Milch, 1/2 TL Trüffelöl
evtl. schwarzer Trüffel
Salz, Pfeffer und Muskat

Garnitur:
50 g Rucola
je 1 EL Reiswein,
Balsamicoessig, Sojasoße
1/2 EL Erdnussöl, 1 Prise Zucker

Nährwerte pro Portion

kcal:	302	Kohlenh.:	36,6 g
Eiweiß:	6,2 g	Ballastst.:	3,9 g
Fett:	13,6 g	Chol.:	1 mg

Besonders reich an

komplexen Kohlenhydraten
ungesättigten Fettsäuren
Phenolsäuren, Phytoöstrogenen
Carotinoiden

Eine Portion deckt z. B. von der empfohlenen Tageszufuhr

unlösliche Ballaststoffe: 17 %

Vitamin B_6:	16 %	Kalium:	16 %
Kupfer:	15 %	Mangan:	15 %
Niacin:	15 %	Eisen:	13 %

Johann Pabst

Zutaten

für 2 Personen

Palatschinkenteig:
50 g feines Vollweizenmehl
20 g feines Buchweizenmehl
1 Ei, 70 ml Magermilch
Salz, 2 EL Öl zum Ausbacken

Fülle:
250 g Blattspinat, frisch
35 g Zwiebel, fein gehackt
5 g Butter
50 g milder Schafkäse, gewürfelt
1 Knoblauchzehe
geriebene Muskatnuss
frisches Basilikum
Oregano und gehackte Petersilie
1 EL frischer Parmesan

Soße:
60 g fein gehackte Schalotten
5 g Butter
20 g trockener Weißwein
50 g reduzierter Gemüsefond
Salz und Pfeffer aus der Mühle
1/2 TL Zucker, Knoblauch
120 g Tomatenfleisch, püriert
Stärkemehl zum Binden
1 TL frisches Basilikum

Nährwerte pro Portion

kcal:	471	Kohlenh.:	32,1 g
Eiweiß:	20,6 g	Ballastst.:	7,9 g
Fett:	27,7 g	Chol.:	153 mg

Besonders reich an

komplexen Kohlenhydraten
Phenolsäuren
Phytoöstrogenen, Carotinoiden

Eine Portion deckt z. B. von der empfohlenen Tageszufuhr

Vitamin C:	77 %	Eisen:	67 %
Kalium:	67 %	Biotin:	50 %
Niacin:	50 %	Vitamin B_2:	50 %
Folsäure:	40 %	Vitamin B_1:	38 %

Buchweizen-Spinat-Palatschinken mit Tomaten-Basilikum-Soße

Palatschinkenteig zubereiten und Palatschinken beidseitig herausbacken. Übereinander gelegt beiseite stellen.

Fülle: Spinat in reichlich Salzwasser kurz blanchieren, mit kaltem Wasser abschwemmen und abtropfen lassen. Zwiebel in zerlassener Butter angehen lassen, Spinat beifügen, wenn heiß, den Schafkäse hinzufügen und abschmecken.

Palatschinken mit Spinat füllen, in der Mitte halbieren, aneinander in ein halbhohes, feuerfestes Geschirr legen, mit fein geriebenem Parmesan bestreuen und im Rohr bei 160 °C ca. 12 – 15 Minuten überbacken.

Soße: Schalotten in Butter angehen lassen, mit Weißwein ablöschen, mit Gemüsefond aufgießen. Salz, Pfeffer, Zucker und Knoblauch sowie das Tomatenfleisch beigeben. Zum Schluss mit Stärkemehl etwas binden und das Basilikum beigeben.

Die Soße auf Tellern anrichten, die Spinatpalatschinke darauf setzen und mit frischem Basilikumblatt garnieren.

Ernährungsinfo

Phytoöstrogene: Pflanzenschutzstoffe. Polyphenole. Wichtigste Vertreter sind Isoflavonoide (in Hülsenfrüchten) und Lignane (im Getreide). Ähnliche Struktur wie das weibliche Geschlechtshormon Östrogen. Wirken im Körper als »Antiöstrogen«. Schützen vor hormonabhängigen Tumoren (Brust-, Gebärmutterschleimhaut- und Prostatakrebs) und Osteoporose und verringern Wechselbeschwerden.

Johann Pabst

Zutaten

für 2 Personen

1/2 Kaffeetasse Langkornreis
1 Kaffeetasse Gemüsefond
1/4 Zwiebel
Nelken
1 Eidotter (Eigelb)
verschiedene Kräuter
Abrieb von Zitrone
20 g Gemüse, fein gewürfelt von Zucchini, Karotten, Kohlrabi, Gelben Rüben
1 Eiweiß
Salz
10 g Butter für die Form

Gemüse-Reis-Soufflé

Reis mit dem Gemüsefond und dem mit Nelken gespickten Zwiebelstück dünsten. Eidotter, Kräuter, Zitronenabrieb und die blanchierten Gemüsewürfel beigeben. Eiweiß mit Salz ausschlagen und unter die Masse heben.

In ausgebutterte Dariolformen geben und im Wasserbad im Ofen ca. 20 – 30 Minuten bei 160 °C pochieren.

Serviertipp

→ Das Gemüse-Reis-Soufflé kann auch mit einer Tomaten-Basilikum-Soße angerichtet werden.

Zubereitungstipps

→ Statt der Dariolformen können auch Kaffee- oder Mokkatassen verwendet werden.

→ Das Gemüse-Reis-Soufflé eignet sich hervorragend für die Zubereitung im Dampfgarer.

Ernährungsinfo

Reis: Bei den Sorten unterscheidet man Langkorn-, Mittelkorn- und Rundkornreis. Naturreis (brauner Reis) ist nur enthülst und enthält noch Silberhäutchen und Keim und hat den höchsten Nährstoffgehalt. Rohreis (Paddyreis) ist ein ungeschälter, dunkelfarbiger Reis, der eine besonders lange Garzeit benötigt. Weißer Reis (polierter Reis) wird geschält und poliert. Er hat weniger Vitamine und Mineralstoffe.

Nährwerte pro Portion

kcal:	214	Kohlenh.:	23,5 g
Eiweiß:	7,7 g	Ballastst.:	2,8 g
Fett:	9,8 g	Chol.:	154 mg

Besonders reich an

komplexen Kohlenhydraten
Protease-Inhibitoren
Phenolsäuren
Saponinen
Phytinsäure

Eine Portion deckt z. B. von der empfohlenen Tageszufuhr

Vitamin A:	45 %	Biotin:	25 %
Vitamin D:	22 %	Vitamin B_{12}:	21 %
Mangan:	20 %	Niacin:	18 %
Kupfer:	17 %	Eisen:	15 %

Johann Pabst

Hirse-Käse-Soufflé mit Blattspinat und Paprikacreme

Zutaten

für 2 Personen

Hirse heiß abspülen, dann im Wasser zugedeckt im Rohr bei 200 °C ca. 20 Minuten dämpfen, danach auskühlen lassen und ausdrücken.

Butter, Topfen und Eidotter schaumig rühren, Gewürze beimengen und mit dem geriebenen Emmentaler unter die Hirsemasse ziehen. Eiklar mit einer Prise Salz sehr steif schlagen und ebenfalls darunter heben. Die Masse in gut gebutterte Souffléformen füllen und im Wasserbad bei ca. 160 °C 20 – 30 Minuten pochieren.

Paprikacreme: Zwiebel mit dem geschnittenen Paprika in Olivenöl andünsten, mit Weißwein ablöschen, Gemüsefond auffüllen und langsam weich köcheln. Würzen und mit Sauerrahm pürieren.

Den blanchierten Blattspinat mit Knoblauch in Butter ansautieren, würzen, auf Tellern gefällig anrichten. Das Hirsesoufflé stürzen und die Paprikacreme halb darüber ziehen.

30 g Hirse, 90 ml Wasser
15 g Butter
20 g Magertopfen (-quark)
1 Eidotter (Eigelb)
Salz, Muskat
gemahlener Kümmel
gehackte Petersilie, Basilikum
30 g geriebener Emmentaler
1 Eiweiß, Salz
10 g Butter für Souffléformen

Paprikacreme:
1 EL Zwiebel
70 g frischer roter Paprika
1 TL Olivenöl, 1 EL Weißwein
100 ml Gemüsefond
Salz, Pfeffer aus der Mühle
1 EL Ahornsirup, Lorbeerblatt
1 EL Sauerrahm (saure Sahne)

150 g Blattspinat, blanchiert
1/2 Knoblauchzehe, 1 TL Butter
Salz, Pfeffer

Nährwerte pro Portion

kcal:	369	Kohlenh.:	19,4 g
Eiweiß:	14,1 g	Ballastst.:	4,4 g
Fett:	25,4 g	Chol.:	172 mg

Besonders reich an

Carotinoiden, Phenolsäuren
Phytinsäure
komplexen Kohlenhydraten

Eine Portion deckt z. B. von der empfohlenen Tageszufuhr

Vitamin C:	72 %	Eisen:	42 %
Kupfer:	39 %	Biotin:	34 %
Vitamin B_6:	34 %	Vitamin B_{12}:	34 %
Folsäure:	20 %		

Ernährungsinfo

Paprika: Nachtschattengewächs. Enthält besonders viel Vitamin C. Dieser Gehalt nimmt auch bei der Lagerung im Kühlschrank kaum ab, da die Früchte durch eine wachsartige Substanz in der Schale geschützt sind. Rote und orangefarbige Sorten haben noch zusätzlich sehr viel Betakarotin. Das scharf schmeckende Polyphenol Capsaicin ist zum Großteil in den Scheidewänden und den Samenkernen.

Johann Pabst

Zutaten

für 2 Personen

200 g Erdäpfel (speckig), 1 Ei
Salz, Pfeffer, Majoran, Muskat
1 EL Öl

Gemüsesugo:

30 g Karotten, 30 g Zucchini
30 g Sellerie, 50 g Zwiebel
1 TL Olivenöl
20 g Tomatenmark
20 g Buchweizenmehl
für leichte Bindung
250 g Rinderbouillon
oder Gemüsefond
Salz, Pfeffer, Zucker
Oregano, Basilikum, Petersilie

Béchamel:

20 g Butter, 20 g Mehl
150 g Magermilch
Salz, Pfeffer aus der Mühle
Muskat, 10 g Parmesan

Nährwerte pro Portion

kcal:	416	Kohlenh.:	37,1 g
Eiweiß:	15,0 g	Ballastst.:	5,0 g
Fett:	22,8 g	Chol.:	155 mg

Besonders reich an

komplexen Kohlenhydraten
Protease-Inhibitoren
Phenolsäuren
Carotinoiden

Eine Portion deckt z. B. von der empfohlenen Tageszufuhr

Pantothensäure: 25 %

Vitamin B_{12}:	49 %	Kalium:	40 %
Niacin:	36 %	Vitamin B_6:	34 %
Biotin:	28 %	Kalzium:	22 %

Erdäpfellasagne

Die rohen Erdäpfel mit einer Krenreibe fein reiben, ausdrücken und mit dem Ei und den Gewürzen vermischen. In einer beschichteten Pfanne mit etwas Öl Erdäpfelblätter (Ø 6 – 8 cm, 3 mm Stärke) backen.

Gemüsesugo: Das klein geschnittene Gemüse mit der Zwiebel in Olivenöl andünsten, tomatisieren, mit Buchweizenmehl stauben, mit Fond aufgießen, würzen und ca. 10 – 15 Minuten köcheln lassen.

Béchamel: Aus Butter, Mehl, Milch und den Gewürzen eine Béchamel bereiten. In die noch warme Béchamel 2/3 des geriebenen Parmesans einrühren.

Erdäpfelblätter mit Béchamel und Sugo abwechselnd zu einem Turm zusammensetzen. Die oberste Schicht mit Béchamel abschließen. Mit Parmesan bestreuen und im Ofen bei 170 °C ca. 10 – 15 Minuten backen.

Serviertipp

→ Eventuell mit leichter Knoblauchsoße und grünem Salat servieren.

Ernährungsinfo

Oregano: Gewürzpflanze, Lippenblütler. Oregano wird auch als wilder Majoran bezeichnet. Er hat ein ähnliches Aroma wie Majoran und wird ebenfalls sowohl frisch als auch getrocknet verwendet. Oregano spielt eine besondere Rolle in der mediterranen Küche, wo er zum Würzen von Tomatengerichten und Pizza verwendet wird. Oregano enthält ätherische Öle, Gerb- und Bitterstoffe.

Johann Pabst

Hirselasagne

Zutaten

für 2 Personen

- 150 g Hirse
- 350 ml Gemüsefond
- 100 g Lauch
- 1 EL Sonnenblumenöl
- 150 g Karotten
- 50 g Tomatenmark
- etwas Gemüsefond
- 50 g Gemüsemais
- Salz, Pfeffer, Muskat
- 1 Knoblauchzehe
- 50 g Käse (Bergkäse, Emmentaler, Gouda)
- 110 g Magerjogurt
- 1 Ei
- 1 Eiweiß
- Salz

Hirse im Gemüsefond einmal aufkochen. Im geschlossenen Topf bei kleinster Flamme 20 Minuten ausquellen lassen. Lauch in Ringe schneiden, in etwas Öl dünsten, geraffelte Karotten zugeben, mitrösten. Mit Tomatenmark und etwas Gemüsefond aufgießen. Mais untermischen, mit Salz, Pfeffer, Muskat und gehacktem Knoblauch abschmecken und ca. 10 Minuten köcheln lassen. Geriebenen Käse, Jogurt, Ei und Eiweiß vermengen, salzen. In eine Auflaufform abwechselnd Hirse und die Gemüsemasse einschichten. Mit Hirse abschließen und den Käse-Ei-Überguss darüber verteilen. Bei 200 °C ca. 20 Minuten goldgelb backen.

Nährwerte pro Portion

kcal:	615	Kohlenh.:	71,6 g
Eiweiß:	29,0 g	Ballastst.:	11,1 g
Fett:	23,0 g	Chol.:	175 mg

Besonders reich an

komplexen Kohlenhydraten
Sulfiden
Flavonoiden
Phenolsäuren
Carotinoiden

Eine Portion deckt z. B. von der empfohlenen Tageszufuhr

Eisen:	93 %	Magnesium:	62 %
Mangan:	59 %	Vitamin B_1:	57 %
Zink:	53 %	Kalzium:	50 %
Folsäure:	25 %		

Zubereitungstipp

→ Zum Überbacken eignet sich auch fettarmer Schnittkäse sehr gut. Dieser sollte aber vor dem Reiben kurz ins Tiefkühlfach gelegt werden, da er sich dadurch besser reiben lässt.

Ernährungsinfo

Hirse: Sammelbegriff für verschiedene, einjährige Getreidesorten, die botanisch zu den Süßgräsern gehören. Hirse hat einen sehr hohen Fettgehalt. Außerdem ist sie reich an Eisen, Magnesium, Lecithin und Kieselsäure. Im Vergleich zu den anderen Getreidesorten zeichnet sie sich auch durch den hohen Gehalt an Eisen aus. Enthält kein Klebereiweiß (Gluten).

Gerald Zeitler

Artischockenboden mit gefüllten Endivien und roter Zwiebelbutter

Zutaten

für 2 Personen

6 Artischocken (à 50 g), sauber ausgelöst
Salz, Zitronensaft
1 – 2 Köpfe Endiviensalat
1 kleine Schalotte
1 EL Olivenöl
2 EL Weißbrotwürfel ohne Rinde
Salz, Pfeffer aus der Mühle

Soße:

1 rote Zwiebel, gewürfelt und blanchiert
1 TL Butter
1/16 l Noilly Prat
1/8 l Weißwein
1/8 l Geflügelfond
1 EL braune Butter
Salz, Pfeffer, Zitronensaft

Artischockenböden in Salzwasser mit etwas Zitronensaft weich kochen. Salat putzen, waschen und schöne große Blätter heraussuchen. Diese kurz blanchieren, in Eiswasser legen und danach abtropfen lassen. Den restlichen Salat blanchieren, abschrecken und abtropfen lassen. Die Schalotte fein schneiden, in Olivenöl andünsten, den klein geschnittenen Salat und zwei gewürfelte Artischockenböden dazugeben, kurz anschwitzen und vom Herd nehmen. Die Brotwürfel im Backrohr bei 170 °C rösten, untermischen, mit Salz und Pfeffer abschmecken, in vier Salatblätter füllen und zu Kugeln formen.

Soße: Zwiebelwürfel in Butter andünsten, mit Noilly Prat und Weißwein ablöschen, ungefähr die Hälfte einkochen und mit dem Geflügelfond auffüllen. Wieder einkochen und vor dem Servieren die kalte Butter einschlagen, mit Gewürzen abschmecken.

Salatkugeln und Artischockenböden in etwas Artischockenfond langsam erwärmen. Die restlichen Salatblätter in Butter erwärmen und auf den Tellern verteilen. Die Salatkugeln auf den Artischockenböden anrichten. Mit der Soße nappieren und servieren.

Nährwerte pro Portion

kcal:	313	Kohlenh.:	17,3 g
Eiweiß:	7,4 g	Ballastst.:	9,3 g
Fett:	14,4 g	Chol.:	34 mg

Besonders reich an

Carotinoiden
Flavonoiden
Phenolsäuren
Intybin

Eine Portion deckt z. B. von der empfohlenen Tageszufuhr

unlösliche Ballaststoffe: 43 %
lösliche Ballaststoffe: 19 %

Vitamin D:	36 %	Ballastst.:	31 %
Eisen:	21 %	Folsäure:	19 %

Ernährungsinfo

Endivie: Blattgemüse. Zuchtform der Zwergzichorie, Korbblütler. Winterhart. Wird hauptsächlich als Salat verwendet. Endivien schmecken bitter, was auf ihren Gehalt an dem Bitterstoff Intybin zurückzuführen ist. Sie sind reich an Vitamin A, Betakarotin, Vitamin C, Folsäure, Kalium, Eisen sowie an sekundären Pflanzeninhaltsstoffen.

Johann Pabst

Vollwert-Dalken mit Blattspinat und Tomaten

Zutaten

für 2 Personen

5 g Trockenhefe, 120 g Milch
80 g Heidenmehl (Buchweizenmehl)
1 Eidotter (Eigelb)
1 Eiklar (Eiweiß) mit Salz zu Schnee geschlagen

Fülle:

150 g Blattspinat
50 g Zwiebel, fein gehackt
Salz
100 g Tomaten, in Scheiben geschnitten
1 TL Olivenöl
Knoblauch, Basilikum

100 g Schafkäse

Tomaten:

3 Tomaten, 4 EL Tomatenfond
1 EL Zucker
Zitronensaft
Thymian, Salz, Pfeffer
1 TL Butter

Hefe in lauwarmer Milch auflösen, mit Heidenmehl und Eidotter zu einem Teig verrühren, salzen. Den Eischnee darunter heben und 25 – 30 Minuten zugedeckt gehen lassen. In einer beschichteten Pfanne mit einem Löffel kleine Dalken (Ø ca. 4 – 5 cm) ausbacken.

Fülle: Blattspinat zupfen, blanchieren, mit der Zwiebel in einer Pfanne kurz anschwenken und würzen. Tomatenscheiben ebenfalls in Olivenöl mit Knoblauch und Basilikum anbraten.

Nun die zurechtgeschnittenen Dalken abwechselnd mit in Scheiben geschnittenem Schafkäse, Blattspinat, Tomaten zu einem Turm zusammenbauen und im Backrohr bei 150 °C ca. 8 – 10 Minuten backen, bis der Schafkäse leicht schmilzt.

Tomaten: Tomaten schälen, entkernen, achteln und mit Fond, Zucker, Zitronensaft und Gewürzen ganz langsam dünsten lassen. Zum Schluss Butter einrühren.

Vollwert-Dalken auf geschmorten Tomaten servieren.

Serviertipp

→ Die Dalken können wie auf dem Bild auch ohne geschmorte Tomaten serviert werden.

Ernährungsinfo

Phytinsäure: Pflanzenschutzstoff. Kommt in den Randschichten des Getreides vor. Kann Kalzium, Eisen und Zink binden und somit deren Ausnutzung verschlechtern. Hat aber auch positive Wirkung: wirkt regulierend auf den Blutzuckerspiegel und Blutdruck, schützt vor Krebserkrankungen, verhindert schädliche Oxidationen und stärkt das Abwehrsystem.

Nährwerte pro Portion

kcal:	483	Kohlenh.:	49,4 g
Eiweiß:	21,8 g	Ballastst.:	5,3 g
Fett:	21,3 g	Chol.:	155 mg

Besonders reich an

komplexen Kohlenhydraten
Phytinsäure, Phenolsäuren
Lycopin, Carotinoiden

Eine Portion deckt z. B. von der empfohlenen Tageszufuhr

Vitamin B_{12}:	52 %	Vitamin B_1:	47 %
Vitamin B_2:	47 %	Vitamin C:	46 %
Eisen:	46 %	Zink:	40 %
Folsäure:	31 %		

Johann Pabst

Vollwert-Gemüse-Quiche

Zutaten

für 4 Personen

Teig:

150 g Heidenmehl (Buchweizenmehl)
100 g Magertopfen (-quark)
100 ml Wasser, Prise Salz

Gemüse:

35 g Paprika, 35 g Zucchini
35 g Karotten
35 g Karfiol (Blumenkohl)
20 g Wirsing, 35 g Kohlrabi
35 g Sojasprossen
1/2 Knoblauchzehe
2 EL Zwiebel

Royal:

100 g Magermilch, 2 Eier
Salz, Pfeffer aus der Mühle
Muskat

50 g geriebener Käse
zum Gratinieren

Die Zutaten für den Teig verkneten und ca. 1/2 Stunde rasten lassen.

Inzwischen Paprika, Zucchini, Karotten, Wirsing und Kohlrabi brunoise (feinwürfelig) schneiden, dämpfen oder im Salzwasser blanchieren. Karfiol zu kleinen Röschen schneiden und blanchieren.

Den Teig 3 mm dick ausrollen, kleine Törtchenformen damit auslegen. Alufolie darauf geben, Hülsenfrüchte (Linsen oder Spalterbsen) darauf verteilen und ca. 10 Minuten bei 160 °C backen. Die Hülsenfrüchte entfernen, die Alufolie abziehen und das gut ausgedrückte Gemüse inklusive Sojasprossen, fein gehacktem Knoblauch und Zwiebel darauf geben. Im Backofen bei 150 °C anbacken und nach ca. 5 Minuten das Royal darüber geben. Dafür alle Zutaten miteinander verrühren und durch ein Sieb passieren.

Weitere 5 Minuten garen, den Käse darüber streuen und ca. 20 – 25 Minuten fertig backen.

Serviertipp

→ Als Beilage empfiehlt sich ein kaltes Schnittlauchjogurt mit einem grünen Salat.

Ernährungsinfo

Blumenkohl/Karfiol: Familie der Kreuzblütler. Blumenkohl ist reich an Vitamin C, Folsäure, Kalium, Magnesium und Kalzium und an sekundären Pflanzeninhaltsstoffen (z. B. Glucosinolate), die vor allem vor der Entstehung von Krebskrankheiten schützen.

Nährwerte pro Portion

kcal:	265	Kohlenh.:	33,7 g
Eiweiß:	14,9 g	Ballastst.:	2,6 g
Fett:	7,5 g	Chol.:	130 mg

Besonders reich an

komplexen Kohlenhydraten
Phytinsäure, Polyphenolen
Carotinoiden, Glucosinolaten

Eine Portion deckt z. B. von der empfohlenen Tageszufuhr

Vitamin B_{12}:	39 %	Niacin:	31 %
Mangan:	26 %	Vitamin A:	26 %
Zink:	25 %	Vitamin C:	23 %
Kalzium:	22 %	Vitamin B_1:	19 %

Gerald Zeitler

Geschmorter Spargel

mit Eissalat, Schafmilchjogurt und brauner Butter

Spargel schälen, salzen und mit Orangensaft und Nussbutter bissfest schmoren (je nach Stärke bis zu 10 Minuten).

Eissalat mit Vinaigrette marinieren und mit lauwarmem Spargel und Schafmilchjogurt anrichten.

Zutaten

für 2 Personen

10 Spargelstangen
Salz
Saft einer halben Orange
20 g Nussbutter
(= braune Butter)

1 Häuptel Eissalat

Vinaigrette:
20 ml Weißweinessig
40 ml Gemüsefond
10 ml Haselnussöl
Salz, Pfeffer

2 EL Schafmilchjogurt

Zubereitungstipp

→ Statt Spargel kann man auch Schwarzwurzeln verwenden.

Ernährungsinfo

Butter: Streichfett aus Kuhmilch. Fettgehalt ist über 80 %. Sehr hoher Gehalt an gesättigten Fettsäuren und Cholesterin. Außerdem sind etwas Eiweiß, Milchzucker und fettlösliche Vitamine enthalten. Durch den Anteil an kurzkettigen Fettsäuren ist Butter auch bei Fettverdauungsstörungen gut verträglich.

Nährwerte pro Portion

kcal:	196	Kohlenh.:	8,3 g
Eiweiß:	6,7 g	Ballastst.:	5,0 g
Fett:	14,7 g	Chol.:	26 mg

Besonders reich an

Sulfiden
Saponinen
Phenolsäuren
Carotinoiden

Eine Portion deckt z. B. von der empfohlenen Tageszufuhr

Pantothensäure: 24 %

Vitamin A:	69 %	Folsäure:	40 %
Kupfer:	40 %	Vitamin C:	37 %
Kalium:	27 %	Vitamin B_1:	20 %

Johann Pabst

Zartweizen-Gemüse-Curry im Brickteig auf Blutorangenwirsing

Zutaten

für 2 Personen

70 g Zartweizen, Currypulver
140 g Wasser, 20 g Zucchini
20 g Karotten
20 g Stangensellerie
20 g Sojasprossen
20 g Paprika, 20 g Austernpilze
Butter zum Andünsten
Salz, Pfeffer aus der Mühle,
Sojasoße
Chilischoten nach Geschmack
2 Brickteige
Eiklar zum Bestreichen
Erdnussöl zum Ausbacken

Blutorangenwirsing:

70 g Wirsing, 30 g Zwiebel
1 TL Butter, 50 g Rotwein
Saft von 2 Blutorangen
evtl. Stärkemehl zum Binden
Salz, geriebener Ingwer

Zartweizen mit Curry in Wasser 1 : 2 dünsten. Die brunoise (feinwürfelig) geschnittenen Gemüsesorten je nach Garungspunkt in Butter andünsten, mit dem Zartweizen vermischen und gut würzen.

Brickteig auflegen, die Fülle darauf geben, die Ecken mit Eiweiß bestreichen und zu einer Rolle formen. Im heißen Erdnussöl bei ca.160 °C backen und auf einem Küchenkrepp abtropfen lassen.

Blutorangenwirsing: Wirsing in Streifen schneiden und blanchieren. Zwiebel andünsten, mit Rotwein ablöschen, mit Blutorangensaft aufgießen, reduzieren und mit Stärkemehl leicht binden. Wirsing beigeben und mit den Gewürzen gut abschmecken.

Nährwerte pro Portion

kcal:	346	Kohlenh.:	37,1 g
Eiweiß:	9,0 g	Ballastst.:	6,8 g
Fett:	15,9 g	Chol.:	12 mg

Besonders reich an

komplexen Kohlenhydraten
Glucosinolaten
Flavonoiden
Phenolsäuren
Carotinoiden

Eine Portion deckt z. B. von der empfohlenen Tageszufuhr

unlösliche Ballaststoffe: 32 %

Vitamin C:	50 %	Mangan:	47 %
Niacin:	31 %	Kupfer:	30 %
Vitamin B_1:	24 %	Folsäure:	16 %

Serviertipp

→ Auf einem Teller den Wirsing dekorativ anrichten und die längs halbierte Rolle darauf legen, mit blanchiertem, geschwenktem Minifenchel garnieren.

Ernährungsinfo

Weizen: Hartweizen hat einen hohen Eiweißgehalt, Weichweizen enthält hingegen sehr viel Stärke. Als Besonderheit hat Weizen einen hohen Gehalt an Klebereiweiß (Gluten), das den Teig lockert und Brot und Gebäck das Gerüst gibt. Weizen ist besonders reich an Vitamin B_1, Magnesium und Mangan. Die Weizenkleie hilft bei Darmträgheit.

Johann Pabst

Zutaten

für 2 Personen

150 g Dinkel
ca. 220 ml Wasser, Salz
100 g Zucchini
20 g roter Paprika
20 g gelber Paprika
1 EL Olivenöl
2 EL Weißwein
Salz, Pfeffer
60 g Blauschimmelkäse, gewürfelt
Basilikum, Schnittlauch

Nährwerte pro Portion

kcal:	424	Kohlenh.:	50,0 g
Eiweiß:	15,7 g	Ballastst.:	8,0 g
Fett:	16,7 g	Chol.:	27 mg

Besonders reich an

komplexen Kohlenhydraten
Phytinsäure
Phenolsäuren
Phytoöstrogenen

Eine Portion deckt z. B. von der empfohlenen Tageszufuhr

unlösliche Ballaststoffe: 35 %

Mangan:	68 %	Zink:	52 %
Magnesium:	36 %	Eisen:	34 %
Vitamin C:	33 %	Niacin:	32 %

Dinkelrisotto mit Zucchini

Den Dinkel in Salzwasser ca. 20 Minuten weich kochen, dann rund 5 Minuten nachziehen lassen. Gemüse kleinwürfelig schneiden, in Olivenöl anschwitzen, mit Wein aufgießen und weich dünsten. Dinkel zugeben, würzen. Käsewürfel und Kräuter unterziehen und zu einer cremigen Konsistenz rühren.

Serviertipp

→ Kann auch als Beilage verwendet werden.

Ernährungsinfo

Dinkel: Weizenart. Die Körner fallen beim Dreschen nicht aus den Spelzen, sondern müssen in einem zusätzlichen Arbeitsgang und einem besonderen Verfahren entfernt werden. Das hat den Vorteil, dass Dinkel im Vergleich zu anderen Getreidesorten weitaus weniger mit Umweltgiften belastet ist. Durch den Gehalt an hochwertigem Klebereiweiß hat er sehr gute Backeigenschaften.

Johann Pabst

Körndlrisotto mit frischem Gemüse und Kräutern

Weizen und Rollgerste über Nacht einweichen. Die Körner mit kaltem Wasser waschen und in Salzwasser ca. 5 Minuten knackig kochen. Die Körner in einen Topf geben, langsam den Gemüsefond zugeben und ständig kräftig rühren, bis das Risotto eine sämige Konsistenz bekommt. Vor dem Anrichten würzen, den Parmesan und die Kräuter zugeben. Aus dem Risotto kleine Nockerln formen und auf den Tellern anrichten.

Gemüsegarnitur: Gemüse putzen, in Salzwasser weich kochen und in Butter schwenken und mit Kräutern garnieren.

Zutaten

für 2 Personen

50 g Weizen
30 g Rollgerste (oder Körner nach beliebiger Wahl)
50 g Buchweizen
250 – 260 ml Wasser
Salz
ca. 200 ml Gemüsefond
Salz, Pfeffer aus der Mühle
etwas geriebener Parmesan (ca. 10 g)

Gemüsegarnitur:

100 g Blumenkohl
4 Stück kleine Lauchzwiebeln
6 kleine Karotten mit Grün
1 TL Butter
frische Kräuter

Serviertipp

→ Als Beilage empfehlen sich verschiedene Blattsalate mit Olivenöldressing.

Ernährungsinfo

Getreide: Sammelbegriff für landwirtschaftlich kultivierte Gräser mit einsamigen Früchten, die als Körner bezeichnet werden. Hauptbestandteile sind zusammengesetzte Kohlenhydrate (Stärke). Zusätzlich enthalten sind im ganzen Korn Ballaststoffe, Eiweiß, ungesättigte Fettsäuren, die Vitamine E, B_1, B_2 und die Mineralstoffe Kalium, Phosphor, Eisen, Mangan und Zink.

Nährwerte pro Portion

kcal:	313	Kohlenh.:	49,9 g
Eiweiß:	11,6 g	Ballastst.:	10,6 g
Fett:	7,1 g	Chol.:	29 mg

Besonders reich an

komplexen Kohlenhydraten
Phenolsäuren
Phytoöstrogenen
Phytinsäure

Eine Portion deckt z. B. von der empfohlenen Tageszufuhr

unlösliche Ballaststoffe: 48 %

Mangan:	58 %	Kupfer:	46 %
Eisen:	37 %	Vitamin C:	36 %
Vitamin B_1:	35 %	Magnesium:	30 %

Johann Pabst

Feines Dinkel-Gemüse-Risotto mit Erdäpfelpuffer

Zutaten
für 2 Personen

1 TL Butter, 1 Schalotte
120 g Dinkelreis
2 EL Weißwein
1/4 l Gemüsefond
Lorbeerblatt
Salz, Pfeffer aus der Mühle
Muskatnuss
20 g Karotten, 20 g Lauch
20 g Stangensellerie
1 EL Parmesan
1 EL Obers (Sahne)

Erdäpfelpuffer:
150 g speckige Erdäpfel (z. B. Ditta)
1 Ei
Salz, Pfeffer aus der Mühle
Muskat
1 Msp. Knoblauch, Majoran
Olivenöl zum Braten

Butter aufschäumen lassen und die fein geschnittene Schalotte anschwitzen. Den gewaschenen Dinkelreis beigeben, kurz mitanschwitzen, mit dem Weißwein und nach und nach mit dem Gemüsefond unter ständigem Rühren aufgießen.
Die Gewürze beigeben. Wenn der Dinkelreis fast fertig ist (nach ca. 12 – 15 Minuten), das fein geschnittene Gemüse dazugeben und mit frisch geriebenem Parmesan und Obers zu einer cremigen Konsistenz verarbeiten.

Erdäpfelpuffer: Die geraspelten Erdäpfel gut ausdrücken und mit dem Ei und den Gewürzen vermischen. In einer beschichteten Pfanne Öl erhitzen und die zu Laibchen geformten Erdäpfelpuffer beidseitig braten.

Serviertipp

- Mit etwas aufgeschäumter Magermilch anrichten.

Zubereitungstipps

- Durch das permanente Rühren des Reises erhält man eine Bindung.
- Dinkelreis kann durch Hirse oder Buchweizen ersetzt werden.

Ernährungsinfo

Majoran: Gewürzpflanze, Lippenblütler. Majoran wird sowohl frisch als auch getrocknet verwendet. Er dient vor allem zum Würzen von Eintöpfen, Gulasch, Suppen, Gänsen und Enten. Der aromatische, leicht bittere Geschmack rührt von seinem Gehalt an Bitterstoffen und ätherischen Ölen her, die hauptsächlich Terpene enthalten. Als wilden Majoran bezeichnet man Oregano.

Nährwerte pro Portion

kcal:	448	Kohlenh.:	50,0 g
Eiweiß:	15,9 g	Ballastst.:	9,5 g
Fett:	19,3 g	Chol.:	138 mg

Besonders reich an

komplexen Kohlenhydraten
Phenolsäuren
Phytoöstrogenen
Protease-Inhibitoren
Carotinoiden

Eine Portion deckt z. B. von der empfohlenen Tageszufuhr

Mangan:	70 %	Vitamin A:	44 %
Kupfer:	39 %	Vitamin B_6:	39 %
Vitamin B_1:	36 %	Kalium:	34 %
Zink:	34 %	Eisen:	32 %

Gerald Zeißler

Zutaten

für 2 Personen

4 Chicorée
1 Schalotte
10 g Butter
je 60 g Paprika gelb und rot
60 g Zucchini
Salz, Pfeffer, Thymian
1 EL Olivenöl

Jogurtgurken:
1 Salatgurke
Salz
1 kleine Knoblauchzehe
Salz, Pfeffer
1/4 l Jogurt
frischer Dill oder Kerbel zum Garnieren

Nährwerte pro Portion

kcal:	241	Kohlenh.:	16,3 g
Eiweiß:	8,9 g	Ballastst.:	4,8 g
Fett:	15,0 g	Chol.:	27 mg

Besonders reich an

Carotinoiden
Phenolsäuren
Intybin
Cucurbitanen

Eine Portion deckt z. B. von der empfohlenen Tageszufuhr

unlösliche Ballaststoffe: 25 %

Vitamin A:	100 %	Kalium:	41 %
Folsäure:	31 %	Biotin:	29 %
Kupfer:	29 %	Kalzium:	22 %

Ratatouille – gefüllter Chicorée mit Jogurtgurken

Chicorée mit Hilfe eines Löffels aushöhlen. Schalotte hacken, in Butter anschwitzen. Paprika und Zucchini in Würfel schneiden und mit der Schalotte mitdünsten. Mit Salz, Pfeffer und Thymian würzen und abkühlen lassen. Die abgekühlte Gemüsemischung in die Chicorée füllen, mit Olivenöl beträufeln und im Ofen bei 160 °C 15 Minuten schmoren lassen.

Die Gurke schälen, der Länge nach halbieren, entkernen und in feine Scheiben schneiden. In einer Schüssel mit Salz würzen, ca. 30 Minuten ziehen lassen, die Flüssigkeit abgießen. Die Gurke mit dem zerdrückten Knoblauch, Salz, Pfeffer und Jogurt abschmecken.

Den gefüllten Chicorée auf den Gurkenscheiben dekorativ anrichten und mit Kerbel oder Dill servieren.

Ernährungsinfo

Intybin: Pflanzenschutzstoff. Bitterstoff, der z. B. in Chicorée reichlich enthalten ist. Intybin wirkt verdauungsanregend, entwässernd, unterstützt die Funktion von Leber und Galle und beeinflusst die Blutgefäße positiv.

Johann Pabst

Auflauf von Quinoa auf Shii-Take-Gröstl und Buttermilch-Salbei-Soße

Ouinoa in 300 ml Salzwasser 12 – 14 Minuten leicht köcheln lassen, gut ausdrücken, Menge halbieren. Ziegenkäse, 1 Ei und Basilikum gut mixen, mit der 1/2 Ouinoamasse und 2 EL Weißbrotbröseln vermischen und mit Salz, Pfeffer und Knoblauch würzen. Andere Quinoahälfte auch mit 1 Ei und 2 EL Weißbrotbröseln vermischen und würzen. Eine Dariolform mit Frischhaltefolie auslegen und die Massen schichtweise einfüllen. Im Backofen bei 150 °C ca. 20 – 30 Minuten pochieren.
Shii-Take-Gröstl: Kartoffelscheiben in einer beschichteten Pfanne goldbraun anbraten. Shii-Take-Pilze beigeben und gut durchrösten. Paprikawürfel beigeben und würzen.
Buttermilchsoße: Fein geschnittenes Gemüse und Zwiebel in Butter andünsten. Mit Gemüsefond und Buttermilch aufgießen, würzen und ca.15 Minuten leicht köcheln. Mixen und passieren. Evtl. binden, Salbei beigeben, Soße etwas ziehen lassen (sollte nicht mehr kochen, da sie sonst gerinnt).
Das Shii-Take-Gröstl mitten auf einem Teller platzieren, den Auflauf draufsetzen und die Soße rundherum geben und mit einem Salbeiblatt dekorieren.

Zubereitungstipp

- → Dieses Gericht eignet sich hervorragend für die Zubereitung im Dampfgarer.

Ernährungsinfo

Quinoa: »Pseudo-Getreide«. Die kleinen Körner ähneln im Aussehen der Hirse. Enthält größere Mengen Saponine (Bitterstoffe), die durch Auswaschen oder Schälen weitgehend entfernt werden. Glutenfrei. Schmeckt nussig und wird wie Reis verwendet. Quinoa muss bei der Brotherstellung mit anderen Mehlen vermischt werden, da es alleine nicht backfähig ist.

Zutaten

für 4 Personen

100 g Quinoa, roh
50 g Ziegenfrischkäse oder Schaffrischkäse
2 Eier, 5 Blatt Basilikum
4 EL Mie de pain (Weißbrotbrösel)
Salz, Pfeffer, Knoblauch

Shii-Take-Gröstl:
160 g speckige Kartoffeln gekocht, in Scheiben geschnitten (z. B. Ditta)
80 g Shii-Take-Pilze, geschnitten
je 50 g Paprika, rot und gelb
Salz, Pfeffer aus der Mühle
Knoblauch, Thymian, Majoran

Buttermilchsoße:
50 g Petersilienwurzel
40 g Weißes vom Lauch
1/2 Zwiebel
1 EL Butter, 1/8 l Gemüsefond
1/8 l Buttermilch
Salz, Pfeffer aus der Mühle
4 Salbeiblätter, in Streifen geschnitten
evtl. Stärkemehl zum Binden

Nährwerte pro Portion

kcal:	306	Kohlenh.:	40,1 g
Eiweiß:	13,3 g	Ballastst.:	5,0 g
Fett:	9,9 g	Chol.:	132 mg

Besonders reich an

komplexen Kohlenhydraten
Carotinoiden

Eine Portion deckt z. B. von der empfohlenen Tageszufuhr

Kupfer:	39 %	Vitamin B_6:	34 %
Vitamin D:	27 %	Kalium:	26 %
Vitamin A:	25 %	Zink:	23 %
Mangan:	23 %	Eisen:	22 %

Johann Pabst

Zutaten

für 2 Personen

1/2 Zwiebel, 1 EL Olivenöl
15 g Tomaten, geschält
15 g buntes Paprikabrunoise
30 g Karotten, 30 g Zucchini
30 g Sellerie, 30 g Gelbe Rüben
20 g Brokkoliröschen
125 g Tofu, geräuchert
1 TL Paprika, edelsüß
1/2 EL Apfelessig
etwas Gemüsefond
Salz, Pfeffer, frischer Majoran
1 1/2 EL Sauerrahm
(saure Sahne)
Petersilie

Spätzle:

1 Ei
100 g Weizenvollkornmehl
1 EL Wasser
Salz, Pfeffer, Muskat
Butter zum Schwenken

Nährwerte pro Portion

kcal:	370	Kohlenh.:	40,5 g
Eiweiß:	17,6 g	Ballastst.:	5,7 g
Fett:	15,1 g	Chol.:	125 mg

Besonders reich an

Phytoöstrogenen, Phenolsäuren
Protease-Inhibitoren, Saponinen
komplexen Kohlenhydraten

Eine Portion deckt z. B. von der empfohlenen Tageszufuhr

unlösliche Ballaststoffe: 35 %

Eisen:	40 %	Niacin:	35 %
Biotin:	34 %	Mangan:	26 %
Folsäure:	25 %	Magnesium:	20 %

Tofu-Gemüse-Gulasch mit Vollwertspätzle

Fein gehackte Zwiebel in Olivenöl goldbraun anrösten. Das Gemüse tournieren und gemeinsam mit dem würfelig geschnittenen Tofu kurz mitrösten und wieder aus der Pfanne geben, Paprika zufügen und mit Apfelessig ablöschen. Mit etwas Gemüsefond aufgießen und die Gewürze nach Geschmack beifügen. Das Gulasch ca. 5 Minuten kochen lassen. Zum Schluss Tofu wieder einlegen, den Sauerrahm beigeben und mit Petersilie bestreut servieren.

Vollwertspätzle: Ei, Vollkornmehl, Wasser, Salz, Pfeffer und Muskat zu einem glatten Teig verarbeiten und mit einem Spätzlesieb ins kochende Salzwasser drücken. Einmal aufkochen lassen, abseihen, kalt abschrecken und in wenig Butter schwenken.

Serviertipp

→ Tofu-Gemüse-Gulasch kann auch wie auf dem Foto ohne Vollwertspätzle in gebackenem Reisblatt serviert werden.

Ernährungsinfo

Tofu: Sojafrischkäse. Sojamilch (fein zermahlene, eingeweichte und danach ausgepresste Sojabohnen, vermischt mit Wasser) wird durch Gerinnung zu Tofu, der besonders häufig in der asiatischen Küche verwendet wird. Tofu liefert hochwertiges Eiweiß, fast ausschließlich ungesättigte Fettsäuren, Vitamin A, Magnesium und Eisen. Darüber hinaus ist Tofu reich an Phytoöstrogenen und cholesterinfrei.

Johann Pabst

Gebratenes Gemüse mit Hirsegratin und Schnittlauchjogurt

Zutaten

für 2 Personen

150 g verschiedene Gemüsesorten wie Brokkoli, Karfiol (Blumenkohl), Zucchini, Auberginen, Karotten, Gelbe Rüben usw.

Gratinmasse:

1 EL Zwiebel, 1 TL Olivenöl
40 g Hirse, 10 ml Bouillon
1 Ei, 10 ml Obers (Sahne)
10 ml Milch
Salz, Pfeffer aus der Mühle, Muskat
gehackter Zitronenthymian
15 g Grana Padano
Thymian oder Basilikum

Schnittlauchjogurt:

4 EL Magerjogurt
Salz, Pfeffer aus der Mühle
Zitronensaft
1 kleiner Bund Schnittlauch

Nährwerte pro Portion

kcal:	255	Kohlenh.:	23,4 g
Eiweiß:	12,2 g	Ballastst.:	4,1 g
Fett:	12,0 g	Chol.:	133 mg

Besonders reich an

komplexen Kohlenhydraten
Carotinoiden
Phenolsäuren
Flavonoiden

Eine Portion deckt z. B. von der empfohlenen Tageszufuhr

Vitamin A:	69 %	Eisen:	37 %
Vitamin C:	33 %	Vitamin B_{12}:	32 %
Kupfer:	31 %	Biotin:	27 %
Vitamin B_6:	27 %	Kalzium:	24 %

Alle Gemüsesorten in Salzwasser kochen oder knackig dämpfen und in Eiswasser kalt abschrecken.

Inzwischen die sehr fein gehackte Zwiebel bei kleiner Temperatur in etwas Olivenöl andämpfen. Die Hirse dazugeben, kurz mitanschwitzen und mit der Bouillon ablöschen. 20 Minuten leicht kochen, dabei öfters umrühren. Etwas auskühlen lassen. Die Hirse mit Ei, Obers, Milch und Gewürzen verrühren. Die Gratinmasse über dem Gemüse verteilen mit Grana Padano bestreuen und im Backofen bei 200 °C ca. 8 – 10 Minuten goldbraun überbacken. Mit frischen Kräutern garnieren. Das Schnittlauchjogurt extra dazu servieren.

Ernährungsinfo

Kupfer (Cu): Mineralstoff, Spurenelement. Ist beteiligt an der Bildung des roten Blutfarbstoffes, beim Bindegewebsstoffwechsel und beim Eisentransport. Ein Mangel verschlechtert die Eisenaufnahme und hemmt die Herstellung des roten Blutfarbstoffes. Ein Mangel kommt sehr selten vor.

Johann Pabst

Orientalische Paprikaschoten

Zutaten

für 2 Personen

- 1 TL Kürbiskerne
- 120 g Couscous
- 160 ml Gemüsefond
- 1/2 TL Kurkuma
- Koriander, Kardamom
- 1 TL Leinsamen
- 30 g Cashew- oder Sonnenblumenkerne
- ca. 3 EL Rosinen
- 50 g Magertopfen (-quark)
- 1/2 Zwiebel
- 1 Knoblauchzehe
- 1 EL Sonnenblumenöl
- 2 mittelgroße Paprika
- 1/8 l Tomatensoße
- Thymianzweig

Kürbiskerne ohne Fett in einer beschichteten Pfanne kurz rösten.

Couscous mit kochendem Gemüsefond übergießen. Vier Minuten ziehen lassen. Kurkuma, Koriander, Kardamom, Leinsamen, Cashewkerne und Rosinen sowie geröstete Kürbiskerne dazumischen. Magertopfen mit dem in Öl gerösteten Gemisch aus klein geschnittener Zwiebel und Knoblauch ebenfalls unter die Couscous-Masse ziehen. Paprikaschoten der Länge nach halbieren, das Kerngehäuse entfernen. Die Hälften mit der fertigen Couscous-Mischung füllen. Fest andrücken. Die Paprika in eine beschichtete Auflaufform setzen und im vorgeheizten Rohr bei 180 °C etwa 15 Minuten garen. Tomatensoße und Thymianzweig zugeben und weitere 15 Minuten garen.

Serviertipp

→ Zu diesem Gericht kann das – orientalisch gewürzte – Kürbisgemüse gereicht werden.

Ernährungsinfo

Kurkuma: Gelbwurz, Turmerik. Ingwergewächs. Kurkuma ist ein Gewürz aus einem Wurzelstock, das hauptsächlich gemahlen erhältlich ist. Es hat eine intensiv gelbe Farbe, die von dem Farbstoff Curcumin herrührt, einem sekundären Pflanzeninhaltsstoff, der zu den Radikalfängern zählt. Kurkuma schmeckt bitter-scharf und wird hauptsächlich als Bestandteil von Currymischungen, Senf und Gewürzsoßen verwendet.

Nährwerte pro Portion

kcal:	442	Kohlenh.:	40,7 g
Eiweiß:	12,8 g	Ballastst.:	10,3 g
Fett:	24,9 g	Chol.:	33 mg

Besonders reich an

komplexen Kohlenhydraten
mehrfach ungesättigten Fettsäuren
Sulfiden
Polyphenolen
Carotinoiden

Eine Portion deckt z. B. von der empfohlenen Tageszufuhr

Vitamin C: > empf. Tageszufuhr

Vitamin A:	82 %	Kupfer:	74 %
Kalium:	43 %	Ballastst.:	35 %
Magnesium:	31 %	Folsäure:	27 %

Johann Pabst

Orientalischer Reis mit gefüllter Auberginenroulade

Zutaten

für 2 Personen

160 g Basmatireis
einige Safranfäden
1/2 TL Cashewnüsse
1 EL Ghee (oder geklärte Butter)
1/4 Stück Zimtrinde
evtl. Kardamom
1 Gewürznelke, 1/2 Lorbeerblatt
1/2 TL Rosinen
1/2 TL Mandelstifte
1/2 TL Pinienkerne
1 TL Zucker, 0,3 l Wasser
Salz

Auberginenroulade:

2 Auberginen, der Länge nach in Scheiben geschnitten
1/2 Zwiebel, in Streifen geschnitten
30 g Sojasprossen
20 g Bambussprossen
1 EL Olivenöl, Curry
1 TL Tomatenmark, 1 TL Zucker
1 TL Weinessig
1 Knoblauchzehe
Chili for Chicken (aus Asia-Shop)

Nährwerte pro Portion

kcal:	435	Kohlenh.:	71,6 g
Eiweiß:	8,2 g	Ballastst.:	3,9 g
Fett:	12,4 g	Chol.:	13 mg

Besonders reich an

komplexen Kohlenhydraten
Protease-Inhibitoren
Phenolsäuren
Saponinen

Eine Portion deckt z. B. von der empfohlenen Tageszufuhr

Pantothensäure: 14 %

Kupfer:	24 %	Niacin:	22 %
Magnesium:	21 %	Kalium:	15 %
Vitamin B_6:	15 %	Folsäure:	13 %

Basmatireis in einem Sieb waschen und abtropfen lassen. Safran in 3 EL heißem Wasser auflösen. Nüsse hacken, Ghee erwärmen. Zimtrinde, Kardamom, Nelke und Lorbeerblatt dazugeben. 2 Min. anbraten. Reis und Rosinen 3 Min. mitbraten. Safran, Mandelstifte, Cashewnüsse, Pinienkerne und Zucker beifügen, gut vermengen. Mit Wasser aufgießen, rasch zum Kochen bringen. Bei geringer Hitze 15 Min. mit Deckel quellen lassen. Nicht umrühren, salzen.

Auberginenscheiben ca. 10 Minuten in Salzmilch einlegen, damit die Bitterstoffe entzogen werden. Zwiebel, Soja- und Bambussprossen in Olivenöl anbraten. Curry, Tomatenmark, Zucker hinzufügen, gut verrühren, 1 Min. rösten. Weinessig dazugeben, mit gehacktem Knoblauch und Chili for Chicken würzen.

Die Auberginenscheiben trockenlegen, die Masse einfüllen und zu Rouladen formen. Mit Zahnstochern fixieren und im Backrohr bei 160 °C 8 – 10 Minuten braten, dabei einmal wenden.

Orientalischen Reis mit Auberginenroulade anrichten.

Serviertipp

→ Mit einer Mango-Pfeffer-Soße (gut gereifte, gemixte Mango mit 1/2 TL eingelegten, roten Pfefferkörnern, Salz und Pfeffer verrühren) anrichten.

Ernährungsinfo

Butterschmalz: Butterreinfett, Ghee, geklärte Butter. Hergestellt aus Milch oder Butter durch Abtrennung der Buttermilch. Besteht aus über 99 % Fett. Haltbarer und höher erhitzbar als Butter. Spritzt auch nicht, da keine Eiweißbestandteile mehr enthalten sind. Wird zum Kochen, Braten und Backen verwendet, wenn ein typischer Buttergeschmack gewünscht wird. Hoher Anteil an gesättigten Fettsäuren und Cholesterin.

Johann Pabst

Vollwert-Gemüse-Pietzockel

Zutaten
für 2 Personen

150 g Vollkornmehl
50 g Wasser, 1 Ei
Salz, Pfeffer aus der Mühle
Muskatnuss
30 g Zwiebel
10 g Karotten
10 g Zucchini
10 g Sellerie
10 g Wirsing
10 g Erbsenschoten
10 g Paprika
10 g Butter zum Anschwenken
gehackte Petersilie
1 TL Butter
Salz, Pfeffer, Knoblauch

60 g Rucola
1/2 EL Olivenöl
1 EL Balsamicolack
Wasser

Mit Vollkornmehl, Wasser, Ei und den Gewürzen einen glatten Teig herstellen.

Die Zwiebel und das Gemüse brunoise (kleinwürfelig) schneiden und in Butter langsam andünsten. Kurz abkühlen lassen und mit der Petersilie zum Teig geben. Salzwasser zum Kochen bringen, dann die Masse mit einer Palette länglich in das Wasser abstechen.
Ca. 10 Minuten leicht köcheln lassen und dann in Eiswasser abschrecken. In einer beschichteten Pfanne Butter aufschäumen lassen und die Pietzockel darin leicht anbraten. Mit Salz, Pfeffer und eventuell Knoblauch abschmecken.

Die Pietzockel auf einem Teller sternförmig anrichten. Den Rucola mit dem Olivenöl und dem verdünnten Balsamicolack marinieren und in der Mitte darauf geben.

Nährwerte pro Portion

kcal:	363	Kohlenh.:	51,0 g
Eiweiß:	13,8 g	Ballastst.:	9,4 g
Fett:	11,2 g	Chol.:	125 mg

Besonders reich an

komplexen Kohlenhydraten
Phenolsäuren
Protease-Inhibitoren
Saponinen
Phytinsäure

Eine Portion deckt z. B. von der empfohlenen Tageszufuhr

Mangan:	73 %	Kupfer:	49 %
Niacin:	46 %	Vitamin B_1:	39 %
Zink:	38 %	Eisen:	34 %
Vitamin B_6:	33 %	Folsäure:	19 %

Serviertipp

→ Mit getrockneter Karotte oder Pastinake garnieren.

Ernährungsinfo

Mangan (Mn): Mineralstoff, Spurenelement. Wirkt bei der Knochenbildung mit und ist wichtiger Bestandteil von Enzymen. Es steigert außerdem die Verwertbarkeit von Vitamin B_1. Es ist für die Bildung von Bindegewebe und Harnstoff notwendig und auch an der Herstellung von körpereigenem Eiweiß und Fettsäuren beteiligt. Unter normalen Ernährungsbedingungen gibt es keinen Manganmangel.

Geschmorter Chicorée

Chicorée waschen, putzen und mit Zitronensaft beträufeln.

Karotten, Stangensellerie und Schalotten in Scheiben schneiden, mit Butter in einer feuerfesten Form anschwitzen, Gewürze dazugeben und vermischen.

Chicoréestangen auf das Gemüsebeet legen, mit Hühnerfond angießen und bei 180 °C ca. 50 Minuten im Backrohr schmoren lassen.

Zutaten

für 2 Personen

4 mittelgroße Chicorée
Zitronensaft

30 g Karotten
30 g Stangensellerie
2 Schalotten
10 g Butter
1 Knoblauchzehe
3 Wacholderbeeren
1 Gewürznelke
1 Thymianzweig
Salz, Pfeffer, Zucker
250 ml Hühnerfond

Serviertipp

→ Dazu passt Polenta oder ein Rollgerstlrisotto.

Ernährungsinfo

Chicorée: Spross der Salatzichorie. Durch Treiben im Dunklen bleibt Chicoree weiß. Er wird roh als Salat oder gedünstet als Gemüse gegessen und hat einen typischen bitteren Geschmack. Chicorée ist reich an Betakarotin, Vitamin C, Folsäure, Carotinoiden, Phenolsäuren und dem Bitterstoff Intybin.

Nährwerte pro Portion

kcal:	181	Kohlenh.:	6,8 g
Eiweiß:	9,8 g	Ballastst.:	2,6 g
Fett:	12,5 g	Chol.:	54 mg

Besonders reich an

Carotinoiden
Phenolsäuren
Bitterstoff Intybin
Monoterpenen

Eine Portion deckt z. B. von der empfohlenen Tageszufuhr

Vitamin A:	98 %	Niacin:	29 %
Kupfer:	25 %	Kalium:	24 %
Eisen:	21 %	Vitamin B_{12}:	21 %

Johann Pabst

Sellerie-Piccata

Zutaten

für 2 Personen

150 g Sellerie, geschält
1 Ei
40 g Parmesan, gerieben
50 g Mehl
1 EL Öl

40 g Champignons
20 g Sojasprossen
10 g Schnittlauch
1 TL Butter

100 g Weizennudeln

Sellerie in 5 mm dicke Scheiben schneiden, dämpfen oder in Salzwasser kochen. Danach auf einem Küchenkrepp oder einem Tuch abtropfen lassen.

In der Zwischenzeit das Ei aufschlagen und mit dem Parmesan zu einem dickflüssigen Teig verrühren. Sellerie in Mehl wenden und in die Ei-Parmesan-Masse hineingeben. In eine beschichtete Pfanne Öl geben und die getauchten Selleriescheiben darin beidseitig anbraten, bis sie eine goldbraune Farbe haben.

Die geschnittenen Champignons mit den Sojasprossen und Schnittlauch in Butter sautieren.

Weizennudeln kochen und mit einer Gabel auf vorgewärmte Teller drehen. Jeweils 2 Stück Piccata draufgeben, mit der sautierten Champignon-Sojasprossen-Schnittlauch-Garnitur bestreuen.

Nährwerte pro Portion

kcal:	381	Kohlenh.:	34,8 g
Eiweiß:	17,9 g	Ballastst.:	6,0 g
Fett:	18,8 g	Chol.:	141 mg

Besonders reich an

Monoterpenen
Phthaliden
Polyphenolen
komplexen Kohlenhydraten

Eine Portion deckt z. B. von der empfohlenen Tageszufuhr

unlösliche Ballaststoffe: 29 %
Pantothensäure: 26 %

Niacin:	38 %	Vitamin B_{12}:	33 %
Kalzium:	33 %	Biotin:	24 %

Serviertipp

→ Tomatensoße auf die Mitte eines vorgewärmten Tellers geben und dann erst die Weizennudeln aufdrehen.

Ernährungsinfo

Phthalide: Pflanzenschutzstoffe. Phthalide sind in den ätherischen Ölen von Sellerie und Liebstöckel enthalten, in denen sie das charakteristische Aroma ausmachen. Sie haben vermutlich krebshemmende Eigenschaften.

Johann Pabst

Zutaten

für 2 Personen

1 TL Kurkuma
200 ml heiße Hühnersuppe
100 g Couscous
1 EL Rosinen
1 KL Pinienkerne
1 EL geröstete Mandelblättchen
1 Schalotte
Salz, Pfeffer
1 angedrückte Knoblauchzehe
je 2 grüne und gelbe Mini-Paprika
1 EL Olivenöl
Knoblauch
1 Lorbeerblatt
1 Thymianzweig
1/8 l Tomatensaft

Mini-Paprikaschoten mit Couscous

Kurkuma in die heiße Suppe rühren, alles über den Couscous gießen und 15 bis 20 Minuten quellen lassen. Die Rosinen 20 Minuten in warmem Wasser einweichen, dann abtropfen lassen. Pinienkerne, Mandelblättchen, gehackte Schalotte und Rosinen unter den Couscous mischen, mit Salz, Pfeffer und Knoblauch würzen.

Die Mini-Paprikadeckel abschneiden und die Couscousmasse hineinfüllen. Paprikaschoten in eine feuerfeste Form setzen, mit Öl beträufeln, Knoblauch, Thymian und Lorbeer beigeben und im vorgeheizten Rohr bei 180 °C ca. 15 Minuten garen, Tomatensaft zugießen und nochmals 30 Minuten garen.

Nährwerte pro Portion

kcal:	275	Kohlenh.:	17,6 g
Eiweiß:	11,1 g	Ballastst.:	6,1 g
Fett:	17,7 g	Chol.:	30 mg

Besonders reich an

komplexen Kohlenhydraten
Curcumin
Sulfiden
Flavonoiden
Phenolsäuren

Eine Portion deckt z. B. von der empfohlenen Tageszufuhr

unlösliche Ballaststoffe: 32 %

Kalium:	33 %	Niacin:	33 %
Vitamin B_6:	31 %	Eisen:	27 %
Mangan:	23 %	Zink:	22 %

Serviertipp

→ Kann auch wie auf dem Bild mit würfelig geschnittenem Schmorgemüse (Karotten, Sellerie, Gelbe Rüben) angerichtet werden.

Ernährungsinfo

Couscous: Getreideprodukt. Stammt aus der nordafrikanischen Küche. Couscous ist vorgedämpfter grober Weizengrieß, es muss nicht gekocht, sondern nur mit heißem Wasser übergossen und ziehen gelassen werden. Couscous ist es wie Weizen reich an komplexen Kohlenhydraten, Vitamin B_1, Magnesium und Mangan.

Johann Pabst

Zutaten

für 2 Personen

100 g Mehl
1 Ei
evtl. lauwarmes Wasser
Salz
1 Tropfen Essig

Füllung:

35 g Steinpilze
1 TL Olivenöl
1/2 Knoblauchzehe
Petersilie und Schnittlauch
Pfeffer aus der Mühle
1 Eigelb zum Bestreichen

Nährwerte pro Portion

kcal:	281	Kohlenh.:	36,4 g
Eiweiß:	11,2 g	Ballastst.:	3,5 g
Fett:	10,0 g	Chol.:	239 mg

Besonders reich an

komplexen Kohlenhydraten
Phenolsäuren
Chitin

Eine Portion deckt z. B. von der empfohlenen Tageszufuhr

Pantothensäure: 26 %

Vitamin D:	39 %	Biotin:	35 %
Niacin:	28 %	Vitamin B_{12}:	26 %
Eisen:	21 %		

Steinpilzravioli

Die Zutaten für den Ravioliteig in einer Schüssel zu einem glatten Teig verarbeiten. Danach den Teig dünn ausrollen und in breite Streifen schneiden.

Steinpilze putzen, waschen und trockentupfen. In kleine Würfel schneiden und in wenig Olivenöl anschwitzen. Die Knoblauchzehe schälen und zerdrücken. Die Kräuter fein hacken und mit dem Knoblauch zu den Pilzen geben. Das Ganze mit Salz und Pfeffer würzen. Steinpilzmasse in kleinen Häufchen auf die Hälfte der Nudelstreifen setzen. Die Ränder und die Zwischenräume mit ein wenig Eigelb bepinseln. Die Nudelstreifen mit der anderen Hälfte der Nudeln abdecken und runde, 3 cm große Ravioli ausstechen. In kochendem Salzwasser 5 Minuten garen.

Serviertipp

→ Die Ravioli eignen sich auch hervorragend als Suppeneinlage. Pro Person werden 3 Stück in einer Rindsuppe oder Tomatenessenz serviert.

Ernährungsinfo

Steinpilz: Speisepilz, bekanntester Vertreter der Röhrenpilze. Steinpilze haben einen fleischartigen Geschmack. Sie liefern hochwertiges Eiweiß, viele Ballaststoffe, Vitamin D, B-Vitamine, Kalium, Eisen, Kupfer und Mangan. Wegen ihres Gehalts an Chitin sind sie schwer verdaulich.

Johann Pabst

Kasnocken

Zutaten

für 2 Personen à 3 Stück

3 Scheiben Toastbrot
30 g Bergkäse
30 g Sauerrahm (saure Sahne)
1 Ei
1 TL Parmesam
30 g Zwiebel
Butter zum Anrösten
Petersilie
Salz, Pfeffer aus der Mühle
Muskatnuss
50 g Blattspinat
Salz, Pfeffer
1 Knoblauchzehe

Das Toastbrot und den Bergkäse würfelig schneiden und gut vermischen. Sauerrahm mit dem Ei und dem Parmesan verquirlen und dazugeben. Zwiebel kleinwürfelig schneiden und in etwas Butter leicht anrösten und mit Petersilie, Salz, Pfeffer und Muskat abschmecken.

Alles gut vermischen und rasten lassen. Nocken dreieckig formen und in einer beschichteten Pfanne braten.

Blattspinat in wenig Wasser kurz blanchieren, mit Salz, Pfeffer und Knoblauch würzen.

Kasnocken auf Blattspinat anrichten.

Serviertipp

→ Mit grünem Blattsalat als Beilage servieren.

Ernährungsinfo

Käse: Milchprodukt. Käse wird meist aus erhitzter, gelegentlich auch aus Rohmilch hergestellt, indem die Milch erst koaguliert (zusammengeballt), dann der feste Käsebruch von der Molke abgetrennt und schließlich die Reifung durch Bakterien oder Schimmelpilze eingeleitet wird. Käse liefert Eiweiß von hoher biologischer Wertigkeit. Darüber hinaus ist er reich an Vitamin B_2 und Kalzium. Käse aus Vollmilch ist außerdem relativ fettreich.

Nährwerte pro Portion

kcal:	278	Kohlenh.:	24,1 g
Eiweiß:	13,3 g	Ballastst.:	2,3 g
Fett:	14,1 g	Chol.:	143 mg

Besonders reich an

komplexen Kohlenhydraten

Eine Portion deckt z. B. von der empfohlenen Tageszufuhr

Vitamin A:	43 %	Vitamin B_{12}:	33 %
Vitamin B_2:	24 %	Kalzium:	23 %
Zink:	22 %	Eisen:	21 %
Kupfer:	20 %	Folsäure:	17 %

Johann Pabst

Krautbuchteln

Zutaten

für 4 Personen

20 g Germ (Hefe)
Prise Zucker
800 ml lauwarme Milch
180 g Mehl
150 g gedünstetes Weißkraut
Salz, Pfeffer, Muskat,
Kümmel gemahlen
1/2 Knoblauchzehe

30 g zerlassene Butter
zum Buchtelnformen

Die Germ mit Zucker in der Milch auflösen und mit etwas Mehl ein Dampfl bereiten.

Danach mit dem restlichen Mehl, dem gedünsteten Kraut und den Gewürzen einen Germteig herstellen.

Etwas aufgehen lassen und dann kleine Buchteln schleifen. Die Buchteln in der zerlassenen Butter wenden und in eine geeignete Form einschlichten. Wiederum aufgehen lassen und im Backrohr bei 160 °C 20 – 25 Minuten backen. Danach die Buchteln einzeln auseinander geben.

Serviertipp

- Die Buchteln auf eingemachten Linsen anrichten und mit kleinem Gemüse dekorativ umlegen.

Ernährungsinfo

Kraut: Weißkohl, Weißkraut. Wird roh als Salat und zur Herstellung von Sauerkraut und gekocht als Gemüse verwendet. Sehr kalorienarm. Reich an Vitamin K und C, Kalium, Kalzium, Magnesium, Eisen, Zink, Mangan und Ballaststoffen. Das charakteristische Aroma kommt von den Senfölglykosiden, die antimikrobiell wirken und vor der Entstehung von Krebskrankheiten schützen.

Nährwerte pro Portion

kcal:	353	Kohlenh.:	43,8 g
Eiweiß:	12,2 g	Ballastst.:	2,9 g
Fett:	14,0 g	Chol.:	42 mg

Besonders reich an

komplexen Kohlenhydraten
Glucosinolaten
Flavonoiden
Phenolsäuren

Eine Portion deckt z. B. von der empfohlenen Tageszufuhr

Vitamin B_2:	36 %	Kalzium:	27 %
Biotin:	25 %	Niacin:	24 %
Vitamin B_{12}:	24 %	Folsäure:	23 %
Kalium:	21 %	Vitamin B_1:	15 %

Johann Pabst

Erdäpfelbuchteln

Zutaten

für 4 Personen

Füllung:

100 g Schalotten
100 g Steinpilze
100 g Champignons
10 g Butter
Salz, Pfeffer
30 g Petersilie

Buchteln:

1/4 l Milch
40 g Hefe
Prise Zucker
280 g Mehl
300 g mehlige Kartoffeln, gekocht und passiert
4 Eidotter (Eigelb)
Salz, Pfeffer, Muskat

Butter für die Form

Füllung: Schalotten, Champignons und Steinpize in feine Streifen schneiden. In Butter andünsten, mit Salz und Pfeffer würzen. Schwenken, bis die Flüssigkeit verdampft ist, abkühlen lassen und die gehackte Petersilie beigeben.

Buchteln: Hefe in lauwarmer Milch auflösen, eine Prise Zucker dazugeben und mit einem Teil des Mehls zu einem dickflüssigen Teig verrühren. An einem warmen Ort zugedeckt ca. 30 Minuten gehen lassen. Die Kartoffeln, das restliche Mehl und die Eidotter dazugeben. Zu einem glatten Teig verkneten, mit Salz, Pfeffer und Muskat abschmecken. Noch einmal 30 Minuten zugedeckt gehen lassen. Den Teig 1 cm dick ausrollen, kleine Plätzchen ausstechen und mit der Pilzmischung füllen. Zu Buchteln formen und in gebutterte Dariolformen setzen. Noch etwas gehen lassen.
Im Rohr bei 170 – 180 °C ca. 20 – 25 Minuten backen.

Zubereitungstipps

- Dieses Gericht kann als Beilage (= 8 Portionen) wie auch als vegetarisches Gericht mit Knoblauchsoße oder Kräutersoße mit Salat verwendet werden.
- Als Füllung eignen sich auch Grammeln oder mit Kräutern gewürzte Gemüsewürfel, Kraut oder Kohl.

Ernährungsinfo

Hefe: Pilze, die sich in warmer, feuchter Umgebung bei Vorhandensein von Zucker rasch vermehren. Bei der Vergärung (ohne Sauerstoff) wird Zucker von den Hefen zu Alkohol und Kohlendioxidgas abgebaut, das den Teig auflockert. Hefe ist besonders reich an Eiweiß, B-Vitaminen und den Mineralstoffen Kalium, Eisen, Phosphor und Selen, hat aber auch einen hohen Puringehalt.

Nährwerte pro Portion

kcal:	487	Kohlenh.:	72,9 g
Eiweiß:	17,0 g	Ballastst.:	7,5 g
Fett:	13,6 g	Chol.:	259 mg

Besonders reich an

komplexen Kohlenhydraten
Protease-Inhibitoren
Phenolsäuren
Lecithin

Eine Portion deckt z. B. von der empfohlenen Tageszufuhr

Pantothensäure: 48 %

Niacin:	64 %	Biotin:	59 %
Folsäure:	48 %	Vitamin D:	48 %
Eisen:	38 %	Vitamin B_6:	38 %

Kürbisstrudel

Zutaten

für 2 Personen

- 250 g Kürbis (American Gigant oder Hokkaido)
- 15 g Zwiebel
- 1 TL Butter
- Salz, Pfeffer, Petersilie, Kümmel Paprika, Knoblauch
- 80 g Magertopfen (-quark)
- 1 Eigelb
- 1 TL Kürbiskerne
- 80 g Sauerrahm (saure Sahne)
- 1 Eiweiß, zu Schnee geschlagen
- 30 g Mehl

- 1 Blatt Strudelteig (DIN A4)
- 1 TL Butter

Kürbis schaben und gemeinsam mit der gehackten Zwiebel anbraten, zum Abtropfen in ein Sieb geben, abkühlen lassen und würzen. Topfen und Eigelb schaumig rühren, Kürbis, gehackte Kürbiskerne und Sauerrahm beigeben. Zuerst nur 1/3 Eischnee dazugeben, dann das Mehl und den restlichen Eischnee unterheben.

Diese Masse auf ein gebuttertes Strudelteigblatt geben, einrollen und im Rohr bei 180 °C je nach Stärke ca. 20 – 25 Minuten backen.

Serviertipp

→ Kann mit kalter Jogurt-Kräuter-Soße und Salat serviert werden.

Ernährungsinfo

Fettlösliche Vitamine: Mikronährstoffe. Der Name entspricht ihren chemischen Eigenschaften. Vertreter: Vitamin A, Vitamin D, Vitamin E und Vitamin K. Ihnen gemeinsam ist, dass sie vom Körper wie Fett aufgenommen werden und deshalb bei Störungen der Fettverdauung Unterversorgungen auftreten können. Sie werden relativ gut gespeichert, bei chronischer Überdosierung sind deshalb Überversorgungen möglich.

Nährwerte pro Portion

kcal:	293	Kohlenh.:	23,4 g
Eiweiß:	14,1 g	Ballastst.:	3,8 g
Fett:	15,6 g	Chol.:	151 mg

Besonders reich an

Carotinoiden
Phenolsäuren
hochwertigem Eiweiß

Eine Portion deckt z. B. von der empfohlenen Tageszufuhr

Pantothensäure: 23 %

Vitamin A:	34 %	Kalium:	33 %
Biotin:	27 %	Niacin:	26 %
Eisen:	21 %	Folsäure:	20 %

HAUPTSPEISEN FISCH

Gerald Geißler

Zutaten

für 2 Personen

250 g Kartoffeln (speckig)
200 g Lachsfilets, geräuchert

Vinaigrette:
1 Lauch
1 Schalotte
2 Tomaten
1 TL Senf
20 ml Weinessig
Salz, Pfeffer aus der Mühle
20 ml Erdnussöl
20 g Kapern
Estragon

Schnittlauch zum Garnieren

Kurz geräucherter Lachs mit Lauchvinaigrette

Kartoffeln in der Schale kochen.

Die Lachsfilets bei ca. 100 °C 4 Minuten lang ins Rohr geben.

Vinaigrette: Lauch, Schalotte und Tomaten kleinwürfelig schneiden, Senf, Essig, Salz und Pfeffer mit dem Schneebesen verrühren. Öl, Kapern, Gemüsewürfel und gehackten Estragon hinzufügen.

Die Kartoffeln schälen, in Scheiben schneiden, in der Tellermitte anrichten und den geräucherten Lachs darüber legen. Mit Vinaigrette überziehen und mit etwas gehacktem Schnittlauch verzieren.

Nährwerte pro Portion

kcal:	388	Kohlenh.:	27,5 g
Eiweiß:	24,8 g	Ballastst.:	6,0 g
Fett:	19,3 g	Chol.:	37 mg

Besonders reich an

Omega-3-Fettsäuren
hochwertigem Eiweiß
komplexen Kohlenhydraten
Carotinoiden
Sulfiden

Eine Portion deckt z. B. von der empfohlenen Tageszufuhr

Vitamin D: > empf. Tageszufuhr

Vitamin B_{12}:	100 %	Vitamin B_6:	81 %
Kalium:	60 %	Vitamin B_1:	32 %
Folsäure:	26 %	Jod:	24 %

Ernährungsinfo

Fisch: Lebensmittelgruppe. Man unterscheidet Süßwasser- (z. B. Zander, Forelle) und Seefische (z. B. Scholle, Tunfisch) sowie Mager- (z. B. Kabeljau, Zander) und Fettfische (Lachs, Makrele, Tunfisch, Hering, Sardine). Fisch ist reich an hochwertigem Eiweiß, B-Vitaminen, Vitamin D, Zink, Fluor und Jod, aber auch an Purinen. Das Fischfett ist reich an Omega-3-Fettsäuren, die eine besonders günstige Wirkung auf die Herzgesundheit haben.

Lachsfilet unter einer Haselnusskruste

Zutaten

für 2 Personen

- 70 g entrindetes altes Weißbrot
- 5 g Butter
- 40 g geriebene Haselnüsse
- 1 EL frischer Thymian, fein gehackt
- gemahlener Kümmel
- 1 1/2 EL Jungzwiebeln, fein gehackt
- Salz, Pfeffer
- 2 Lachsfilets (à 125 g)
- Pfeffer
- 5 g Öl und Butter zum Braten
- 60 g Pilze (Champignons, Shii-Take usw.)
- 50 g Brokkoliröschen
- 5 g Butter

Das Weißbrot zu groben Bröseln reiben und mit weicher Butter, Haselnüssen, Thymian, Kümmel und Jungzwiebeln vermischen. Mit Salz und Pfeffer abschmecken.

Die Lachsfilets gut pfeffern und in Öl-Butter-Mischung an beiden Seiten kurz anbraten. Die Filets aus der Pfanne heben, in ein flaches, feuerfestes Geschirr schlichten und die Nussmasse ca. 1,5 cm dick auf den Filets verteilen. Backrohr mit viel Oberhitze auf ca. 280 °C vorheizen und darin den Fisch ca. 4 – 6 Minuten fertig garen.

Inzwischen die Pilze in kleine Stücke teilen, waschen und gut abtropfen lassen. Die Brokkoliröschen kochen und mit Butter anschwenken. Die Pilze in Butter anbraten und das Ganze dekorativ am Teller anrichten.

Ernährungsinfo

Haselnuss: Schalenobst. Familie der Haselnussgewächse. Haselnüsse sind reich an Fett, vor allem an einfach und mehrfach ungesättigten Fettsäuren, Eiweiß, Vitamin E, Kalium, Kalzium, Magnesium und Eisen und enthalten nennenswerte Mengen an den pflanzlichen Fettbegleitstoffen Phytosterinen.

Nährwerte pro Portion

kcal:	447	Kohlenh.:	20,4 g
Eiweiß:	29,9 g	Ballastst.:	4,4 g
Fett:	27,4 g	Chol.:	58 mg

Besonders reich an

Omega-3-Fettsäuren
hochwertigem Eiweiß
mehrfach ungesättigten Fettsäuren
Flavonoiden

Eine Portion deckt z. B. von der empfohlenen Tageszufuhr

Vitamin B_{12}: > empf. Tageszufuhr
Niacin: > empf. Tageszufuhr

Vitamin B_6:	85 %	Kupfer:	61 %
Vitamin B_1:	34 %	Jod:	28 %

Gerald Geißler

Lauwarmer Lachs mit Zucchini

Zutaten

für 2 Personen

1 Tomate
1 Zucchini, ungeschält

Nussvinaigrette:
20 ml Weißwein-Essig
20 ml Apfelessig
1 TL Honig
1 EL Portwein, weiß
100 ml Geflügelfond
10 ml Walnussöl
Salz, Pfeffer

250 g Lachsfilet
Salz
Pfeffer aus der Mühle

Kerbelblätter zum Bestreuen

Die Tomate enthäuten, entkernen und in Würfel schneiden. Zucchini in dünne Scheiben schneiden und vorsichtig mit der Vinaigrette beträufeln. Die Zucchinischeiben dekorativ kreisförmig auf den Tellern anrichten.

Lachsfilet in vier Scheiben schneiden und mit Salz und Pfeffer würzen. Auf ein Backblech legen und ca. zwei Minuten im heißen Backrohr bei 160 °C schmoren lassen.

Je eine Lachsscheibe zu den Zucchinischeiben legen, mit der restlichen Vinaigrette beträufeln und mit Tomatenwürfeln belegen. Kerbelblätter über den Lachs streuen.

Nährwerte pro Portion

kcal:	274	Kohlenh.:	5,2 g
Eiweiß:	27,7 g	Ballastst.:	1,2 g
Fett:	14,8 g	Chol.:	56 mg

Besonders reich an

Omega-3-Fettsäuren
hochwertigem Eiweiß
Carotinoiden
Phenolsäuren

Eine Portion deckt z. B. von der empfohlenen Tageszufuhr

Vitamin B_{12}: > empf. Tageszufuhr
Niacin: > empf. Tageszufuhr

Vitamin B_6:	82 %	Jod:	24 %
Folsäure:	20 %	Magnesium:	20 %

Ernährungsinfo

Omega-3-Fettsäuren: Linolensäure, Eicosapentaensäure und Docosahexaensäure. Essentielle Fettsäuren. Bestandteil von Zellwänden und wichtig für die Entwicklung von Gehirn und Nervenzellen. Haben positiven Einfluss z. B. auf Fettstoffwechselstörungen, Nieren- und Darmerkrankungen, Rheuma und Hauterkrankungen. Enthalten in fetten Seefischen (Lachs, Hering, Makrele) und in Margarine.

Johann Pabst

Zutaten

für 2 Personen

20 g Zwiebel, geschnitten
1 EL Olivenöl
100 g Risottoreis (Violone)
10 ml Weißwein
1/4 l Gemüsefond
2 Frischlachsfilets (à ca. 120 g)
Salz, Pfeffer, Zitronensaft
1 TL Olivenöl
Petersilie, Basilikum, Kerbel, fein gehackt
20 g Parmesan, gerieben

Soße:

10 g Zwiebel
5 g Petersilienwurzel oder Pastinake
2 g Lauch, 1 TL Butter
2 EL trockener Wermut
60 ml Gemüse- oder Fischfond
2 EL Schlagobers (-sahne)
Zitronensaft, Salz, weißer Pfeffer

Nährwerte pro Portion

kcal:	566	Kohlenh.:	45,9 g
Eiweiß:	31,5 g	Ballastst.:	3,6 g
Fett:	26,9 g	Chol.:	95 mg

Besonders reich an

Omega-3-Fettsäuren
hochwertigem Eiweiß
komplexen Kohlenhydraten

Eine Portion deckt z. B. von der empfohlenen Tageszufuhr

Vitamin B_{12}: > empf. Tageszufuhr
Niacin: > empf. Tageszufuhr

Vitamin B_6:	86 %	Kupfer:	42 %
Vitamin B_1:	30 %	Zink:	29 %

Lachsfilet auf Kräuterrisotto in Wermutschaumsoße

Zwiebel in Olivenöl anschwitzen. Reis dazugeben und kurz mitrösten. Wein zugießen, Gemüsefond unter ständigem Rühren nach und nach bei kleiner Flamme zugießen. Die Reiskörner sollen weich, innen aber noch leicht kernig sein.

Ca. 5 Minuten, bevor das Risotto fertig ist, Lachsfilet beidseitig mit Salz, Pfeffer und Zitronensaft würzen, in wenig Olivenöl anbraten, zudecken und langsam ca. 3 – 4 Minuten fertig garen.

Soße: Zwiebel mit Petersilienwurzel und Lauch in Butter leicht andünsten und mit Wermut, Gemüse- oder leichtem Fischfond und Schlagobers kochen. Aufmixen, passieren und nach Geschmack würzen.

Kräuter und Parmesan in das Risotto rühren. Die Wermutsoße auf vorgewärmte Teller geben. Den Lachs und das Risotto darauf anrichten.

Serviertipp

→ Mit etwas frischem Gemüse garnieren.

Ernährungsinfo

Lachs: Fettfisch. Wanderfisch, der im Süßwasser geboren wird, den größten Teil seines Lebens im Meer verbringt und zum Laichen wieder ins Süßwasser zurückkehrt. Lachs wird frisch und tiefgekühlt ebenso angeboten wie geräuchert. Lachsfleisch ist nahezu grätenfrei und zartrosa bis orangerot. Es liefert hochwertiges Eiweiß, ist besonders reich an Omega-3-Fettsäuren, Vitamin D, B-Vitaminen und liefert Jod.

Gerald Zeitler

Alpenlachs mit Wildkräutern in der Folie

Zutaten

für 2 Personen

2 Alpenlachs (à 250 g), geputzt
Salz, Pfeffer
1 EL Olivenöl
1 TL Noilly Prat
80 g Schalotten
1 Knoblauchzehe
25 g gemischte Kräuter (Kerbel, Estragon, Schnittlauch, Petersilie, Basilikum …)

Vinaigrette:
60 ml Gemüsefond
10 ml Olivenöl
1 TL Zitronensaft
1 TL Balsamico-Essig
3 EL gehackte gemischte Kräuter

Alpenlachs in eine flache Schüssel legen, salzen und pfeffern, Olivenöl und Noilly Prat darüber verteilen und von allen Seiten mit der Marinade einreiben und zugedeckt ca. 1 Stunde in den Kühlschrank geben und ziehen lassen.

Schalotten und Knoblauch in Scheiben schneiden, in Salzwasser blanchieren und abtropfen lassen. In der Mitte eines großen Blattes Alufolie ein kleines Kräuterbett anrichten, den Lachs drauflegen und mit den restlichen Kräutern bedecken. Schalotten und Knoblauch beigeben, den Lachs wie ein Bonbon einwickeln und an den Enden gut zudrücken bzw. zubinden. Bei ca. 150 °C ca. 10 Minuten im Rohr garen.

Vinaigrette: Alle Zutaten in einer Schüssel mixen und mit den gehackten Kräutern separat servieren.

Den Alpenlachs in der Folie servieren. Vorsicht beim Aufmachen heißer Dampf entweicht!

Zubereitungstipp

- → Statt Alpenlachs kann man auch Forelle oder Saibling verwenden.

Ernährungsinfo

Alpenlachs: mittelfetter Fisch. Alpenlachs entstand durch Einführung des Eismeersaiblings in heimische Gewässer durch ausgewählte Züchter. Alpenlachs liefert hochwertiges Eiweiß und ist wie Lachs und Saibling eine hervorragende Quelle für Omega-3-Fettsäuren.

Nährwerte pro Portion

kcal:	324	Kohlenh.:	4,6 g
Eiweiß:	29,0 g	Ballastst.:	1,6 g
Fett:	20,7 g	Chol.:	53 mg

Besonders reich an

Omega-3-Fettsäuren
hochwertigem Eiweiß
Sulfiden
Polyphenolen

Eine Portion deckt z. B. von der empfohlenen Tageszufuhr

Vitamin D: > empf. Tageszufuhr
Vitamin B_{12}: > empf. Tageszufuhr

Vitamin B_6:	98 %	Vitamin B_1:	43 %
Kalium:	41 %	Kupfer:	31 %

Johann Pabst

Melanzani in Kokosmilch mit gebratenem Lachs und Basmatireis

Zutaten
für 2 Personen

1/2 mittelgroße Melanzani
1/8 l Milch
1/2 TL Salz
1 TL Olivenöl
1/8 Zwiebel, klein geschnitten
2 Knoblauchzehen, blättrig geschnitten
1 – 2 Chilischoten, gehackt
1 EL gehacktes Koriandergrün
Kurkuma
weißer Balsamicoessig
1/8 l Kokosmilch
2 Lachsfilets (à 120 g)
Fruchtessig

Reis:
1 TL Rapsöl
130 g Basmati- oder Jasminreis
Salz, 1/4 Limette

Melanzani in 1/2 cm dicke Scheiben schneiden und 30 Minuten in Salzmilch ziehen lassen. Mit Küchenpapier abtupfen, in Öl beidseitig anbraten, danach auf Küchenpapier abtropfen lassen. Zwiebel und Knoblauch glasig andünsten. Chilischoten, Koriander und Kurkuma beigeben und kurz mitrösten. Mit Balsamicoessig ablöschen, die Kokosmilch dazugeben und aufkochen lassen. Melanzani beigeben und 2 – 3 Minuten ziehen lassen.

Die Lachsfilets mit Fruchtessig säuern, 30 Minuten ziehen lassen, salzen und beidseitig anbraten.

Öl in einem Topf erhitzen, den Reis kurz anrösten und salzen. Die doppelte Menge Wasser zufügen und köcheln lassen, bis der Reis weich ist. Abrieb von einer 1/4 Limette beigeben. Der Reis erhält dadurch einen interessanten Geschmack. Melanzani in Kokosmilch mit gebratenem Lachs und Basmatireis auf Tellern anrichten.

Nährwerte pro Portion

kcal:	467	Kohlenh.:	57,4 g
Eiweiß:	28,3 g	Ballastst.:	4,0 g
Fett:	13,4 g	Chol.:	42 mg

Besonders reich an

Omega-3-Fettsäuren
hochwertigem Eiweiß
Sulfiden
Polyphenolen
Phytosterinen

Eine Portion deckt z. B. von der empfohlenen Tageszufuhr

Vitamin B_{12}: > empf. Tageszufuhr

Niacin:	100 %	Vitamin B_6:	84 %
Mangan:	51 %	Kupfer:	46 %
Kalium:	45 %	Jod:	23 %

Zubereitungstipp

→ Legt man die Melanzani in Salzmilch ein, werden die Bitterstoffe herausgelöst und die weiße Farbe bleibt erhalten.

Ernährungsinfo

Melanzani: Eierfrucht, Aubergine. Familie der Nachtschattengewächse. Die Farbe der eierförmigen Frucht ist violett bis schwarz. Weißes Fruchtfleisch verfärbt sich durch Sauerstoffeinwirkung braun. Aufgrund des Solaningehaltes sollten sie nicht roh gegessen werden. Besonders hoher Gehalt an Kalium, Kupfer und Mangan.

Gerald Zeitler

Alpenlachsfilet im Kohlrabifond

Zutaten
für 2 Personen

300 g Kohlrabi
150 g Tomatenfond
50 g Schalotten
1 EL Olivenöl
1/16 l Martini dry
250 g Fischfond
250 g Alpenlachsfilet
10 g braune Butter
Meersalz, Szechuanpfeffer (japanischer Bergpfeffer)

Zwei Drittel des Kohlrabis in Streifen schneiden und im Tomatenfond bissfest kochen, abseihen und Fond beiseite stellen. Schalotten in Olivenöl anschwitzen, restlichen Kohlrabi in Würfel schneiden, beigeben und mit Martini ablöschen, einkochen lassen und mit Fischfond aufgießen. Weich kochen und mixen.

Lachsfilet bei ca. 70 °C im abgeseihten Fond pochieren. Auf Kohlrabi gefällig anrichten. Braune Butter in den Fond einmixen und damit die Fischfilets nappieren.

Nährwerte pro Portion

kcal:	479	Kohlenh.:	16,5 g
Eiweiß:	43,7 g	Ballastst.:	3,7 g
Fett:	21,9 g	Chol.:	100 mg

Besonders reich an

Omega-3-Fettsäuren
hochwertigem Eiweiß
Glucosinolaten
Flavonoiden
Phenolsäuren

Eine Portion deckt z. B. von der empfohlenen Tageszufuhr

Vitamin D: > empf. Tageszufuhr
Niacin: > empf. Tageszufuhr
Vitamin B_{12}: > empf. Tageszufuhr
Vitamin B_6: 100 %   Folsäure: 21 %

Ernährungsinfo

Kohlrabi: Kulturform des Gemüsekohls. Die Farbe der Schale ist meist blassgrün bis weißlich oder blau bis rotviolett. Die dunkle Sorte schmeckt würziger und ist auch öfter verholzt. Der Geschmack, von Senfölglykosiden stammend, ist etwas süßlich, manchmal sogar nussartig, es fehlt aber der typische Kohlgeschmack. Die »Herzblätter« können mitverwendet werden.

Gerald Jeitler

Saiblingsfilet auf Mangold und Erdäpfel-Schnittlauch-Soße

Zutaten

für 2 Personen

Soße:

1 Zwiebel
1 Knoblauchzehe
1 EL Olivenöl
1 Kartoffel
250 ml Geflügelfond
4 EL Schnittlauch
Salz
Cayennepfeffer
Muskatnuss
Zitronensaft

200 g Mangold
1 EL Walnussöl
Salz

2 Saiblingsfilets (à 120 g)
Salz, Pfeffer, Zitronensaft

Soße: Zwiebel und Knoblauch in Olivenöl anschwitzen, Kartoffel in Scheiben scheiden, beigeben und mit Fond aufgießen. Weich kochen und zu einer leicht sämigen Soße pürieren, Schnittlauch dazugeben und pikant abschmecken.

Mangold pochieren, in Walnussöl schwenken und würzen.

Saiblingsfilets auf einem Rost ca. 6 – 7 Minuten dämpfen, würzen und mit Mangold und Erdäpfel-Schnittlauch-Soße gefällig anrichten.

Zubereitungstipp

→ Die Filets können auch im Dampfgarer 3 – 4 Minuten gegart werden.

Ernährungsinfo

Saibling: Mittelfetter Fisch, Süßwasser- bzw. Wanderfisch. Familie der Lachsfische. Der Wandersaibling wechselt ähnlich wie der Lachs zwischen Salz- und Süßwasser, der Bachsaibling lebt Zeit seines Lebens im Süßwasser. Saiblinge haben rosafarbenes Fleisch, das reich an hochwertigem Eiweiß ist. Saiblinge sind weniger fett als Lachse, aber ebenfalls reich an Omega-3-Fettsäuren.

Nährwerte pro Portion

kcal:	374	Kohlenh.:	12,4 g
Eiweiß:	36,1 g	Ballastst.:	4,5 g
Fett:	19,5 g	Chol.:	97 mg

Besonders reich an

Omega-3-Fettsäuren
hochwertigem Eiweiß
Carotinoiden
Phenolsäuren
Sulfiden

Eine Portion deckt z. B. von der empfohlenen Tageszufuhr

Vitamin D: > empf. Tageszufuhr
Vitamin B_{12}: > empf. Tageszufuhr

Niacin:	89 %	Kalium:	52 %
Vitamin B_6:	40 %	Eisen:	35 %

Johann Pabst

Zutaten

für 2 Personen

240 g Saiblingsfilet
70 g Gemüse
Salz, Pfeffer, Zitronensaft
1 EL Olivenöl
1/8 l Fischfond
4 EL Schlagobers (-sahne)
10 ml trockener Wermut
etwas angerührtes Stärkemehl zum Binden
100 g gekochte Weizennudeln

Gebratenes Saiblingsfilet auf Weizennudeln in Wermutschaum

Die Saiblingsfilets mit Salz, Pfeffer und Zitronensaft würzen und in einer beschichteten Pfanne in etwas Olivenöl braten.

Den Fischfond und das Schlagobers um die Hälfte reduzieren, Wermut dazugeben und mit Stärkemehl auf die gewünschte Konsistenz binden.

Die Soße auf vorgewärmte Teller geben, die gekochten Nudeln und den Saibling darauf anrichten. Mit etwas Pesto beträufeln und mit buntem Gemüse ergänzen.

Zubereitungstipp

→ Möchte man den Fettgehalt dieses Gerichtes vermindern, kann man statt Schlagobers 1/8 l Magermilch und 1/16 l Fischfond verwenden.

Serviertipp

→ Etwas Pesto rundherum geben und mit buntem Gemüse ergänzen.

Ernährungsinfo

Wermut: Gewürzpflanze, Korbblütler. Er wird zur Aromatisierung von Wermutwein verwendet, der als Aperitif oder zum Verfeinern von Soßen eingesetzt wird. Er schmeckt aromatisch und bitter. Er enthält ätherische Öle und hat appetitanregende Wirkung. Die Wirkungen von Wermutlikör (Absinth) werden einerseits auf den hohen Alkoholgehalt und andererseits auf dessen Gehalt an dem giftigen Inhaltsstoff Thujon zurückgeführt.

Nährwerte pro Portion

kcal:	433	Kohlenh.:	21,8 g
Eiweiß:	36,7 g	Ballastst.:	2,7 g
Fett:	21,5 g	Chol.:	125 mg

Besonders reich an

Omega-3-Fettsäuren
hochwertigem Eiweiß
komplexen Kohlenhydraten

Eine Portion deckt z. B. von der empfohlenen Tageszufuhr

Vitamin D: > empf. Tageszufuhr
Vitamin B_{12}: > empf. Tageszufuhr
Pantothensäure: 41 %
Niacin: 77 % Jod: 29 %

Gerald Zeitler

Zutaten

für 2 Personen

Saiblingsfilet mit Estragontomaten

Soße:

4 Tomaten
200 ml Tomatensaft
Salz, Pfeffer aus der Mühle
20 ml Olivenöl
1 EL Sherryessig
1 EL Estragonblätter

2 Saiblingsfilets (à 120 g)
1 EL Erdnussöl

Soße: Tomaten enthäuten, entkernen und in Würfel schneiden. In einem Sieb beiseite stellen und abtropfen lassen. Tomatensaft, Salz und Pfeffer in einen Topf geben, Tomatenwürfel, Olivenöl und Sherryessig zufügen, kurz aufkochen und abkühlen lassen, bis die Mischung lauwarm ist. Zum Schluss klein geschnittenen Estragon unterheben und abschmecken.

Die Saiblingsfilets mit der Hautseite in einer befetteten Pfanne in Erdnussöl anbraten und kurz wenden. Die Filets sollen noch in der Mitte glasig sein. Auf vorgewärmten Tellern mit den lauwarmen Tomaten anrichten.

Nährwerte pro Portion

kcal:	332	Kohlenh.:	7,0 g
Eiweiß:	31,2 g	Ballastst.:	2,0 g
Fett:	19,5 g	Chol.:	83 mg

Besonders reich an

Omega-3-Fettsäuren
hochwertigem Eiweiß
einfach ungesättigten Fettsäuren
Lycopin

Eine Portion deckt z. B. von der empfohlenen Tageszufuhr

Vitamin D: > empf. Tageszufuhr
Vitamin B_{12}: > empf. Tageszufuhr
Pantothensäure: > empf. Tageszufuhr
Niacin: 66 % Kalium: 51 %

Zubereitungstipp

→ Wenn man eine beschichtete Pfanne verwendet, kann man Fett einsparen!

Ernährungsinfo

Estragon: Gewürzpflanze, Beifußgewächs. Man unterscheidet zwischen deutschem und russischem Estragon, wobei ersterer deutlich mehr ätherische Öle enthält und damit aromatischer ist. Er wird zum Würzen von Salaten, Suppen, Soßen und Geflügel verwendet und findet auch bei der Herstellung von Essig oder Sauerkonserven Anwendung. Im ätherischen Öl sind sekundäre Pflanzeninhaltsstoffe aus der Gruppe der Terpene enthalten.

Gerald Zeitler

Seesaiblingsfilet im Reisblatt

Zutaten

für 2 Personen

- 2 Reisblätter (à Ø 20 cm)
- 200 g Seesaiblingsfilet
- 90 g Wurzelgemüsestreifen
- Salz, Cayennepfeffer
- 1/2 TL Haselnussöl
- 10 g Butter
- 1 Knoblauchzehe
- 1/8 l Fischfond
- Salz

Die Reisblätter zwischen 2 feuchte Tücher legen, bis sie weich sind. Seesaiblingsfilet in Würfel schneiden.

Die Hälfte der Gemüsestreifen andünsten, mit dem gewürfelten Saiblingsfilet vermischen und mit Salz, Pfeffer und Haselnussöl abschmecken. Etwas abkühlen lassen und auf den Reisblättern verteilen. Gut einpacken und mit Butter bestreichen.

Eine Auflaufform mit Knoblauch ausreiben, die restlichen Gemüsestreifen hineingeben und mit Fischfond aufgießen. Würzen und die Reisrollen einlegen. Mit Alufolie abdecken und im Rohr bei 200 °C ca. 10 Minuten garen lassen. Nach der Hälfte der Garzeit die Folie abnehmen.

Zubereitungstipp

→ Anstelle der Reisblätter kann man auch Strudelteig verwenden.

Ernährungsinfo

Haselnussöl: Speiseöl. Wird hauptsächlich als kaltgepresstes Öl angeboten. Es besteht zu über 75 % aus mehrfach ungesättigten Fettsäuren. Haselnussöl sollte man nicht erhitzen, sondern nur für die kalte Küche verwenden. Es ist reich an Vitamin E und Phytosterinen.

Nährwerte pro Portion

kcal:	234	Kohlenh.:	5,3 g
Eiweiß:	29,7 g	Ballastst.:	2,2 g
Fett:	10,4 g	Chol.:	92 mg

Besonders reich an

Omega-3-Fettsäuren
hochwertigem Eiweiß
Carotinoiden
Monoterpenen
Phenolsäuren

Eine Portion deckt z. B. von der empfohlenen Tageszufuhr

Vitamin D: > empf. Tageszufuhr
Vitamin B_{12}: > empf. Tageszufuhr
Pantothensäure: 32 %
Niacin: 63 % Jod: 28 %

Johann Pabst

Gegrilltes Steinbuttfilet auf Zwiebelpüree

Zutaten
für 2 Personen

200 g Steinbuttfilet
Salz, Pfeffer, Zitronensaft
Koriander aus der Mühle

Zwiebelpüree:
80 g Zwiebeln
1 TL Butter
1 EL weißer Portwein
1 EL Weißwein
5 g Zucker
1 Lorbeerblatt
5 g Honig
1 EL Obers (Sahne)
Salz, Pfeffer
2 EL roter Portwein
2 EL Rotwein
2 EL Fischfond
evtl. Stärkemehl zum Binden

Den Steinbutt portionieren (je 100 g), würzen, am Grill markieren und in der beschichteten Pfanne fertig braten.

Zwiebelpüree: Die Zwiebeln klein schneiden, in Butter anschwitzen, mit weißem Portwein und Weißwein ablöschen, Zucker, Lorbeer, Honig und Obers hinzufügen, einreduzieren und pürieren. Mit Salz und Pfeffer abschmecken. Den roten Portwein mit dem Rotwein und dem Fischfond stark einreduzieren und eventuell mit Stärkemehl binden.

Das Zwiebelpüree auf die Mitte des Tellers geben, den Steinbutt schräg drauflegen und die Soße rundherum geben.

Nährwerte pro Portion

kcal:	200	Kohlenh.:	10,6 g
Eiweiß:	18,8 g	Ballastst.:	0,8 g
Fett:	6,0 g	Chol.:	76 mg

Besonders reich an

hochwertigem Eiweiß
Omega-3-Fettsäuren
Sulfiden
Flavonoiden
Phenolsäuren

Eine Portion deckt z. B. von der empfohlenen Tageszufuhr

Kupfer: > empf. Tageszufuhr

Vitamin D:	63 %	Vitamin B_{12}:	55 %
Niacin:	42 %	Jod:	25 %
Vitamin B_6:	25 %		

Serviertipp

→ Als Beilage eignen sich besonders Kartoffeln oder Sepianudeln (= schwarze Nudeln) und Spargel.

Ernährungsinfo

Steinbutt: Magerfisch, Seefisch. Gehört wie auch der Heilbutt zu den Plattfischen. Erhältlich sind meist Jungfische mit einem Gewicht zwischen 1 und 5 kg. Steinbutt hat ein festes, weißes Fleisch, das fettarm, aber reich an hochwertigem Eiweiß ist. Steinbutt liefert reichlich Vitamin D, Niacin, Biotin, Vitamin B_{12}, Kalium, Magnesium und Jod. Das Fischfett ist reich an Omega-3-Fettsäuren.

Gerald Zeitler

Steinbutt gebraten auf rotem Zwiebelconfit

Zutaten

für 2 Personen

2 Stk. Steinbutt (à 120 g)
Salz
Pfeffer aus der Mühle
1 EL Mehl
1 EL Olivenöl

Zwiebelconfit:
150 g rote Zwiebeln
1 EL Wasser
Salz
1/8 l guter Rotwein
1 TL Portwein
1 TL Zitronensaft
20 g Butter

Kerbel zum Garnieren

Den Steinbutt mit Salz und Pfeffer würzen und kurz in Mehl wenden. Den Fisch in erhitztem Öl auf beiden Seiten goldgelb braten und ca. 4 – 5 Minuten bei 200 °C in das vorheizte Backrohr stellen.

Zwiebelconfit: Zwiebeln in Scheiben schneiden, im Wasser weich dünsten und salzen. Rotwein und Portwein in einem separaten Topf auf die Hälfte reduzieren, zu den Zwiebeln geben und miteinander gut verrühren. Soße mit etwas Zitronensaft und Butter verfeinern.

Auf vorgewärmten Tellern das Zwiebelconfit mit dem Steinbutt anrichten, mit der Rotweinsoße umgießen und mit ein paar Kerbelblättchen garnieren.

Nährwerte pro Portion

kcal:	314	Kohlenh.:	10,7 g
Eiweiß:	22,0 g	Ballastst.:	1,9 g
Fett:	16,2 g	Chol.:	96 mg

Besonders reich an

hochwertigem Eiweiß
Omega-3-Fettsäuren
Sulfiden
Flavonoiden
Phenolsäuren

Eine Portion deckt z. B. von der empfohlenen Tageszufuhr

Vitamin D:	86 %	Vitamin B_{12}:	66 %
Niacin:	51 %	Kupfer:	44 %
Vitamin B_6:	32 %	Jod:	26 %
Kalium:	25 %	Magnesium:	21 %

Ernährungsinfo

Sulfide: Pflanzenschutzstoffe. Schwefelhaltige Verbindungen in Knoblauch, Zwiebeln, Lauch, Schalotten und Schnittlauch (Allicin). Haben vielseitige gesundheitsfördernde Wirkungen wie den Schutz vor Krebskrankheiten, Stärkung des Abwehrsystems, unterdrücken die Bildung von Blutgerinnseln, hemmen das Wachstum von Bakterien, Pilzen und Viren und wirken auch entzündungshemmend.

Johann Pabst

Seezungenfilet mit Apfel-Sellerie-Ravioli

Knollensellerie schälen, in Scheiben schneiden und mit Obers und Rindsuppe weich kochen, mit Salz und Pfeffer würzen, mixen und durch ein feines Sieb streichen. Den Apfel schälen, in kleine Würfel schneiden und unter die Masse mischen.

Aus Mehl, Ei und Olivenöl einen Nudelteig herstellen. Diesen dünn ausrollen, mit Eiklar bestreichen, die Selleriemasse darauf verteilen, eine Lage Nudelteig drauflegen, andrücken, 6 Stück ausstechen, in Salzwasser kochen und in Butter anschwenken.

Die Seezungenfilets mit Salz und weißem Pfeffer würzen und in Olivenöl anbraten.

Für die Soße Apfelsaft mit Zitronensaft aufkochen, eventuell mit etwas Stärke binden. Tomate in Würfel schneiden und gemeinsam mit dem Schnittlauch in die Soße geben.

Die Ravioli in der Mitte des Tellers anrichten, die Seezungenfilets gleichmäßig darauf verteilen und die Soße zwischen die Filets geben.

Serviertipp

→ Mit frischem Saisongemüse und frittierten Karotten garnieren.

Ernährungsinfo

Seezunge: Magerfisch, Seefisch. Gehört wie Heil- und Steinbutt zu den Plattfischen. Das Fleisch ist weiß, fettarm und eiweißreich. Seezungen liefern neben hochwertigem Eiweiß Omega-3-Fettsäuren, die Vitamine D, B_{12} sowie die Mineralstoffe Kalium, Magnesium, Eisen und Jod.

Zutaten

für 2 Personen

100 g Knollensellerie
1 EL Obers (Sahne)
2 EL Rindsuppe
Salz, Pfeffer
1 Apfel

100 g Weizenmehl
1 Ei
1/2 EL Olivenöl
Eiklar (Eiweiß) zum Bestreichen
1 TL Butter

200 g Seezungenfilets
Salz, weißer Pfeffer
1 EL Olivenöl

Soße:
20 ml Apfelsaft
20 ml Zitronensaft
evtl. Stärkemehl zum Binden
1 Tomate
Schnittlauch

Nährwerte pro Portion

kcal:	480	Kohlenh.:	49,5 g
Eiweiß:	28,5 g	Ballastst.:	5,6 g
Fett:	18,2 g	Chol.:	182 mg

Besonders reich an

hochwertigem Eiweiß
Omega-3-Fettsäuren
Monoterpenen

Eine Portion deckt z. B. von der empfohlenen Tageszufuhr

unlösliche Ballaststoffe: 27 %

Niacin:	61 %	Vitamin B_{12}:	55 %
Vitamin B_6:	37 %	Biotin:	33 %
Kalium:	33 %	Eisen:	25 %

Gerald Geißler

Zutaten
für 2 Personen

1 EL Weißweinessig
2 TL Zitronensaft
50 ml Gemüsefond
1 EL (15 g) Honig
2 g Safran, 5 g Koriander
5 g Petersilie
5 g Pfefferkörner, schwarz
1 Lorbeerblatt
Salz
Pfeffer aus der Mühle

2 Karotten
2 weiße Rüben
2 Zucchini, klein

2 Zanderfilets (à ca. 250 g)
Butter zum Braten

1 EL Olivenöl
2 Anissterne (Sternanis)
5 Kirschtomaten

Gegrilltes Zanderfilet mit mariniertem Gemüse

Alle Zutaten für die Marinade in einen Topf geben und bei schwacher Hitze 3 – 4 Minuten aufwallen lassen.

Das Gemüse waschen, schälen, getrennt bissfest garen, in tiefe Teller geben und in der Marinade warm stellen.

Die Zanderfilets halbieren, die Gräten entfernen und die Haut einschneiden. Mit Butter bepinseln und in einer Pfanne auf der Hautseite ca. 5 Minuten braten.

Das Gemüse aus der Marinade nehmen. Das Olivenöl mit der heißen Marinade gut durchrühren und durch ein Sieb streichen.

Das Fischfilet in die Mitte des Tellers legen, das marinierte Gemüse rundherum geben und mit der Soße überziehen. Mit Sternanis und Kirschtomaten garnieren.

Nährwerte pro Portion

kcal:	425	Kohlenh.:	19,9 g
Eiweiß:	60,6 g	Ballastst.:	8,7 g
Fett:	10,6 g	Chol.:	221 mg

Besonders reich an

hochwertigem Eiweiß
Carotinoiden
Polyphenolen, Phenolsäuren
Omega-3-Fettsäuren

Eine Portion deckt z. B. von der empfohlenen Tageszufuhr

Vitamin B_{12}: > empf. Tageszufuhr
Niacin: > empf. Tageszufuhr

Kalium:	79 %	Eisen:	68 %
Vitamin B_6:	57 %	Vitamin B_1:	52 %

Zubereitungstipp

→ Da Sternanis sehr intensiv ist, kann man stattdessen auch Kardamom verwenden.

Ernährungsinfo

Lorbeer: Gewürzpflanze, Lorbeergewächse. Verwendet werden hauptsächlich die getrockneten Blätter, seltener auch die Früchte des Lorbeerbaumes. Lorbeer schmeckt sehr aromatisch und etwas bitter und sollte deshalb sparsam dosiert werden. Blätter und Früchte sind reich an ätherischen Ölen, Terpenen, Gerb- und Bitterstoffen. Lorbeer wirkt appetitanregend.

Johann Pabst

Saltim Bocca vom Zander auf Gemüsenudeln mit Pesto

Zutaten
für 2 Personen

200 g Zanderfilet
Salz und Pfeffer
4 dünne Scheiben Rohschinken (10 g)
50 g Gemüsestreifen von Zucchini, Karotten, Sellerie und Gelben Rüben
50 g feine Weizennudeln
etwas Mehl
1 EL Butter zum Braten
2 EL flüssiger Rahm (Sahne)

Pesto:
20 ml Olivenöl
1 EL Parmesan
1 Bd. Basilikum
5 g Pinienkerne
Salz, Pfeffer aus der Mühle
1 Knoblauchzehe

Die Zanderstücke leicht plattieren, mit Salz und Pfeffer würzen, in den dünnen Rohschinken einschlagen und zum Braten bereitstellen. Das Gemüse in lange Streifen schneiden, Zucchini am besten mit dem Zestenreißer schneiden, kurz blanchieren und abtropfen lassen. Die Nudeln al dente kochen und abtropfen lassen.

Pesto: Alle Zutaten in einem Cutter zu einer cremigen Paste vermischen und gut abschmecken. Nicht zu stark mit Knoblauch würzen.

Den Fisch kurz durchs Mehl ziehen und rasch beidseitig knusprig braten. Die Nudeln zusammen mit den Gemüsestreifen durchschwenken, mit dem Rahm vermischen.

Die Nudeln auf vorgewärmte Teller setzen, mit den Fischstücken belegen und mit dem Pesto gefällig anrichten.

Zubereitungstipps

- Dieses Gericht kann auch ohne Pesto gereicht werden, damit verringert sich der Fettgehalt.
- Statt Zander kann jeder Fisch, der sich gut braten lässt, verwendet werden.

Ernährungsinfo

Pinienkern: Ölsamen. Familie der Kieferngewächse. Pinienkerne werden auch Pignolen genannt. Der Pinienkern spielt eine große Rolle in der italienischen Küche, wo er beispielsweise eine der Hauptzutaten von Pesto ist. Pinienkerne sind besonders fettreich (hauptsächlich ungesättigte Fettsäuren), aber auch reich an Eiweiß und Kohlenhydraten, Vitamin E, Vitamin B_1, Eisen und Zink.

Nährwerte pro Portion

kcal:	400	Kohlenh.:	21,8 g
Eiweiß:	30,9 g	Ballastst.:	2,4 g
Fett:	21,0 g	Chol.:	116 mg

Besonders reich an

hochwertigem Eiweiß
Omega-3-Fettsäuren
einfach ungesättigten Fettsäuren

Eine Portion deckt z. B. von der empfohlenen Tageszufuhr

Vitamin B_{12}:	75 %	Niacin:	55 %
Vitamin A:	32 %	Vitamin E:	28 %
Kalium:	25 %	Zink:	25 %
Kupfer:	22 %	Magnesium:	19 %

Gerald Zeitler

Zackenbarsch mit Rotwein im Auberginenschiffchen

Zutaten

für 2 Personen

4 Auberginen, 1 EL Olivenöl
Salz, Pfeffer aus der Mühle
1 Knoblauchzehe

2 Zackenbarschfilets (à 120 g)
Salz, Pfeffer

Soße:
200 ml Rotwein, mild
200 ml Fischfond
10 g braune Butter

75 g Zucchini
75 g Kartoffeln
80 g Karotten
80 g roter Paprika
4 Tomaten
1 TL Butter
Knoblauch

Dille zum Garnieren

Die Auberginen aushöhlen – dabei 1/2 cm Fruchtfleisch für das Schiffchen auf der Haut belassen – auf einen Rost setzen und im Rohr ca. 10 Minuten bei 180 °C backen.

Die Filets in Würfel schneiden und in einer Pfanne mit Olivenöl sautieren, dann würzen. Mit etwas Rotwein ablöschen und ca. 10 Minuten garen lassen.

Soße: Wein und Fischfond auf 2/3 der Menge einkochen, durch ein Sieb streichen und mit Butter aufschlagen.

Sämtliches Gemüse in grobe Würfel schneiden und nach Sorten getrennt blanchieren. Das Gemüse in Butter und Knoblauch anschwitzen.

Die Auberginen abwechselnd mit Fisch und Gemüse füllen, mit Soße überziehen und mit Gemüsewürfeln und Dillspitzen verzieren.

Zubereitungstipp

→ Statt Zackenbarsch kann man auch jeden anderen Süßwasser- oder Meeresfisch verwenden.

Ernährungsinfo

Antioxidantien: Schutzstoffe. Neben einer Reihe von körpereigenen Enzymsystemen schützen bestimmte Nahrungsbestandteile den Körper vor den schädlichen Einflüssen von so genannten freien Radikalen, aggressiven Sauerstoffverbindungen, die die Erbsubstanz schädigen und am Alterungsprozess und der Krebsentstehung beteiligt sind. Antioxidantien sind z. B. die Vitamine C und E, Betakarotin, Flavonoide und Phenolsäuren.

Nährwerte pro Portion

kcal:	490	Kohlenh.:	26,3 g
Eiweiß:	46,1 g	Ballastst.:	15,2 g
Fett:	15,2 g	Chol.:	160 mg

Besonders reich an

hochwertigem Eiweiß
Omega-3-Fettsäuren
Polyphenolen
Carotinoiden
Lycopin

Eine Portion deckt z. B. von der empfohlenen Tageszufuhr

Vitamin C:	100 %	Vitamin A:	99 %
Kalium:	99 %	Niacin:	94 %
Jod:	55 %	Eisen:	50 %
Folsäure:	39 %	Vitamin B_2:	36 %

Johann Pabst

Gebratener Zander in gelber Paprika-Soße

mit frischem Gemüse und Basmati-Duftreis

Zutaten

für 2 Personen

100 g Gemüse der Saison
160 g Zanderfilet
Salz, Pfeffer, Zitronensaft, Knoblauch
20 g weiße Brösel
1 EL Olivenöl

Soße:
20 g Zwiebel
je 5 g Petersilienwurzel und Lauch
1/2 gelber Paprika, entkernt
1 EL trockener Weißwein
1/16 l Fischfond
2 EL Obers (Sahne)
1 TL Crème fraîche

80 g Basmatireis
10 g Butter
Kreuzkümmel, Knoblauch
Muskat
80 g Gemüsesuppe
80 g Wasser
1 Zitronengras
Zimtstange, Salz

Gemüse in Salzwasser oder im Dampfgarer weich kochen.

Zander in zwei 2 große Stücke schneiden und mit Salz, Pfeffer, Zitronensaft und etwas Knoblauch marinieren.

Soße: Das klein geschnittene Gemüse in einer beschichteten Pfanne anschwitzen, Paprika zugeben und mit Weißwein ablöschen, mit Fischfond und Obers aufgießen und weich kochen. Danach mit Crème fraîche im Mixer pürieren, passieren und abschmecken.

Den Zander in weißen Bröseln wenden, in Olivenöl braten und auf gelber Paprikasoße anrichten.

Den Reis waschen, in einem Topf mit Butter, Kreuzkümmel, Knoblauch, Muskat anschwitzen und mit doppelter Menge Flüssigkeit (= Suppe + Wasser) aufgießen. Mit dem Zitronengras und der Zimtstange dünsten, salzen.

Nährwerte pro Portion

kcal:	441	Kohlenh.:	44,6 g
Eiweiß:	25,6 g	Ballastst.:	5,1 g
Fett:	17,1 g	Chol.:	93 mg

Besonders reich an

hochwertigem Eiweiß
Omega-3-Fettsäuren
komplexen Kohlenhydraten
Sulfiden, Polyphenolen

Eine Portion deckt z. B. von der empfohlenen Tageszufuhr

Niacin:	52 %	Vitamin B_{12}:	44 %
Mangan:	34 %	Vitamin A:	34 %
Kupfer:	27 %	Magnesium:	24 %
Vitamin B_1:	23 %	Jod:	19 %

Ernährungsinfo

Zander: Magerfisch, Süßwasserfisch. Auch Hechtbarsch genannt. Größte europäische Art der Barsche, Raubfisch. Das Fleisch des Zanders ist weiß, ganz mager und nahezu grätenfrei. Es liefert hochwertiges Eiweiß, B-Vitamine, Zink, Eisen und Jod. Das Fischfett enthält Omega-3-Fettsäuren.

Johann Pabst

Zutaten

für 2 Personen

Fischspieße mit Thai-Marinade

1 gelber Paprika
1 Zucchini, klein
300 g Fischfilet
(Tunfisch, Schwertfisch)

Marinade:
1/2 Bund Koriander
1/2 TL frischer Ingwer, gehackt
4 EL ungesüßte Kokosmilch
3 EL Zitronensaft
Salz
1 TL abgeriebene Zitronenschale
Chili

Paprika in Streifen, Zucchini in Scheiben schneiden. Fischfilet trockentupfen und in Würfel schneiden.

Für die Marinade Koriander fein hacken. Koriander, Ingwer, Kokosmilch, Zitronensaft, Salz, Zitronenschale und Chili verrühren. Fischstücke mit der Marinade vermischen und im Kühlschrank 6 Stunden ziehen lassen. Fischstücke abwechselnd mit Paprika und Zucchini auf Spießchen stecken. Die Spießchen grillen.

Serviertipp

→ Mit Jasminreis und verschiedenen Blattsalaten in Sesamvinaigrette anrichten. Extra kann man eine Erdnuss- oder Chilisoße dazugeben.

Ernährungsinfo

Capsaicin: Polyphenol. Enthalten in Pfefferoni und Chili. Ist der schärfste Gewürzinhaltsstoff. Steigert in geringen Dosen die Magensaftsekretion und hat somit eine verdauungsfördernde Wirkung. Bei ständiger hoher Zufuhr kann es jedoch zu Reizungen der Magen-Darm-Schleimhaut kommen.

Nährwerte pro Portion

kcal:	313	Kohlenh.:	8,8 g
Eiweiß:	33,4 g	Ballastst.:	3,4 g
Fett:	15,6 g	Chol.:	82 mg

Besonders reich an

Omega-3-Fettsäuren
hochwertigem Eiweiß
Carotinoiden
Phenolsäuren

Eine Portion deckt z. B. von der empfohlenen Tageszufuhr

Vitamin B_{12}: > empf. Tageszufuhr
Niacin: > empf. Tageszufuhr
Vitamin D: > empf. Tageszufuhr
Vitamin B_6: 63 % Eisen: 27 %

Gerald Jeitler

Huchenfilet in Dampf gegart mit Gemüsestreifen und Kräutern

Zutaten

für 2 Personen

2 EL Olivenöl
2 EL Wasser
2 EL Essig
Salz
1 EL gehackte Kräuter (Petersilie, Estragon, Kerbel, Schnittlauch)

In einer Schüssel mit dem Schneebesen Olivenöl, Wasser, Essig und Salz gut durchschlagen, bis das Dressing dickflüssig ist. Anschließend die fein gehackten Kräuter beigeben.

20 g Lauch
20 g Karotten
20 g Staudensellerie
Salz

Das Gemüse in feine Streifen schneiden (Julienne), getrennt knackig kochen und salzen.

2 Huchenfilets (à 120 g)
Salz

Die Huchenfilets leicht salzen und über Dampf auf einem Gitter 10 Minuten garen.

Die Filets auf vorgewärmten Teller anrichten. Die Gemüsestreifen noch einmal kurz erhitzen und mit dem Kräuterdressing mischen. Das Gemüse über den Fisch streuen.

Zubereitungstipps

- → Die Huchenfilets können auch im Dampfgarer (ca. 8 Minuten) zubereitet werden.
- → Statt Huchen können auch Karpfen verwendet werden.

Ernährungsinfo

Huchen: Süßwasserfisch, auch Donaulachs genannt. Huchen gehören zu den Lachsfischen. Lebensraum sind bevorzugt kalte Fließgewässer. Huchen liefern wie andere Lachsfische auch hochwertiges Eiweiß, Vitamin D, Vitamine des B-Komplexes, Jod und sind reich an Omega-3-Fettsäuren.

Nährwerte pro Portion

kcal:	253	Kohlenh.:	1,1 g
Eiweiß:	29,2 g	Ballastst.:	1,0 g
Fett:	14,5 g	Chol.:	83 mg

Besonders reich an

hochwertigem Eiweiß
Omega-3-Fettsäuren

Eine Portion deckt z. B. von der empfohlenen Tageszufuhr

Vitamin D: > empf. Tageszufuhr
Vitamin B_{12}: > empf. Tageszufuhr
Pantothensäure: 31 %
Niacin: 57 % Vitamin B_6: 20 %

Johann Pabst

Zutaten

für 2 Personen

240 g Zanderfilet ohne Haut
Saft von einer 1/4 Limette
Salz, Pfeffer aus der Mühle
2 Kartoffeln (à 50 g)
1 Eidotter (Eigelb)
Salz, Pfeffer, Majoran
1 Msp. Knoblauch
Erdnussöl zum Anbraten

Soße:

6 EL weiße Fischgrundsoße
1 TL konservierter Kren aus der Tube oder aus dem Glas

Roter Rübenlack:

2 EL Roter Rübensaft
1 1/2 EL Zucker
1 EL Rotweinessig
evtl. Stärkemehl zum Binden

100 g Saisongemüse

Nährwerte pro Portion

kcal:	325	Kohlenh.:	22,2 g
Eiweiß:	34,9 g	Ballastst.:	3,3 g
Fett:	10,1 g	Chol.:	235 mg

Besonders reich an

hochwertigem Eiweiß
Omega-3-Fettsäuren
Flavonoiden, Phenolsäuren
Glucosinolate

Eine Portion deckt z. B. von der empfohlenen Tageszufuhr

Vitamin B_{12}:	86 %	Niacin:	66 %
Kalium:	40 %	Vitamin B_6:	36 %
Vitamin A:	30 %	Kupfer:	28 %
Vitamin B_1:	28 %	Vitamin C:	28 %

Knuspriges Zanderfilet in der Erdäpfelkruste auf Krenschaumsoße und rotem Rübenlack

Die Zanderfilets trockentupfen, halbieren und mit Limettensaft beträufeln. Mit Salz und Pfeffer würzen.

Kartoffeln mit einer Krenschabe reiben, gut ausdrücken und mit dem Eidotter, Salz, Pfeffer, Majoran und Knoblauch vermengen.

In eine beschichtete Pfanne etwas Erdnussöl geben, die Zanderfilets in der geraspelten Erdäpfelmasse einhüllen, auf einer Seite vorsichtig anbraten, umdrehen und kurz in ein vorgeheiztes Backrohr (180 °C) geben. Den Fisch nur so lange backen, dass er innen noch glasig ist.

Soße: In die Fischgrundsoße mit einem Stabmixer den Kren einmixen.

Roter Rübenlack: Roten Rübensaft, Zucker und Essig zusammenrühren, um 1/3 reduzieren und eventuell mit Stärkemehl eine leichte Bindung herstellen.

Die Soße auf die Mitte des Tellers geben, den roten Rübenlack mit einem Löffel rundherum ziehen und den gegarten Fisch darauf setzen. Mit etwas gegartem Gemüse dekorativ vollenden.

Zubereitungstipp

→ Für die Krensoße wird konservierter Kren verwendet, da dieser im Gegensatz zu frisch gerissenem nicht grau wird.

Ernährungsinfo

Glucosinolate: Pflanzenschutzstoff. Hauptvorkommen bei den Kreuzblütlern. Tragen zum typischen Geschmack von Senf, Kren, Kresse, Kohlrabi und allen Kohlarten bei. Schützen vor Krebserkrankungen, hemmen das Wachstum von Bakterien, Viren und Pilzen und beugen Infektionen (z. B. Harnwegsinfekten) vor. Durch das Erhitzen verringert sich der Gehalt um bis zu 60 %.

Gerald Zeitler

Zutaten

für 2 Personen

Steinpilze:

200 g Steinpilze
10 ml Tomatenfond
10 ml Walnussöl
100 ml Zitronenessig
Salz
1 Knoblauchzehe
1 Schalotte
Thymian, Rosmarin, Koriander
3 Pfefferkörner
5 Senfkörner
1 Eidotter (Eigelb)

Püree:

200 g Chicorée
10 ml Olivenöl
Salz, Knoblauch

2 Forellenfilets (à 100 g)
Salz

Nährwerte pro Portion

kcal:	279	Kohlenh.:	2,6 g
Eiweiß:	26,5 g	Ballastst.:	7,5 g
Fett:	17,3 g	Chol.:	176 mg

Besonders reich an

Omega-3-Fettsäuren
hochwertigem Eiweiß
Carotinoiden
Phenolsäuren
Bitterstoff Intybin

Eine Portion deckt z. B. von der empfohlenen Tageszufuhr

Vitamin D: > empf. Tageszufuhr
Vitamin B_{12}: > empf. Tageszufuhr
unlösliche Ballaststoffe: 40 %
Biotin: 55 % Kalium: 44 %

Forellenfilet mit Chicorée-Püree und eingelegten Steinpilzen

Steinpilze säubern, fein schneiden und mit den Zutaten vermengen, aufkochen lassen und Pilze ca. 10 Minuten garen. Abseihen und Fond beiseite stellen.

Chicoréepüree: Chicorée 10 Minuten schmoren lassen, mixen und abschmecken.

Forellenfilets würzen und im Rohr bei ca. 70 °C 10 Minuten garen.

Für den Sabayon Eidotter mit Steinpilzfond über Dunst aufschlagen.

Forellen mit Steinpilzen, Püree und Sabayon anrichten.

Ernährungsinfo

Forelle: mittelfetter Fisch, Süßwasser- bzw. Wanderfisch. Familie der Lachsfische. Lachsforellen sind in Lebensweise und Geschmack dem Lachs sehr ähnlich. Bach-, See- und Regenbogenforellen leben im Süßwasser. Forellen werden frisch und geräuchert angeboten. Forellen sind weniger fett als Lachse. Sie haben helles Fleisch, das reich an hochwertigem Eiweiß und Omega-3-Fettsäuren ist.

Gerald Zeitler

Gedämpfte Forellen auf Fenchelgemüse

Zutaten

für 2 Personen

- 2 Forellen
- Salz, Pfeffer aus der Mühle
- 2 Thymianzweige
- 1 Fenchelknolle
- 20 g Karotten
- 20 g Jungzwiebeln
- Salz, Pfeffer
- Ingwerpulver
- 10 g braune Butter

Forellen putzen, außen und innen würzen und mit Thymian spicken.

Das Gemüse fein schneiden und auf einem Dämpfeinsatz verteilen.

Mit Salz, Pfeffer und Ingwer würzen und die Forellen darauf legen.

Dämpfzeit beträgt ca. 12 Minuten. Mit dem Gemüse anrichten und mit brauner Butter beträufeln.

Ernährungsinfo

Fenchel (Gemüsefenchel): Doldenblütler. Charakteristisch ist der typische Anisgeschmack, der durch ein ätherisches Öl (Anethol) entsteht. Er enthält reichlich Vitamine (Folsäure, Vitamin C, K und E, Betakarotin) und Mineralstoffe (Kalium, Kalzium, Magnesium, Eisen, Mangan) und ätherische Öle (z. B. Fenchon, Menthol-Öl, Anethol).

Nährwerte pro Portion

kcal:	223	Kohlenh.:	4,9 g
Eiweiß:	32,0 g	Ballastst.:	7,3 g
Fett:	8,2 g	Chol.:	92 mg

Besonders reich an

Omega-3-Fettsäuren
hochwertigem Eiweiß
Monoterpenen
Carotinoiden
Phenolsäuren

Eine Portion deckt z. B. von der empfohlenen Tageszufuhr

Vitamin D: > empf. Tageszufuhr
Vitamin B_{12}: > empf. Tageszufuhr

Vitamin C:	75 %	Eisen:	47 %
Kalium:	44 %	Folsäure:	24 %

Gerald Zeitler

Zutaten

für 2 Personen

Gröstl vom angeräucherten Wels

300 g Karfiol (Blumenkohl)
20 g flüssige Nussbutter
10 g Jogurt
20 ml alter Balsamicoessig
Meersalz, Pfeffer aus der Mühle
3 Kartoffeln
1 EL Erdnussöl

240 g Flusswels, angeräuchert
Salz

Die Hälfte des Karfiols weich kochen und mit der Nussbutter, dem Jogurt und Balsamicoessig pürieren, würzen und warm stellen.

Restlichen Karfiol in Röschen teilen und bissfest kochen. Kartoffeln in Würfel schneiden und kochen. Karfiolröschen und Kartoffelwürfel in Erdnussöl durchbraten.

Welsfilet in Würfel schneiden, auf einen Teller legen, salzen, mit einer hitzebeständigen Folie einpacken und bei ca. 90 °C 10 Minuten dünsten lassen. Mit Karfiolpüree und Gröstl anrichten und mit Balsamico-Nussbutter-Emulsion beträufeln.

Zubereitungstipps

- Frischen Fisch kann man im Fischgeschäft räuchern oder auch nur anräuchern lassen.
- Ein älterer Balsamicoessig ist etwas dickflüssiger und nicht so sauer.

Ernährungsinfo

Wels: Fettfisch, Süßwasserfisch. Von dem bis zu drei Meter langen und 250 kg schweren größten europäischen Süßwasserspeisefisch werden nur Jungfische mit einem Gewicht von bis zu 3 kg verzehrt. Der Wels hat weißes, festes, fast grätenloses Fleisch. Es ist reich an hochwertigem Eiweiß und Fett und enthält Omega-3-Fettsäuren.

Nährwerte pro Portion

kcal:	435	Kohlenh.:	18,1 g
Eiweiß:	25,1 g	Ballastst.:	6,5 g
Fett:	28,8 g	Chol.:	218 mg

Besonders reich an

hochwertigem Eiweiß
Omega-3-Fettsäuren
Glucosinolaten
Flavonoiden
Phenolsäuren

Eine Portion deckt z. B. von der empfohlenen Tageszufuhr

Vitamin B_{12}:	80 %	Vitamin C:	68 %
Kalium:	53 %	Niacin:	51 %
Vitamin B_6:	43 %	Vitamin D:	27 %
Magnesium:	24 %	Folsäure:	20 %

Gerald Zeitler

Zutaten

für 2 Personen

2 Bachforellenfilets (à 120 g)
Salz, Pfeffer
10 Kirschtomaten, enthäutet und entkernt
1/2 Schalotte, 20 ml Weißwein
1 Estragonzweig

120 g Waldpilze (Steinpilze, Eierschwammerln, Trompetenpilze)
1/2 Schalotte
1/2 Knoblauchzehe
1 Thymianzweig, 1 EL Olivenöl
10 Blatt glatte Petersilie
1 Tomate, Salz, Pfeffer

Pilzfond:
100 g Stangensellerie
50 g Lauch, 1/2 Schalotte
1 Karotte, 1 EL Olivenöl
200 g frische Waldpilze
2 g getrocknete Steinpilze
1/2 Knoblauchzehe
1 Petersilienstängel
1 Estragonzweig
20 getrocknete Korianderkörner
1/2 Lorbeerblatt
1/8 l Weißwein, 20 ml Sherry
Salz, Pfeffer
1/4 l Geflügelfond
1 EL Olivenöl zum Aromatisieren

Nährwerte pro Portion

kcal:	512	Kohlenh.:	10,6 g
Eiweiß:	45,0 g	Ballastst.:	9,6 g
Fett:	21,5 g	Chol.:	113 mg

Besonders reich an

Omega-3-Fettsäuren, Lycopin hochwertigem Eiweiß, Monoterpenen

Eine Portion deckt z. B. von der empfohlenen Tageszufuhr

Pantothensäure: 99 %

Kupfer:	100 %	Kalium:	92 %
Vitamin B_2:	73 %	Eisen:	59 %
Jod:	29 %	Folsäure:	24 %

Bachforellenfilet mit Waldpilzen

Fischfilets würzen und mit einer Reihe Tomatenvierteln belegen. Eine feuerfeste Form mit fein gehackter Schalotte ausstreuen und die Filets hineinlegen. Mit Weißwein angießen und den Estragonzweig zufügen. Mit Alufolie abdecken und bei 220 °C im Backrohr ca. 20 Minuten garen.

Geputzte und geschnittene Pilze mit der gehackten Schalotte und den Gewürzen in Olivenöl andünsten. Thymian und Knoblauch entfernen. Enthäutete, entkernte und gewürfelte Tomate und feinnudelig geschnittene Petersilie zugeben und mit Salz und Pfeffer abschmecken.

Pilzfond: Gemüse fein schneiden, in Olivenöl anschwitzen, Pilze, Steinpilze und Kräuter dazugeben und mit Weißwein und Sherry ablöschen, würzen. Mit dem Geflügelfond auffüllen, aufkochen, ca. 20 Minuten ziehen lassen und danach passieren. Vor dem Anrichten mit Olivenöl aromatisieren und mit dem Schneebesen leicht aufschlagen.

Den Fisch auf Pilzen anrichten, mit dem Pilzfond nappieren und eventuell mit frittierter Petersilie anrichten.

Ernährungsinfo

Pantothensäure: Wasserlösliches Vitamin. Beteiligt am Stoffwechsel der Hauptnährstoffe. Wird aber auch u. a. für die Herstellung von Gallensäuren und Fettsäuren benötigt und ist an verschiedenen Entgiftungsreaktionen beteiligt. Es hat für Haut und Haare besondere Bedeutung und wird deshalb als »Hautvitamin« bezeichnet. Wird therapeutisch auch gegen Hautkrankheiten und psychische Störungen eingesetzt.

Gerald Zeitler

Marinierte Forellen in der Folie

Forellen ausnehmen und waschen.

Alle Zutaten zu einer Marinade verrühren, die Forellen darin einlegen und abgedeckt einen Tag im Kühlschrank ziehen lassen.

Die Forellen einzeln jeweils mit einigen Zutaten aus der Marinade in Alufolie einwickeln und ca. 10 – 12 Minuten im Backofen bei 180 °C garen.

Zwischendurch wenden.

Zutaten

für 2 Personen

2 fangfrische Forellen (à 250 g)

Marinade:
20 g Petersilie, gehackt
Pfefferkörner
5 g Zucker
20 g Salz
1 EL Olivenöl
2 EL Gemüsefond
1/2 Fenchelknolle,
in Streifen geschnitten
Filet von 1 Limette
1 Sternanis
10 g gehackter Ingwer

Serviertipp

→ Mit Ofenkartoffeln servieren.

Ernährungsinfo

Natrium (Na): Mineralstoff. Bestandteil von Salz (= NaCl). 1 g Kochsalz enthält 0,4 g Natrium. Wesentlich für den osmotischen Druck. Regelt den Wasserhaushalt. Große Mengen vergrößern das Blutvolumen, können den Blutdruck steigern und Ödeme verursachen. Ein Mangel führt zu Schwäche, Absinken des Blutdrucks und zu Muskelkrämpfen, verursacht durch anhaltende Durchfälle oder bei starker Schweißabgabe.

Nährwerte pro Portion

kcal:	261	Kohlenh.:	7,0 g
Eiweiß:	30,7 g	Ballastst.:	4,6 g
Fett:	11,0 g	Chol.:	80 mg

Besonders reich an

Omega-3-Fettsäuren
hochwertigem Eiweiß
Carotinoiden
Monoterpenen
Phenolsäuren

Eine Portion deckt z. B. von der empfohlenen Tageszufuhr

Vitamin D: > empf. Tageszufuhr
Vitamin B_{12}: > empf. Tageszufuhr

Vitamin C:	82 %	Eisen:	30 %
Kupfer:	30 %	Folsäure:	17 %

Johann Pabst

Tunfischrolle mit Sesamnudeln und Garnelen

Zutaten

für 4 Personen

4 Tunfischfilets (à 80 g)
2 Bund Jungzwiebeln
3 Shii-Take-Pilze
8 Garnelen oder Shrimps
Salz, Pfeffer aus der Mühle

Marinade:
2 Knoblauchzehen
Ingwer
Sojasoße
2 EL Ahornsirup
Sesamöl zum Anbraten

100 g chinesische Eiernudeln
schwarzer und weißer Sesam
200 g Saisongemüse
4 EL weiße Fischgrundsoße
2 Basilikumblätter

Tunfischfilets auf eine Größe von 8 x 12 cm (ca. 8 mm dick) zuschneiden, die geschnittenen, gebratenen und gewürzten Jungzwiebeln, Pilze und Garnelen darauf legen und einrollen.

Marinade: Knoblauch und Ingwer schälen, beides klein hacken oder reiben. Sojasoße, Ahornsirup und ein wenig Wasser dazugießen und die Rouladen drei Stunden lang darin marinieren. In einer Pfanne Öl erhitzen, Fisch anbraten.

Eiernudeln in Wasser kochen, abseihen, mit Sesam kurz anschwitzen.

Nudeln mit der Roulade und dem Saisongemüse gefällig auf einem Teller anrichten. Mit je 1 Esslöffel weißer Fischgrundsoße und etwas Basilikum nappieren.

Zubereitungstipp

→ Um den Cholesteringehalt dieses Gerichts zu reduzieren, kann man die Menge an Garnelen verringern.

Ernährungsinfo

Shii-Take-Pilz: Speisepilz. Wächst nicht nur wild, sondern wird in großem Rahmen gezüchtet. Shii-Take-Pilze werden vor allem in der asiatischen Küche häufig verwendet. Sie sind reich an hochwertigem Eiweiß, liefern die Vitamine B_1 und B_2 sowie Kalium und Zink. Wie alle Pilze enthalten sie auch das unverdauliche Chitin.

Nährwerte pro Portion

kcal:	447	Kohlenh.:	28,4 g
Eiweiß:	39,5 g	Ballastst.:	5,6 g
Fett:	19,5 g	Chol.:	189 mg

Besonders reich an

Omega-3-Fettsäuren
hochwertigem Eiweiß
Sulfiden
Phenolsäuren
komplexen Kohlenhydraten

Eine Portion deckt z. B. von der empfohlenen Tageszufuhr

Vitamin B_{12}: > empf. Tageszufuhr
Vitamin D: > empf. Tageszufuhr

Niacin:	100 %	Jod:	64 %
Zink:	43 %	Kupfer:	39 %

Salat vom rohen Fenchel mit gegrilltem Seezungenfilet

Fenchelknolle waschen, halbieren, den Strunk entfernen und das Fenchelgrün aufheben.

Fenchel feinnudelig schneiden. Tomate schälen, entkernen und würfelig schneiden. Mit den Fenchelstreifen, Zitronensaft, Walnussöl, Weißweinessig vermengen und mit Salz und Pfeffer abschmecken.

Ein Blech mit Sesamöl bestreichen und die Fischfilets drauflegen, mit Koriander, Salz und Pfeffer würzen. Das Gemüse kleinwürfelig schneiden, mit Semmelbröseln mischen und die Seezungenfilets damit bestreichen. Mit etwas Öl beträufeln und ca. 4 Minuten im Backofen grillen bzw. bei 180 °C überbacken.

Fenchelsalat auf den Tellern verteilen, die Seezungenfilets darauf anrichten und mit Fenchelgrün verzieren.

Ernährungsinfo

Magnesium (Mg): Mineralstoff. Aktiviert eine Reihe von Enzymen des Energiestoffwechsels und ist wichtig für die Funktion der Nerven und Muskeln. Dient auch zur Vorbeugung von Herzinfarkt. Ein Mangel führt zu Krämpfen, Muskelzuckungen, Gewichtsabnahme und Herzrhythmusstörungen. Der Bedarf ist erhöht bei Stress, Durchfall, Abführmittelmissbrauch, chronischem Alkoholismus und bei Einnahme von speziellen Medikamenten (z. B. Pille).

Gerald Zeitler

Zutaten

für 2 Personen

Fenchelsalat:

1 Fenchelknolle
1 Tomate
Zitronensaft
1 EL Walnussöl
1 EL Weißweinessig
Salz, Pfeffer

1 EL Sesamöl
2 Seezungenfilets (à 120 g)
Koriander
Salz, Pfeffer aus der Mühle
1/2 Karotte
1/2 Zucchini
1 Stange Sellerie (50 g)
1 EL Semmelbrösel
Öl zum Beträufeln

Nährwerte pro Portion

kcal:	331	Kohlenh.:	16,5 g
Eiweiß:	27,8 g	Ballastst.:	10,4 g
Fett:	16,6 g	Chol.:	60 mg

Besonders reich an

hochwertigem Eiweiß
Omega-3-Fettsäuren
Carotinoiden
Monoterpenen
Phenolsäuren

Eine Portion deckt z. B. von der empfohlenen Tageszufuhr

Vitamin A u. C: > empf. Tageszufuhr

Vitamin E:	89 %	Kalium:	75 %
Eisen:	62 %	Magnesium:	51 %
Folsäure:	50 %	Vitamin B_1:	48 %

Johann Pabst

Zutaten

für 2 Personen

1 Knoblauchzehe
1/2 TL Zitronengras
1/2 TL Ingwer, 1 EL Olivenöl
1 TL Palmzucker, 1/2 Chili
1/4 TL Tamarindenpaste
8 Garnelen
(8/12; 1 kg mit Schalen)
je 20 g Soja- u Bambussprossen,
Karotten- und Zucchinistifte
1 Jungzwiebel, 1 Selleriestange
1 TL Curry
1/16 l Mitsukan (Reisessig)
150 ml Kokosmilch
50 ml kräftiger Gemüse- oder
Hühnerfond
Salz, 1/2 TL Honig
Stärkemehl
1/16 l Mirin (Reiswein)
thailändisches Basilikum
Koriandergrün

Reis:
1 TL Butter
Sternanis, Kreuzkümmel,
Pilzmehl, Limettenschale,
gespickte Zwiebel (Lorbeerblatt
mit Gewürznelken)
70 g Jasminreis

Nährwerte pro Portion

kcal:	429	Kohlenh.:	44,7 g
Eiweiß:	29,6 g	Ballastst.:	3,3 g
Fett:	11,2 g	Chol.:	187 mg

Besonders reich an

hochwertigem Eiweiß
Omega-3-Fettsäuren
komplexen Kohlenhydraten

Eine Portion deckt z. B. von der empfohlenen Tageszufuhr

Jod:	85 %	Niacin:	62 %
Kupfer:	57 %	Vitamin E:	42 %
Zink:	42 %	Kalium:	40 %
Vitamin B_{12}:	37 %	Eisen:	36 %

Garnelencurry im Jasminreisring

Knoblauch, Zitronengras und Ingwer hacken. Gemeinsam im Wok in Olivenöl anrösten und den Palmzucker sowie die Tamarindenpaste beigeben. Die entkernte und gehackte Chili sowie die ausgebrochenen entdarmten und geschnittenen Garnelen beigeben. Das geschnittene Gemüse und das Currypulver beigeben und ständig rühren. Mit Mitsukan ablöschen, mit Kokosmilch und Gemüsefond aufgießen. Mit Salz würzen und mit einer Mischung aus Honig, Stärkemehl und Mirin das Curry leicht binden. Geschnittenes thailändisches Basilikum und Koriandergrün beigeben.

Reis: Die Butter zergehen lassen und die Gewürze darin anschwenken. Den Reis beigeben und ebenfalls kurz anglasieren. Mit der doppelten Menge an Wasser aufgießen und dünsten. Das Garnelencurry in dem zu einem Ring geformten Jasmin-Duftreis anrichten.

Zubereitungstipp

→ Statt Garnelen eignen sich auch Saibling oder Steinbutt hervorragend für die Zubereitung dieses Gerichts, dadurch kann der Cholesteringehalt erheblich gesenkt werden.

Serviertipp

→ Das Garnelencurry kann auch wie auf dem Foto in der Kokosnuss, mit Schlangenbohnen angerichtet und der Reis separat dazu serviert werden.

Ernährungsinfo

Garnelen: Krustentiere. Auch Krevetten oder entsprechend ihrer Größe Shrimps (klein), Prawn, King Prawn (groß) und Riesengarnele genannt. Garnelen haben ein festes, würziges Fleisch, das reich an Eiweiß und fettarm ist. Garnelen enthalten Omega-3-Fettsäuren, sind reich an Vitamin B_{12}, Eisen, Zink, Kupfer und Jod, enthalten aber auch große Mengen an Cholesterin.

Gerald Geißler

Riesengarnelensalat mit Spargel und Kräutern

Zutaten

für 2 Personen

je 1/4 Bund frische Kräuter:
Kerbel, Estragon, Schnittlauch
1 EL Sherryessig
1 EL Olivenöl
10 ml Weißwein
1 EL Noilly Prat
Salz, Pfeffer aus der Mühle

150 g Spargel, geschält
Salz
10 g Butter
Zitronensaft
2 Riesengarnelen (150 g)
1 EL Olivenöl

Alle Kräuter (ein paar zum Garnieren aufheben) fein hacken.

Die Kräuter mit dem Essig, Olivenöl, Weißwein, Noilly Prat, Salz und Pfeffer zu einer Vinaigrette vermischen.

Den Spargel mit Salz, Butter und Zitronensaft bissfest kochen, je nach Stärke bis zu 8 Minuten.

Die Garnelen bei mittlerer Hitze kurz anbraten.

Den lauwarmen Spargel auf einen Teller legen. Die Garnelen in der Kräutervinaigrette durchziehen und auf dem Spargel und den Kräutern anrichten. Mit der restlichen Marinade nappieren.

Zubereitungstipp

→ Garnellen nur kurz garen, sonst werden sie zäh.

Ernährungsinfo

Spargel: Liliengewächs. Die Haupterntezeit ist Mitte April bis Ende Juni. Weißspargel wächst in der Erde und muss vor der Einwirkung von Sonnenlicht geschützt werden, da dieses die Chlorophyllbildung und somit eine Violett- und anschließende Grünfärbung bewirkt. Enthält Vitamin K, Kalium, Magnesium, Eisen, Kupfer und Mangan. Der Gehalt an Vitaminen ist beim grünen Spargel höher.

Nährwerte pro Portion

kcal:	250	Kohlenh.:	4,4 g
Eiweiß:	16,9 g	Ballastst.:	1,4 g
Fett:	16,6 g	Chol.:	126 mg

Besonders reich an

hochwertigem Eiweiß
Omega-3-Fettsäuren
Sulfiden
Saponinen
Phenolsäuren

Eine Portion deckt z. B. von der empfohlenen Tageszufuhr

Jod:	54 %	Vitamin E:	47 %
Niacin:	35 %	Kupfer:	27 %
Zink:	24 %	Vitamin B_{12}:	23 %
Eisen:	16 %		

Johann Pabst

Garnelenrisotto mit Gemüse

Zutaten

für 2 Personen

1 TL Ingwer-Zitronengras-Knoblauch-Gemisch
1 EL Olivenöl
4 Garnelen der Größe 8/12 oder 2 Riesengarnelen (U5, à 120 g mit Schale)
je 15 g Zucchini, Karotten, Gelbe Rüben, Stangensellerie, Fenchel
20 ml trockener Weißwein
20 ml Wermut
Gemüsefond oder Rindsuppe zum Angießen
Salz, Pfeffer aus der Mühle
100 g Rundkornreis (Violone)
1/16 l Obers (Sahne)
1 EL Parmesan, gerieben
gehackte Kräuter (Dill, Basilikum, Petersilie)

Das gehackte Ingwer-Zitronengras-Knoblauch-Gemisch in Olivenöl kurz anbraten. Danach die Garnelen beigeben und ebenfalls kurz mitbraten. Anschließend das geschnittene und blanchierte Gemüse dazugeben und mit Weißwein und Wermut ablöschen. Mit Gemüsefond oder Rindsuppe etwas angießen und würzen. Den vorgekochten Reis und das Obers beigeben sowie mit Parmesan und den gehackten Kräutern vollenden.

Zubereitungstipp

→ Statt mit Obers kann der Risotto auch mit Milch verfeinert werden.

Ernährungsinfo

Rundkornreis: Dritte Gruppe an Reissorten neben Lang- und Mittelkornreis. Wird beim Kochen weich und klebrig und ist besonders gut für Risotto und Süßspeisen (z. B. Milchreis) geeignet. Er ist reich an komplexen Kohlenhydraten, ungeschälter Rundkornreis enthält auch hochwertiges Eiweiß, Ballaststoffe, B-Vitamine, Magnesium und Mangan.

Nährwerte pro Portion

kcal:	338	Kohlenh.:	16,5 g
Eiweiß:	17,5 g	Ballastst.:	1,7 g
Fett:	20,8 g	Chol.:	135 mg

Besonders reich an

hochwertigem Eiweiß
Omega-3-Fettsäuren
komplexen Kohlenhydraten

Eine Portion deckt z. B. von der empfohlenen Tageszufuhr

Vitamin A:	53 %	Jod:	46 %
Niacin:	34 %	Vitamin E:	32 %
Vitamin B_{12}:	27 %	Vitamin D:	25 %
Zink:	25 %	Kupfer:	22 %

Gerald Zeitler

Zutaten

für 2 Personen

Fond:

30 g Schalotten
1 Knoblauchzehe
1 EL Olivenöl
150 ml Kalbsfond
100 g Kartoffeln
30 g grüne Oliven
1 TL Thymian
Salz, Pfeffer

2 Wolfsbarschfilets (à 120 g)
Salz, Pfeffer
Olivenöl zum Braten

Wolfsbarschfilet auf Oliven-Kartoffel-Ragout

Für den Fond gehackte Schalotten und Knoblauch in etwas Olivenöl anschwitzen, mit Kalbsfond aufgießen und gekochte, gewürfelte Kartoffeln beigeben.

Bissfest schmoren, Oliven halbieren, entkernen und gemeinsam mit dem Thymian beifügen und mit Salz und Pfeffer würzen.

Die Filets enthäuten, würzen und bei schwacher Hitze in Olivenöl beidseitig glasig braten und auf dem Oliven-Kartoffel-Ragout anrichten.

Nährwerte pro Portion

kcal:	270	Kohlenh.:	9,1 g
Eiweiß:	25,0 g	Ballastst.:	1,9 g
Fett:	14,6 g	Chol.:	91 mg

Besonders reich an

hochwertigem Eiweiß
Omega-3-Fettsäuren
einfach ungesättigten Fettsäuren

Eine Portion deckt z. B. von der empfohlenen Tageszufuhr

Vitamin B_{12}:	51 %	Niacin:	48 %
Kalium:	33 %	Vitamin B_6:	31 %
Vitamin E:	27 %	Zink:	24 %
Eisen:	20 %		

Ernährungsinfo

Wolfsbarsch: Seefisch. Familie der Zackenbarsche. Der Wolfsbarsch ist ein weit verbreiteter Raubfisch. Er liefert hochwertiges Eiweiß, Omega-3-Fettsäuren und enthält wie alle Meeresfische reichlich Jod.

Gerald Jeitler

Oktopusgröstl mit Apfel-Balsamico

Wasser mit Gewürzen aufkochen und ca. 1/2 Stunde ziehen lassen. Danach Oktopus beigeben und kochen, bis er weich ist (ca. 60 Minuten).

Kartoffeln kochen, schälen und in Scheiben schneiden, Karfiolröschen kochen. Junglauch in Scheiben schneiden und mit den Kartoffelscheiben und Karfiolröschen in Olivenöl anrösten, würzen.

Gekochten Oktopus in Scheiben schneiden, mit dem Erdäpfelgröstl durchrühren und nochmals durchrösten.

Gefällig auf Tellern anrichten, mit dem Apfel-Balsamico und der zerlassenen Nussbutter beträufeln.

Zubereitungstipp

→ Statt Oktopus kann man auch Calamari (eventuell tiefgekühlt) verwenden.

Ernährungsinfo

Oktopus (Krake): Meerestier. Kopffüßer mit acht Armen und einer Gesamtlänge bis 3 m. Eng mit dem Tintenfisch verwandt. Der Oktopus ist reich an hochwertigem Eiweiß, Niacin, Vitamin B_6, Selen und Jod.

Zutaten

für 2 Personen

1/2 l Wasser
1 Lorbeerblatt
2 Knoblauchzehen
Pfefferkörner
2 Gewürznelken
Korianderbeeren
Thymianzweig
Rosmarinzweig
100 g Oktopus
100 g Kipfler (Kartoffeln)
100 g Karfiolröschen (Blumenkohl-)
1 Junglauch
10 ml Olivenöl
Salz, Pfeffer aus der Mühle

1 EL Apfel-Balsamico
1 EL Nussbutter

Nährwerte pro Portion

kcal:	197	Kohlenh.:	12,6 g
Eiweiß:	12,4 g	Ballastst.:	3,7 g
Fett:	10,6 g	Chol.:	88 mg

Besonders reich an

hochwertigem Eiweiß
Omega-3-Fettsäuren
komplexen Kohlenhydraten
Glucosinolaten
Polyphenolen

Eine Portion deckt z. B. von der empfohlenen Tageszufuhr

Vitamin B_{12}:	83 %	Kupfer:	52 %
Vitamin C:	30 %	Eisen:	26 %
Niacin:	26 %	Vitamin B_6:	26 %
Kalium:	25 %		

Johann Pabst

Zutaten

für 2 Personen

Schwammerlrisotto mit gebratenen Garnelen

4 große Garnelen
(U5, à 120 g mit Schale)
Knoblauch, Salz, Pfeffer
Zitronensaft, 2 Stk. Zitronengras
1 TL Olivenöl

60 g Eierschwammerln
(Pfifferlinge),
kleinwürfelig geschnitten
1 Zwiebel, fein geschnitten
1 TL Olivenöl, Salz, Pfeffer
120 g Carnarolli oder Vialone
Risottoreis
10 ml Weißwein
ca. 220 – 240 ml Gemüsefond
oder Rinderbouillon
30 g Grana Padano
frischer Thymian

Kräuterpesto:
1 Knoblauchzehe
1 EL Pinienkerne
Kräuter (Dill, Basilikum,
Petersilie, Koriander)
2 EL Olivenöl

Die Garnelen mit der Schere aufschneiden, nach hinten vorsichtig die Schale wegziehen und den Darm herausschneiden. Mit Knoblauch, Salz, Pfeffer und Zitronensaft würzen, auf Zitronengras aufstecken und in Olivenöl vorsichtig braten.
Eierschwammerln und Zwiebel in Olivenöl anziehen lassen, die Pilze dazugeben, salzen und leicht pfeffern. Den Reis kurz mitdünsten, mit Weißwein ablöschen und einkochen lassen. Dann unter ständigem Rühren immer wieder etwas heißen Fond dazugeben, bis der Reis gar bzw. al dente ist (nach etwa 14 – 15 Minuten). Risotto vom Feuer nehmen, den geriebenen Parmesan und den abgerebelten Thymian unterziehen.
Kräuterpesto: Alle Zutaten im Mörser zu einer breiförmigen Masse zerstampfen und mit Olivenöl verrühren.
Risotto in die Mitte des Tellers geben, den gebratenen Zitronengrasspieß auf den Risotto geben und mit etwas Kräuterpesto überziehen.

Zubereitungstipps

- → Statt der Garnelen kann auch anderer Fisch verwendet werden.
- → Das Gericht kann aber auch vollkommen vegetarisch zubereitet werden.
- → Verfügt man über keinen Mörser, kann man das Kräuterpesto auch mit dem Stabmixer herstellen.
- → Man kann dieses Gericht auch ohne Kräuterpesto reichen, der Fettgehalt sinkt dadurch.

Ernährungsinfo

Jod (J): Mineralstoff, Spurenelement. Wichtig für den Aufbau der Schilddrüsenhormone. Ein Mangel führt zur Vergrößerung der Schilddrüse (= Kropf), in der Schwangerschaft zu schweren Entwicklungsstörungen des Kindes, aber auch zu Fehl- und Todgeburten. In Österreich ist eine Anreicherung des Speisesalzes mit Jod gesetzlich vorgeschrieben.

Nährwerte pro Portion

kcal:	622	Kohlenh.:	52 g
Eiweiß:	38,1 g	Ballastst.:	3,6 g
Fett:	28,4 g	Chol.:	202 mg

Besonders reich an

komplexen Kohlenhydraten
hochwertigem Eiweiß
Omega-3-Fettsäuren
Protease-Inhibitoren
Phenolsäuren

Eine Portion deckt z. B. von der empfohlenen Tageszufuhr

Jod:	88 %	Vitamin E:	63 %
Vitamin B_{12}:	63 %	Kupfer:	60 %
Zink:	57 %	Mangan:	49 %
Eisen:	48 %	Magnesium:	36 %

Gerald Zeidler

Zutaten

für 2 Personen

300 g frischer Spinat
1 Schalotte
1 Knoblauchzehe
1 EL Butter
Zitronensaft
Salz
frisches Basilikum

200 g ausgelöste Jakobsmuscheln
1 EL Olivenöl

1 EL Crème fraîche
Salz
Pfeffer aus der Mühle
Schnittlauch

Basilikum zum Garnieren

Jakobsmuscheln mit Basilikum-Spinat

Spinat blanchieren. Schalotte und Knoblauch fein hacken und in Butter anschwitzen. Diese Masse halbieren und eine Hälfte beiseite geben.

Zur einen Hälfte angeschwitzter Schalotten und Knoblauch den Spinat geben, mit Zitronensaft und Salz abschmecken und zum Schluss die feinnudelig geschnittenen Basilikumstreifen unterheben.

Jakobsmuscheln kurz beidseitig anbraten und warm stellen.

Zur anderen Hälfte angeschwitzter Schalotten und Knoblauch Crème fraîche geben, kurz aufkochen lassen und danach passieren. Mit Salz und Pfeffer abschmecken, Schnittlauch dazugeben.

Spinat auf vorgewärmten Teller anrichten, Jakobsmuscheln drauflegen und mit der Soße nappieren.

Mit ganzen Basilikumblättern garnieren.

Nährwerte pro Portion

kcal:	225	Kohlenh.:	7,7 g
Eiweiß:	14,4 g	Ballastst.:	4,1 g
Fett:	14,7 g	Chol.:	147 mg

Besonders reich an

hochwertigem Eiweiß
Omega-3-Fettsäuren
Carotinoiden
Phenolsäuren
Phytosterinen

Eine Portion deckt z. B. von der empfohlenen Tageszufuhr

Vitamin B_{12}: > empf. Tageszufuhr
Vitamin D: > empf. Tageszufuhr

Eisen:	87 %	Jod:	56 %
Zink:	43 %	Folsäure:	22 %

Ernährungsinfo

Crème fraîche: Milchprodukt. Aus dem fettreichen Milchanteil, der beim Entrahmen der Milch entsteht, wird durch Milchsäuregärung Crème fraîche hergestellt. Dieses hat einen höheren Fettgehalt als Schlagobers (je nach Herstellung 36 – 40 %). Es wird hauptsächlich zum Verfeinern von Suppen und Soßen verwendet. Es ist reich an Fett, Cholesterin, Vitamin A, D, B_2 und liefert – wie alle Milchprodukte, allerdings in geringerer Menge – Kalzium.

Gerald Zeitler

Überbackene Ofenkartoffeln mit Muscheln

Weißwein mit Wasser und Estragon aufkochen lassen, die Muscheln darin kochen und anschließend auslösen.

Die Kartoffel waschen, in Alufolie einpacken und bei 180 °C ca. 30 Minuten im Rohr backen.

Gratiniersoße: Butter, Olivenöl, Jogurt, Orangensaft und Knoblauch cremig rühren, Petersilie und Brösel beigeben, zu einer Rolle formen und kalt stellen.

Die gegarte Kartoffel schälen, halbieren und aushöhlen.

Mit Muscheln füllen, die Gratiniersoße darauf verteilen und bei Oberhitze überbacken, bis eine leichte Bräunung sichtbar wird.

Zutaten

für 2 Personen

20 ml Weißwein
30 ml Wasser
1 EL gehackter Estragon
400 g Muscheln in Schalen
1 große, mehlige Kartoffel (200 g)
Salz, Pfeffer aus der Mühle

Gratiniersoße:

1 EL Butter
2 EL Olivenöl
10 g Jogurt
1 EL Orangensaft
1 Knoblauchzehe, gepresst
2 EL gehackte Petersilie
60 g Weißbrotbrösel

Serviertipp

→ Mit Rucola und Friséesalat garnieren.

Ernährungsinfo

Muscheln: Meerestiere. Für den menschlichen Verzehr werden neben den schwarzen Miesmuscheln auch noch Venus-, Jakobs- und Herzmuscheln verwendet. Sie werden frisch wie auch als Konserven angeboten und sind häufig mit Schwermetallen verunreinigt. Muscheln liefern viel hochwertiges Eiweiß, kaum Fett und Kohlenhydrate, besonders viel Vitamin B_{12} sowie Eisen, Zink, Kupfer und Jod, aber auch Cholesterin.

Nährwerte pro Portion

kcal:	380	Kohlenh.:	41,5 g
Eiweiß:	13,7 g	Ballastst.:	4,2 g
Fett:	16,6 g	Chol.:	116 mg

Besonders reich an

hochwertigem Eiweiß
Omega-3-Fettsäuren
komplexen Kohlenhydraten
Phenolsäuren

Eine Portion deckt z. B. von der empfohlenen Tageszufuhr

Vitamin B_{12}: > empf. Tageszufuhr
Vitamin D: > empf. Tageszufuhr

Eisen:	44 %	Jod:	40 %
Zink:	35 %	Vitamin B_1:	24 %

HAUPTSPEISEN
GEFLÜGEL & KANINCHEN

Gerald Jeitler

Zutaten

für 2 Personen

1/16 l Buttermilch
Zitronensaft
1 EL frischer Estragon
2 Hühnerfilets, enthäutet (à 120 g)
8 g Butter
Salz
1 Tomate
1 Schalotte
Pfeffer aus der Mühle
1/16 l Jogurt

Hühnerbrust mit Estragon und Tomaten

Buttermilch, Zitronensaft und die Hälfte des Estragons vermischen und damit die enthäuteten Filets ca. 2 Stunden marinieren (auch über Nacht möglich). In einer Pfanne die Butter erhitzen und die Hühnerfilets darin beidseitig goldbraun anbraten, herausnehmen und warm stellen.

In dieser Pfanne die enthäutete, entkernte und kleinwürfelig geschnittene Tomate, gehackte Schalotte und Estragon bei mittlerer Hitze garen, bis die Flüssigkeit der Tomate verdampft ist. Das Jogurt unterrühren und unter ständigem Rühren ca. 1 Minute einkochen lassen, mit dem Stabmixer pürieren. Das Fleisch in Scheiben schneiden und auf vorgewärmten Tellern anrichten und mit der Soße überziehen.

Zubereitungstipp

→ Jogurt flockt beim Aufkochen aus. Wird die Soße oder auch Suppe dann mit dem Stabmixer püriert, bekommt man eine einwandfreie Konsistenz.

Ernährungsinfo

Huhn: Geflügel. Zum Verkauf werden am häufigsten männliche und weibliche Jungtiere im Alter von fünf bis sechs Wochen (vor der Geschlechtsreife) mit einem Gewicht von 750 bis 1.400 g, im Ganzen oder in Teilstücken angeboten. Hühnerfleisch liefert hochwertiges Eiweiß. Das Fleisch ist fettarm, der Großteil des Fettes befindet sich unter der Haut. Hühnerfleisch liefert B-Vitamine und Eisen.

Nährwerte pro Portion

kcal:	204	Kohlenh.:	4,6 g
Eiweiß:	31,8 g	Ballastst.:	0,5 g
Fett:	6,1 g	Chol.:	87 mg

Besonders reich an

hochwertigem Eiweiß
Lycopin

Eine Portion deckt z. B. von der empfohlenen Tageszufuhr

Niacin: > empf. Tageszufuhr

Vitamin B_6:	45 %	Biotin:	34 %
Kalium:	30 %	Zink:	29 %
Vitamin B_{12}:	28 %		

Gebratene Hühnerbrust mit Senf, Kümmel und Kerbel

Zutaten

für 2 Personen

- 2 Hühnerfilets ohne Haut (à 120 g)
- Salz, Pfeffer aus der Mühle
- 1 EL Dijonsenf
- 40 g Magerjogurt
- 1 TL Kümmel
- 3 EL Kerbel oder Petersilie
- 40 g Semmelbrösel
- 10 g Butter
- 2 Äpfel, entkernt und in Scheiben geschnitten
- 1 EL Kümmelschnaps
- 1/16 l Apfelsaft, naturtrüb
- 1 KL Zitronensaft
- Pfeffer
- 3 EL Magerjogurt

Fleisch salzen und pfeffern.

Senf, Jogurt, Kümmel und frisch gehackten Kerbel verrühren (etwas Kerbel für das Dekorieren aufheben), das Fleisch damit bestreichen, mit den Semmelbröseln panieren und ca. 1 Stunde kalt stellen.

5 g Butter erhitzen, Äpfel entkernen, in Scheiben schneiden und in der heißen Butter 4 – 5 Minuten garen lassen. Kümmelschnaps dazugeben und verdampfen lassen. Apfelsaft, Zitronensaft und Pfeffer dazugeben und ein paar Minuten köcheln lassen. Die Apfelscheiben aus der Pfanne heben und warm stellen. Jogurt in die Soße geben, aufkochen und eindicken lassen.

Die Hühnerbrustscheiben in der restlichen Butter beidseitig goldbraun braten. Auf vorgewärmten Tellern anrichten, die Apfelscheiben um das Fleisch legen, die Soße darüber gießen und den Kerbel darüber streuen.

Ernährungsinfo

Kerbel: Gewürzpflanze, Doldenblütler. Kerbel wird fast ausschließlich frisch verwendet, da er beim Trocknen seine Würzkraft fast zur Gänze verliert. Kerbel wird zum Würzen für Suppen, Eintöpfe, Soßen, Gemüse, Salat und Fischgerichte verwendet. Er erinnert geschmacklich an Petersilie, Anis und Fenchel, hat einen relativ niedrigen Gehalt an ätherischen Ölen und eine appetitanregende Wirkung.

Nährwerte pro Portion

kcal:	382	Kohlenh.:	35,4 g
Eiweiß:	33,8 g	Ballastst.:	4,0 g
Fett:	9,9 g	Chol.:	85 mg

Besonders reich an

hochwertigem Eiweiß
Pektin
Polyphenolen
Glucosinolaten
Isothiozyanaten

Eine Portion deckt z. B. von der empfohlenen Tageszufuhr

Niacin: > empf. Tageszufuhr

Vitamin B_6:	48 %	Kalium:	37 %
Biotin:	36 %	Zink:	34 %
Vitamin B_{12}:	27 %	Eisen:	23 %

Johann Pabst

Zutaten

für 2 Personen

Fülle:

8 Maroni

60 g entrindetes Toastbrot

1/4 Zwiebel

1/2 TL Butter

3 – 4 EL Milch

1 Ei

gehackte Petersilie

Salz, Pfeffer, Muskat

2 Hühnerbrüste (à 100 g)

1 TL Öl

1 TL Butter

2 cl Madeira

150 g Stangensellerie

Salz

50 g Moos- oder Preiselbeeren

1 TL Butter

20 g Zucker

Nährwerte pro Portion

kcal:	585	Kohlenh.:	38,6 g
Eiweiß:	35,3 g	Ballastst.:	5,5 g
Fett:	29,3 g	Chol.:	232 mg

Besonders reich an

hochwertigem Eiweiß
Polyphenolen
Carotinoiden
Monoterpenen

Eine Portion deckt z. B. von der empfohlenen Tageszufuhr

Niacin: > empf. Tageszufuhr
Pantothensäure: 36 %

Vitamin B_6:	46 %	Kalium:	40 %
Eisen:	37 %	Zink:	34 %

Gefüllte Hühnerbrust mit Kastanien und Stangensellerie

Maroni einschneiden, befeuchten, im Rohr bei 180 °C ca. 25 Minuten garen. Noch heiß schälen. Toastbrot würfelig schneiden, Zwiebel in Butter glacieren, Milch und Ei verrühren, mit Zwiebel, Petersilie unter das Brot mischen, mit Salz, Pfeffer und Muskat würzen. Zwei Maroni klein schneiden, zur Semmelfülle geben.

Hühnerbrüste der Länge nach einschneiden, Semmelmasse einfüllen, auf der Hautseite in Öl anbraten, wenden, im Rohr bei 180 °C 10 – 12 Minuten fertig braten. Restliche Maroni mit etwas Butter und Madeira anschwitzen. Sellerie schälen, schneiden, glacieren, etwas Wasser dazugeben, fertig dünsten, salzen. Moosbeeren in Butter und Zucker erhitzen.

Zubereitungstipps

- → Bei Verwendung einer beschichteten Pfanne kann man auf die Butter verzichten.
- → Der Fettgehalt dieses Gerichts lässt sich auch reduzieren, wenn man Hühnerbrüste ohne Haut verwendet.
- → Man kann für die Fülle auch Vollkorntoast verwenden.

Ernährungsinfo

Stangensellerie: Stängelgemüse, Doldengewächs. Auch Stauden- oder Bleichsellerie genannt. Stangensellerie wird als Gemüse oder Salat verzehrt. Er ist reich an Vitamin C, K, Kalium, Kalzium und Mangan und enthält sekundäre Pflanzeninhaltsstoffe aus der Gruppe der Carotinoide und Monoterpene. Letztere sind für den typischen Geschmack verantwortlich.

Gerald Geißler

Zutaten

für 2 Personen

1/4 l Hühnerbouillon
80 g frisches Basilikum
2 Hühnerfilets ohne Haut (à 120 g)
1 Knoblauchzehe
3 TL Magerjogurt
1 Fleischtomate

Hühnerbrust mit Basilikum-Tomaten-Soße

Bouillon und 20 g Basilikum zum Kochen bringen und 5 Minuten köcheln lassen. Hühnerfilets dazugeben und zugedeckt ca. 15 Minuten ziehen lassen.

Knoblauch zerdrücken und mit dem restlichen Basilikum und Wasser im Mixer pürieren. Danach in einem Sieb abtropfen lassen.

Jogurt, die Hälfte der enthäuteten, entkernten und in Würfel geschnittenen Tomaten und das Basilikumpüree in einer Schüssel verrühren.

Die Hühnerbrüste aus der Flüssigkeit nehmen, trockentupfen und in Scheiben schneiden.

Aufgefächert auf vorgewärmten Tellern anrichten und am Rand jeweils einen Löffel von der Basilikumpasta anrichten. Mit den restlichen Tomatenwürfeln bestreuen.

Nährwerte pro Portion

kcal:	169	Kohlenh.:	5,5 g
Eiweiß:	31,8 g	Ballastst.:	2,1 g
Fett:	1,9 g	Chol.:	72 mg

Besonders reich an

hochwertigem Eiweiß
Sulfiden
Flavonoiden
Lycopin
Terpenen

Eine Portion deckt z. B. von der empfohlenen Tageszufuhr

Niacin: > empf. Tageszufuhr

Vitamin B_6:	51 %	Kalium:	37 %
Biotin:	36 %	Eisen:	33 %
Zink:	33 %	Vitamin C:	29 %

Ernährungsinfo

Tomate: Paradeiser. Nachtschattengewächs (Solanaceaen). Sind kälteempfindlich und sollten bei Zimmertemperatur gelagert werden. Im Kühlschrank werden sie hart und verlieren an Aroma. Unreife, grüne Früchte enthalten Solanin, das in größeren Mengen giftig ist. Tomaten sind Vitamin-C-reich und enthalten große Mengen des roten Pflanzenfarbstoffes (Lycopin), das aus gekochten Produkten leichter für den Organismus aufnehmbar ist.

Johann Pabst

Gefüllte gebratene Maishendlbrust in Rosmarinsaft

Zutaten

für 2 Personen

50 g Steinpilze
1 Schalotte
10 g Pistazienkerne
1 TL Butter
70 g Briochewürfel, entrindet
1 Ei
Salz, Pfeffer aus der Mühle
Knoblauch

2 Maishendlbrüste à 120 g
1 frischer Rosmarinzweig
1/16 l Weißwein
1/16 l brauner Hühnerfond
evtl. Stärkemehl für die Bindung

Steinpilze mit Schalotte und Pistazienkernen in Butter anschwitzen und zu den Briochewürfeln geben. Mit dem Ei eine gleichmäßige Masse bereiten und mit Salz, Pfeffer und Knoblauch würzen.

In die Hendlbrüste mit einem kleinen Messer eine Tasche schneiden und mit dieser Masse füllen. Die Hendlbrust mit Rosmarinstängeln spicken, in der Pfanne anbraten und im Ofen bei 180 °C ca. 10 Minuten braten. Das Fleisch aus der Pfanne geben, mit Weißwein ablöschen und mit etwas braunem Hühnerfond aufgießen, gehackte Rosmarinnadeln beigeben, durchkochen lassen und eventuell mit Stärkemehl binden. Die Hühnerbrüste aufschneiden und die passierte Soße rundherum mit einem Löffel platzieren.

Serviertipp

→ Mit frischem Gemüse umlegen.

Ernährungsinfo

Rosmarin: Gewürzpflanze, Lippenblütler. Rosmarin wird frisch und getrocknet verwendet. Besonders gut passt Rosmarin zu dunklen Fleischsorten wie Rind und Lamm, aber auch Suppen und Gemüsegerichte können damit verfeinert werden. Rosmarin hat eine hohe Würzkraft. Er enthält ätherische Öle, die reich an Terpenen und Bitterstoffen sind. Rosmarin regt Appetit und Verdauung an.

Nährwerte pro Portion

kcal:	478	Kohlenh.:	19,0 g
Eiweiß:	39,7 g	Ballastst.:	3,3 g
Fett:	24,6 g	Chol.:	255 mg

Besonders reich an

hochwertigem Eiweiß

Eine Portion deckt z. B. von der empfohlenen Tageszufuhr

Niacin: > empf. Tageszufuhr
Pantothensäure: 37 %

Biotin:	63 %	Vitamin B_{12}:	49 %
Zink:	42 %	Kalium:	37 %

Gerald Zeitler

Grüner Spargelsalat mit Hühnerbrust

Zutaten

für 2 Personen

2 Hühnerbrüste (à 120 g), enthäutet und pariert
Salz, Pfeffer
1/16 l Hühnerfond

Vinaigrette:
20 ml Weißweinessig
40 ml Geflügelfond
10 ml Distelöl
1 Bund Petersilie, Salz, Pfeffer

Nussvinaigrette:
20 ml Weißweinessig
20 ml Apfelessig, 1 TL Honig
1 EL Portwein, weiß
100 ml Geflügelfond
10 ml Walnussöl
Salz, Pfeffer

70 g Blattsalat nach Angebot: Häuptelsalat, Frisée, Eichblatt, Radicchio, Vogerlsalat (Feld-),....

500 g grüner Spargel
Salz
1 EL Petersilie, gehackt

Die Hühnerbrüste würzen und mit etwas Geflügelfond in Vakuumbeuteln luftdicht einschweißen. Wasser aufkochen, Topf vom Herd nehmen, Beutel in das heiße Wasser legen und je nach Größe 8 – 10 Minuten ziehen lassen. Vor dem Anrichten die Hühnerbrüste in einer beschichteten Pfanne knusprig anbraten.

Die Zutaten für die beiden Salatmarinaden mischen und abschmecken.

Die Blattsalate putzen, waschen und trockenschleudern. Den grünen Spargel schälen, in Salzwasser je nach Stärke bis zu 8 Minuten bissfest kochen und in Eiswasser abschrecken, damit er die grüne Farbe behält.

Gekochten Spargel mit der Vinaigrette marinieren und mit der gehackten Petersilie bestreuen. Die Blattsalate mit der Nussvinaigrette marinieren und auf Tellern anrichten. Die grünen Spargelstangen fächerförmig dazulegen. Die Hühnerbrüste der Länge nach aufschneiden und auf dem Salat anrichten.

Zubereitungstipp

→ Die Hühnerbrüste können anstatt im Vakuumbeutel auch ca. 10 Minuten pochiert werden.

Ernährungsinfo

Grüner Spargel: Liliengewächs. Grüner Spargel wächst oberirdisch. Grüner Spargel schmeckt würziger als weißer, auch sein Gehalt an Vitaminen ist aufgrund der Sonneneinwirkung höher. Grüner Spargel enthält Vitamin C, Betakarotin, Vitamin K, Kalium, Magnesium, Eisen, Kupfer und Mangan sowie den Ballaststoff Inulin.

Nährwerte pro Portion

kcal:	344	Kohlenh.:	8,0 g
Eiweiß:	40,6 g	Ballastst.:	4,2 g
Fett:	15,2 g	Chol.:	98 mg

Besonders reich an

hochwertigem Eiweiß
mehrfach ungesättigten Fettsäuren
Sulfiden, Saponinen, Phenolsäuren

Eine Portion deckt z. B. von der empfohlenen Tageszufuhr

Niacin: > empf. Tageszufuhr

Kupfer:	100 %	Vitamin E:	71 %
Vitamin B_6:	55 %	Vitamin C:	43 %
Folsäure:	35 %	Eisen:	34 %

Johann Pabst

Indisches Tandoori-Huhn mit Basmatireis

Zutaten
für 2 Personen

1/2 Zwiebel
1 Knoblauchzehe
1/2 EL Olivenöl
1 EL Zitronensaft
1/2 TL Koriander
1/2 TL geriebener Ingwer
Salz, 120 ml Naturjogurt
280 g Hühnerfilet ohne Haut

Tandoori-Gewürzmischung:
1 EL Kreuzkümmel
1 EL Korianderpulver
1/2 TL Pfeffer
1 TL Gewürznelken
1 Msp. Kardamompulver
1 zerstoßenes Lorbeerblatt
1 Msp. Zimt
Chilipulver nach Geschmack

1/2 EL Olivenöl
1 EL Mango-Chutney

70 g gekochter Basmatireis

Nährwerte pro Portion

kcal:	368	Kohlenh.:	21,4 g
Eiweiß:	39,4 g	Ballastst.:	3,9 g
Fett:	13,3 g	Chol.:	91 mg

Besonders reich an

hochwertigem Eiweiß
komplexen Kohlenhydraten
Terpenen

Eine Portion deckt z. B. von der empfohlenen Tageszufuhr

Niacin: > empf. Tageszufuhr

Eisen:	62 %	Vitamin B_6:	53 %
Zink:	41 %	Biotin:	40 %
Kalium:	40 %	Vitamin B_{12}:	29 %

Gewürfelte Zwiebel und gehackten Knoblauch kurz anbraten. Zitronensaft und Gewürze zugeben, erwärmen – nicht kochen. Vom Herd nehmen und Jogurt unterrühren.

Gewürfeltes Hühnerfleisch in einer nichtmetallischen Schüssel mit der Tandoori-Gewürzmischung über Nacht marinieren. Hühnerfleisch aus der Marinade nehmen und in etwas Olivenöl scharf anbraten. Mit 2 EL Wasser aufgießen, das Mango-Chutney unterrühren.

Aus gedünstetem Basmati-Reis einen Ring herstellen und das gebratene Huhn darin anrichten.

Die Jogurtsoße extra dazu anrichten.

Ernährungsinfo

Basmati-Reis (Duftreis) wird überwiegend am Fuße des Himalayas angebaut. Sein Geschmack erinnert an Nüsse. Sehr aromatisch aufgrund seinen Duftes. Kurze Kochzeit.

Gerald Zeitler

Hühnerbrüstchen, in der Folie geschmort, mit Kräutern, Pilzen und Schneekartoffeln

Zutaten

für 2 Personen

2 Hühnerbrüstchen (à 120 g)
Kerbel
Koriander
Rosmarin
Thymian
Salz
Zitronenpfeffer
ca. 200 g Mischpilze (Shii-Take, Champignons, Austernpilze, ...)
1/4 l Hühnerfond
1/8 l Magerjogurt

4 Kartoffeln (mehlige)
Salz

Hühnerfilets würzen, mit Kräutern, Gewürzen, klein geschnittenen Pilzen, Fond und Jogurt in die Folie geben und fest verschließen. Ca. 15 Minuten bei 160 °C im Ofen garen, 5 Minuten nachziehen lassen.

Kartoffeln im Salzwasser kochen, abtropfen lassen und durch eine Presse drücken.

Soße von den Hühnerfilets abseihen und mit einem Stabmixer aufrühren. Mit dem Hühnerfilet und den Pilzen gefällig anrichten.

Nährwerte pro Portion

kcal:	348	Kohlenh.:	25,2 g
Eiweiß:	45,0 g	Ballastst.:	6,6 g
Fett:	6,6 g	Chol.:	104 mg

Besonders reich an

hochwertigem Eiweiß
Chitin
komplexen Kohlenhydraten

Eine Portion deckt z. B. von der empfohlenen Tageszufuhr

Niacin: > empf. Tageszufuhr
Pantothensäure: 62 %

Kalium:	81 %	Vitamin B_6:	75 %
Biotin:	69 %	Eisen:	40 %

Ernährungsinfo

Biotin: Wasserlösliches Vitamin. Besonders wichtig für die Haut (= »Hautfaktor«). Ein Mangel führt zu schuppigen Veränderung und Haarausfall. Es kann von Darmbakterien gebildet werden, wird aber so nur in geringen Mengen ausgenutzt. Mangelerscheinungen gibt es in unseren Breiten ganz selten.

Johann Pabst

Zutaten

für 2 Personen

2 EL Sonnenblumenöl
1 TL Curry-Paste
(aus dem Asia-Shop)
1/2 TL Kreuzkümmel
und Korianderkerne
160 g Hühnerbrust, in Streifen
geschnitten
60 ml Hühnerfond
1/8 l Kokosmilch
60 g Obers (Sahne)
30 g Auberginen
2 Zitronenblätter
frischer Koriander
1 1/2 TL Zucker, Salz
Stärkemehl zum Binden
thailändisches Basilikum

70 g gekochter Jasminreis

Grünes Hühnercurry im Jasminreisring

Öl im Wok erhitzen und die Curry-Paste mit dem gehackten Kreuzkümmel und den Korianderkernen hinzugeben und kurz anbraten. Die Hendlbruststreifen mitbraten und mit dem Hühnerfond, der Kokosmilch und dem Obers aufgießen.

Die Auberginen würfelig schneiden und gemeinsam mit den Gewürzen beigeben und ca. 5 Minuten leise köcheln lassen. Vor dem Anrichten eventuell mit Stärkemehl eine leichte Bindung herstellen und thailändisches Basilikum beigeben.

Im Jasminreisring anrichten.

Nährwerte pro Portion

kcal:	405	Kohlenh.:	21,7 g
Eiweiß:	24,0 g	Ballastst.:	1,9 g
Fett:	24,9 g	Chol.:	91 mg

Besonders reich an

hochwertigem Eiweiß
komplexen Kohlenhydraten
Terpenen

Eine Portion deckt z. B. von der empfohlenen Tageszufuhr

Niacin:	96 %	Vitamin E:	61 %
Kalium:	33 %	Vitamin B_6:	32 %
Eisen:	30 %	Kupfer:	29 %
Zink:	27 %	Mangan:	26 %

Ernährungsinfo

Jasminreis: Duftreis. Auch Siam-Reis genannt. Stammt hauptsächlich aus dem Norden Thailands. Der Name rührt von seinem aromatischen Geruch nach Jasmin beim Kochen her. Jasminreis ist ungeschält und geschält erhältlich. Er enthält komplexe Kohlenhydrate, ungeschälter Reis auch hochwertiges Eiweiß, viele Ballaststoffe, B-Vitamine, Magnesium und Mangan.

Gerald Zeitler

Geschmorte Hühnerkeulen mit Fenchel

Pfefferkörner und Knoblauch zerdrücken, zu einer Paste zerreiben und die Hühnerkeulen damit bestreichen. Anislikör zum Kochen bringen, die Keulen dazugeben und mit dem Likör überziehen. Schalottenringe und Fenchelsamen dazugeben, salzen und mit dem Geflügelfond aufgießen, so dass die Hühnerkeulen bedeckt sind. Aufkochen und ca. 15 Minuten leicht köcheln lassen, danach Selleriestreifen, Mangoldblätter, Lorbeerblatt, Fenchelstücke und Karotten in der Brühe bissfest mitgaren. Alles abseihen und die Hühnerkeulen mit dem Gemüse warm stellen.

Den Gemüsesaft auf ca. 2/3 einreduzieren, die Butter untermixen und mit Pfeffer würzen.

Hühnerkeulen und Gemüse auf Tellern anrichten und mit der Soße nappieren. Mit Fenchelgrün garnieren.

Zutaten

für 2 Personen

1 TL Pfefferkörner
1 Knoblauchzehe
2 Hühnerkeulen ohne Haut (à 150 g)
60 ml Anislikör
1 Schalotte, in feine Ringe geschnitten
1 TL Fenchelsamen
Salz
1/2 l Geflügelfond
1 Stangensellerie, in Streifen geschnitten
2 Mangoldblätter
1 Lorbeerblatt
1 Fenchelknolle, in Stücke geschnitten
150 g Karotten, in Streifen geschnitten
5 g Butter
Pfeffer aus der Mühle

Nährwerte pro Portion

kcal:	462	Kohlenh.:	18,9 g
Eiweiß:	57,9 g	Ballastst.:	11,8 g
Fett:	12,5 g	Chol.:	156 mg

Besonders reich an

hochwertigem Eiweiß
Carotinoiden
Monoterpenen
Phenolsäuren

Eine Portion deckt z. B. von der empfohlenen Tageszufuhr

Niacin: > empf. Tageszufuhr

Vitamin E:	98 %	Vitamin C:	87 %
Kalium:	77 %	Eisen:	79 %
Zink:	70 %	Folsäure:	29 %

Ernährungsinfo

Fenchel (Süßer Fenchel): Gewürzpflanze, Doldenblütler. Neben Gemüsefenchel kommt in der Küche auch Gewürzfenchel zum Einsatz. Er wird hauptsächlich zum Würzen von Brot und Gebäck, aber auch von Fleisch- und Fischgerichten verwendet. Er enthält ätherische Öle, die gegen Völlegefühl und Blähungen wirken und findet deshalb als Tee häufig Anwendung in der Ernährung von Kleinkindern.

Johann Pabst

Zutaten
für 2 Personen

70 g verschiedene Blattsalate
125 g weiße Zwiebeln
200 g grüne Ringlotten
Salz, Pfeffer
10 ml milder Balsamicoessig
10 ml Wasser
10 ml Olivenöl
6 Stk. Hühnerflügerln
(insgesamt 120 g)
Salz

Kürbiskernpanade:
1 EL geschrotete Kürbiskerne
3 EL Brösel

Bunter Blattsalat mit Ringlotten und Hühnerflügerln

Blattsalate putzen, zerteilen, waschen und abtropfen lassen. Zwiebeln schälen, vierteln und in dünne Streifen schneiden. Ringlotten entkernen und in Spalten schneiden. Ringlotten und Zwiebeln mit Salz, Pfeffer, Balsamicoessig, Wasser und Olivenöl vermengen und ziehen lassen.

Von den Hühnerflügerln die Spitzen wegschneiden. Flügerln im Gelenk durchbrechen, das Fleisch vom kleineren Knochen über den größeren ziehen, den kleinen Knochen entfernen. Flügerln salzen und in einer Kürbiskernpanade mit Mehl und Ei panieren. In Öl langsam backen.

Die Ringlotten in einem Strudelkörbchen anrichten, die Hühnerflügerln rundum verteilen und mit Blattsalaten servieren.

Serviertipp

→ Als Vorspeise kann es mit marinierten Blattsalaten auf einem Teller serviert werden.

Ernährungsinfo

Ringlotten (Reineclaude): Steinfrucht. Familie der Rosengewächse. Ringlotten sind eine Pflaumenart. Sie sind groß, rund und hellgelb bis hellgrün und enthalten viele Vitamine, Mineralstoffe (v. a. Kalium), Carotinoide und andere sekundäre Pflanzeninhaltsstoffe.

Nährwerte pro Portion

kcal:	452	Kohlenh.:	33,2 g
Eiweiß:	17,2 g	Ballastst.:	5,1 g
Fett:	27,6 g	Chol.:	80 mg

Besonders reich an

hochwertigem Eiweiß
Sulfiden
Carotinoiden
Flavonoiden
Phenolsäuren

Eine Portion deckt z. B. von der empfohlenen Tageszufuhr

unlösliche Ballaststoffe: 22 %

Vitamin E:	61 %	Niacin:	42 %
Kupfer:	32 %	Kalium:	31 %
Vitamin C:	24 %	Vitamin B_6:	24 %

Gerald Zeitler

Zutaten
für 2 Personen

Huhn im Römertopf mit Basilikum-Jogurt-Soße

1 kleines Huhn (800 g)
Salz
Pfeffer aus der Mühle

Soße:
150 g Magerjogurt
30 g frisches Basilikum, gehackt
2 Schalotten, gehackt
1 Knoblauchzehe
1 EL Olivenöl
1 EL Parmesan

Römertopf über Nacht in Wasser legen, damit er die Flüssigkeit aufnimmt.

Huhn waschen, trockentupfen, würzen, in den Römertopf geben und zugedeckt im Backrohr bei 160 °C ca. 35 Minuten garen lassen.

Jogurt, Basilikum, Schalotten, Knoblauch und Olivenöl mit der Hälfte des Parmesans im Mixer zu einer glatten Soße pürieren. In eine Sauciere geben und kühl stellen (nicht in den Kühlschrank).

Das gedämpfte Huhn abdecken, mit dem restlichen Käse bestreuen und ca. 8 – 10 Minuten abgedeckt goldbraun anbraten. Danach ca. 10 Minuten rasten lassen, in Portionsstücke teilen und mit der Soße getrennt reichen.

Serviertipp

→ Fett- und cholesterinärmer wird das Gericht, wenn man die Haut des Huhnes vor dem Servieren entfernt.

Ernährungsinfo

Probiotische Milchprodukte: Sauermilcherzeugnisse, v. a. Jogurts, die Mikroorganismen (meist Bifidobakterien und Lactobazillen) enthalten. Diese gelangen in den Darm, siedeln sich dort an und können die natürliche Darmflora bei der Abwehr von krankheitserregenden Keimen unterstützen und damit die Immunabwehr stärken.

Nährwerte pro Portion

kcal:	632	Kohlenh.:	4,9 g
Eiweiß:	59,8 g	Ballastst.:	0,7 g
Fett:	41,5 g	Chol.:	199 mg

Besonders reich an

hochwertigem Eiweiß
Terpenen

Eine Portion deckt z. B. von der empfohlenen Tageszufuhr

Pantothensäure: 41 %

Vitamin B_6:	65 %	Zink:	53 %
Kalium:	40 %	Eisen:	31 %
Kalzium:	29 %	Vitamin B_1:	21 %

Huhn mit Erdnüssen und Ingwersoße

Zutaten
für 2 Personen

Marinade:

1/16 l Weißwein
20 g frischer Ingwer
1 Knoblauchzehe
Salz
Pfeffer aus der Mühle
200 g Hühnerbrust, in Würfel geschnitten
1/8 l Geflügelfond
10 g Erdnussbutter
1 TL Tomatenmark
1 Schalotte, fein geschnitten
10 g Erdnüsse
1 EL Sonnenblumenöl

Marinade aus Wein, gehacktem Ingwer, Knoblauch, Salz und Pfeffer herstellen. Hühnerbrust für ca. 2 Stunden in die Marinade legen.

Geflügelfond mit Erdnussbutter und dem Tomatenmark vermischen, Schalotte dazugeben, kurz aufkochen lassen und beiseite stellen.

Die Hühnerwürfel abseihen und die Marinade zur Fondsoße geben, leicht köcheln und etwas einkochen lassen. Die Nüsse in einem Mörser zerdrücken. Die Fleischwürfel darin wenden, kurz im Sonnenblumenöl anbraten und etwas nachziehen lassen.

Das Fleisch auf vorgewärmten Tellern anrichten und die Soße darüber ziehen.

Ernährungsinfo

Hülsenfrüchte: Leguminosen. Reife, getrocknete Samen von Bohnen, Erbsen, Kicherbohnen, Linsen und Sojabohnen und die Erdnuss. Besonders eiweißreich, mit hoher biologischer Wertigkeit und mit Ausnahme der Sojabohne und Erdnuss auch fettarm. Enthalten auch große Mengen Ballaststoffe, viele Vitamine (K, C, E) und Mineralstoffe (Eisen, Kalzium, Phosphor, Magnesium, Mangan).

Nährwerte pro Portion

kcal:	281	Kohlenh.:	3,4 g
Eiweiß:	31,1 g	Ballastst.:	1,3 g
Fett:	13,4 g	Chol.:	75 mg

Besonders reich an

einfach ungesättigten Fettsäuren
hochwertigem Eiweiß
Terpenen

Eine Portion deckt z. B. von der empfohlenen Tageszufuhr

Niacin: > empf. Tageszufuhr

Vitamin B_6:	43 %	Biotin:	36 %
Zink:	34 %	Kalium:	30 %
Vitamin B_{12}:	28 %	Kupfer:	25 %

Johann Pabst

Mit Brioche und Äpfeln gefüllte Perlhuhnbrust in Apfelbrandsoße

Zutaten

für 2 Personen

2 Perlhuhnbrüste (à ca. 100g)
15 g Toastbrot, entrindet
30 g Brioche, entrindet
1 Ei
15 g Apfel, in Würfel geschnitten
10 g Butter
1 cl Apfelbrand
Salz, Muskat
Schweinsnetz
1 EL frischer Estragon
Salz
1 EL Sonnenblumenöl
10 g Schalotten, gehackt
1 cl Calvados (Apfelbrand)
1/8 l Hühnerfond
1/16 l Schlagobers (-sahne)
evtl. Stärkemehl zum Binden

Die ausgelösten Perlhuhnbrüste seitlich einschneiden, aufklappen und leicht plattieren.

Würfelig geschnittenes Toastbrot und Brioche mit dem Ei vermischen. Apfelwürfel in Butter leicht anlaufen lassen und mit Apfelbrand ablöschen. Das eingeweichte Brot mit den Apfelwürfeln und Gewürzen gut vermengen.

Das gut ausgewässerte Schweinsnetz ausbreiten, mit gehacktem Estragon bestreuen und salzen. Die Perlhuhnbrüste darauf legen, mit der Fülle bestreichen und zusammenrollen. In einer Pfanne kurz anbraten und im Rohr bei ca. 170 °C 12 – 15 Minuten braten.

Im Bratenrückstand die Schalotten kurz anziehen lassen, mit Calvados ablöschen und mit Hühnerfond aufgießen. Etwas einreduzieren lassen, Obers dazugeben und mit Stärkemehl binden.

Zubereitungstipp

→ Zur Verringerung der Fettmenge kann Schlagobers durch Milch ersetzt werden.

Ernährungsinfo

Brioche: Hefeteiggebäck. Auch Apostelkuchen genannt. Wird traditionell aus warmer Milch, meist Zucker, Hefe, Mehl, Butter, Eiern und Salz, z. T. auch Rosinen hergestellt. Brioche stammt ursprünglich aus Frankreich. Er ist sehr weich und hat eine zarte Krume.

Nährwerte pro Portion

kcal:	505	Kohlenh.:	12,9 g
Eiweiß:	30,6 g	Ballastst.:	1,0 g
Fett:	35,0 g	Chol.:	267 mg

Besonders reich an

hochwertigem Eiweiß

Eine Portion deckt z. B. von der empfohlenen Tageszufuhr

Niacin:	95 %	Vitamin B_{12}:	47 %
Vitamin B_6:	35 %	Kupfer:	30 %
Kalium:	29 %	Zink:	29 %
Vitamin D:	28 %	Eisen:	26 %

Gerald Zeitler

Zutaten

für 2 Personen

2 Perlhuhnbrüstchen (à 120 g)
8 grätenfreie Sardellenfilets (30 g)
16 Estragonblätter
Salz, Pfeffer, 1 EL Olivenöl
50 g Röstgemüse (Schalotten, Lauch, Sellerie, Karotten)
1 Thymianzweig
1 Knoblauchzehe
2 mittelgroße Stangen Lauch
10 g Butter

Senfkörner-Sud:

200 g Röstgemüse (Schalotten, Lauch, Sellerie, Karotten)
1 EL Olivenöl
Knochen der beiden Perlhühner
40 ml Noilly Prat
1 Lorbeerblatt, 1 Thymianzweig
1 Petersilienstängel
1 Knoblauchzehe, Pfeffer, Salz
1 TL grobkörniger Senf
10 ml Olivenöl
1 EL Champagner

Nährwerte pro Portion

kcal:	407	Kohlenh.:	9,9 g
Eiweiß:	36,4 g	Ballastst.:	5,8 g
Fett:	22,4 g	Chol.:	86 mg

Besonders reich an

hochwertigem Eiweiß
Carotinoiden, Sulfiden
Phenolsäuren, Flavonoiden

Eine Portion deckt z. B. von der empfohlenen Tageszufuhr

Niacin: > empf. Tageszufuhr

Vitamin D:	75 %	Vitamin B_6:	66 %
Kalium:	44 %	Eisen:	44 %
Zink:	41 %	Kupfer:	38 %

Perlhuhnbrüstchen auf Lauch mit Senfkörner-Sud

Die Perlhuhnbrüstchen auslösen, Sardellenfilets wässern. Brüstchen mit Sardellenfilets und Estragonblättern spicken und mit Salz und Pfeffer würzen. In Olivenöl auf der Hautseite anbraten und in den 200 °C heißen Ofen stellen und ca. 8 Minuten braten. Nach der halben Garzeit Gemüse, Thymian und Knoblauch zufügen.

Den Lauch putzen, in feine Streifen schneiden, waschen und trockentupfen. Den restlichen Lauch in Scheiben schneiden und mit Butter in einer Pfanne zugedeckt garen und würzen.

Senfkörner-Sud: Gemüse in Öl anschwitzen, die Knochen dazugeben, anrösten und mit Noilly Prat ablöschen. Kräuter und Gewürze zufügen, mit 1/2 l Wasser auffüllen und langsam köcheln lassen, bis ein klarer Sud entsteht. Auf 1/8 Liter einreduzieren. Mit einem Schneebesen Senf und Olivenöl einrühren und mit einem Spritzer Champagner abrunden.

Brüstchen mit Gemüse anrichten und mit dem Sud nappieren.

Zubereitungstipp

→ Champagner kann durch Sekt ersetzt werden.

Ernährungsinfo

Lauch/Porree: Liliengewächs. Schaft und Blätter können als Gemüse gegessen werden. Bei empfindlichen Personen kann Lauch Blähungen verursachen. Besonders hoch ist der Gehalt an Vitamin C, K und Folsäure. Wie alle Zwiebelgewächse hat er schwefelhaltige Inhaltsstoffe, die für seine antibakterielle und antioxidative Wirkung verantwortlich sind.

Perlhuhnbrust mit knackigem Gemüse und chinesischen Eiernudeln

Fleisch in dünne Streifen schneiden. Mit Öl, Salz, Sojasoße und Pfeffer marinieren.

Gemüse in kleine Stücke schneiden. Nudeln kochen.

Öl im Wok erhitzen und das Zitronengras, Ingwer und Knoblauch kurz anbraten. Das Fleisch zugeben und ebenfalls anbraten. Danach das geschnittene Gemüse beigeben, mit Kurkuma, Koriander, Kreuzkümmel, Salz und Pfeffer würzen und mit etwas Hühnerfond und Kokosmilch aufgießen. Zum Schluss die gekochten Eiernudeln beigeben und mit der Mischung aus Honig, Mirin und Stärkemehl etwas binden. Mit Chili for chicken je nach Geschmack verfeinern, kurz durchschwenken und in großen Pastatellern anrichten. Mit frischem Korianderkraut dekorieren.

Zubereitungstipp

→ Statt Perlhuhn kann auch Hühnerbrust verwendet werden.

Ernährungsinfo

Koriander: Gewürzpflanze, Doldenblütler. Es werden sowohl die Blätter als auch die Samen verwendet, die jedoch völlig verschiedene Aromen haben. Die Blätter werden hauptsächlich zum Würzen von Salaten und Gerichten aus der asiatischen Küche verwendet, die Samen zum Backen, für Gemüsekonserven und bei der Wurstzubereitung. Koriander enthält ätherische Öle, die Appetitlosigkeit und Verdauungsproblemen entgegenwirken.

Zutaten

für 2 Personen

120 g Perlhuhnbrust
1 EL Olivenöl
Salz, Pfeffer aus der Mühle
Sojasoße
100 g chinesische Eiernudeln
1 EL Olivenöl
1 Knoblauchzehe und ebenso viel Ingwer und Zitronengras, fein gehackt
120 g buntes Gemüse (Karotten, Zucchini, Sojasprossen, Bambussprossen, Paprika, Gelbe Rüben)
Kurkuma, Koriander, Kreuzkümmel
Salz, Pfeffer
1/16 l Hühnerfond
1/16 l Kokosmilch
1 TL Honig
2 EL Mirin (Reiswein)
1/2 TL Stärkemehl
Chili for chicken
Korianderkraut für die Dekoration

Nährwerte pro Portion

kcal:	467	Kohlenh.:	46,5 g
Eiweiß:	22,6 g	Ballastst.:	2,7 g
Fett:	19,4 g	Chol.:	111 mg

Besonders reich an

hochwertigem Eiweiß
Carotinoiden
Polyphenolen

Eine Portion deckt z. B. von der empfohlenen Tageszufuhr

unlösliche Ballaststoffe: 35 %

Niacin:	68 %	Zink:	39 %
Kupfer:	39 %	Eisen:	38 %
Kalium:	34 %	Mangan:	26 %

Johann Pabst

Perlhuhnbrust mit Kohlgemüse,

Karotten-Eierschwammerl-Tascherln im Trüffelsud

Zutaten

für 2 Personen

2 Perlhuhnbrüste mit Flügelknochen (à 150 g)
2 g schwarze Trüffel
Salz, Pfeffer
Thymian, Rosmarin
40 g Brokkoliröschen
40 g Romanescoröschen
0,2 l Hühnerfond
1 große Karotte
120 g Eierschwammerlduxelles (gehackte Eierschwammerln = Pfifferlinge mit Zwiebel und Kräutern angeröstet)
40 g Karfiolröschen

Perlhuhnbrüste sauber parieren, Flügelstutzen vom Fleisch reinigen, von den Flügelknochen das Fleisch abschaben, damit es nach dem Braten weiß ist und beim Anrichten dekorativ aussieht. Trüffel in dünne Scheiben schneiden und unter die Perlhuhnhaut schieben. Würzen, auf der Fleischseite in einer beschichteten Pfanne kurz anbraten und auf der Hautseite fertig garen. In einer Alufolie 5 Minuten rasten lassen. Die kleinen Brokkoli- und Romanescoröschen im Hühnerfond blanchieren.

Die Karotte schälen und der Länge nach in ca. 1 mm dicke Scheiben schneiden. Jeweils zwei Scheiben über Kreuz auflegen, mit Eierschwammerlduxelles füllen und kreuzweise zusammenschlagen. 2 Stück pro Portion. Über Dampf 5 Minuten erhitzen.

Die Perlhuhnbrust in Scheiben schneiden, auf einem Teller anrichten, mit den Gemüseröschen umlegen, 2 Stück Eierschwammerltascherln dazugeben – mit etwas gehackter schwarzer Trüffel bestreuen und mit heißem Hühnerfond übergießen.

Zubereitungstipp

- → Die schwarze Trüffel kann weggelassen oder durch rohe Steinpilze ersetzt werden.

Ernährungsinfo

Perlhuhn: Geflügel. Erhältlich sind meist junge, ca. sechs Monate alte Tiere mit einem Gewicht von bis zu 1 kg. Ihr Name rührt von der Zeichnung des Gefieders her: Dieses ist grau mit vielen kleinen, dichten, weißen Tupfen. Perlhühner zählen zum mageren Geflügel. Sie haben ein zartes, saftiges, an Fasan erinnerndes Fleisch. Sie sind reich an hochwertigem Eiweiß, B-Vitaminen und Eisen.

Nährwerte pro Portion

kcal:	310	Kohlenh.:	3,4 g
Eiweiß:	34,3 g	Ballastst.:	6,2 g
Fett:	17,7 g	Chol.:	118 mg

Besonders reich an

hochwertigem Eiweiß
Carotinoiden
Flavonoiden
Glucosinolaten

Eine Portion deckt z. B. von der empfohlenen Tageszufuhr

Niacin: > empf. Tageszufuhr

Vitamin A:	69 %	Eisen:	58 %
Kalium:	52 %	Kupfer:	49 %
Vitamin B_6:	46 %	Vitamin B_{12}:	33 %

Gerald Jeitler

Paprikahuhn mit Jogurt

Zutaten

für 2 Personen

1 kleines Huhn (800 g)
Salz
1 EL Olivenöl
140 g Schalotten
1 Knoblauchzehe
1 EL Paprika, edelsüß
1/8 l Geflügelfond
90 g Magerjogurt

Huhn je nach Wunsch in Stücke zerteilen und enthäuten, Hühnerstücke salzen und in einer Pfanne auf beiden Seiten braun anbraten und anschließend herausnehmen.

Schalotten und Knoblauch hacken und in der gleichen Pfanne glasig anschwitzen, mit Paprika kurz durchrösten und mit Hühnerfond aufgießen. Die Soße zum Kochen bringen, das Hühnerfleisch zurück in die Pfanne geben und ca. 20 Minuten köcheln lassen. Wenn das Fleisch gar ist, herausnehmen und warm stellen.

Fett von der Flüssigkeit abschöpfen und diese einkochen lassen. Jogurt in einer Schüssel glatt rühren und in die kochende Soße mixen und ca. 1 Minute eindicken lassen.

Die Fleischstücke auf vorgewärmten Tellern anrichten und mit der Soße überziehen.

Serviertipp

→ Fett- und cholesterinärmer wird das Gericht, wenn man die Haut des Huhnes vor dem Servieren entfernt.

Ernährungsinfo

Paprikapulver: Gewürz, Nachtschattengewächs. Paprikapulver sind die getrockneten und gemahlenen Schoten der Peperoni. Paprikapulver ist in den Sorten delikatess, edelsüß, halbscharf bzw. halbsüß und Rosenpaprika – mit zunehmendem Schärfegrad – erhältlich. Die Schärfe stammt von dem Inhaltsstoff Capsaicin, einem verdauungsfördernd wirkenden Polyphenol. Paprikapulver wird für zahlreiche pikante Speisen verwendet.

Nährwerte pro Portion

kcal:	651	Kohlenh.:	7,7 g
Eiweiß:	61,9 g	Ballastst.:	2,8 g
Fett:	41,5 g	Chol.:	206 mg

Besonders reich an

hochwertigem Eiweiß

Eine Portion deckt z. B. von der empfohlenen Tageszufuhr

Pantothensäure: 41 %

Vitamin B_6:	73 %	Zink:	61 %
Kalium:	57 %	Vitamin B_2:	57 %
Eisen:	48 %	Vitamin B_1:	27 %

Gerald Zeitler

Zutaten

für 2 Personen

Salat:

100 g braune und grüne Linsen
Salz
100 g Frisée-Salat
50 g kleinblättriger Salat
1 Schalotte, gewürfelt
1 EL Sherry-Essig
1 EL Balsamico-Essig
1 EL Walnussöl
200 g Putenleber
1 EL Olivenöl
Salz, Pfeffer aus der Mühle

Nährwerte pro Portion

kcal:	483	Kohlenh.:	30,5 g
Eiweiß:	22,3 g	Ballastst.:	6,8 g
Fett:	30,0 g	Chol.:	281 mg

Besonders reich an

Carotinoiden
Flavonoiden
Phenolsäuren
Saponinen

Eine Portion deckt z. B. von der empfohlenen Tageszufuhr

Pantothensäure: 60 %

Eisen:	76 %	Folsäure:	67 %
Niacin:	65 %	Vitamin B_6:	46 %
Zink:	43 %	Kalium:	42 %

Putenleber auf Linsensalat

Linsen in lauwarmem Wasser 1 Stunde einweichen, abgießen und in reichlich frischem Wasser ca. 15 Minuten lang weich kochen. Durch ein Sieb abgießen, abtropfen lassen und salzen.

Salat putzen, waschen und trockenschleudern. Schalottenwürfel in einem Sieb zuerst heiß und dann kalt abspülen. Die Essigsorten mischen, würzen, Schalotte dazugeben und mit dem Öl gut verrühren. Blattsalate durch die Vinaigrette ziehen und auf 2 großen Tellern anrichten.

Die Putenleber halbieren, putzen und in 1/2 cm dicke Scheiben schneiden. Im heißen Olivenöl beidseitig kurz anbraten, so dass sie innen noch rosa sind.

Die Linsen in einer Schüssel mit den Speckwürfeln und der restlichen Vinaigrette leicht erwärmen und die Salate damit bestreuen.

Die Leberscheiben darauf anrichten und erst jetzt mit Salz und Pfeffer würzen.

Zubereitungstipps

- Statt Putenleber kann man auch Hühner- oder Kalbsleber verwenden.
- Mit Linsen aus der Dose spart man Zeit.
- Linsen immer erst nach dem Weichkochen salzen, sonst werden sie ungleichmäßig weich.

Ernährungsinfo

Innereien: Innere Organe von Schlachttieren. Verzehrt werden vor allem Beuschel (Lunge und Herz), Bries (Kalb), Hirn, Nieren, Leber und Kutteln. Innereien haben einen hohen Gehalt an Eiweiß, Vitamin A, B-Vitaminen, Kalium, Phosphor, Eisen und Zink, enthalten allerdings auch viel Cholesterin. Nieren und Leber sind Entgiftungsorgane, die größere Mengen an Schadstoffen enthalten können.

Johann Pabst

Putenroulade in der Knusperpanade auf Balsamicosprossen

Die geklopften Putenschnitzel mit Salz, Pfeffer und Rosmarin würzen und auf Alufolie legen.

Mit Magertopfen, Schinken, Käse, gekochtem Gemüse und Ei eine Masse herstellen, würzen. Mit einem Dressiersack ohne Tülle die Fülle auf die Putenschnitzel auftragen und mit der Folie zu einer Rolle formen. Ca. 1,5 Stunden in den Tiefkühlschrank geben, auspacken und im gefrorenen Zustand in Scheiben schneiden und mit Mehl, Ei und dem Cornflakes-Kürbiskern-Brösel-Gemisch panieren, in Erdnussöl herausbacken und auf Küchenkrepp abtropfen lassen.

Die bunten Sprossen mit den Gelben Rüben in Olivenöl kurz anbraten, mit Salz, Pfeffer und etwas Knoblauch würzen. Mit Balsamicolack (Zucker und Balsamicoessig in gleichen Mengen aufkochen und um 1/3 einreduzieren) kurz vermengen. Die gebackenen Putenrouladen auf dem bunten Sprossengemüse anrichten und mit dem gewürfelten und im Backrohr (10 Minuten bei 160 °C) gebackenem Ciabatta und mit Limettenfilets umlegen.

Zutaten

für 2 Personen

140 g Putenbrust
Salz, Pfeffer, Rosmarin
50 g Magertopfen (-quark)
20 g Schinken
20 g geriebener Käse
20 g Gemüsebrunoise
(Lauch, Sellerie, Karotten)
1 Ei, Salz, Pfeffer, Knoblauch

Panade:
Mehl, Ei und jeweils
zu gleichen Teilen Cornflakes,
geschrotete Kürbiskerne, Brösel
Erdnussöl zum Herausbacken

Sprossengemüse:
20 g Sojasprossen
10 g Radieschensprossen
10 g Linsensprossen
20 g Bambussprossen
20 g Gelbe Rübenstifte
1 TL Olivenöl
Salz, Pfeffer, Knoblauch
1 TL Balsamicolack
50 g Ciabatta
1/2 Limette

Nährwerte pro Portion

kcal:	348	Kohlenh.:	22,2 g
Eiweiß:	34,3 g	Ballastst.:	2,8 g
Fett:	12,9 g	Chol.:	196 mg

Besonders reich an

hochwertigem Eiweiß
Phytoöstrogenen

Eine Portion deckt z. B. von der empfohlenen Tageszufuhr

Niacin: > empf. Tageszufuhr

Vitamin B_{12}:	53 %	Biotin:	47 %
Zink:	39 %	Vitamin B_6:	37 %
Kupfer:	35 %	Folsäure:	22 %

Ernährungsinfo

Bambussprossen: Spargelähnliches Gemüse. Besonders reich an Kalium, Kupfer und Mangan. Sie haben große Mengen Kieselsäure. Bambussprossen dürfen nicht roh verzehrt werden, da sie ein Blausäureglykosid enthalten, das für den Menschen giftig ist. Es wird aber durch das Kochen unschädlich.

Johann Pabst

Zutaten

für 2 Personen

140 g Hendlfilet ohne Haut
2 EL Obers (Sahne)
Salz, Pfeffer
10 g Zwiebel, gehackt
50 g Champignons, gehackt
1 TL Butter
20 g Gemüsebrunoise
(Zucchini, Sellerie, Karotten)
Petersilie
Schweinsnetz zum Einwickeln
Rosmarin und Thymian, gehackt
4 Scheiben Rohschinken
60 g Kaninchenfilet, entsehnt

Olivenöl zum Anbraten

Rübenmousseline:
40 g Gelbe Rüben, geschält
10 g Zwiebel, 1 EL Weißwein
2 EL Gemüsefond
1 EL Obers (Sahne)
Salz, Pfeffer

Lavendeljus:
5 EL Hühnerfond
1 Lavendelzweig

Nährwerte pro Portion

kcal:	294	Kohlenh.:	3,0 g
Eiweiß:	31,3 g	Ballastst.:	2,1 g
Fett:	17,0 g	Chol.:	110 mg

Besonders reich an

hochwertigem Eiweiß
Carotinoiden, Phenolsäuren
Flavonoiden

Eine Portion deckt z. B. von der empfohlenen Tageszufuhr

Niacin: > empf. Tageszufuhr

Vitamin B_6:	43 %	Zink:	35 %
Biotin:	31 %	Eisen:	31 %
Kalium:	31 %	Kupfer:	28 %

Kaninchen-Hendl-Tournedos

mit gelbem Rübenmousseline und Lavendeljus

Von der Hendlbrust das Filet vorsichtig herauslösen, fein schneiden und in einem Cutter mit dem Obers eine Farce herstellen.
Zwiebel und Champignons in Butter anrösten. Gemüsebrunoise und gehackte Petersilie beigeben. Auskühlen lassen und dann zur gewürzten Farce geben.

Das Schweinsnetz auslegen, mit Rosmarin und Thymian bestreuen, mit Rohschinken und den leicht geklopften Hühnerbrustfilets belegen. Mit der Gemüsefarce dünn bestreichen und mit dem gewürzten Kaninchenfilet zu einer Roulade (Ø 5 – 6 cm) formen.

Im Gefrierschrank ca. 1 Stunde anfrieren und dann 3 – 4 cm dicke Stücke herunter schneiden.

Rübenmousseline: Gelbe Rüben mit Zwiebel kurz andünsten, mit Weißwein ablöschen und mit Gemüsefond und Obers weich dünsten. Mit Salz und Pfeffer würzen, pürieren.

Kaninchen-Hühner-Tournedos in Olivenöl anbraten und im Ofen bei 180 °C ca. 8 – 10 Minuten auf den Punkt braten (das Fleisch sollte innen leicht rosa sein).

Lavendeljus: Kräftigen braunen Hühnerfond mit Lavendel aufkochen.

Rübenmousseline auf Tellern anrichten, die Tournedos darauf setzen und mit Lavendeljus beträufeln. Mit Gemüsedekor umlegen.

Ernährungsinfo

Lavendel: Gewürzpflanze, Lippenblütler. Lavendel findet in der Küche Anwendung zum Würzen von Fleisch-, Fischgerichten und Soßen, sollte aber aufgrund seines intensiven Geschmacks sparsam eingesetzt werden. Lavendel ist reich an dem ätherischen Lavendelöl, das beruhigend wirkt und für Heilzwecke gegen Unruhezustände, Einschlafstörungen und bei Reizmagen und -darm eingesetzt wird.

Johann Pabst

Mit Kürbiskernen gefüllter Kaninchenrücken auf Jungzwiebelsoße

Zutaten

für 2 Personen

1 Kaninchenrücken
(120 – 130 g Fleisch)
15 g entrindetes Toastbrot
25 g entrindetes Vollkornbrot
1/16 l Milch
10 g Kürbiskerne
1 Ei
10 g Schinkenwürfel
Salz, Pfeffer
gehackte Kräuter
Schweinsnetz
1/8 l Kaninchenfond
70 g Jungzwiebeln
Stärkemehl zum Binden

Kaninchenrücken hohl auslösen und die Filets vorsichtig herunterlösen. Toast- und Vollkornbrot kleinwürfelig schneiden und mit Milch übergießen. Die grob gehackten Kürbiskerne kurz anrösten und ausgekühlt zum eingeweichten Brot geben. Das Ganze mit Ei, Schinkenwürfeln und Gewürzen gut durchmischen.

Das gut ausgewässerte Schweinsnetz ausbreiten, würzen, mit den gehackten Kräutern bestreuen. Das leicht plattierte Fleisch auf das Netz legen, mit der Fülle bestreichen und zusammenrollen. Mit Küchengarn binden und im Rohr bei ca. 230 °C 20 Minuten braten.

Kaninchenfond etwas einkochen lassen, danach mit den kurz blanchierten Jungzwiebeln aufmixen und mit etwas Stärkemehl binden.

Nährwerte pro Portion

kcal:	269	Kohlenh.:	14,2 g
Eiweiß:	27,2 g	Ballastst.:	2,8 g
Fett:	11,4 g	Chol.:	181 mg

Besonders reich an

hochwertigem Eiweiß
Sulfiden
Flavonoiden
Phenolsäuren

Eine Portion deckt z. B. von der empfohlenen Tageszufuhr

Niacin:	80 %	Vitamin B_{12}:	57 %
Zink:	40 %	Eisen:	36 %
Kupfer:	32 %	Vitamin B_6:	28 %
Kalium:	25 %	Vitamin A:	23 %

Ernährungsinfo

Jungzwiebel (Frühlingszwiebel): Zwiebelgemüse. Bildet nur kleine Zwiebeln aus und wird mit den langen, hohlen grünen Blättern verzehrt. Jungzwiebeln sind reich an Vitamin C, Betakarotin, Folsäure, Eisen und Zink. Darüber hinaus enthalten sie große Mengen an sekundären Pflanzeninhaltsstoffen wie Sulfide (für den scharfen Geschmack verantwortlich) und Flavonoide.

Gerald Zeitler

Wachtelbrüstchen mit Pilzsalat

Zutaten

für 2 Personen

70 g verschiedene Blattsalate (Lollo Rosso, Frisée, Vogerlsalat, ...)
200 g gemischte Pilze (Trompetenpilze, Creme-champignons, Austernpilze, Eierschwammerln, ...)
1 EL Butter

Marinade:
1 TL Traubenkernöl
1 TL Walnussöl
1 EL Balsamico-Essig
Salz, Pfeffer aus der Mühle

4 Wachtelbrüstchen (à 50 g)
Salz
1 EL Olivenöl zum Anbraten

Salate waschen, putzen und in mundgerechte Blätter zupfen. Schwammerln putzen und in Butter kurz anrösten.

Marinade: Je nach Geschmack alle Zutaten in einen hohen Becher füllen und kurz aufmixen, damit die Marinade eine sämige Konsistenz bekommt.

Wachteln würzen und in einer Pfanne in Olivenöl anbraten.

Blattsalat und Pilze marinieren, auf Tellern anrichten und zum Schluss die Wachtelstücke darauf legen. Eventuell frische Kräuter darüber streuen.

Zubereitungstipp

→ Statt Wachtelbrüstchen kann man auch Hühnerbrüstchen verwenden.

Ernährungsinfo

Wachtel: Geflügel. Kleines Feldhuhn. Angeboten werden meist Tiere, die im Alter von fünf bis sechs Wochen geschlachtet wurden. Auch die kleinen Wachteleier gelten als Delikatesse. Wachtelfleisch ist feinfasrig und kalorienärmer als das Fleisch anderer Geflügelarten. Es ist reich an hochwertigem Eiweiß, Niacin, Eisen, Zink und Kupfer.

Nährwerte pro Portion

kcal:	336	Kohlenh.:	1,3 g
Eiweiß:	25,8 g	Ballastst.:	2,5 g
Fett:	25,4 g	Chol.:	59 mg

Besonders reich an

Carotinoiden
Phenolsäuren
Flavonoiden
ungesättigten Fettsäuren
hochwertigem Eiweiß

Eine Portion deckt z. B. von der empfohlenen Tageszufuhr

Niacin: > empf. Tageszufuhr
Pantothensäure: 44 %

Vitamin B_6:	54 %	Eisen:	46 %
Kalium:	34 %	Biotin:	32 %

Gerald Zeitler

Zutaten

für 2 Personen

Püree:

300 g Kartoffeln, mehlig kochend
50 ml Geflügelfond
1/2 Bund Schnittlauch
1 EL Olivenöl
Salz

Geflügelfond:

300 ml Geflügelfond
10 ml Portwein
Salz, Pfeffer
1 EL Butter zum Aufmixen

je 2 Brüstchen und Haxerln vom Stubenküken (à 150 g Fleisch)
1 EL Olivenöl
Salz, Pfeffer

Nährwerte pro Portion

kcal:	548	Kohlenh.:	23,3 g
Eiweiß:	46,9 g	Ballastst.:	4,1 g
Fett:	28,9 g	Chol.:	166 mg

Besonders reich an

hochwertigem Eiweiß
komplexen Kohlenhydraten
Protease-Inhibitoren
Phenolsäuren

Eine Portion deckt z. B. von der empfohlenen Tageszufuhr

Pantothensäure: 36 %

Vitamin B_6:	89 %	Kupfer:	81 %
Kalium:	59 %	Zink:	40 %
Magnesium:	26 %	Eisen:	23 %

Stubenküken mit leichtem Olivenöl-Kartoffel-Püree

Püree: Kartoffeln schälen und im Dampf garen. Mit dem Geflügelfond, Schnittlauch und Olivenöl zu einem Püree durchstampfen und mit Salz abschmecken. Nicht zu lange rühren, sonst wird das Püree zäh!

Geflügelfond auf die Hälfte einreduzieren und mit Portwein je nach Geschmack abschmecken (Vorsicht, dass der Portwein nicht vorschmeckt!). Mit Salz und Pfeffer würzen und mit der kalten Butter montieren.

Die Brüstchen und Haxerln beidseitig in etwas Öl zart rosa braten, danach salzen und nach Geschmack pfeffern.

Das Kartoffelpüree auf vorgewärmten Tellern anrichten und die Stubenküken obenauf setzen. Zum Schluss mit dem Geflügelfond überziehen und mit ein paar Schnittlauchstiften verzieren.

Zubereitungstipp

→ Statt Stubenküken kann man auch Wachteln oder Hühnerbrüstchen verwenden.

Ernährungsinfo

Stubenküken: Geflügel. Stubenküken nennt man Hühner bis zu einem Alter von vier Wochen. Sie sind 300 – 750 g schwer und haben ein besonders zartes Fleisch, das ebenfalls reichlich hochwertiges Eiweiß, B-Vitamine und Eisen liefert.

Johann Pabst

Entenkeulenragout mit Bratapfel

Die Entenkeulen salzen und pfeffern, rundum leicht anbraten und in Fett oder Öl weich schmoren (entweder im Rohr bei 160 °C ca. 2 Stunden oder am Herd ohne Deckel).

Inzwischen die Soße bereiten. Die geschälten geviertelten Schalotten und in Scheiben geschnittenen Knoblauchzehen in Butter leicht anschwitzen und den Zucker beigeben. Ingwer und Zitronengras dazugeben und mit Orangenlikör, Balsamicoessig, Cassis und Rotwein ablöschen. Mit etwas Hühnerfond aufgießen und einreduzieren.

Das weiche Entenfleisch vom Knochen lösen, die Haut entfernen und diese eventuell zu Grammeln braten als Garnitur. Das Entenkeulenfleisch der Soße beigeben und durchschwenken.

Zubereitungstipp

→ Um Fett einzusparen, kann dieses Gericht auch ohne Grammeln serviert werden.

Serviertipp

→ Als Beilagen eignen sich gut ein Bratapfel und etwas Basmati-Duftreis.

Ernährungsinfo

Ente: Geflügel. Die zum Verzehr am häufigsten angebotene Art ist die Pekingente, die im ausgewachsenen Zustand ca. 2.000 bis 3.000 Gramm wiegt. Junge Enten haben ein zarteres Fleisch. Enten haben generell einen hohen Fettanteil, vor allem unter der Haut. Darüber hinaus liefern sie hochwertiges Eiweiß, Vitamin E, B-Vitamine, Eisen, Zink und Kupfer.

Zutaten

für 2 Personen

2 Entenkeulen
Salz, Pfeffer
1/2 l Entenfett oder Sonnenblumenöl
3 Schalotten
2 Knoblauchzehen
5 g Butter
1 EL Zucker
1 EL Ingwer, gehackt
1 Stange Zitronengras, gehackt
1 EL Orangenlikör
60 ml Balsamicoessig
60 ml Cassis
1/8 l Rotwein
1 EL dunkler Hühnerfond oder Suppe

Nährwerte pro Portion

kcal:	549	Kohlenh.:	20,7 g
Eiweiß:	38,3 g	Ballastst.:	0,4 g
Fett:	21,7 g	Chol.:	169 mg

Besonders reich an

hochwertigem Eiweiß
Sulfiden
Phenolsäuren
Flavonoiden

Eine Portion deckt z. B. von der empfohlenen Tageszufuhr

Niacin:	91 %	Kupfer:	67 %
Vitamin B_6:	50 %	Vitamin B_1:	39 %
Eisen:	35 %	Vitamin D:	34 %
Kalium:	28 %	Vitamin E:	27 %

Johann Pabst

Kaninchen und Wildhase im Brickteig auf Blattsalaten

Zutaten

für 2 Personen

80 g Kaninchenfilet
80 g Wildhasenfilet
Salz, Pfeffer
Thymian, Rosmarin
1 EL Sonnenblumenöl
10 g Gelbe Rübe
10 g Lauch, 10 g Karotte
2 EL Obers (Sahne)
2 Blätter Brickteig
(Frühlingsrollenteig)
1 Eiweiß zum Bestreichen
Erdnussöl zum Frittieren
70 g Blattsalate
1 EL Himbeeressig
1 EL Walnussöl

Preiselbeeren:

1 TL Zucker
1/16 l Portwein
2 EL Preiselbeeren

Kaninchen- und Wildhasenfilet von Sehnen befreien und mit Salz, Pfeffer, gehacktem Thymian und Rosmarin für 2 Stunden marinieren. Danach in Sonnenblumenöl scharf anbraten und kalt stellen.

Das geputzte Gemüse feinwürfelig (brunoise) schneiden und in einer anderen Pfanne knackig braten. Mit Obers aufgießen und zu einer sämigen Konsistenz einkochen lassen.

Den Brickteig einzeln aus der Packung nehmen, da er sehr schnell austrocknet, mit der Gemüsemasse bestreichen und die Filets drauflegen. Mit Eiweiß bestreichen und zu einem Paket zusammenrollen. Die Packerln in 160 °C heißem Erdnussöl frittieren und warm stellen.

Verschiedene Blattsalate mit Himbeer-Walnussöl-Dressing auf einem großen Teller anrichten.

Filets schräg der Länge nach halbieren und auf den Blattsalaten aufgestellt draufgeben.

Für die Portweinpreiselbeeren den Zucker mit Portwein einkochen, die Preiselbeeren dazugeben und kurz durchschenken. Portwein-Preiselbeeren extra dazuservieren.

Nährwerte pro Portion

kcal:	496	Kohlenh.:	16,2 g
Eiweiß:	22,8 g	Ballastst.:	2,1 g
Fett:	34,2 g	Chol.:	67 mg

Besonders reich an

hochwertigem Eiweiß
Carotinoiden
Phenolsäuren

Eine Portion deckt z. B. von der empfohlenen Tageszufuhr

Kupfer: > empf. Tageszufuhr

Niacin:	74 %	Vitamin E:	45 %
Vitamin B_{12}:	30 %	Eisen:	29 %
Zink:	28 %	Vitamin B_6:	27 %

Ernährungsinfo

Hase: Haarwild. Das Fleisch des Feldhasen ist braunrot, jenes des Wildkaninchens blassrosa, beide sind zart und wohlschmeckend.
Es ist reich an hochwertigem Eiweiß, fettarm und liefert viele B-Vitamine und Eisen.

Johann Pabst

Zutaten

für 6 Personen

1 Ente (ca. 1,8 kg)
2 EL Meaux-Senf (körniger Senf)
150 g Sauerkraut, roh
2 EL Hafer, gekocht
2 EL Leinsamen
80 g Milchbrot, in Scheiben geschnitten
Majoran, Kümmel, Salz und Pfeffer
1 EL Mehl
1/4 l dunkles Bier
1/4 l Rotwein
1/8 l Balsamico
3 EL süße dunkle Sojasoße (aus dem Asia-Shop)
1 TL Stärkemehl

Gefüllte Ente mit Hafer und Malzbiersoße

Die Ente am Rücken einschneiden und von hinten her vom Körper lösen. Danach auslegen, mit Meaux-Senf gut einstreichen. Sauerkraut, Hafer, Leinsamen und Milchbrotscheiben drauflegen. Mit einem Spagat die Ente zusammenbinden und mit den Gewürzen gut einreiben. Ente auf das gehackte Entenklein (Karkassen) geben und im Backrohr bei 150 °C ca. 1 1/2 Stunden braten.

Im letzten Drittel der Bratzeit das Fett abschöpfen, mit Mehl stauben und mit Bier, Rotwein, Balsamico und Sojasoße aufgießen. Zum Schluss die Ente auf einen Teller geben, die Soße passieren und mit Stärkemehl binden.

Zubereitungstipp

→ Eine besonders schöne Kruste erhält man, wenn man die Ente 10 Minuten vor Ende der Garzeit mit einer Mischung aus Sojasoße, Honig und Stärkemehl einpinselt, die man zuvor aufgekocht hat.

Serviertipp

→ Als Beilage eignen sich gut karamellisierte gedämpfte Chicorée und Kastanien.

Ernährungsinfo

Vitamin B_1 (Thiamin): Wasserlösliches Vitamin. Steuert den Kohlenhydrat- und Energiestoffwechsel und ist bei der Reizleitung der Nerven beteiligt. Leichter Mangel zeigt sich durch Müdigkeit, allgemeine Schwäche, Nervenstörungen, Depressionen, Gedächtnis- und Konzentrationsschwäche, Appetitlosigkeit, Verdauungsstörungen, Infektanfälligkeit oder auch durch Kopfschmerzen.

Nährwerte pro Portion

kcal:	640	Kohlenh.:	13,9 g
Eiweiß:	61,4 g	Ballastst.:	3,6 g
Fett:	33,9 g	Chol.:	260 mg

Besonders reich an

hochwertigem Eiweiß

Eine Portion deckt z. B. von der empfohlenen Tageszufuhr

Vitamin B_1:	83 %	Zink:	76 %
Eisen:	69 %	Vitamin B_6:	63 %
Biotin:	49 %	Kupfer:	49 %
Vitamin B_2:	47 %	Folsäure:	24 %

Johann Pabst

Ente in Tamarinden-Soße

Sternanis, Zimt, Knoblauch und Koriander in einem Mörser zerstoßen; helle Sojasoße und Pfeffer unterrühren und die Entenbrust mindestens 20 Minuten darin marinieren.

Den Tamarindensaft mit der Sojasoße in einer Pfanne aufkochen und den Palmzucker darin auflösen und Entenjus beigeben.

Tapiokamehl gut mit kaltem Wasser verrühren und damit die Tamarindensoße eindicken.

Die Entenbrust beidseitig scharf anbraten, bis sie halb durchgebraten ist. Die Brust ca. 8 – 10 Minuten rasten lassen und in Scheiben schneiden. Mit frischem Koriander bestreuen.

Zutaten

für 2 Personen

Marinade für Ente:

2 Sternanis
Zimtstange
2 Knoblauchzehen, geschält
2 Korianderwurzeln und -stämme
2 EL helle Sojasoße
weißer Pfeffer
1 schmale Entenbrust (240 g)

Tamarindensoße:

6 EL Tamarindensaft (aus dem Asia-Shop)
2 EL helle Sojasoße
1 EL Palmzucker
1 EL Entenjus oder Hühnerjus
2 EL Tapiokamehl oder Stärkemehl

Serviertipp

→ Mit Brokkoli und Basmatireis (35 g gekocht je Portion) anrichten.

Ernährungsinfo

Tamarinde: Familie der Johannisbrotgewächse. Das Wort Tamarinde leitet sich vom Arabischen her und bedeutet indische Dattel. Die Samenhülse der Frucht erinnert an Hülsenfrüchte, in ihr befinden sich die von Fruchtfleisch umgebenen Kerne. Das säuerliche, herbe Fruchtfleisch oder -mus erinnert an Essig und wird zum Würzen in der asiatischen Küche verwendet. Es enthält Fruchtsäuren, Zucker und Terpene. Tamarinde wirkt abführend.

Nährwerte pro Portion

kcal:	481	Kohlenh.:	41,2 g
Eiweiß:	27,0 g	Ballastst.:	2,8 g
Fett:	23,0 g	Chol.:	93 mg

Besonders reich an

hochwertigem Eiweiß
Sulfiden
Flavonoiden
Phenolsäuren

Eine Portion deckt z. B. von der empfohlenen Tageszufuhr

Niacin:	69 %	Eisen:	47 %
Kupfer:	46 %	Vitamin B_1:	41 %
Vitamin B_6:	37 %	Zink:	35 %
Kalium:	33 %	Folsäure:	14 %

HAUPTSPEISEN FLEISCH

Johann Pabst

Zutaten

für 4 Personen

Paprikabiskuit:

2 Eier
1 TL gelbes Paprikapüree (Paprika dämpfen und mit der Schale pürieren)
1 TL rotes Paprikapüree (Paprika dämpfen und mit der Schale pürieren)
60 g Mehl
400 g Lammrückenfilet
Salz, Pfeffer
1 Knoblauchzehe
Rosmarin, Thymian
Schweinsnetz
160 g Pilze, gut geputzt
40 g Zwiebel, gewürfelt
gehackte Petersilie
100 g roter, grüner und gelber Paprika
1 TL Butter

Soße:

1/8 l brauner Lammfond
4 EL Obers (Sahne)
40 g Senf

Nährwerte pro Portion

kcal:	423	Kohlenh.:	14,5 g
Eiweiß:	33,3 g	Ballastst.:	2,9 g
Fett:	25,9 g	Chol.:	222 mg

Besonders reich an

hochwertigem Eiweiß, Carnitin
Sulfiden, Carotinoiden
Phenolsäuren
Isothiocyanaten

Eine Portion deckt z. B. von der empfohlenen Tageszufuhr

Niacin:	93 %	Vitamin B_{12}:	92 %
Zink:	69 %	Vitamin C:	41 %
Eisen:	39 %	Kupfer:	38 %
Vitamin D:	36 %	Folsäure:	15 %

Lammrückenfilet im Paprikabiskuit mit Pilzen und Senfsoße

Für das Paprikabiskuit je 1 Dotter (Eigelb) mit dem roten und dem gelben Püree vermischen und würzen. Schnee schlagen und gemeinsam mit dem Mehl auf die zwei Massen aufteilen und unterheben. Rote und gelbe Masse abwechselnd ca. 1/2 cm hoch auf eine Silikonmatte oder ein Butterpapier dressieren und bei 180 °C 8 Minuten backen.

Das Lammrückenfilet würzen, in einer beschichteten Pfanne beidseitig anbraten. In das Paprikabiskuit einschlagen, mit dem Schweinsnetz umwickeln und im Rohr nochmals 12 Minuten bei 170 – 180 °C garen, dann noch etwas rasten lassen.

Die Pilze mit den Zwiebelwürfeln anbraten, würzen und mit gehackter Petersilie bestreuen.

Die gemischten Paprika schälen, in große Dreiecke schneiden und in Butter abbraten.

<u>Soße:</u> Braunen Lammfond mit Obers einreduzieren, den Senf hinzufügen und aufmixen.

Die Pilze in der Mitte eines Tellers platzieren, die Paprikarauten rundherum legen.

Das Lammfilet einmal schräg in der Mitte durchschneiden, auf die Pilze setzen und mit der Soße vollenden.

Ernährungsinfo

Senf: Würzpaste. Aus den gemahlenen Samenkörnern des weißen und schwarzen Senfs, Salz, Wasser und Essig hergestellt. Senf ist – je nach Zutaten – in Geschmacksrichtungen von süß bis sehr scharf erhältlich. Die Schärfe stammt von den enthaltenen Isothiocyanaten, Pflanzenschutzstoffen, die das Keimwachstum hemmen und krebsschützende Eigenschaften haben.

Zutaten

für 2 Personen

Fenchelgemüse:

1 Fenchelknolle
Fenchelgrün
Mehl zum Stauben
1 TL Olivenöl
50 ml Hühnerfond
1 EL Noilly Prat
1 EL Pernod
Salz
Pfeffer aus der Mühle
10 g Tomaten, gehäutet, entkernt und gewürfelt

Lammkoteletts:

4 Lammkoteletts (insgesamt 250 g)
Salz, Pfeffer
2 große, mehlige Kartoffeln
1 EL Olivenöl

Geschmortes Fenchelgemüse mit Lammkoteletts

Fenchelknolle putzen und in Scheiben schneiden, Fenchelgrün aufheben. Die Scheiben würzen, mit Mehl bestäuben, in einer Pfanne in Olivenöl leicht anbraten. Mit Hühnerfond, Noilly Prat und Pernod aufgießen, würzen und langsam einkochen lassen. Zum Schluss die Tomatenwürfel und das gehackte Fenchelgrün dazugeben.

Lammkoteletts mit Salz und Pfeffer würzen.

Kartoffeln schälen und nudelig schneiden. Je eine Hand voll Kartoffeln auf die vorbereiteten Koteletts geben und gut andrücken. Koteletts mit der Kartoffelseite in Olivenöl goldbraun anbraten, danach vorsichtig umdrehen und ca. 2 Minuten anbraten.

Mit Fenchelgemüse gefällig anrichten.

Nährwerte pro Portion

kcal:	299	Kohlenh.:	16,7 g
Eiweiß:	19,9 g	Ballastst.:	4,9 g
Fett:	15,9 g	Chol.:	52 mg

Besonders reich an

hochwertigem Eiweiß
Carotinoiden
Monoterpenen
Phenolsäuren
Carnitin

Eine Portion deckt z. B. von der empfohlenen Tageszufuhr

Vitamin C:	75 %	Niacin:	65 %
Vitamin B_{12}:	63 %	Vitamin A:	62 %
Vitamin E:	43 %	Kalium:	39 %
Eisen:	32 %	Vitamin B_1:	30 %

Zubereitungstipp

→ Statt Lamm kann man auch Kalbskoteletts verwenden.

Ernährungsinfo

Fleisch: Lebensmittelgruppe. Fleisch ist allgemein reich an hochwertigem Eiweiß, je nach Teilstück mehr oder weniger fett, reich an B-Vitaminen, Eisen und Zink. Der Cholesteringehalt der einzelnen Sorten schwankt nur unwesentlich. Fleisch liefert auch in hohem Ausmaß Purine. Es ist nicht lebensnotwendig, eine ausreichende Eiweißversorgung lässt sich auch über eine fleischlose Ernährung erreichen.

Johann Pabst

Zutaten

für 2 Personen

2 hintere Lammstelzen (à 200 g)
Salz, Pfeffer
2 Knoblauchzehen
1 EL Olivenöl
50 g Karotten
50 g Sellerie
50 g rote Zwiebel
15 g Tomatenmark
1/16 l Rotwein
1/8 l Rindsuppe
je 1 Zweig Rosmarin und Thymian

Geschmorte Lammstelzen im eigenen Saft

Lammstelzen mit Salz, Pfeffer und Knoblauch würzen, in heißem Öl kurz anbraten, das würfelig geschnittene Gemüse dazugeben, tomatisieren, mit Rotwein ablöschen, mit Suppe aufgießen, den Rosmarin- und Thymianzweig beigeben und im Rohr bei 160 °C unter mehrmaligem Übergießen und Wenden der Stelzen ca. 60 – 90 Minuten schmoren lassen. Danach die Stelzen ausstechen und die Soße passieren.

Zubereitungstipp

→ Für dieses Gericht können statt der Lammstelzen auch die Unterkeulen (Waden) von Maishühnern oder Kaninchenkeulen verwendet werden.

Serviertipp

→ Mit gekochter Polenta und gebratenen Zucchinischeiben anrichten.

Ernährungsinfo

Lammfleisch: Rote Fleischsorte. Stammt von sechs bis zwölf Monate alten Schafen oder von jüngeren Milchlämmern. Sowohl Farbe als auch Geschmack ändern sich mit zunehmendem Alter: Das Fleisch wird dunkler, der Geschmack charakteristischer. Lamm ist eine relativ fettreiche Fleischsorte und liefert viel hochwertiges Eiweiß, B-Vitamine, allen voran Niacin und Vitamin B_{12}, Eisen, Zink und den bioaktiven Stoff Carnitin.

Nährwerte pro Portion

kcal:	587	Kohlenh.:	5,7 g
Eiweiß:	53,3 g	Ballastst.:	2,8 g
Fett:	37,3 g	Chol.:	192 mg

Besonders reich an

hochwertigem Eiweiß
Carnitin
Sulfiden
Phenolsäuren

Eine Portion deckt z. B. von der empfohlenen Tageszufuhr

Zink: > empf. Tageszufuhr
Vitamin B_{12}: > empf. Tageszufuhr

Eisen:	51 %	Kupfer:	32 %
Kalium:	30 %	Vitamin B_6:	22 %

Johann Pabst

Zutaten

für 2 Personen

Marinade:

1 Zitrone, unbehandelt
Nadeln von 1 Rosmarinzweig
2 Salbeiblätter, 1 EL Honig
1 fein gehackte Knoblauchzehe
Pfeffer, Salz
2 Lammsteaks (à 120 g)
1 EL Olivenöl

Olivensoße:

20 g Zwiebel, klein gewürfelt
1 TL Olivenöl
2 Oliven, 10 g Knollensellerie
4 EL brauner Lammfond

Curryzwiebeln:

1/8 l Geflügelfond
1/8 l Apfelsaft
130 g Zwiebeln, klein gewürfelt
40 g Knollensellerie,
klein gewürfelt
5 g Curry
1 Lorbeerblatt, Salz, Pfeffer
1 TL Crème fraîche

50 g Brokkoli zum Dekorieren

Nährwerte pro Portion

kcal:	432	Kohlenh.:	23,9 g
Eiweiß:	41,3 g	Ballastst.:	4,7 g
Fett:	17,6 g	Chol.:	122 mg

Besonders reich an

Curcumin, Carnitin
hochwertigem Eiweiß
Sufiden, Polyphenolen

Eine Portion deckt z. B. von der empfohlenen Tageszufuhr

Niacin:	100 %	Vitamin B_{12}:	91 %
Zink:	68 %	Vitamin C:	60 %
Eisen:	52 %	Kalium:	38 %
Vitamin B_6:	28 %	Vitamin B_1:	19 %

Gegrillte Lammsteaks

mit schwarzer Olivensoße und Curryzwiebeln

Marinade: Zitronenschale dünn abreiben, Zitrone auspressen. Rosmarinnadeln und Salbeiblätter fein hacken. Zitronenschale und -saft mit Honig, Kräutern, Knoblauch und Pfeffer zu einer Marinade verarbeiten. Fleisch einlegen und etwa 3 Stunden zugedeckt bei Zimmertemperatur durchziehen lassen. Die Fleischstücke dabei einmal wenden. Steaks aus der Marinade nehmen, gut abtropfen lassen, vor dem Grillen salzen und mit Olivenöl benetzen.

Olivensoße: Zwiebel in kleine Würfel schneiden (brunoise) und in Olivenöl dunkel anrösten. Die klein geschnittenen Oliven etwas mitrösten und mit braunem Lammfond aufgießen. Selleriebrunoise beigeben, ca. 10 Minuten leicht köcheln lassen, leicht binden und evtl. nachwürzen.

Curryzwiebeln: Geflügelfond und Apfelsaft um die Hälfte reduzieren lassen. Zwiebel-, Selleriewürfel, Curry und Lorbeerblatt beigeben und noch einmal 10 Minuten leicht kochen lassen. Mit Salz, Pfeffer und Crème fraîche abschmecken und ca. 1/2 Stunde beizen lassen.

Die Lammsteaks auf beiden Seiten je 3 Minuten braten, aus der Pfanne nehmen und in einer Alufolie ca. 5 Minuten rasten lassen. Die Curryzwiebeln noch einmal kurz aufwärmen, die rosa gegrillten Lammsteaks darauf legen und mit Olivensoße und gedünstetem Brokkoli servieren.

Ernährungsinfo

Curcumin: Pflanzenschutzstoff. Curcumin ist der gelbe Farbstoff der Gelbwurz (Curcuma), der auch Curry seine gelbe Farbe verleiht. Curcumin hat antioxidative und krebshemmende Eigenschaften.

Schweinsfilet im Zwetschgenmantel mit Wirsingkraut

Die Spitzen vom Schweinsfilet wegschneiden, mit diesen und dem Obers im Cutter eine Farce bereiten. Schinkenbrunoise wie auch die gehackten Pignolien, Pistazien und Dörrzwetschgen in Butter leicht anschwenken, abkühlen lassen und der Farce beigeben.

Schweinsfilet mit Salz und Pfeffer würzen, in Öl rasch anbraten und auf die Seite stellen. Das Schweinsnetz auslegen, die Farce dünn aufstreichen, das Schweinsfilet drauflegen und zusammenrollen. Im vorgeheizten Backrohr bei ca. 180 °C das Filet auf 65 °C Kerntemperatur garen. Dies dauert ca. 10 Minuten.

Wirsing in Salzwasser blanchieren. Schalotte und Speck anbraten, mit etwas Mehl stauben und mit Weißwein und Obers aufgießen. Die Gewürze beigeben und etwas durchkochen lassen. Zum Schluss den Wirsing beigeben und zügig durchschwenken.

Das saftig gebratene Schweinsfilet aufschneiden, auf dem Wirsingkraut anrichten und mit etwas Schweinsglace überziehen. Mit Rosmarin garnieren.

Ernährungsinfo

Schweinefleisch: Rote Fleischsorte. Schmeckt im Gegensatz zu Rindfleisch in den ersten drei bis fünf Tagen nach der Schlachtung am besten. Es ist reich an hochwertigem Eiweiß, je nach Teilstück fett bis mager (38 % bis 3 %) und liefert reichlich B-Vitamine, allen voran Vitamin B_1, Eisen und Zink.

Zutaten

für 2 Personen

230 g Schweinsfilet (entsehnt)
10 g Obers (Sahne)
1/2 EL Schinkenbrunoise (Schinkenwürfel)
1/2 EL Pignolien
1/2 EL Pistazien
50 g Dörrzwetschgen
1 TL Butter
Salz, Pfeffer
1 EL Olivenöl
Schweinsnetz

Wirsingkraut:
60 g Wirsingjulienne (Wirsingstreifen)
1 Schalotte, fein geschnitten
10 g Speckbrunoise (Speckwürfel)
1/2 TL Mehl
1 EL Weißwein
2 EL Obers (Sahne)
Salz, Pfeffer, Muskat, Knoblauch
Kümmel

Garnitur:
60 ml Schweinsglace
Rosmarin

Nährwerte pro Portion

kcal:	445	Kohlenh.:	15,9 g
Eiweiß:	40,6 g	Ballastst.:	4,8 g
Fett:	23,2 g	Chol.:	132 mg

Besonders reich an

hochwertigem Eiweiß, Glucosinolaten Flavonoiden, Phenolsäuren

Eine Portion deckt z. B. von der empfohlenen Tageszufuhr

Vitamin B_{12}:	84 %	Niacin:	83 %
Vitamin B_1:	74 %	Kalium:	41 %
Zink:	40 %	Vitamin B_6:	37 %
Kupfer:	27 %	Biotin:	16 %

Johann Pabst

Zutaten

für 2 Personen

Sauerrahmteig:
70 g Mehl, 18 g Butter
25 g Rahm (saure Sahne)
1 Spritzer Essig
1 Ei zum Bestreichen

220 g Schweinsfilet
Salz, Pfeffer
Knoblauch
1/2 EL Olivenöl
30 g Zwiebel
100 g Champignons
1/2 EL Olivenöl
Salz, Pfeffer, Knoblauch
Petersilie

Püree:
30 g Zwiebel, Ingwerwurzel
120 g Karotten, 5 g Butter
1/8 l Gemüsefond
30 g Kartoffel, 1/16 l Milch
Salz, Pfeffer

3 EL brauner Schweinsjus
100 g Brokkoliröschen
2 g Butter

Schweinsfilet mit Duxelles in Sauerrahmteig mit Karotten-Ingwer-Püree und Brokkoli

Sauerrahmteig: Mehl, Butter, Rahm und Essig zu einem glatten Teig verarbeiten und 4 Stunden kühl stellen.

Schweinsfilet würzen, in Olivenöl rundum anbraten und zur Seite stellen.

Zwiebel und Champignons fein hacken und in Olivenöl anbraten, bis die Flüssigkeit verdampft ist, würzen.

Teig ausrollen, auflegen, erkaltete Champignonmasse aufstreichen, das Filet drauflegen, die Ränder mit Ei bestreichen und zusammenrollen. Mit Ei bestreichen und im vorgeheizten Rohr (210 °C) backen. Nach 8 Minuten Temperatur auf 170 °C reduzieren und nochmals 7 – 10 Minuten backen. Die Kerntemperatur im Fleisch sollte 63 – 66 °C betragen. Rolle 5 Minuten rasten lassen.

Püree: Zwiebel, Ingwerwurzel, Karotten klein schneiden und in Butter kurz anschwenken. Mit Gemüsefond aufgießen, Kartoffel beigeben und langsam weich kochen. Mit Pürierstab mixen, Milch einrühren und würzen.

Mit dem Schweinsjus einen Soßenspiegel machen, das Karotten-Ingwer-Püree darauf geben – das Schweinsfilet aufschneiden, auf das Püree setzen und mit gedünsteten und in Butter geschwenkten Brokkoliröschen rundherum dekorieren.

Nährwerte pro Portion

kcal:	541	Kohlenh.:	36,6 g
Eiweiß:	38,7 g	Ballastst.:	8,2 g
Fett:	26,4 g	Chol.:	248 mg

Besonders reich an

hochwertigem Eiweiß
Carotinoiden, Polyphenolen
Glucosinolaten

Eine Portion deckt z. B. von der empfohlenen Tageszufuhr

Vitamin B_1: > empf. Tageszufuhr

Vitamin B_{12}:	100 %	Niacin:	100 %
Vitamin B_6:	66 %	Vitamin B_2:	59 %
Kalium:	57 %	Zink:	53 %

Ernährungsinfo

Brokkoli: Familie der Kreuzblütler. Ist sehr eng mit dem Karfiol verwandt, hat aber einen viel höheren Gehalt an Vitamin C, A und Spurenelementen. Charakteristisch ist ein spargelähnlicher Geschmack. Durch die zarte Zellstruktur ist er leicht verdaulich und eignet sich auch für die Schonkost. Brokkoli gilt schon seit langem als das »Anti-Krebs-Gemüse«, er ist besonders reich an Kalium, Kalzium und Eisen.

Johann Pabst

Gebratene Eiernudeln mit Schweinsfilet

Zutaten
für 2 Personen

15 g Olivenöl
1/2 TL Ingwerwurzel, geschält
1/2 Knoblauchzehe
1/2 TL Zitronengras
alles fein gehackt
5 g Palmzucker
1 Ei
80 g Schweinsfilet
120 g chinesische Eiernudeln
50 g Sojasprossen
10 – 20 g Hühnerfond
25 g Schnittlauch
Salz, Pfeffer aus der Mühle
10 g Sojasoße
2 Limonenecken

Das Olivenöl im Wok oder in einer Pfanne erhitzen, den gehackten Ingwer, Knoblauch, Zitronengras und Palmzucker anbraten und das Ei hineinschlagen. Das in Streifen geschnittene Schweinsfilet, die gekochten Nudeln, die Sojasprossen und den Hühnerfond beigeben. Das Ganze leicht köcheln lassen, den fein geschnittenen Schnittlauch sowie die Gewürze beigeben und mit Sojasoße abschmecken.

Die Limonenecken als Garnitur verwenden, wobei sie vor dem Verzehr mit etwas Saft beträufelt werden.

Serviertipp

→ Die Nudeln können auch mit einem Strudelteigkörbchen serviert werden.

Ernährungsinfo

Sojasoße: Würzmittel. Sojasoße wird aus vergorenen Sojabohnen hergestellt und dient in der asiatischen Küche als universelles Würzmittel. Sie ist sehr salzhaltig. Von den positiven Inhaltsstoffen in Sojabohnen und anderen Sojaprodukten, wie Sojamilch und Tofu, enthält sie nur äußerst geringe Mengen.

Nährwerte pro Portion

kcal:	415	Kohlenh.:	46,1 g
Eiweiß:	22,5 g	Ballastst.:	6,3 g
Fett:	15,4 g	Chol.:	219 mg

Besonders reich an

hochwertigem Eiweiß
komplexen Kohlenhydraten
Sulfiden
Flavonoiden

Eine Portion deckt z. B. von der empfohlenen Tageszufuhr

Niacin:	53 %	Vitamin B_1:	49 %
Vitamin B_{12}:	48 %	Zink:	45 %
Biotin:	35 %	Vitamin B_6:	31 %
Eisen:	27 %	Folsäure:	21 %

Gerald Zeitler

Zutaten

für 2 Personen

1 Zwiebel, 1 Lauch
500 g Kalbsnuss
0,2 l Weißwein
1 l Wasser
2 Lorbeerblätter
Salz, 1 Nelke
4 Blatt Liebstöckel

Soße:
2 EL Noilly Prat
4 EL Weißwein
1/2 l Kochsud
6 EL Kalbssaft
250 g Jogurt
Salz
Pfeffer aus der Mühle
1 EL Zitronensaft
10 g Butter

30 g Lauch, 30 g Karotten
30 g Stangensellerie

Nährwerte pro Portion

kcal:	555	Kohlenh.:	13,5 g
Eiweiß:	65,0 g	Ballastst.:	3,3 g
Fett:	15,3 g	Chol.:	217 mg

Besonders reich an

hochwertigem Eiweiß
Sulfiden
Flavonoiden
Phenolsäuren
Carotinoiden

Eine Portion deckt z. B. von der empfohlenen Tageszufuhr

Vitamin B_{12}: > empf. Tageszufuhr

Zink:	100 %	Vitamin B_2:	82 %
Kalium:	67 %	Vitamin A:	66 %
Magnesium:	39 %	Kalzium:	32 %

Kalbsnuss gekocht mit Zitronensoße

Zwiebel und Lauch waschen, putzen, grob schneiden und mit dem Fleisch, Wasser, Wein und den Gewürzen 35 – 45 Minuten (je nach Qualität des Fleisches) leicht köcheln lassen.

Den Sud für die Soße verwenden.

Soße: Noilly Prat und Weißwein kurz aufkochen lassen, mit Kochsud, Kalbssaft auffüllen und auf ein Drittel reduzieren. Jogurt unterrühren, mit Salz, Pfeffer und Zitronensaft abschmecken, gut durchkochen und mit der Butter im Mixer aufschlagen.

Lauch, Karotten und Stangensellerie in Streifen schneiden und in Salzwasser getrennt knackig kochen und abtropfen lassen.

Das Kalbfleisch in Scheiben schneiden und auf heißen Tellern anrichten. Gemüsestreifen und Soße über dem Fleisch verteilen.

Zubereitungstipp

→ Kalbssaft bekommt man fertig zu kaufen, man kann stattdessen aber auch Suppe verwenden.

Ernährungsinfo

Liebstöckel (Maggikraut): Gewürzpflanze, Doldenblütler. Liebstöckel wird hauptsächlich frisch verwendet. Sein Geschmack ist sehr aromatisch und erinnert an Sellerie. Liebstöckel wird hauptsächlich für Suppen, Soßen und Eintöpfe verwendet. Das Kraut enthält relativ geringe Mengen an ätherischen Ölen, die eine harntreibende Wirkung haben. Liebstöckelwurzeltee wird gegen Verdauungsbeschwerden angewandt.

Johann Pabst

Kalbskopf mit schwarzen Trüffeln und Rucolasalat

Zutaten

für 5 Personen

- 1/2 Stk. Kalbskopf mit Zunge (netto 500 g Fleisch)
- 250 g schwarze Trüffeln
- 25 g Balsamicoessig
- 300 g Rucola
- Salz, Pfeffer
- 100 g Trüffelöl (aus dem Feinkostladen)
- 100 g Balsamicoessig
- 150 g Schalotten
- 2 Tomaten, geschält, entkernt und gewürfelt

Kalbskopf für 12 Stunden trocken suren (mit Pökelsalz, Korianderkörnern, Wacholderbeeren, Lorbeerblatt einreiben), danach weich kochen (mind. 1 1/2 – 2 Stunden), bis sich die Schwarte und das Fleisch gut vom Kopf lösen lassen. Die Zunge muss auch mitgekocht werden.

Die Schwarte gleichmäßig auf Klarsichtfolie legen, das Fleisch und die Zunge darauf verteilen und in die Mitte die Trüffeln legen. Rollen, in eine halbrunde Form pressen und erkalten lassen. Die Rolle aus der Form nehmen, auf der Schneidemaschine in dünne Scheiben schneiden und auf mit Balsamicoessig bestrichene Teller legen.

Rucola sauber waschen, mit Salz, Pfeffer, Trüffelöl und Balsamicoessig marinieren, die fein gehackten Schalotten sowie Tomatenwürfel hinzufügen und in der Mitte des Tellers anrichten. Den Kalbskopf noch mit einer Mischung aus Balsamicoessig und Trüffelöl beträufeln.

Zubereitungstipps

- → Statt schwarzer Trüffeln können auch Steinpilze oder Champignons verwendet werden.
- → Gepressten Kalbskopf kann man auch fertig beim Fleischhauer kaufen.

Ernährungsinfo

Kalbfleisch: Jungrind bis zum Alter von zwölf Monaten. Für die Fleischproduktion werden überwiegend maximal sechs Monate alte Kälber herangezogen. Die beste Fleischqualität haben vier bis sechs Wochen alte Tiere, besonders jene aus Mutterkuhhaltung. Kalbfleisch ist reich an hochwertigem Eiweiß und besonders fettarm. Es liefert reichlich B-Vitamine, Eisen und Zink.

Nährwerte pro Portion

kcal:	388	Kohlenh.:	6,7 g
Eiweiß:	31,7 g	Ballastst.:	9,8 g
Fett:	26,2 g	Chol.:	78 mg

Besonders reich an

hochwertigem Eiweiß

Eine Portion deckt z. B. von der empfohlenen Tageszufuhr

unlösliche Ballaststoffe: 51 %
Pantothensäure: 46 %

Vitamin B_{12}:	68 %	Zink:	64 %
Vitamin B_2:	48 %	Eisen:	42 %

Johann Pabst

Kalbsrückenfilet mit Käsepudding in Petersiliensoße

Zutaten

für 2 Personen

260 g Kalbsrücken
Salz, weißer Pfeffer
1 EL Öl
Thymian, Rosmarin
Knoblauchzehe
15 g Butter
1/8 l Gemüsefond
80 g Kartoffel
1/16 l Milch
1 Bund Petersilie

Käsepudding:

1 Dotter (Eigelb), 1/16 l Milch
Salz, Pfeffer, Muskat
50 g Dinkelmehl
15 g Stärkemehl
30 g Rotschmierkäse (St. Severin)
1 Eiweiß
Salz, Pfeffer
Brösel und Butter für die Form

Den Kalbsrücken in Stücke (je 130 g) teilen, würzen und im heißen Öl rasch anbraten. Thymian, Rosmarin und eine zerdrückte Knoblauchzehe dazugeben und im Backrohr bei 210 °C ca. 6 – 8 Minuten garen, bis das Fleisch schön hellrosa ist. Aus der Pfanne geben und warm stellen.

Die Butter zum Bratensatz geben, mit dem Gemüsefond aufgießen und die geschälte, in Würfel geschnittene Kartoffel dazugeben. Weich kochen, mit Milch und Petersilie im Mixer fein pürieren. Passieren.

Käsepudding: Dotter mit Milch und den Gewürzen gut verrühren, das Dinkelmehl und die Stärke mit dem passierten Käse zur Obers-Dotter-Mischung geben und zum Schluss das halb aufgeschlagene Eiweiß unterheben. Wenn nötig, mit Salz und Pfeffer würzen.
In gebutterten und mit Bröseln ausgekleideten Dariolformen 3/4 hoch einfüllen und im Wasserbad 25 Minuten pochieren.

Serviertipp

→ Mit glacierten Karottenstäbchen oder Brokkoligemüse anrichten.

Ernährungsinfo

Eisen (Fe): Mineralstoff. Ist Bestandteil des Blut- und Muskelfarbstoffes und verschiedener Enzyme. Ist beteiligt am Sauerstofftransport im Blut. Ein Mangel führt zur Blutarmut (Anämie), verbunden mit einer allgemeinen Schwäche und einem Abfall der körperlichen und geistigen Leistungsfähigkeit. Die Ausnutzung liegt bei tierischen Produkten bei 30 % und bei pflanzlichen nur bei 10 %.

Nährwerte pro Portion

kcal:	628	Kohlenh.:	39,6 g
Eiweiß:	51,6 g	Ballastst.:	5,3 g
Fett:	28,9 g	Chol.:	268 mg

Besonders reich an

hochwertigem Eiweiß
komplexen Kohlenhydraten
Protease-Inhibitoren
Phenolsäuren

Eine Portion deckt z. B. von der empfohlenen Tageszufuhr

Niacin: > empf. Tageszufuhr

Vitamin B_{12}:	81 %	Zink:	81 %
Eisen:	55 %	Vitamin B_6:	54 %
Kupfer:	44 %	Folsäure:	20 %

Gerald Zeitler

Zutaten

für 2 Personen

Salsa verde:
1 TL Kerbel, 1 TL Petersilie
3 TL Basilikum
1 Thymianzweig
10 EL Distelöl
2 EL Gemüsefond
Salz, Pfeffer aus der Mühle
Saft von 1/2 Zitrone
1 TL Rotweinessig
1 Schalotte, 1 kleine Karotte
1 Stangensellerie
1 TL Butter
300 g Kalbsfilet
0,2 l Weißwein
0,3 l Geflügelfond
1 Lorbeerblatt
10 Pfefferkörner

Gemüsestreifen:
50 g Karotten
50 g Zucchini
50 g Lauch
50 g grüne Bohnen
1 TL Essig
1 TL Olivenöl
Salz, Pfeffer aus der Mühle

Nährwerte pro Portion

kcal:	463	Kohlenh.:	8,2 g
Eiweiß:	43,5 g	Ballastst.:	5,0 g
Fett:	20,1 g	Chol.:	150 mg

Besonders reich an

hochwertigem Eiweiß, Carotinoiden Phenolsäuren, Sulfiden

Eine Portion deckt z. B. von der empfohlenen Tageszufuhr

Niacin: > empf. Tageszufuhr

Vitamin B_{12}:	90 %	Vitamin B_6:	83 %
Zink:	71 %	Vitamin D:	57 %
Kalium:	57 %	Eisen:	55 %

Pochiertes Kalbsfilet auf Gemüsestreifen und kalter Kräutersoße (Salsa verde)

Alle Kräuter hacken, mit dem Öl und Fond im Mixer pürieren, mit Salz und Pfeffer würzen und mit Zitronensaft und Essig nach Geschmack säuern.

Schalotte, Karotte und Stangensellerie grob schneiden, in geschmolzener Butter kurz anrösten und beiseite stellen. Das Kalbsfilet darin kurz blind anbraten, sodass die Poren geschlossen sind, danach auf das Gemüse legen. Mit Weißwein ablöschen und mit Geflügelfond aufgießen. Lorbeerblatt und Pfefferkörner dazugeben und ca. 5 – 6 Minuten dünsten, die Filets sollen innen noch rosa sein. Das Fleisch herausnehmen und abtropfen lassen. Die entstandene Soße aufbewahren, eventuell einfrieren und für ein anderes Kalbsgericht verwenden.

Gemüsestreifen: Karotten, Zucchini und Lauch in feine Streifen schneiden, Gemüse getrennt in Salzwasser knackig kochen, abtropfen lassen, in einer Schüssel mit Essig und Öl leicht marinieren und mit Salz und Pfeffer abschmecken.

Die marinierten Gemüsestreifen auf den Tellern verteilen, das noch warme Kalbsfilet mit der Aufschnittmaschine in ganz dünne Scheiben schneiden, zu dem Gemüse legen und mit der kalten Kräutersoße beträufeln.

Ernährungsinfo

Purine: Weit verbreitete Substanzgruppe aus Kohlenstoff und Stickstoff. Sie werden für den Aufbau von Erbsubstanz und neuen Zellen benötigt und können im Körper selbst aufgebaut und über die Nahrung zugeführt werden. Purine werden zu Harnsäure abgebaut. Fällt zu viel Harnsäure im Blut an, kommt es zur Hyperurikämie und Gicht. Reich an Purinen sind Innereien, Fleisch und Fleischprodukte, Fisch, Hülsenfrüchte und Pilze.

Osso Bucco vom Kalb mit Parmesanpolenta

Zutaten

für 2 Personen

280 g Kalbshaxe
Salz, Pfeffer, Knoblauch
1 TL Olivenöl
100 g Wurzelgemüse (Karotten Sellerie, Zwiebel und Lauch)
1 TL Tomatenmark
1/16 l Weißwein
1/4 l Wasser oder Kalbsfond
Rosmarin, Thymian
evtl. Stärkemehl zum Binden
30 g Sellerie, 30 g Karotten
30 g Zwiebel, 20 g Champignons
1 Tomate
1/2 EL Butter

Parmesanpolenta:
40 g Polenta
1/8 l Milch
1 TL Mascarino
20 g Parmesan
Salz, Muskat

Kalbshaxe mit den Knochen in 2 cm dicke Scheiben schneiden, mit Salz, Pfeffer, Knoblauch würzen und in Öl anbraten. Aus dem Bräter geben und das nussgroß geschnittene Gemüse anbraten. Tomatisieren und mit Weißwein ablöschen. Mit Wasser oder Kalbsfond aufgießen und Rosmarin und Thymian zugeben. Osso Bucco beigeben und im Rohr bei 160 °C je nach Qualität des Fleisches 60 – 90 Minuten langsam schmoren. Wenn das Fleisch weich ist, aus dem Bräter geben und die Soße passieren, reduzieren lassen und eventuell mit Stärkemehl binden. Gemüse in Würfel schneiden, Champignons fein hacken und mit den entkernten und gewürfelten Tomaten langsam in der Butter anschmoren.

Parmesanpolenta: Polenta mit Milch kochen, auf kleiner Flamme ca. 8 Minuten dünsten, den Mascarino und den Parmesan einrühren und würzen. Die cremige Polenta auf einem Teller anrichten, Osso Bucco draufgeben. Die geschmorten Gemüsewürfel auf das Fleisch geben und mit etwas Natursaft überziehen.

Zubereitungstipps

- Dieses Gericht kann auch mit Schweine- oder Lammfleisch zubereitet werden.
- Für die Parmesanpolenta kann man, um den Fettgehalt zu verringern, Magermilch statt Vollmilch verwenden.

Ernährungsinfo

Parmesan: Milchprodukt. Hartkäse. Er wird in der italienischen Küche häufig verwendet. Aufgrund seiner Härte liefert er besonders viel Kalzium. 85 Gramm Parmesan decken bereits die empfohlene Tageszufuhr an Kalzium für einen Erwachsenen. Darüber hinaus ist Parmesan reich an hochwertigem Eiweiß, Fett, Vitamin A, B_2, D, Phosphor und Zink.

Nährwerte pro Portion

kcal:	499	Kohlenh.:	24,6 g
Eiweiß:	51,8 g	Ballastst.:	4,7 g
Fett:	18,6 g	Chol.:	136 mg

Besonders reich an

hochwertigem Eiweiß, Carotinoiden
Polyphenolen, Sulfiden
komplexen Kohlenhydraten

Eine Portion deckt z. B. von der empfohlenen Tageszufuhr

Niacin: > empf. Tageszufuhr

Vitamin B_{12}:	81 %	Zink:	67 %
Eisen:	57 %	Vitamin B_6:	44 %
Kalium:	38 %	Vitamin D:	24 %

Johann Pabst

Zutaten

für 2 Personen

Steirischer Wurzelrostbraten mit Kren und Vollkornspätzle

220 g Beiried
Salz, Pfeffer
Senf
1 EL Olivenöl
1/4 Stk. Zwiebel
1 TL Tomatenmark
1/16 l Rotwein
1/16 l Rindsuppe
Lorbeer
Thymian
40 g Gelbe Rüben
30 g Karotten
40 g Pastinaken
20 g Lauch

Vollkornspätzle:
1 Ei
50 g Milch
100 g Weizenvollmehl
Salz, Muskat

Kren

Das Beiried halbieren (je 110 g) und leicht klopfen. Mit Salz, Pfeffer und Senf würzen und in Öl anbraten. Aus der Pfanne nehmen und mit fein geschnittener Zwiebel anrösten. Tomatisieren und mit Rotwein ablöschen. Mit Rindsuppe aufgießen, Lorbeer und Thymian beimengen und mit dem in Streifen geschnittenen Wurzelgemüse kurz durchkochen. Das Fleisch einlegen und kurz dünsten (ohne Kochen ca. 3 Minuten ziehen lassen).

Vollkornspätzle: Ei, Milch, Weizenvollmehl, Salz und Muskat zu einem glatten Teig verrühren und in Salzwasser Spätzle reiben, anschließend im kalten Wasser abschrecken.

Das Fleisch auf einem Teller anrichten, die Wurzeln oben draufgeben und mit viel frisch geriebenem Kren sowie in Butter geschwenkten Spätzle vollenden.

Nährwerte pro Portion

kcal:	445	Kohlenh.:	35,1 g
Eiweiß:	35,6 g	Ballastst.:	7,8 g
Fett:	15,8 g	Chol.:	201 mg

Besonders reich an

hochwertigem Eiweiß
Isothiocyanaten

Eine Portion deckt z. B. von der empfohlenen Tageszufuhr

Vitamin B_{12}:	100 %	Zink:	90 %
Vitamin A:	62 %	Mangan:	53 %
Eisen:	51 %	Kupfer:	44 %
Folsäure:	18 %		

Ernährungsinfo

Kren (Meerrettich): Gewürzpflanze, Kreuzblütler. Kren wird vor allem zum Würzen von Soßen verwendet oder roh zu Fleisch gereicht. Er entwickelt sein typisch scharfes, zu Tränen reizendes Aroma erst, wenn er geschnitten oder gerissen wird. Kren ist reich an Vitamin C, der scharfe Geschmack rührt von seinem hohen Gehalt an Isothiocyanaten her, sekundären Pflanzeninhaltsstoffen mit keimhemmender Wirkung.

Johann Pabst

Gesottener Tafelspitz mit Semmelkren gratiniert und Spinatschaumsoße

Zutaten
für 2 Personen

- 1 l Wasser
- 1 Bund Suppengrün
- 300 g Tafelspitz
- 1 Lorbeerblatt
- Pfefferkörner
- 1 Zwiebel
- Salz

Semmelkren:

- 2 Semmeln
- 1/8 l Rindsuppe
- 1 EL Kren
- Salz, Pfeffer, Muskat
- 1/16 l Magermilch
- 1 Eigelb

Soße:

- 1/8 l weiße Kalbsgrundsoße
- 1 EL Cremespinat

Wasser und Suppengrün zum Kochen bringen. Tafelspitz dazugeben, gut durchkochen, Schaum abschöpfen. Danach Lorbeerblatt und Pfefferkörner dazugeben. Zwiebel in der Mitte auseinander schneiden, mit der Schnittfläche nach unten auf die Herdplatte legen, anbräunen lassen und zur Suppe geben. Tafelspitz ca. 1 1/2 Stunden weich simmern. In der Suppe bereithalten, erst zum Schluss salzen.

Semmelkren: Semmeln entrinden, in kleine Würfel schneiden, mit etwas Rindsuppe aufweichen und mit einem Schneebesen zerkleinern. Den gerissenen Kren dazugeben, mit Salz, Pfeffer und Muskat würzen. Milch und Eigelb unter die dicke Semmelmasse ziehen.

Backrohr auf höchste Oberstufe einstellen. Tafelspitz herausnehmen, in ca. 1 cm dicke Scheiben schneiden, in ein feuerfestes Geschirr legen, Semmelkren 1 cm dick auftragen, mit Suppe übergießen, bis der Boden bedeckt ist und im Backrohr so lange gratinieren, bis die Kruste goldgelb erscheint.

Soße: Kalbsrahmsoße und Cremespinat mit dem Stabmixer aufschäumen.

Zubereitungstipp

→ Statt Rindstafelspitz kann auch Kalbstafelspitz (max. 30 – 40 Minuten Kochzeit) verwendet werden.

Ernährungsinfo

Eiweiß: Protein. Hauptnährstoff neben Kohlenhydraten und Fett. 1 Gramm liefert 4,1 kcal. Eiweiß dient im Körper als Bausubstanz für den Aufbau von Körpermasse (z. B. Muskelmasse), zur Erneuerung von Zellen und Geweben. Viele Hormone bestehen aus Eiweiß, ebenso Antikörper und Gerinnungsfaktoren. Eiweißreiche Lebensmittel sind Fleisch, Fisch, Hülsenfrüchte, Milch, Milchprodukte, Sojaprodukte, Eier und Nüsse.

Nährwerte pro Portion

kcal:	509	Kohlenh.:	34,2 g
Eiweiß:	55,2 g	Ballastst.:	4,9 g
Fett:	16,3 g	Chol.:	260 mg

Besonders reich an

hochwertigem Eiweiß
komplexen Kohlenhydraten
Glucosinolaten

Eine Portion deckt z. B. von der empfohlenen Tageszufuhr

Vitamin B_{12}: > empf. Tageszufuhr
Zink: > empf. Tageszufuhr

Vitamin B_2:	55 %	Kalium:	40 %
Biotin:	36 %	Vitamin B_1:	34 %

Johann Pabst

Rumpsteak mit Kastanienkruste

Zutaten

für 2 Personen

Kastanienkruste:

100 g Kastanien
1 Schalotte
20 g Hamburgerspeck
1 TL Butter
1/16 l Rindsuppe
Salz, Pfeffer, Chilischote
1/2 Bund Petersilie

2 Rumpsteaks (à 120 – 140 g)
Thymian, Rosmarin
Salz, Pfeffer
10 g Semmelbrösel
10 g Butterflocken

Gekochte und geschälte Kastanien, fein gehackte Schalotte und Hamburgerspeck in Butter anbraten. Mit Rindsuppe auffüllen und bei starker Hitze einkochen lassen. Danach in der Küchenmaschine nicht zu fein pürieren. Mit Salz, Pfeffer und geriebener Chilischote gut würzen und fein gehackte Petersilie unterrühren.

Rumpsteaks in einer Pfanne 1 Minute anbraten. Danach umdrehen und die andere Seite 2 Minuten anbraten. Erst in der letzten Minute Thymian und Rosmarin beifügen. Steaks nach dem Braten mit Salz und Pfeffer würzen. Die Steaks dick mit Kastanienpüree bestreichen, mit Semmelbröseln bestreuen und mit Butterflocken belegen. Ein Backblech mit Alufolie auslegen und die Steaks darauf legen. Im vorgeheizten Rohr bei 180 °C etwa 7 Minuten backen.

Nährwerte pro Portion

kcal:	356	Kohlenh.:	28,8 g
Eiweiß:	14,2 g	Ballastst.:	2,3 g
Fett:	20,3 g	Chol.:	59 mg

Besonders reich an

hochwertigem Eiweiß
komplexen Kohlenhydraten

Eine Portion deckt z. B. von der empfohlenen Tageszufuhr

unlösliche Ballaststoffe: 26 %

Vitamin B_{12}:	80 %	Niacin:	41 %
Kalium:	38 %	Zink:	31 %
Vitamin B_1:	21 %	Eisen:	21 %

Ernährungsinfo

Rindfleisch: Rindfleisch ist eine hervorragende Quelle für biologisch hochwertiges Eiweiß. Sein Fettgehalt beträgt je nach Teilstück 2 – 12 %. Rindfleisch ist reich an B-Vitaminen, allen voran Vitamin B_{12} und Niacin und liefert reichlich Eisen und Zink. Rindfleisch muss vor dem Verzehr einige Tage (besser: Wochen) abhängen, damit es sein Aroma entwickeln und zart werden kann.

Marinierte Ochsenwange mit Dörrobst

Die Wangen für 2 – 3 Tage in die Marinade legen.

Die Ochsenwangen aus der Marinade nehmen und gut abtrocknen, salzen. Das Fleisch im heißen Erdnussöl kräftig anbraten, das Gemüse dazugeben, ebenfalls gut anrösten, tomatisieren, mit der Marinade aufgießen, Deckel drauflegen und im Rohr bei 150 °C ca. 60 – 90 Minuten garen. Den Kalbsfond nach und nach angießen. Den Rotwein mit den Gewürzen aufkochen, die Dörrzwetschgen dazugeben, kurz durchkochen lassen und abseihen. Den Rotwein zum Fleisch geben. Wenn die Wangen weich sind, aus der Soße nehmen und warm stellen (= auslegen). Pumpernickel in die Soße bröckeln, kurz durchkochen lassen, die Soße durch ein Sieb streichen und die Dörrzwetschgen als Einlage geben. Schlagobers dazugießen. Nach Bedarf mit Salz und Pfeffer abschmecken.

Zubereitungstipps

- → Sollten Wangen nicht erhältlich sein, eignet sich für diese Zubereitung auch ein Stück aus der Rinderwade, beide Fleischteile haben ähnliche gelierende Strukturen.
- → Wenn man Schlagobers weglässt, kann man den Fettgehalt dieses Gerichtes reduzieren.

Ernährungsinfo

Harnsäure: Abbauprodukt des Purinstoffwechsels. Harnsäure ist im Blut nur schwer löslich. Fällt zu viel Harnsäure an, kann diese auskristallisieren, sich in den Gelenken ablagern und die typischen Symptome der Gicht verursachen. Meist ist die Entstehung der Gicht auf einen erblichen Defekt des Purinabbaus sowie purinreiche Kost zurückzuführen.

Zutaten

für 2 Personen

Marinade:

1/8 l kräftiger Rotwein
1/8 l Wasser
1/2 Zwiebel, 1 Knoblauchzehe
1 Nelke
1 Lorbeerblatt, Pfefferkörner
2 Ochsenwangen
(à 150 – 170 g)
4 EL Erdnussöl
Salz
80 g Wurzelgemüse,
nussgroß geschnitten
1/2 EL Tomatenmark
100 g brauner Kalbsfond
1/16 l Rotwein
je ein Stück Orangen-
und Zitronenschale
1 Nelke, 1/2 Zimtrinde
50 g Dörrzwetschgen
1/2 Scheibe Pumpernickel
1/16 l Schlagobers (-sahne)
Salz, Pfeffer

Nährwerte pro Portion

kcal:	563	Kohlenh.:	24,7 g
Eiweiß:	46,0 g	Ballastst.:	6,9 g
Fett:	23,8 g	Chol.:	135 mg

Besonders reich an

hochwertigem Eiweiß, Carotinoiden
Flavonoiden, Phenolsäuren

Eine Portion deckt z. B. von der empfohlenen Tageszufuhr

Vitamin B_{12}: > empf. Tageszufuhr
Zink: > empf. Tageszufuhr

Niacin:	100 %	Eisen:	70 %
Vitamin D:	58 %	Kalium:	47 %

Johann Pabst

Zutaten

für 2 Personen

Buchteln:

75 g Mehl
6 g Germ (Hefe)
10 g flüssige Butter
1 Ei, 30 ml Milch
Salz, Pfeffer, Muskatnuss
75 g mehlige Erdäpfel (Kartoffeln), gekocht u. passiert
20 g gehackte Zwiebel, geröstet
25 g Lauch fein geschnitten, geröstet

Entrecôte:

100 g gemischte frische Pilze
1 EL gehackte Zwiebel
1 TL Butter
Petersilie, Salz, Pfeffer
280 g Beiried, 1 TL Olivenöl
1/8 l brauner Fond
1/8 l Zweigelt
evtl. Stärkemehl zum Binden
60 g grüne Bohnen

Nährwerte pro Portion

kcal:	530	Kohlenh.:	38,8 g
Eiweiß:	42,8 g	Ballastst.:	5,1 g
Fett:	18,4 g	Chol.:	241 mg

Besonders reich an

hochwertigem Eiweiß
komplexen Kohlenhydraten
Phenolsäuren

Eine Portion deckt z. B. von der empfohlenen Tageszufuhr

Vitamin B_{12}: > empf. Tageszufuhr
Niacin: > empf. Tageszufuhr

Zink:	96 %	Vitamin D:	73 %
Biotin:	58 %	Eisen:	53 %

Entrecôte in der Pilzkruste

auf Zweigeltsoße mit Erdäpfel-Lauch-Buchteln

Buchteln: Mehl, Germ, Butter, Ei, Milch und die Gewürze zu einem festen Germteig kneten, einmal gehen lassen, mit den passierten Erdäpfeln mischen, Zwiebel-Lauch-Mischung dazugeben, Buchteln formen und im Ofen bei 180 °C ca. 20 Minuten backen.

Pilze waschen, in Blätter schneiden und mit der Zwiebel in Butter anrösten. Mit Petersilie, Salz und Pfeffer würzen. Entrecôte beidseitig anbraten, mit der Pilzmasse belegen und im Backrohr bei 200 °C 8 – 10 Minuten braten.

Braunen Fond und Zweigelt einkochen lassen und vor dem Anrichten eventuell mit Stärkemehl binden. Mit der Soße einen Spiegel machen, das Entrecôte draufsetzen und mit gekochten grünen Bohnen und Erdäpfelbuchteln servieren.

Serviertipp

→ Gemeinsam mit verschiedenen Gemüsesorten servieren.

Ernährungsinfo

Zink (Zn): Mineralstoff, Spurenelement. Wichtiger Bestandteil von Enzymen. Wesentlich bei der Zellerneuerung und bei der Herstellung, Ausschüttung und Wirkung von Hormonen (z. B. Insulin). Unerlässlich für die Immunzellen und wesentlich gegen freie Radikale. Ein Mangel, der relativ rasch auftreten kann, führt u. a. zu Stoffwechselstörungen, Appetitverlust, verminderter Wundheilung und Immunschwäche.

Johann Pabst

Zutaten

für 2 Personen

2 Entrecôtes (à 130 g)
Salz, Pfeffer aus der Mühle
1/2 TL Dijonsenf
1 TL Olivenöl
1/16 l Rotwein
1/16 l Portwein
2 EL Balsamico
1/16 l kräftige Rindsuppe
10 g Butter zum Montieren

30 g roter Paprika
30 g Staudensellerie
30 g grüner Spargel
30 g Erbsenschoten
20 g Reisnudeln (4 mm)
oder fertiger Strudelteig
Olivenöl zum Frittieren
1 EL Olivenöl
Salz, Pfeffer
8 g Radieschen oder
Sojasprossen
1/2 TL Sojasoße

Nährwerte pro Portion

kcal:	455	Kohlenh.:	14,8 g
Eiweiß:	30,5 g	Ballastst.:	2,5 g
Fett:	24,7 g	Chol.:	105 mg

Besonders reich an

hochwertigem Eiweiß
Carotinoiden

Eine Portion deckt z. B. von der empfohlenen Tageszufuhr

Vitamin B_{12}: > empf. Tageszufuhr

Niacin:	100 %	Zink:	74 %
Vitamin D:	36 %	Kalium:	36 %
Vitamin B_1:	34 %	Eisen:	33 %

Orientalisches Gemüse mit gegrilltem Entrecôte und Balsamico-Rotwein-Soße

Entrecôtes mit Salz, Pfeffer, Senf würzen und in Olivenöl langsam beidseitig anbraten. Aus der Pfanne nehmen, in Alufolie einwickeln und am besten in der Folie 5 – 8 Minuten rasten lassen. Den Bratensatz mit Rotwein, Portwein und Balsamico ablöschen und mit etwas Rindsuppe aufgießen. Einkochen lassen, mit Salz und Pfeffer würzen und mit Butter montieren.

Paprika, Staudensellerie und grünen Spargel (nur die Enden) schälen, Erbsenschoten putzen. Das ganze Gemüse in kleine Stäbchen schneiden. Strudelteig in 4 mm breite Nudeln schneiden, bei ca. 160 °C knusprig frittieren und auf einem Küchenpapier abtropfen lassen. Im Wok etwas Olivenöl erhitzen, Paprika-, Erbsenschoten-, Staudensellerie- und Spargelstäbchen einlegen, würzen und 1 1/2 Minuten heiß anrösten, dabei ständig schwenken. Vom Ofen nehmen, Sprossen zugeben, mit Sojasoße ablöschen, danach mit knusprigem Reis- oder Strudelteig vermischen. Das gebratene Gemüse locker auf den Tellern verteilen und mit den gegrillten Entrecôtes und der Balsamico-Rotwein-Soße anrichten.

Ernährungsinfo

Erbsenschoten: Leguminosen. Es handelt sich dabei um junge, unreif geerntete Erbsen, bei denen die ungenießbare Pergamentschicht an der Innenseite der Hülse noch nicht entwickelt ist. Die Hülse ist voll genießbar. Haben einen höheren Zuckeranteil und wie alle Erbsen einen hohen Anteil an biologisch hochwertigem Eiweiß.

Gerald Zeitler

Kohlroulade mit Tomatensoße

Zutaten

für 2 Personen

Rouladen:

1/2 Kohl (Wirsing)
1 entrindete Semmel
100 ml Magermilch
1 Schalotte, 1 Knoblauchzehe
Petersilie, 1 EL Olivenöl
200 g mageres Rindfleisch, faschiert
10 g Pinienkerne, angeröstet
1 Ei
Salz, Pfeffer, Majoran
Olivenöl zum Anbraten

Soße:

1 Schalotte
3 kleine Tomaten
1 Thymianzweig
1 Knoblauchzehe
1 EL Olivenöl
50 g Beinschinken
1/2 Dose geschälte Tomaten
Salz, Pfeffer
100 g gekochte Kartoffeln

<u>Rouladen:</u> Kohl entblättern, in Salzwasser blanchieren und abschrecken. Semmel in Würfel schneiden und in heißer Milch einweichen. Schalotte, Knoblauch und Petersilie klein schneiden, in Olivenöl anschwitzen und kurz überkühlen lassen. Danach Rindfleisch, Semmelwürfel, Pinienkerne und Ei untermengen und mit den Gewürzen abschmecken. Kohlblätter auflegen, Faschiertes draufstreichen und zusammenrollen. Rouladen in Olivenöl anbraten.

<u>Soße:</u> In einer feuerfesten Form geschnittene Schalotte, enthäutete, entkernte und würfelig geschnittene Tomaten, Thymian und Knoblauch anschwitzen. Schinken und geschälte Tomaten beigeben, kurz aufkochen lassen und mit Salz und Pfeffer würzen.

Die Rouladen dazugeben und ca. 15 Minuten im Rohr bei 200 °C goldgelb braten. Die Rouladen herausnehmen, Kartoffeln in Würfel schneiden, in die Soße geben, kurz unterheben, abschmecken und mit den Rouladen auf einem Teller gefällig anrichten.

Nährwerte pro Portion

kcal:	604	Kohlenh.:	31,8 g
Eiweiß:	52,8 g	Ballastst.:	10,1 g
Fett:	29,0 g	Chol.:	208 mg

Besonders reich an

Glucosinolaten
Flavonoiden
Phenolsäuren
Carotinoiden
hochwertigem Eiweiß

Eine Portion deckt z. B. von der empfohlenen Tageszufuhr

Vitamin B_{12}: > empf. Tageszufuhr

Vitamin C:	97 %	Zink:	92 %
Vitamin E:	90 %	Eisen:	69 %
Vitamin B_1:	53 %	Folsäure:	50 %

Zubereitungstipp

→ Statt Fleisch kann man gekochte Rollgerste und klein geschnittenes Gemüse verwenden und so ein vegetarisches Gericht servieren.

Ernährungsinfo

Kohl: Kreuzblütler. Alle Kohlsorten zählen zum klassischen »Anti-Krebs-Gemüse«, da sie einen hohen Anteil an sekundären Pflanzeninhaltsstoffen und Vitamin C haben. Sie sind auch sehr gute Ballaststofflieferanten. Verschiedene Arten (z. B. Weißkohl) gelten als schwer verdaulich. Dies kann durch Zugabe von Kümmel verbessert werden.

Johann Pabst

Gamsrückenmedaillons in Feigensoße

Den Gamsrücken mit Wacholderbeeren, Koriander, Salz und Pfeffer würzen. In einer Pfanne Öl erhitzen und den Rücken beidseitig anbraten. Den Thymianzweig, die zerdrückte Knoblauchzehe dazugeben und im Ofen bei 180 °C ca. 8 – 10 Minuten rosa braten.

Den Bratensatz mit Portwein ablöschen und mit Rotwein aufgießen. 2 klein geschnittene Feigen mit Sternanis und Pfefferkörnern beigeben und einreduzieren. Die Soße durch ein feines Sieb passieren, den Honig und das Kaffeepulver beigeben, eventuell mit Stärkemehl binden.

Die restlichen zwei Feigen kreuzweise einschneiden und in der Soße kurz erwärmen. Das Fleisch aufschneiden und mit der Soße und den Feigen anrichten.

Zubereitungstipp

→ Bekommt man kein Gamsrückenfilet, kann man dieses Gericht auch mit anderen Wildsorten (Hirsch, Reh, Hase oder Fasan) zubereiten.

Serviertipp

→ Als Beilage eignen sich Rotkraut im Strudelteig und Schupfnudeln.

Ernährungsinfo

Gams: Haarwild. Familie der Paarhufer. Das Fleisch ist dunkel, schmeckt sehr aromatisch und gilt als Delikatesse. Es ist sehr bekömmlich, fettarm, reich an hochwertigem Eiweiß, besonders reich an Eisen und Vitaminen des B-Komplexes.

Zutaten

für 2 Personen

220 g Gamsrückenfilet
2 Wacholderbeeren
Koriander
Salz, Pfeffer aus der Mühle
1 TL Öl
1 Thymianzweig
1 Knoblauchzehe

Soße:
50 g Portwein
1/8 l Rotwein
4 reife Feigen
2 Sternanis
2 Pfefferkörner
1/2 TL Honig
1/2 TL Instant-Kaffeepulver
evtl. Stärkemehl zum Binden

Nährwerte pro Portion

kcal:	323	Kohlenh.:	13,9 g
Eiweiß:	34,4 g	Ballastst.:	1,0 g
Fett:	7,5 g	Chol.:	108 mg

Besonders reich an

hochwertigem Eiweiß
Polyphenolen

Eine Portion deckt z. B. von der empfohlenen Tageszufuhr

Kupfer: > empf. Tageszufuhr

Vitamin D:	47 %	Zink:	44 %
Niacin:	43 %	Vitamin B_{12}:	40 %
Eisen:	39 %	Kalium:	29 %

Johann Pabst

Zutaten

für 2 Personen

Grappa-Rosinen:

1 – 2 EL Rosinen

2 EL Grappa

180 – 200 g Eierschwammerln (Pfifferlinge)

1/4 Zwiebel

1/2 Knoblauchzehe

Petersilie

1 Blättchen Liebstöckel

1 EL Sonnenblumenöl

1 EL Butter

Salz, Pfeffer

2 EL Obers (Sahne)

240 g Rehrücken

Salz, Pfeffer

1/2 EL Sonnenblumenöl

1/2 EL Butter

evtl. Stärkemehl zum Binden

Rehnüsschen mit Eierschwammerln in Grappa-Rosinen

Rosinen kurz in kochendes Wasser legen, abseihen, gut abtropfen lassen und mit dem Grappa in ein passendes, verschließbares Gefäß füllen. Gefäß dicht verschließen und an einem warmen Ort 1 Tag stehen lassen.

Eierschwammerln halbieren bzw. vierteln. Zwiebel und Knoblauch fein hacken, Petersilie und Liebstöckel fein schneiden. In einer möglichst großen Pfanne Öl und Butter erhitzen. Eierschwammerln bei guter Hitze anbraten, sobald sie Wasser lassen, in ein Sieb schütten und abtropfen lassen. In derselben Pfanne Butter erhitzen, Zwiebel und Knoblauch anschwitzen, abgetropfte Schwammerln zugeben, mit Salz, Pfeffer und Kräutern würzen. Obers zugeben und auf kleiner Flamme zu cremiger Konsistenz einkochen.

Rehrücken von Haut, Sehnen und Fettansätzen befreien, in ca. 6 gleich große Medaillons schneiden, salzen und pfeffern. In einer Pfanne Öl und Butter erhitzen. Rehmedaillons auf beiden Seiten braten. Rehmedaillons aus der Pfanne nehmen und in Alufolie 2 – 3 Minuten rasten lassen. Fett abgießen, Grappa samt Rosinen in die Pfanne geben und die Flüssigkeit aufwallen lassen. Eventuell mit angerührtem Stärkemehl binden.

Schwammerln in der Tellermitte anrichten. Rehmedaillons gefällig dazulegen, mit Grappa-Rosinen bestreuen und mit dem Saft beträufeln.

Nährwerte pro Portion

kcal:	434	Kohlenh.:	8,0 g
Eiweiß:	38,8 g	Ballastst.:	6,4 g
Fett:	25,1 g	Chol.:	151 mg

Besonders reich an

hochwertigem Eiweiß
Chitin

Eine Portion deckt z. B. von der empfohlenen Tageszufuhr

Niacin:	95 %	Eisen:	87 %
Kalium:	53 %	Zink:	52 %
Kupfer:	51 %	Vitamin D:	46 %
Vitamin E:	44 %	Vitamin A:	37 %

Ernährungsinfo

Rosinen: Trockenfrüchte. Rosinen sind an der Luft oder in Öfen getrocknete Weintrauben. Man unterscheidet zwischen Korinthen (klein, kernlos, dunkel), Zibeben (Kerne, groß, fleischig), Sultaninen (kernlos, hell, süß) und Traubenrosinen (saftig, groß). Aufgrund des Wasserentzugs sind Rosinen besonders reich an Fruchtzucker. Sie liefern reichlich Ballaststoffe, Kalium, Kalzium, Eisen und Polyphenole.

Johann Pabst

Hirschkotelett mit gesäuertem Kürbisgemüse

Von den Hirschkoteletts Knochen sauber entfernen, das Fleisch mit den angegebenen Zutaten würzen. In einer beschichteten Pfanne beidseitig anbraten und im Rohr bei 180 °C 8 Minuten rosa garen. In einer Alufolie noch etwas rasten lassen.

Kürbis und Knollensellerie in gleichmäßige Streifen (Julienne) oder Würfel schneiden und separat im Gemüsefond blanchieren, abseihen. Aus dem Gemüsefond mit Weißwein, etwas Essig, Zucker, Salz, Pfefferkörnern und Lorbeer eine Marinade herstellen und das Kürbis-Sellerie-Gemüse darin einlegen.

Den braunen Wildfond mit etwas geriebenem Wacholder würzen.

Das gesäuerte Kürbisgemüse in der Tellermitte anrichten, das Hirschkotelett draufgeben und mit dem Wildfond überziehen.

Serviertipp

→ Mit gebratenen Schupfnudeln servieren.

Ernährungsinfo

Hirsch: Haarwild. Verzehrt wird das Fleisch von Rot- und Damhirschen, letzteres ist besonders schmackhaft. Hirschfleisch ist rot- bis dunkelbraun, zart und saftig. Neben hochwertigem Eiweiß liefert es reichlich Eisen und B-Vitamine und ist dabei vergleichsweise fettarm.

Zutaten

für 2 Personen

2 Hirschkoteletts (à 140 g)
Salz, Pfeffer
Wacholder und Koriander im Mörser fein gestoßen oder mit der Messerseite zerdrückt

Kürbisgemüse:
80 g Kürbis (Hokkaido oder American Gigant)
60 g Knollensellerie
1/8 l Gemüsefond
1/16 l Weißwein
Essig
1 TL Honig oder Zucker
Salz, Pfefferkörner
Lorbeer
1/16 l brauner Wildfond
Wacholder

Nährwerte pro Portion

kcal:	272	Kohlenh.:	4,7 g
Eiweiß:	41,2 g	Ballastst.:	1,8 g
Fett:	7,0 g	Chol.:	103 mg

Besonders reich an

hochwertigem Eiweiß
Carotinoiden
Polyphenolen

Eine Portion deckt z. B. von der empfohlenen Tageszufuhr

Zink:	61 %	Niacin:	56 %
Vitamin B_{12}:	52 %	Eisen:	35 %
Kalium:	33 %	Kupfer:	32 %
Vitamin B_6:	26 %	Vitamin B_1:	23 %

BEILAGEN

Johann Pabst

Zutaten

für 20 Nockerln

80 g Amaranth
150 g Magertopfen (-quark)
1 Eidotter (Eigelb)
1 Ei
80 g Weizengrieß
Salz, Muskat

Amaranthnockerln

Amaranth in der doppelten Menge Wasser ca. 15 Minuten kochen. Den Topfen mit Dotter, Ei, gekochtem, ausgedrücktem Amaranth, Grieß und Gewürzen flaumig rühren. Die Masse ca. 2 – 3 Stunden im Kühlschrank rasten lassen. Die Nockerln mit einem Dessertlöffel, den man vorher in heißes Wasser taucht, um das Klebenbleiben der Masse zu verhindern, abstechen. Die Nockerln in leicht köchelndem, gesalzenem Wasser 6 – 8 Minuten ziehen lassen.

Zubereitungstipps

- Die Amaranthnockerln eignen sich sowohl als Beilage als auch als Suppeneinlage.
- Sie können auch im Dampfgarer zubereitet werden.

Ernährungsinfo

Amaranth: Inkaweizen. Ist wie der Buchweizen ein »Pseudo-Getreide«, das besonders reich an Mineralstoffen ist und eine bessere Proteinqualität als andere Getreidesorten aufweist. Amaranth ist wie die Hirse aber auch reich an Gerbstoffen, die zum Beispiel die Verfügbarkeit von Eisen, Vitamin B_1, B_6 und Eiweiß im Darm verringern. Amaranth enthält kein Klebereiweiß.

Nährwerte pro Stück

kcal:	36	Kohlenh.:	5,4 g
Eiweiß:	2,2 g	Ballastst.:	0,5 g
Fett:	0,5 g	Chol.:	11,9 mg

Besonders reich an

komplexen Kohlenhydraten
hochwertigem Eiweiß

Johann Pabst

Polentanockerln

Magermilch mit Butter aufkochen, salzen, pfeffern und mit geriebener Muskatnuss würzen.

Polenta einkochen und so lange köcheln lassen, bis die Masse eine dickliche Konsistenz erhält, etwas abkühlen lassen und den Eidotter und den geriebenen Käse unter die Masse rühren.

Mit einem Löffel Nockerln formen und in eine beschichtete Pfanne setzen. Im Rohr bei ca. 180 °C etwa 8 Minuten lang braten.

Zutaten

für 2 Personen

- 1/8 l Magermilch
- 1 EL Butter
- Salz, Pfeffer, Muskat
- 25 g Polenta
- 1 Eidotter (Eigelb)
- 10 g Emmentaler

Zubereitungstipp

→ Um den Fettgehalt der Polentanockerln zu verringern, kann man mageren Käse verwenden und auf die Butter völlig verzichten.

Serviertipp

→ Die Polentanockerln eignen sich als Beilage zu gebratenem Rindsfilet, Schweinsrücken oder Lamm.

Ernährungsinfo

Mais: Getreidegras. Maiskeime sind besonders fettreich und werden unter anderem für die Ölherstellung herangezogen. Dieses Öl zeichnet sich vor allem durch den hohen Gehalt an mehrfach ungesättigten Fettsäuren aus. Enthält auch kein Klebereiweiß und ist besonders reich an Betakarotin.

Nährwerte pro Portion

kcal:	157	Kohlenh.:	12,3 g
Eiweiß:	6,3 g	Ballastst.:	0,6 g
Fett:	9,2 g	Chol.:	138 mg

Eine Portion deckt z. B. von der empfohlenen Tageszufuhr

Pantothensäure:	11 %		
Vitamin B_{12}:	16 %	Vitamin A:	16 %
Biotin:	15 %	Kalzium:	14 %
Vitamin D:	13 %		

Johann Pabst

Zutaten

für 4 Personen

Topfennockerln in Nussbröseln

Nockerln:

250 g Magertopfen (-quark)
50 g Sauerrahm (saure Sahne)
1 Ei
1 Eidotter (Eigelb)
70 g Grieß
Salz

Nussbrösel:

1 EL Walnüsse, gerieben
3 EL Weißbrotbrösel
Salz
1 Msp. Zimt
1/2 TL Zucker

Topfenteig: Den Topfen in ein Geschirrtuch geben, zusammenschlagen und fest pressen. Am besten mit einem schweren Gegenstand für mind. 1 Stunde beschweren. Anschließend passieren. Alle Zutaten für den Teig vermischen und 2 Stunden kalt stellen.

Kleine Nockerln formen und in kochendes Salzwasser einkochen. Bei kleiner Flamme ca. 8 Minuten ziehen lassen. Mit einem Gitterschöpfer herausnehmen und anschließend gut abtropfen lassen.

In einer Pfanne die geriebenen Nüsse und die Weißbrotbrösel trocken goldgelb und knusprig rösten, mit wenig Salz, Zimt und Zucker würzen. Die Nockerln in den Bröseln wälzen.

Zubereitungstipps

- Beim Rösten der Nussbröseln kann man auf die Zugabe von Butter oder Öl verzichten, weil die Walnüsse ausreichend fett sind.
- Wenn man über einen Dampfgarer verfügt, kann man die Nockerln auch darin zubereiten.

Serviertipp

- Diese Beilage eignet sich besonders für Wildgerichte.

Ernährungsinfo

Selen (Se): Mineralstoff, Spurenelement. Schützt den Organismus vor Umweltschäden. Es stärkt das Immunsystem und hat eine krebsvorbeugende Wirkung. Es wirkt außerdem der Giftigkeit von Cadmium, Quecksilber und Silber entgegen. Ein Mangel beschleunigt den Alterungsprozess. Eine Überversorgung kann bei großer Zufuhr über längere Zeit möglich sein. Charakteristisch ist ein knoblauchartiger Atemgeruch.

Nährwerte pro Portion

kcal:	216	Kohlenh.:	19,9 g
Eiweiß:	13,7 g	Ballaststoffe.:	1,7 g
Fett:	8,8 g	Chol.:	129 mg

Besonders reich an

hochwertigem Eiweiß

Eine Portion deckt z. B. von der empfohlenen Tageszufuhr

Vitamin B_{12}:	35 %	Biotin:	27 %
Niacin:	22 %	Vitamin B_2:	20 %
Zink:	18 %	Vitamin D:	15 %
Vitamin A:	13 %	Eisen:	12 %

Johann Pabst

Topfenspätzle

Zutaten

für 3 Personen

65 g Mehl

70 g Magertopfen (-quark)

1 Ei

Salz, Muskat

Butter zum Schwenken

Alle Zutaten gut verrühren, würzen und zu einem glatten Teig kneten. Zugedeckt eine halbe Stunde ruhen lassen. Den Teig durch ein Spätzlesieb in kochendes Salzwasser hobeln, warten, bis die Spätzle aufsteigen und 1 Minute kochen lassen. Die Spätzle mit einem Lochschöpfer herausnehmen, kalt abschrecken und vor dem Anrichten in Butter schwenken.

Serviertipp

→ Diese Beilage ist hervorragend für alle Ragouts und Soßengerichte, insbesondere für Rind- und Wildgerichte geeignet.

Ernährungsinfo

Mehl: Getreideerzeugnis. Entsteht durch Mahlen und anschließendes Sieben des gereinigten Getreides. Je höher der Ausmahlungsgrad, desto dunkler das Mehl und desto höher sein Gehalt an Ballaststoffen, Vitaminen und Mineralstoffen, weil bei hohem Ausmahlungsgrad auch Schale und Keimling des Getreidekorns enthalten sind. Weiße Mehle (Auszugsmehle) haben den niedrigsten Ausmahlungsgrad, sie enthalten nur den Mehlkörper des Korns.

Nährwerte pro Portion

kcal:	133	Kohlenh.:	16,5 g
Eiweiß:	7,7 g	Ballastst.:	0,9 g
Fett:	3,9 g	Chol.:	84 mg

Eine Portion deckt z. B. von der empfohlenen Tageszufuhr

Vitamin B_{12}:	21 %	Biotin:	15 %
Niacin:	12 %	Vitamin D:	12 %

Johann Pabst

Zutaten

für 4 Personen

100 g Blätterteig zum Auslegen
100 g speckige Erdäpfel (Kartoffeln)
20 g gehackte Zwiebel
25 g kleine Selchfleischwürfel
25 g kleine Erdäpfelwürfel, roh
1 Eidotter (Eigelb)
1 Eiweiß
1 TL Stärkemehl
Salz, Pfeffer, Muskat
gehackte Petersilie
30 g Emmentaler

Nährwerte pro Portion

kcal:	193	Kohlenh.:	13,0 g
Eiweiß:	7,2 g	Ballastst.:	1,2 g
Fett:	12,5 g	Chol.:	95 mg

Besonders reich an

komplexen Kohlenhydraten
Protease-Inhibitoren
Phenolsäuren

Eine Portion deckt z. B. von der empfohlenen Tageszufuhr

Vitamin B_{12}:	21 %	Vitamin A:	17 %
Niacin:	14 %	Vitamin B_1:	11 %

Erdäpfelpastete

Den ausgerollten Blätterteig in 4 Dariolformen auslegen, anstechen, Alufolie darauf legen und mit trockenen Linsen füllen. Im Backrohr bei 190 – 200 °C ca. 12 Minuten blind backen. Erkalten lassen und die Linsen vorsichtig wieder herausgeben. Danach auch die Alufolie wieder herausnehmen.

Fülle: Die gekochten und geschälten Erdäpfel passieren, die Zwiebel-, Selchfleisch- und rohen Erdäpfelwürfel etwas anbraten und unter die Erdäpfelmasse mischen, dann den Eidotter beimengen und das geschlagene Eiweiß unterheben. Stärkemehl, Gewürze und Petersilie beimengen. In Formen füllen, mit geriebenem Käse bestreuen und bei 160 °C je nach Größe ca. 20 – 30 Minuten backen. Abkühlen lassen und stürzen.

Zubereitungstipps

- Statt des fettreichen Blätterteigs kann man auch Strudel- oder Frühlingsrollenteig verwenden.
- Eine weitere Möglichkeit ist, die Erdäpfelpastete als Terrine ohne Teig zuzubereiten. Dafür legt man die Formen mit einer hitzebeständigen Folie aus (nicht einfetten!) und stellt sie in den Dampfgarer.
- Statt Dariolformen kann man auch Kaffeetassen verwenden.
- Das Backen des ausgelegten Blätterteigs mit trockenen Linsen vor dem Füllen (blind backen) verhindert eine Blasenbildung des Teigs.

Ernährungsinfo

Hartkäse: Milchprodukt. Durch den niedrigen Wassergehalt von weniger als 56 % sind diese Käsesorten hart und relativ lange haltbar. Die bekanntesten Hartkäse sind Parmesan, Emmentaler, Bergkäse und Cheddar. Hartkäse ist aufgrund seiner hohen Trockenmasse besonders reich an Kalzium, er enthält hochwertiges Eiweiß und Vitamin B_2.

Erdäpfelkuchen

Zutaten

für 2 Personen

- 240 g speckige Erdäpfel (Kartoffeln)
- 1 EL Olivenöl
- Salz, Pfeffer aus der Mühle
- 1 Knoblauchzehe
- 1 Zweig Majoran
- Olivenöl zum Beträufeln

Erdäpfel schälen und in dünne Scheiben schneiden. Einen kleinen Ausstechring in eine ausgeölte Pfanne geben, die Erdäpfel mit Olivenöl und den Gewürzen schichtweise darin zu einem kleinen Kuchen formen.

Zum Schluss mit etwas Olivenöl beträufeln und im Backrohr bei 180 °C ca. 25 Minuten backen.

Herausnehmen, mit einem Löffel die Kartoffeln etwas andrücken und aus der Form schneiden.

Serviertipp

→ Der Erdäpfelkuchen kann zu verschiedenen Fleischgerichten serviert werden.

Ernährungsinfo

Glykämischer Index (GI): Ist eine Maßzahl für die Wirkung von Lebensmitteln auf den Blutzuckerspiegel. Ein hoher GI (> 80) bedeutet, dass die Kohlenhydrate des Lebensmittels schnell verdaut werden, schnell ins Blut gelangen und den Blutzuckerspiegel rasch und hoch ansteigen lassen. Ein niedriger GI (< 60) hingegen bedeutet einen langsamen und niedrigen Blutzuckeranstieg.

Nährwerte pro Portion

kcal:	137	Kohlenh.:	18,3 g
Eiweiß:	2,6 g	Ballastst.:	2,9 g
Fett:	5,6 g	Chol.:	0 mg

Besonders reich an

komplexen Kohlenhydraten
Protease-Inhibitoren
Phenolsäuren

Eine Portion deckt z. B. von der empfohlenen Tageszufuhr

unlösliche Ballaststoffe: 13 %

Kalium:	21 %	Vitamin B_6:	20 %
Vitamin C:	15 %	Niacin:	11 %

Johann Pabst

Zutaten

für 2 Personen

20 g Magermilch
1 Ei
50 g Mehl
20 g Speck
1 große, speckige Kartoffel
Salz, Pfeffer
Knoblauch
Majoran
1 EL Butter

Erdäpfelschmarren

Magermilch, Ei und Mehl zu einem Teig verarbeiten, gerösteten Speck und die grob geraspelte, ausgedrückte rohe Kartoffel einarbeiten. Mit Salz, Pfeffer, Knoblauch und Majoran würzen. Die Masse ca. 1 cm hoch auf ein mit Backpapier ausgelegtes Backblech streichen und im Backrohr bei 180 °C 15 Minuten backen.

Nach dem Erkalten den Schmarren in Rauten schneiden und diese in einer beschichteten Pfanne in Butter anbraten.

Serviertipp

→ Eignet sich besonders als Beilage zu gekochtem Rindfleisch.

Ernährungsinfo

Kartoffelsorten: Kartoffeln werden nach ihrem Kochverhalten unterschieden: Es gibt fest kochende (speckige, z. B. Sieglinde, Sigma), vorwiegend fest kochende (z. B. Ditta) und mehlig kochende Sorten (z. B. Agria). Fest kochende Kartoffeln werden für Salate, Bratkartoffeln oder Gratins, vorwiegend fest kochende für Salz- oder Petersilienkartoffeln, mehlig kochende für die Zubereitung von Püree oder Suppen verwendet.

Nährwerte pro Portion

kcal:	301	Kohlenh.:	30,1 g
Eiweiß:	8,8 g	Ballastst.:	2,8 g
Fett:	15,9 g	Chol.:	138 mg

Besonders reich an

komplexen Kohlenhydraten
Protease-Inhibitoren
Phenolsäuren

Eine Portion deckt z. B. von der empfohlenen Tageszufuhr

Vitamin B_{12}:	22 %	Niacin:	19 %
Vitamin B_6:	19 %	Vitamin D:	19 %
Biotin:	18 %	Kalium:	18 %
Vitamin B_1:	12 %		

Johann Pabst

Schupfnudeln

Zutaten

für 2 Personen

150 g mehlige Erdäpfel, gekocht und ausgedämpft

1 Ei

10 g zerlassene Butter

60 g Mehl

1 TL Weizengrieß

Salz, Pfeffer und Muskat

Butter zum Anbraten

Die Erdäpfel passieren und mit den weiteren Zutaten rasch zu einem Teig verarbeiten.

Etwas rasten lassen. Den Teig zu einer Rolle formen, mit einer Teigkarte kleine Stücke abstechen und zu Schupfnudeln formen.

Die Schupfnudeln in reichlich Salzwasser 3 – 4 Minuten kochen, abschrecken und in etwas Butter anbraten.

Zubereitungstipp

→ Sie eignen sich hervorragend für die Zubereitung im Dampfgarer.

Serviertipp

→ Die Schupfnudeln passen besonders gut zu Wild und Wildgeflügel.

Ernährungsinfo

Biologische Wertigkeit: Bedeutet, wie viel Nahrungseiweiß in Körpereiweiß umgebaut werden kann. Eiweiß aus tierischen Quellen hat eine besonders hohe biologische Wertigkeit. Durch eine Kombination von Eiweißquellen mit verschiedenen biologischen Wertigkeiten (z. B. Kartoffeln und Ei, Bohnen und Mais) lässt sich diese insgesamt erhöhen.

Nährwerte pro Portion

kcal:	264	Kohlenh.:	34,2 g
Eiweiß:	8,6 g	Ballastst.:	3,1 g
Fett:	10,0 g	Chol.:	137 mg

Besonders reich an

komplexen Kohlenhydraten
Protease-Inhibitoren
Phenolsäuren

Eine Portion deckt z. B. von der empfohlenen Tageszufuhr

Vitamin B_{12}:	20 %	Vitamin B_6:	19 %
Niacin:	18 %	Biotin:	18 %
Kalium:	17 %	Kupfer:	13 %
Eisen:	12 %	Zink:	12 %

Johann Pabst

Zutaten

für 20 Stück

750 g gekochte mehlige Erdäpfel (Kartoffeln)
500 g rohe, mehlige Erdäpfel (Kartoffeln)
80 – 100 g glattes Mehl
Salz, Muskat

Waldviertler Knödel

Gekochte und rohe Erdäpfel schälen. Gekochte Erdäpfel durch eine Erdäpfelpresse in eine Schüssel drücken, rohe Erdäpfel mit einer Küchenreibe raspeln, leicht ausdrücken und mit den gekochten Erdäpfeln, Mehl und wenig Salz und Muskat gut vermischen.

Salzwasser aufkochen, aus der Masse gleich große Knödel formen, ins Wasser legen und ca. 20 Minuten schwach wallend köcheln lassen.

Serviertipp

→ Diese Knödel sind eine hervorragende Beilage für Gerichte mit Soße, wie Schweins- oder Rindsbraten oder auch Gulasch.

Ernährungsinfo

Resistente Stärke: Ballaststoff. Stärke mit dichter, unaufgeschlossener Struktur (z. B. rohe Stärke) kann von den Verdauungsenzymen nicht aufgeschlossen werden und gelangt wie andere Ballaststoffe in die unteren Darmabschnitte. Entsteht auch, wenn stärkehaltige Lebensmittel (z. B. Kartoffeln) erhitzt und wieder abgekühlt werden.

Nährwerte pro Stück

kcal:	59	Kohlenh.:	12,4 g
Eiweiß:	1,7 g	Ballastst.:	1,8 g
Fett:	0,1 g	Chol.:	0 mg

Besonders reich an

komplexen Kohlenhydraten
Protease-Inhibitoren
Phenolsäuren

Eine Portion deckt z. B. von der empfohlenen Tageszufuhr

Vitamin B_6:	12 %	Kalium:	12 %
Vitamin C:	9 %	Niacin:	7 %
Vitamin B_1:	6 %	Ballastst.:	5 %
Kupfer:	5 %		

Johann Pabs

Reisknödel

Zutaten

für 4 Personen

- 20 g Butter
- 1 Ei
- 100 g Rundkornreis, gedünstet
- 20 g geriebener Käse
- 20 g Mehl
- Salz
- Schnittlauch

Aus Butter und Ei einen Abtrieb bereiten. Den weich gedünsteten Reis, den geriebenen Käse und eventuell das Mehl sowie Salz und Schnittlauch dazumengen. Aus dieser Masse Knödeln formen und in kochendes Salzwasser einlegen, wo sie 6 – 8 Minuten ziehen sollen.

Zubereitungstipp

→ Sie eignen sich gut für die Zubereitung im Dampfgarer.

Serviertipps

→ Die Reisknödel eignen sich als Beilage zu Fischgerichten und zu weißem Fleisch.

→ Sie sind auch eine besonders delikate Suppeneinlage.

Ernährungsinfo

Schnittkäse: Milchprodukt. Schnittkäse hat einen Wassergehalt in der fettfreien Käsemasse von 55 bis 63 %, er lässt sich gut schneiden. Die bekanntesten Schnittkäsesorten sind Gouda, Edamer, Tilsiter und Butterkäse. Schnittkäse enthalten üblicherweise 45 % Fett in der Trockenmasse, das entspricht circa 22,5 g Fett pro 100 g. Käse liefert Eiweiß von hoher biologischer Wertigkeit. Darüber hinaus ist er reich an Vitamin B_2 und Kalzium.

Nährwerte pro Portion

kcal:	180	Kohlenh.:	23,1 g
Eiweiß:	5,4 g	Ballastst.:	0,5 g
Fett:	7,3 g	Chol.:	74 mg

Besonders reich an

komplexen Kohlenhydraten

Eine Portion deckt z. B. von der empfohlenen Tageszufuhr

Vitamin B_{12}:	13 %	Vitamin D:	11 %
Niacin:	10 %	Vitamin B_2:	10 %
Vitamin A:	10 %		

Johann Pabst

Zutaten

für 4 Personen

50 g Roggenmischbrot
1 TL gewürfelter Vulcanospeck
1 TL Zwiebelwürfel
1 TL Butter
2 EL Mandelblätter
25 g gehackte Walnusskerne
80 g lauwarme Magermilch
1 Ei
Salz, Pfeffer, Muskat
gemahlener Koriander

Nährwerte pro Portion

kcal:	144	Kohlenh.:	7,6 g
Eiweiß:	5,3 g	Ballastst.:	1,7 g
Fett:	10,4 g	Chol.:	63 mg

Besonders reich an

komplexen Kohlenhydraten
mehrfach ungesättigten Fettsäuren

Eine Portion deckt z. B. von der empfohlenen Tageszufuhr

Vitamin E:	16 %	Biotin:	14 %
Vitamin B_{12}:	13 %	Kupfer:	12 %
Mangan:	11 %		

Schwarzbrot-Serviettenknödel

Brot in 1 cm große Würfel schneiden. Speck und Zwiebel in Butter glasig dünsten. Mandelblätter und Walnüsse zugeben und kurz mitrösten. Alles zum Brot geben und die lauwarme Milch mit dem verquirlten Ei darüber gießen. Würzen und vorsichtig durchrühren.

Die Mischung eine 1/2 Stunde ziehen lassen. In Alufolie einwickeln und wie Serviettenknödel im Wasser ca. 20 Minuten kochen. Abkühlen lassen, in Scheiben schneiden und in einer beschichteten Pfanne goldbraun braten.

Zubereitungstipp

→ Den Speck kann man bei vegetarischen Knödeln weglassen.

Serviertipp

→ Die Serviettenknödel passen am besten zu einem Schweinsbraten.

Ernährungsinfo

Roggen: Besitzt kräftige, lange Ähren, die mit Grannen besetzt sind und von einem besonders hohen Halm getragen wird. Das Korn ist länglich, die Farbe variiert von hellgelb, grünlich-gelb, bräunlich, rötlich bis schwarz-violett. Die Körner sind besonders nährstoffreich. Enthält wenig Klebereiweiß, dadurch dauert das Brotbacken länger und man braucht zusätzlich Sauerteig.

Johann Pabst

Grießknödel mit Speck

Zutaten

für 4 Personen

- 40 g Speck
- 1/4 l Magermilch
- Salz
- 80 g Grieß
- 1 Ei
- 1 – 2 Scheiben Weißbrot, entrindet, gewürfelt
- Muskat

Den Speck würfelig schneiden, trocken anrösten, mit Milch aufgießen und salzen. In die kochende Milch Grieß einrühren und das Ganze gut kochen lassen. Die Masse vom Feuer nehmen, überkühlen lassen, das versprudelte Ei und das Weißbrot hineinrühren, mit Muskat abschmecken.

Kleine Knödel formen, ins kochende Salzwasser einlegen und ca. 10 Minuten leicht köcheln lassen.

Zubereitungstipp

→ Die Grießknödel kann man auch ohne Speck zubereiten.

Serviertipp

→ Diese Beilage passt gut zu Gerichten mit Schweinefleisch.

Ernährungsinfo

Speck: Fleischerzeugnis. Speck ist das Fettgewebe zwischen Haut und Muskelfleisch, je nach Fleischteil ist er von mehr oder weniger Muskelfleisch durchzogen (durchwachsen). Meist stammt er vom Schwein. Speck ist frisch, gepökelt (eingesalzen) und geräuchert erhältlich. Der Fettgehalt ist hoch (zwischen 65 und 85 %) und besteht vorwiegend aus gesättigten Fettsäuren.

Nährwerte pro Portion

kcal:	198	Kohlenh.:	20,6 g
Eiweiß:	7,0 g	Ballastst.:	1,6 g
Fett:	9,6 g	Chol.:	66 mg

Besonders reich an

komplexen Kohlenhydraten

Eine Portion deckt z. B. von der empfohlenen Tageszufuhr

Vitamin B_{12}:	17 %	Zink:	15 %
Biotin:	12 %		

Johann Pabst

Zutaten

für 8 Stück

1 EL Weißbrotwürfel
10 g Butter
1 EL gewürfelter Vulcanospeck
350 g rohe Kartoffeln (z. B. Ditta)
50 ml Milch
130 g gekochte Kartoffeln (z. B. Ditta) vom Vortag
40 g Mehl
2 Eigelb
Salz, Pfeffer aus der Mühle, Muskat

Nährwerte pro Stück

kcal:	101	Kohlenh.:	13,3 g
Eiweiß:	2,8 g	Ballastst.:	1,6 g
Fett:	3,9 g	Chol.:	64 mg

Besonders reich an

komplexen Kohlenhydraten
Protease-Inhibitoren
Phenolsäuren

Eine Portion deckt z. B. von der empfohlenen Tageszufuhr

Vitamin B_6:	14 %	Kalium:	13 %

Kartoffelknödel von rohen und gekochten Kartoffeln

Brotwürfel in Butter goldbraun und knusprig braten. Speckwürfel bei mittlerer Hitze ohne Fett knusprig ausbraten.

Die rohen Kartoffeln fein reiben und in einer Schüssel mit kaltem Wasser übergießen. Kartoffeln mit den Händen oder einem Schaumlöffel herausheben, kurz ausdrücken und den Vorgang wiederholen, damit ein Teil der Kartoffelstärke ausgewaschen wird.

Die geriebenen Kartoffeln auf ein festes Küchentuch geben, fest einrollen und die Tuchenden so stark gegeneinander drehen, dass alle Flüssigkeit ausgepresst wird.

Die trockene Masse in eine Schüssel geben und mit aufgekochter Milch übergießen. Das Ganze handwarm abkühlen lassen.

Die geschälten, gekochten Kartoffeln durch die Kartoffelpresse drücken und mit Mehl und Eigelben zur Kartoffel-Milch-Mischung geben. Alles gründlich durchkneten und mit Salz, Pfeffer und Muskat abschmecken.

Vom Teig golfballgroße Stücke abteilen und auf der Handfläche flach auseinander drücken. Jeweils einige Brot-Speck-Würfel auf die Mitte geben, den Teig darüber zusammendrücken, glatte Knödel formen und in kochendem Wasser 20 Minuten gar ziehen lassen.

Ernährungsinfo

Kartoffel: Nachtschattengewächs. Hauptbestandteil ist die Stärke. Die oberirdischen Teile enthalten das giftige Solanin. Dieses ist aber auch in den grünen Stellen der Knolle und in den Keimen der Kartoffel enthalten. Aus diesem Grund sollte man unreife, grüne Kartoffeln nicht verwenden und die Keime und grüne Flecken großzügig herausgeschnitten werden.

Johann Pabst

Grießknöderln

Zutaten

für 6 Personen

- 40 g Weißbrot, entrindet
- 1/4 l Milch
- 35 g Butter
- 75 g Grieß
- 1 Ei
- Salz, Muskat

Weißbrot würfelig schneiden. Milch mit Butter aufkochen, Grieß einrühren und kochen, bis der Grieß weich ist. Grießmasse überkühlen lassen. Ei und Weißbrotwürfel gut unterrühren, würzen. Masse 1 Stunde rasten lassen. Knöderln zu jeweils 50 g portionieren, formen und 10 Minuten langsam köcheln lassen.

Zubereitungstipps

- Die Grießknöderln kann man beliebig variieren, indem man Schinken-, Speck-, Lauch- oder Karottenwürfel in die Masse einarbeitet.
- Die Grießknöderln eignen sich besonders für die Zubereitung im Dampfgarer.
- Um Fett einzusparen, kann man die Vollmilch durch Magermilch ersetzen.

Serviertipp

- Man kann sie zu Kichererbsen oder Linsen servieren und erhält dadurch ein vegetarisches Hauptgericht.

Ernährungsinfo

Grieß: Getreideerzeugnis. Entsteht durch grobes Mahlen von Hartweizen oder Mais. Für Vollkorngrieß wird das gesamte Korn mit der mineralstoffreichen Schale und dem vitaminreichen Keimling vermahlen, für weißen Grieß nur der Mehlkörper des Korns. Grieß ist reich an komplexen Kohlenhydraten, Vollkorngrieß auch an Ballaststoffen, Vitaminen und Mineralstoffen.

Nährwerte pro Portion

kcal:	142	Kohlenh.:	13,9 g
Eiweiß:	4,4 g	Ballastst.:	1,1 g
Fett:	7,7 g	Chol.:	59 mg

Besonders reich an

komplexen Kohlenhydraten

Eine Portion deckt z. B. von der empfohlenen Tageszufuhr

Vitamin B_{12}: 12 %

Johann Pabst

Zutaten

für 2 Personen

100 ml Magermilch
4 g Butter
Salz, Pfeffer, Muskat
30 g Grieß
1 Eidotter (Eigelb)
10 g Speckwürfel
1 Eiklar (Eiweiß)

Grießauflauf

Die Milch mit der Butter und den Gewürzen aufkochen lassen und den Grieß einrühren. Die Masse etwas abkühlen lassen und den Eidotter und die Speckwürfel hinzufügen.

Zum Schluss den geschlagenen Schnee darunter heben, in mit Frischhaltefolie ausgekleideten Dariolformen oder Mokkatassen füllen und im Backrohr bei 150 °C 20 – 30 Minuten pochieren.

Zubereitungstipps

- Statt Speckwürfel kann man auch kurz angedünsteten Lauch verwenden.
- Bei Aufläufen sollte man das Eiweiß unbedingt aufschlagen.

Serviertipp

- Ist eine ideale Beilage für Lamm, Kalb und Hühnerbrust.

Ernährungsinfo

Milchzucker (Laktose): Zweifachzucker. Besteht aus Trauben- und Schleimzucker. Ist der einzige Zucker tierischer Herkunft. Kuhmilch enthält 4,5 % und Frauenmilch 7,5 % Milchzucker. Die Süßkraft liegt nur etwa bei 40 % der des Zuckers. Milchzucker ist für den Säugling bis zum 6. Monat das einzige Nahrungskohlenhydrat. Der Abbau erfolgt durch Laktase, ein Mangel führt zur Laktoseintoleranz.

Nährwerte pro Portion

kcal:	162	Kohlenh.:	13,0 g
Eiweiß:	7,3 g	Ballastst.:	1,1 g
Fett:	9,0 g	Chol.:	127 mg

Besonders reich an

komplexen Kohlenhydraten

Eine Portion deckt z. B. von der empfohlenen Tageszufuhr

Pantothensäure: 12 %

Vitamin B_{12}:	26 %	Biotin:	19 %
Vitamin D:	18 %	Niacin:	13 %
Zink:	13 %	Vitamin A:	11 %

Johann Pabst

Polenta-Auflauf

Zutaten

für 2 Personen

- 100 ml Magermilch
- 4 g Butter
- Salz
- geriebene Muskatnuss
- 30 g Polenta
- 1 Eidotter (Eigelb)
- 1 Eiweiß (Eiweiß)

Milch, Butter, Salz und geriebene Muskatnuss aufkochen. Die Polenta in die kochende Milch geben und auf kleiner Flamme ca. 8 Minuten dünsten lassen. Die Masse etwas auskühlen lassen, danach Eidotter darunter rühren. Zum Schluss das geschlagene Eiweiß unter die mittlerweile erkaltete Masse heben. Dariolformen mit Klarsichtfolie auslegen und die fertige Polentamasse einfüllen. Im Wasserbad bei 150 °C 30 Minuten im Rohr pochieren.

Zubereitungstipps

→ Einen besonderen Geschmack erzielt man, wenn man in die Mitte des Auflaufs ein kleines Stück Schimmelkäse gibt. Man füllt dazu die Formen halb voll, setzt ein Stück Schimmelkäse darauf und schließt mit Polentamasse ab.

→ Der Polenta-Auflauf eignet sich hervorragend für die Zubereitung im Dampfgarer.

Serviertipp

→ Der Polenta-Auflauf passt sehr gut zu (rosa) gebratenem Rindsfilet, aber auch zu Schweinsrücken, Kalbsrahmgulasch und Lamm.

Ernährungsinfo

Polenta: Maisgrieß. Grob gemahlene Maiskörner. Auch Maisbrei wird als Polenta bezeichnet. Polenta eignet sich für Beilagen, Suppen und Nachspeisen. Er zeichnet sich durch einen hohen Gehalt an Betakarotin aus. Im Gegensatz zu anderen Getreidearten ist Mais aber arm an zwei unentbehrlichen Aminosäuren, das enthaltene Eiweiß hat somit eine niedrigere biologische Wertigkeit.

Nährwerte pro Portion

kcal:	81	Kohlenh.:	4,8 g
Eiweiß:	4,6 g	Ballastst.:	0,2 g
Fett:	4,8 g	Chol.:	125 mg

Eine Portion deckt z. B. von der empfohlenen Tageszufuhr

Biotin:	15 %	Vitamin B_{12}:	12 %
Vitamin A:	11 %	Vitamin D:	11 %

Johann Pabst

Gekochter Grießstrudel

Zutaten

für 10 Personen

100 g Butter
Salz, Pfeffer, Knoblauch
5 Eidotter (Eigelb)
250 g Sauerrahm (saure Sahne)
30 g Jungzwiebel
200 g Grieß
5 Eiklar (Eiweiß)

hausgemachter Strudelteig (Grundrezept) oder fertiger Strudelteig

Butter, Salz, Pfeffer und Knoblauch schaumig rühren und nach und nach die Eidotter einrühren. Danach den Sauerrahm, die geschnittene Jungzwiebel und den Grieß einrühren.

Den schmierig geschlagenen Eischnee darunter ziehen und kalt stellen. Ca. 30 Minuten rasten lassen.

Auf den ausgezogenen Strudelteig je nach Größe der Portionen die Fülle geben. Den Rand mit Ei bestreichen und einrollen.
Die Portionen in kochendes Wasser legen und darin zugedeckt 12 – 15 Minuten (je nach Größe) langsam kochen. Mittels Schaumlöffel herausnehmen.

Serviertipps

- → Dieser Grießstrudel passt als Beilage zu weißem Fleisch wie Kaninchen und Geflügel oder auch zu Rindfleisch.
- → Er eignet sich aber auch hervorragend als Suppeneinlage.
- → Mit Knoblauch-Kräuter-Böseln bestreut wird er als Beilage serviert.

Ernährungsinfo

Mineralstoffe: Mikronährstoffe. Mineralstoffe sind anorganische Nahrungsbestandteile, die für zahlreiche Stoffwechselvorgänge benötigt werden. Wie Vitamine müssen auch sie mit der Nahrung zugeführt werden. Je nach Vorkommen im menschlichen Körper unterscheidet man zwischen Mengen- und Spurenelementen.

Nährwerte pro Portion

kcal:	332	Kohlenh.:	37,7 g
Eiweiß:	9,1 g	Ballastst.:	2,5 g
Fett:	18,3 g	Chol.:	155 mg

Besonders reich an

komplexen Kohlenhydraten

Eine Portion deckt z. B. von der empfohlenen Tageszufuhr

Vitamin B_{12}:	23 %	Vitamin A:	23 %
Vitamin D:	23 %	Biotin:	19 %
Zink:	17 %	Niacin:	15 %
Vitamin E:	11 %	Eisen:	11 %

Johann Pabst

Zutaten

für 10 Personen

120 g St.-Severin-Käse
4 Eidotter (Eigelb)
Salz, Pfeffer und Muskat
250 ml Milch
20 g geriebener Parmesan
90 g Mehl
60 g Weißbrotbrösel
30 g Stärkemehl
4 Eiweiß, steif geschlagen

Käsepudding

Den St. Severin durch den Fleischwolf faschieren und dann zusammen mit den Dottern, Gewürzen, der Milch und dem Parmesan in der Küchenmaschine gut mixen. Dann Mehl, Weißbrotbrösel und Stärkemehl dazurühren. Am Ende die steif geschlagenen Eiweiße unterheben.

10 Aluförmchen mit Klarsichtfolie auskleiden, Masse einfüllen und in die Pfanne stellen. Diese mit kochendem Wasser befüllen und die Förmchen dann im Backofen bei 150 – 160 °C ca. 25 Minuten garen.

Zubereitungstipp

→ Der Käsepudding kann auch im Dampfgarer zubereitet werden.

Serviertipp

→ Der Käsepudding passt gut zu Kalbsrücken oder gekochter Kalbsnuss. Auf jeden Fall sollte er eher zu hellem Fleisch gereicht werden.

Ernährungsinfo

Stärke: Mehrfachzucker. Wichtigstes Nahrungskohlenhydrat und das Speicherkohlenhydrat vieler Pflanzen wie Getreide und Kartoffel. Besteht aus Amylose (= 100 – 1.400 Glukosebausteinen) und Amylopektin (5.000 – 25.000 Glucosebausteinen). Für die Verdauung müssen die einzelnen Glukosebausteine abgebaut werden, bleibt deshalb lange im Verdauungstrakt. Rohe Stärke ist nur begrenzt ausnutzbar.

Nährwerte pro Portion

kcal:	158	Kohlenh.:	13,2 g
Eiweiß:	8,0 g	Ballastst.:	0,6 g
Fett:	8,1 g	Chol.:	108 mg

Besonders reich an

komplexen Kohlenhydraten
Lecithin

Eine Portion deckt z. B. von der empfohlenen Tageszufuhr

Vitamin B_{12}:	28 %	Biotin:	17 %
Vitamin D:	17 %	Kalzium:	14 %
Niacin:	13 %	Vitamin A:	13 %
Zink:	13 %		

Johann Pabst

Käse-Semmel-Laibchen

Zutaten

für 4 Personen

- 70 g Sauerrahm (saure Sahne)
- 50 g Jogurt (3,6 % Fett)
- 1 Dotter (Eigelb)
- Salz, Pfeffer, Kümmel gemahlen
- 100 g Weißbrot
- 80 g Brie, in Würfel geschnitten
- 5 g Öl

Sauerrahm, Jogurt, Dotter und Gewürze vermengen. Weißbrot würfelig schneiden, mit den Käsewürfeln vermischen und beigeben. 10 Minuten stehen lassen und zu kleinen Laibchen formen. In Öl anbraten und für 2 Minuten ins vorgeheizte Rohr bei 220 °C geben. Auf Küchenpapier abtropfen lassen.

Zubereitungstipps

→ Bei der Zubereitung kann man Fett einsparen, wenn man eine beschichtete Pfanne verwendet und die Laibchen ohne Öl anbrät. Darüber hinaus kann man den Rahm vollständig durch Jogurt ersetzen und statt Brie fettarmen Weichkäse verwenden.

→ Wenn man die Laibchen ohne Öl im Backrohr bäckt, fehlt ihnen jedoch die goldgelbe Farbe.

Serviertipps

→ Die Käse-Semmel-Laibchen sind eine hervorragende Beilage zu weißem Fleisch.

→ Mit Salat oder Schnittlauchsoße serviert, können sie auch als vegetarisches Hauptgericht gereicht werden.

→ Besonders schmackhaft sind sie mit Linsenpörkelt.

Ernährungsinfo

Weichkäse: Milchprodukt. Weichkäse hat einen Wassergehalt von mehr als 67 % in der fettfreien Käsemasse. Weichkäse sind häufig Schimmelkäse, wie z. B. Camembert, Brie, Romadur oder Limburger. Weichkäse weisen meist einen hohen Fettgehalt auf, mittlerweile sind allerdings auch fettarme Sorten erhältlich. Weichkäse enthalten des Weiteren hochwertiges Eiweiß, Vitamin B_2 und Kalzium.

Nährwerte pro Portion

kcal:	197	Kohlenh.:	13,3 g
Eiweiß:	7,0 g	Ballastst.:	0,7 g
Fett:	12,8 g	Chol.:	89 mg

Besonders reich an

komplexen Kohlenhydraten

Eine Portion deckt z. B. von der empfohlenen Tageszufuhr

Vitamin B_{12}:	18 %	Vitamin A:	17 %
Niacin:	13 %	Biotin:	12 %
Zink:	12 %		

Zutaten

für 2 Personen

150 g Linsen (je 50 g braune, grüne und rote)
150 g Zwiebeln
80 g geräucherter Speck
10 g Öl
1 EL edelsüßes Paprikapulver
1 EL Tomatenketchup
1/8 l Rindsuppe
125 g Paprikaschoten
frischer Thymian
Salz, Pfeffer
2 EL Schnittlauch
1 TL Stärkemehl
1 TL Sauerrahm

Nährwerte pro Portion

kcal:	443	Kohlenh.:	17,3 g
Eiweiß:	10,0 g	Ballastst.:	7,1 g
Fett:	37,4 g	Chol.:	27 mg

Besonders reich an

Saponinen
Phytoöstrogenen
Phenolsäuren
Tanninen
Phytinsäure

Eine Portion deckt z. B. von der empfohlenen Tageszufuhr

unlösliche Ballaststoffe: 32 %

Vitamin C:	93 %	Eisen:	33 %
Kupfer:	29 %	Niacin:	27 %
Kalium:	26 %	Zink:	21 %

Linsenpörkelt

Braune und grüne Linsen über Nacht einweichen.

Zwiebeln fein hacken und mit dem klein geschnittenen Speck in Öl andünsten. Mit Paprikapulver stauben, Ketchup zugeben und mit Rindsuppe aufgießen. Nach 5 Minuten Kochzeit die gut abgeseihten braunen und grünen Linsen, die roten Linsen, die klein geschnittenen Paprikaschoten und etwas Thymian zugeben, zugedeckt etwa 5 – 10 Minuten leicht kochen lassen. Mit Salz und Pfeffer würzen. Eventuell mit etwas Stärkemehl und Sauerrahm binden. Das Pörkelt mit fein geschnittenem Schnittlauch bestreut servieren.

Zubereitungstipps

→ Wenn man zur Fettreduktion auf den Speck verzichten möchte, kann man stattdessen auch geräucherte Putenbrust verwenden.

→ Statt Speck kann man das Gericht auch vegetarisch mit je 50 g Karotten- und Selleriewürfeln zubereiten.

Serviertipp

→ Das Linsenpörkelt passt sehr gut zu Schweinsfiletscheiben oder Schweinsmedaillons.

Ernährungsinfo

Saponine: Pflanzenschutzstoffe. Schaumbildende Eigenschaften, seifenähnlich, schmecken stark bitter. Wirken hauptsächlich im Magen-Darm-Trakt. Schützen vor Krebserkrankungen, stärken das Abwehrsystem, senken den Cholesterinspiegel und hemmen das Wachstum von Bakterien, Pilzen und Viren. Enthalten vor allem in Hülsenfürchten. Große Mengen können Magen-Darm-Trakt reizen und schädigen.

Johann Pabst

Eingemachte Linsen

Zutaten

für 2 Personen

- 30 g braune Linsen
- 40 g grüne Linsen
- 40 g rote Linsen
- 50 g Zwiebel
- Butter zum Anschwitzen
- 1 EL edelsüßes Paprikapulver
- 1 Spritzer Balsamicoessig
- 1/16 l Rindsuppe
- 2 EL Obers (Sahne)
- 1/2 Knoblauchzehe
- Salz, Pfeffer; frischer Thymian
- 30 g Gemüsebrunoise
- von Sellerie, Karotten und Lauch
- 60 g Paprikaschoten
- 10 g Öl
- 1/2 TL Dijonsenf
- 2 EL Schnittlauch

Braune und grüne Linsen getrennt über Nacht einweichen, abseihen. Linsen getrennt kochen. Achtung – verschiedene Garungszeiten: Braune Linsen brauchen ca. 15 – 20 Minuten; grüne Linsen brauchen ca. 8 – 10 Minuten; rote Linsen brauchen ca. 3 – 5 Minuten.

Zwiebel fein hacken und in Butter anschwitzen. Mit Paprikapulver stauben und einen Esslöffel braune Linsen beigeben. Mit Balsamicoessig ablöschen und mit Rindsuppe aufgießen. Obers beigeben und gut durchkochen lassen. Mit dem Mixer pürieren, passieren, mit Knoblauch, Salz, Pfeffer und Thymian würzen.

Die Gemüsebrunoise und die klein geschnittenen Paprikaschoten in Öl andünsten und gemeinsam mit den gekochten Linsen beigeben. Zum Schluss mit dem Dijonsenf und dem fein geschnittenen Schnittlauch abschmecken.

Serviertipp

→ Die Linsen passen hervorragend zu vegetarischen Hauptspeisen wie beispielsweise Krautbuchteln.

Ernährungsinfo

Linsen: Hülsenfrüchte. Neben den bei uns am häufigsten verwendeten braunen gibt es auch grüne und rote Linsen. Linsen sind reich an Eiweiß, komplexen Kohlenhydraten, Ballaststoffen, Mineralstoffen und sekundären Pflanzeninhaltsstoffen (v. a. Saponinen, Polyphenolen, Phytoöstrogenen).

Nährwerte pro Portion

kcal:	222	Kohlenh.:	17,9 g
Eiweiß:	8,5 g	Ballastst.:	6,4 g
Fett:	12,9 g	Chol.:	21 mg

Besonders reich an

Saponinen
Phytoöstrogenen
Phenolsäuren
Tanninen
Phytinsäure

Eine Portion deckt z. B. von der empfohlenen Tageszufuhr

unlösliche Ballaststoffe: 29 %

Vitamin C:	47 %	Eisen:	34 %
Niacin:	25 %	Kalium:	25 %
Vitamin B_6:	22 %	Kupfer:	21 %

Johann Pabst

Zutaten

für 2 Personen

250 g Kürbis
(vorzugsweise Hokkaido
oder American Gigant)
15 g Zwiebel
1/2 Knoblauchzehe
1 EL Olivenöl
Lorbeerblatt
1/2 TL edelsüßer Paprika
gemahlener Kümmel
Salz, frisch gemahlener Pfeffer
1/16 l Rindsuppe
1/4 roter Paprika
10 g Stärkemehl
1 TL Sauerrahm (saure Sahne)

Nährwerte pro Portion

kcal:	121	Kohlenh.:	12,6 g
Eiweiß:	2,7 g	Ballastst.:	4,0 g
Fett:	6,6 g	Chol.:	3 mg

Besonders reich an

Carotinoiden
Phenolsäuren

Eine Portion deckt z. B. von der empfohlenen Tageszufuhr

Vitamin C:	42 %	Vitamin A:	35 %
Kalium:	29 %	Vitamin E:	20 %
Folsäure:	14 %	Eisen:	14 %
Kupfer:	13 %		

Kürbisgemüse

Kürbis schälen und mit einem Reibeisen fein raspeln oder in feine Würfel schneiden.

Zwiebel und Knoblauch fein hacken und in Öl anziehen lassen, Kürbis, Lorbeerblatt, Paprikapulver, Kümmel, Salz und Pfeffer dazugeben und mit Suppe aufgießen. Danach den in Würfel geschnittenen Paprika darunter geben und das Ganze ca. 5 – 8 Minuten schmoren lassen.

Zum Schluss den mit Stärkemehl glatt gerührten Sauerrahm unter das Gemüse rühren.

Serviertipp

→ Das Kürbisgemüse ist eine hervorragende Beilage zu gekochtem Rindfleisch, gebratenem Schweinsfilet, Wild oder Geselchtem.

Ernährungsinfo

Kürbis: Man unterscheidet auch Sommer- und Winterkürbisse. Bei den Sommerarten (zu ihnen gehören auch die Zucchini) ist die Schale mitessbar. Kürbisse enthalten sehr große Mengen Karotin und auch Kieselsäure. Durch den hohen Kaliumgehalt wirken sie entwässernd und harntreibend.

Johann Pabst

Kürbis-Chutney

Zutaten

für ca. 5 Gläser à 500 g

- 1 kg Kürbisfleisch
- 750 g säuerliche Äpfel
- 250 g Zwiebeln
- 3 Knoblauchzehen
- 125 g Rosinen
- 250 g Rohrzucker
- 1/4 l Weißweinessig
- 1/2 TL Zimtpulver
- 1/2 TL Nelkenpulver
- 1/2 TL Currypulver
- 1/2 TL Ingwerpulver
- 1/2 TL Kurkumapulver
- 1 Msp. Cayennepfeffer
- 1 TL Salz
- 1/8 l Weißwein

Kürbis schälen, waschen, Kerne und Fasern entfernen, das Mark mit einem Löffel herauskratzen, Fleisch in kleine Würfel schneiden und abwiegen (1 kg).

Äpfel schälen, vierteln, entkernen und in Würfel schneiden. Zwiebeln und Knoblauch schälen und würfeln. Zutaten mit Rosinen vermengen. Zucker mit Essig verrühren, mit Zimt-, Nelken-, Curry-, Ingwer- und Kurkumapulver, Cayennepfeffer und Salz in einen Topf geben. Die übrigen Zutaten hinzufügen, zum Kochen bringen, etwa 40 Minuten dünsten lassen und ab und zu durchrühren. Sollte zu viel Flüssigkeit verdampfen, etwas Wein hinzugießen.

Chutney mit Salz abschmecken, sofort kochend heiß, randvoll in gründlich gereinigte und gespülte Gläser mit Schraubverschluss geben. Gläser sofort verschließen und etwa 5 Minuten auf dem Deckel stehen lassen. Gläser kühl aufbewahren.

Serviertipp

→ Das Kürbis-Chutney eignet sich besonders gut als Beilage zu Eierschwammerln und Rindfleisch sowie auch zum steirischen Vulcanoschinken.

Ernährungsinfo

Rohrzucker: Zuckerart. Zucker wird entweder aus Zuckerrüben (Rübenzucker) oder aus Zuckerrohr (Rohrzucker) gewonnen, es handelt sich dabei allerdings immer um die gleiche Substanz (Saccharose). Brauner Zucker wird aus Zuckersirup hergestellt, die Farbe stammt vom darin enthaltenen Karamell.

Nährwerte pro EL

kcal:	12	Kohlenh.:	2,6 g
Eiweiß:	0,1 g	Ballastst.:	0,2 g
Fett:	0 g	Chol.:	0 mg

Besonders reich an

Carotinoiden
Phenolsäuren
Sulfiden
Curcumin

Johann Pabst

Zutaten

für 4 Gläser

1 kg Fleischtomaten
10 mittelgroße Zwiebeln
75 g brauner Zucker
Salz
1 EL Currypulver
je eine Msp. Ingwerpulver,
Cayennepfeffer,
frisch gemahlener Pfeffer
1/8 l Weinessig
1 Pkg. Einmachhilfe

Curry-Chutney

Fleischtomaten waschen, Stielansätze entfernen, Zwiebeln schälen, beides in Stücke schneiden.

Das Gemüse mit Zucker, Salz, Curry, Ingwer, Cayennepfeffer, Pfeffer und Weinessig etwa 45 Minuten dünsten lassen, danach durch ein Sieb streichen.

Die Masse nochmals so lange einkochen lassen, bis sie dick wird, mit den Gewürzen abschmecken. Einmachhilfe unterrühren.

Das Chutney in 4 Rexgläser abfüllen und nach dem Erkalten verschließen.

Zubereitungstipp

→ Statt Tomaten kann man Mangos verwenden und erhält so ein besonders feines Mango-Chutney.

Serviertipp

→ Eignet sich ausgezeichnet als Beilage zu Hühnergerichten.

Ernährungsinfo

Curry: Gewürzmischung aus 10 bis 20 verschiedenen Gewürzen, darunter u. a. Kurkuma, Ingwer, Pfeffer, Piment, Chili, Zimt. Je nach Anteilen der enthaltenen Einzelgewürze variieren Farbe, Geschmack und Inhaltsstoffe des Currys. Die Farbe beispielsweise reicht von weiß über goldbraun hin zu rot oder grün. Curry findet hauptsächlich in der asiatischen Küche Anwendung.

Nährwerte pro Glas

kcal:	176	Kohlenh.:	31,8 g
Eiweiß:	6,7 g	Ballastst.:	5,4 g
Fett:	1,1 g	Chol.:	0 mg

Besonders reich an

Lycopin
Sulfiden
Flavonoiden
Phenolsäuren
Terpenen

Eine Portion deckt z. B. von der empfohlenen Tageszufuhr

Vitamin C:	44 %	Vitamin A:	27 %
Biotin:	25 %	Vitamin B_6:	24 %
Eisen:	23 %	Kupfer:	22 %
Mangan:	21 %		

Johann Pabst

Curry-Kokos-Soße

Zutaten

für 4 Personen

- 1/2 Zwiebel
- 50 g Petersilienwurzel
- 50 g Weißes vom Lauch
- 150 g frische Ananas, geschält
- 150 g Bananen
- 1 EL Butter
- 1 1/2 TL Currypulver
- 20 g Weißwein
- 1/8 l Gemüsefond
- 1/8 l Kokosmilch
- Salz, Pfeffer aus der Mühle
- eventuell Stärkemehl zum Binden

Petersilienwurzel, Lauch, Ananas und Bananen nussgroß schneiden und mit fein geschnittener Zwiebel in Butter andünsten. Currypulver kurz mitrösten und mit Weißwein ablöschen. Mit Gemüsefond und Kokosmilch aufgießen und mit Salz und Pfeffer würzen. Ca. 15 Minuten leicht köcheln lassen, danach mit einem Stabmixer gut pürieren. Durch ein Passiersieb streichen und nötigenfalls mit Stärkemehl leicht binden.

Zubereitungstipp

→ Reicht man diese Soße zu Fisch oder Geflügel, kann man statt Gemüsefond auch Fisch- oder Geflügelfond zum Aufgießen verwenden.

Serviertipp

→ Diese Soße passt gut zu Fisch- oder Geflügelgerichten.

Ernährungsinfo

Bromelin: Enzym. Enthalten in der Ananas. Spaltet Eiweiß und ist verdauungsfördernd. Hat auch entzündungshemmende Wirkung. Kann Eiweißabbau in Lebensmitteln verursachen, wenn frische Ananas mit eiweißreichen Lebensmitteln (z. B. Topfen) gemeinsam verarbeitet werden. Wird durch das Erhitzen unwirksam.

Nährwerte pro Portion

kcal:	122	Kohlenh.:	17,0 g
Eiweiß:	1,4 g	Ballastst.:	2,3 g
Fett:	2,6 g	Chol.:	6 mg

Besonders reich an

Phenolsäuren
Bromelin
Curcumin

Eine Portion deckt z. B. von der empfohlenen Tageszufuhr

Kalium:	19 %	Vitamin D:	17 %
Mangan:	17 %	Kupfer:	16 %
Vitamin B_6:	14 %	Vitamin C:	14 %
Magnesium:	12 %	Eisen:	11 %

Johann Pabst

Zutaten

für 1/2 l Soße oder 7 Portionen

1 Zwiebel
50 g Mirepoix (Karotten, Sellerie, Lauch)
10 g Speckschwarte
1 EL Olivenöl
30 g Tomatenpüree
1/16 l Rotwein
3/8 l Gemüsefond oder heller Fond
250 g Dose geschälte Tomaten
5 g Zucker
Salz, Pfeffer aus der Mühle
je ein Stück Rosmarinzweig, Thymianzweig, Knoblauchzehe, Lorbeerblatt
Stärkemehl zum Binden
2 Tomaten (Paradeiser)

Paradeissoße

Die geschnittene Zwiebel mit dem Mirepoix (gewürfeltes Gemüse) und der Speckschwarte in Olivenöl anschwitzen, tomatisieren und mit Rotwein ablöschen. Mit Gemüsefond aufgießen und die geschälten Tomaten beigeben. Zucker, Gewürze und Kräuter beigeben und ca. 30 Minuten leicht kochen lassen. Durch ein Spitzsieb passieren und dann nochmals aufkochen lassen. Mit Stärkemehl leicht binden.

Mit den zwei Tomaten Tomates concassés (frisch geschälte, entkernte und in Würfel geschnittene Tomaten) bereiten und diese als Einlage geben.

Serviertipp

→ Die Paradeissoße passt zu Nudelgerichten oder als Beilage zu allen vegetarischen Gerichten.

Nährwerte pro Portion

kcal:	53	Kohlenh.:	4,3 g
Eiweiß:	1,1 g	Ballastst.:	1,3 g
Fett:	3,2 g	Chol.:	0 mg

Besonders reich an

Lycopin
Phenolsäuren
Flavonoiden

Eine Portion deckt z. B. von der empfohlenen Tageszufuhr

Vitamin A: 12 % Vitamin C: 11 %

Ernährungsinfo

Lycopin: Carotinoid, Pflanzenschutzstoff. Gibt Lebensmitteln orange-rote Farbe. In hohen Konzentrationen enthalten in Tomaten, roter Grapefruit, Guaven und Wassermelonen. In gekochter Form leichter aufnehmbar. Schützt vor der Entstehung von Krebskrankheiten.

Johann Pabst

Preiselbeersoße

Zutaten

für 5 Personen

- 100 g Preiselbeeren
- 60 g Gelierzucker
- 60 ml Wasser
- 5 ml Orangenlikör
- Saft von 1/4 Zitrone

Alle Zutaten kalt vermischen und langsam zum Kochen bringen. Nach 10 Minuten kurz mixen und durch ein feines Sieb seihen.

Zubereitungstipp

→ Ideal wäre es, in die warme Preiselbeersoße noch ca. 80 g frische Preiselbeeren einzurühren.

Serviertipp

→ Die Preiselbeersoße passt zu Wildgerichten, kalten Wildterrinen, kalten Gerichten mit Ente und zu Roastbeef.

Ernährungsinfo

Gelierzucker: Zuckerart. Haushaltszucker, der mit dem Geliermittel Pektin und einer organischen Säure (z. B. Zitronensäure) versetzt ist. Er wird hauptsächlich zur Marmeladenherstellung verwendet. Die Gelierung ist auf die Wasserbindungsfähigkeit des Pektins zurückzuführen.

Nährwerte pro Portion

kcal:	52	Kohlenh.:	11,8 g
Eiweiß:	0 g	Ballastst.:	0,5 g
Fett:	0 g	Chol.:	0 mg

Besonders reich an

Flavonoiden
Phenolsäuren

Johann Pabst

Zutaten

für 4 Personen

1 Knoblauchzehe
2 Koriander (Wurzel und Stamm)
2 EL Öl
1 TL rote Curry-Paste
180 ml Kokosmilch
3 EL Erdnüsse, grob gehackt und geröstet
3 EL Palmzucker (aus dem Asia-Shop)
2 EL Tamarindensaft (aus dem Asia-Shop)
2 EL Sesamkerne, geröstet
Salz

Nährwerte pro EL

kcal:	33	Kohlenh.:	2,8 g
Eiweiß:	0,7 g	Ballastst.:	0,7 g
Fett:	2,1 g	Chol.:	0 mg

Besonders reich an

einfach und mehrfach ungesättigten Fettsäuren

Erdnuss-Soße

Knoblauch mit Koriander im Mörser zur Paste zerstampfen. Öl im Wok erhitzen. Knoblauchpaste und rote Curry-Paste darin 30 Sekunden anbraten. Kokosmilch zugeben und aufkochen lassen.

Alle restlichen Zutaten beifügen und unter Rühren 5 Minuten kochen, abkühlen lassen.

Diese Soße kann man in einem Rexglas für längere Zeit im Kühlschrank aufbewahren.

Zubereitungstipp

→ Statt fertigen Tamarindensaft zu kaufen, kann man ihn auch selbst herstellen, indem man Tamarinde mit Wasser aufkocht.

Serviertipp

→ Die Erdnuss-Soße ist eine hervorragende Beilage zu Satays und kalten Vorspeisen.

Ernährungsinfo

Erdnuss: Hülsenfrucht. Die Erdnuss ist genau genommen keine Nuss, sondern eine Hülsenfrucht. Erdnüsse sind reich an Fett, vor allem von einfach ungesättigten Fettsäuren, Eiweiß, Vitamin E, Vitamin B_1, Folsäure, Kalium, Phosphor, Magnesium, Eisen sowie an den sekundären Pflanzeninhaltsstoffen Phytosterinen, Resveratrol und Flavonoiden.

Johann Pabst

Indische Pfirsich-Raita

Zutaten

für 4 Personen

2 große, vollreife Pfirsiche
2 EL Minzblätter
1/8 l Magerjogurt, natur
schwarzer Pfeffer aus der Mühle
evtl. Kreuzkümmel

Die Früchte halbieren, entkernen und das Fruchtfleisch in dünne Spalten schneiden.

Die frische Minze hacken und mit dem Jogurt und den Pfirsichspalten vermengen. Mit etwas Pfeffer und eventuell Kreuzkümmel abschmecken.

Serviertipp

→ Diese indische Variante einer Pfirsichbeilage passt sehr gut zu Fleischgerichten, etwa zu pikanten, gegrillten Stücken oder zu einer kalten Vorspeise.

Ernährungsinfo

Kreuzkümmel (Cumin): Gewürzpflanze, Doldenblütler. Verwendet werden die reifen Samen. Kreuzkümmel ist hocharomatisch, scharf und leicht bitter. Er wird hauptsächlich in der asiatischen und orientalischen Küche zum Würzen für Currygerichte, Suppen und Brot verwendet. Kreuzkümmelsamen sind sehr reich an ätherischen Ölen, die gegen Blähungen und andere Verdauungsprobleme wirken.

Nährwerte pro EL

kcal:	7	Kohlenh.:	1,3 g
Eiweiß:	0,3 g	Ballastst.:	0,3 g
Fett:	0 g	Chol.:	0 mg

Besonders reich an

Carotinoiden

Brombeer-Ketchup

Zutaten

für 3 Gläser à 500 g

- 1 kg Brombeeren
- 500 g Zucker
- 1/4 l Weinessig
- 1/2 TL Zimt
- 1/2 TL Nelkenpulver
- 1 Msp. Piment
- 1 Msp. Ingwer

Brombeeren mit Zucker, Weinessig, Zimt, Nelkenpulver, Piment und Ingwer verrühren und 2 Stunden langsam einkochen. In Gläser füllen, sofort verschließen.

Serviertipp

→ Das Brombeer-Ketchup schmeckt herrlich zu Huhn und Steaks, kann aber auch zu kalten Vorspeisen gereicht werden.

Ernährungsinfo

Brombeere: Sammelsteinfrucht. Familie der Rosengewächse. Die schwarzen, süß-säuerlichen Beeren liefern reichlich Vitamin C, Betakarotin, Magnesium, Kalzium und Mangan. Darüber hinaus sind sie besonders reich an Phenolsäuren und Flavonoiden, vor allem an dem Farbstoff Anthocyan.

Nährwerte pro EL

kcal:	20	Kohlenh.:	4,4 g
Eiweiß:	0,1 g	Ballastst.:	0,6 g
Fett:	0 g	Chol.:	0 mg

Besonders reich an

Flavonoiden
Phenolsäuren
Carotinoiden
Terpenen

Johann Pabst

Konfitüre von roten Zwiebeln

Zutaten

für 2 Gläser à 250 g

- 250 g rote Zwiebeln
- 100 g Kristallzucker
- 60 ml Grenadine
- 1/4 l Weißwein
- Salz, Pfeffer
- 2 EL fein gehackter Estragon

Rote Zwiebeln in Streifen schneiden. Zucker karamellisieren. Die Zwiebelstreifen dazugeben und mit Grenadine und Weißwein ablöschen.

Auf kleiner Flamme sirupartig einkochen und erkalten lassen. Dann mit Salz, Pfeffer und dem gehackten Estragon würzen.

Serviertipp

→ Die Zwiebelkonfitüre kann man kalt zu einer Terrine reichen oder warm zu Kalbfleisch servieren. Sie ist auch eine hervorragende Beilage zu Lamm, Pasteten, Kaninchen und Spanferkel.

Ernährungsinfo

Zwiebel: Liliengewächs. Die wichtigsten Inhaltsstoffe sind schwefelhaltige Stoffe (Sulfide), die für den typischen Zwiebelgeschmack und -geruch verantwortlich sind. Sie enthalten Vitamin C, Kalium, Zink und Mangan. Der Verzehr von rohen Zwiebeln kann bei empfindlichen Personen zur Blähungen führen.

Nährwerte pro EL

kcal:	19	Kohlenh.:	2,9 g
Eiweiß:	0 g	Ballastst.:	0,1 g
Fett:	0 g	Chol.:	0 mg

Besonders reich an

Sulfiden
Flavonoiden
Phenolsäuren

SÜSSES

Johann Pabst

Apfelsorbet

Zutaten

für 10 Personen

350 g säuerliche Äpfel (Gravensteiner, Granny Smith oder Boskop)
1/2 l Apfelsaft
6 EL Zucker
1 Zitrone

Äpfel schälen, in Viertel schneiden, putzen. Apfelsaft erhitzen, den Zucker beigeben, die Äpfel 2 Minuten darin kochen. Alles zusammen fein mixen, danach den Saft der Zitrone beigeben. Abkühlen lassen, in einer Sorbettiere frieren oder in einen Pacojet füllen und pacosieren.

Nährwerte pro Portion

kcal:	86	Kohlenh.:	19,3 g
Eiweiß:	0,4 g	Ballastst.:	0,9 g
Fett:	0,4 g	Chol.:	0 mg

Besonders reich an

Phenolsäuren
Flavonoiden

Eine Portion deckt z. B. von der empfohlenen Tageszufuhr

Vitamin C: 15 %

Ernährungsinfo

Kohlenhydrate: Hauptnährstoff. Wesentliche Bestandteile der Nahrung. Sind unentbehrlich für den Ablauf des normalen Stoffwechsels. Dienen den Gehirn- und Nervenzellen als Energiesubstrat. Zu ihnen zählen alle Zucker- und Stärkearten und fast alle Ballaststoffe. Mindestens 50 % der täglichen Energie sollte aus Kohlenhydraten stammen. 1 g liefert 4,2 kcal. Hauptvorkommen: Obst, Gemüse, Getreide.

Johann Pabst

Melonensorbet

Zutaten

für 10 Personen

- 1 – 2 reife Galia-Melonen (insgesamt ca. 1,2 kg)
- 6 EL Zucker
- 1 Zitrone

Die Melonen aufschneiden, die Kerne mit einem Löffel herauskratzen; den Saft auffangen. Fruchtfleisch ebenfalls auskratzen und im Mixer fein pürieren. Den Zucker sowie den Saft einer Zitrone dazugeben, das Ganze frieren lassen.

Zubereitungstipp

→ Besonders fein schmeckt dieses Sorbet, wenn es mit fein geschnittener Minze variiert wird.

Ernährungsinfo

Honigmelone: Beerenfrucht. Familie der Kürbis-/Gurkengewächse. Die Honigmelone ist eine Sorte von Zuckermelonen. Honigmelonen haben eine gelbe Schale und ein hellgrünes Fruchtfleisch. Sie sind hocharomatisch und süß. Ihren süßen Geschmack verdanken sie ihrem hohen Gehalt an fruchteigenem Zucker. Darüber hinaus sind sie reich an Vitamin C, Vitamin A bzw. Carotinoiden und Kalium.

Nährwerte pro Portion

kcal:	89	Kohlenh.:	19,9 g
Eiweiß:	0,8 g	Ballastst.:	0,5 g
Fett:	0,3 g	Chol.:	0 mg

Besonders reich an

Carotinoiden

Eine Portion deckt z. B. von der empfohlenen Tageszufuhr

Pantothensäure: 33 %
Vitamin C: 14 % Biotin: 11 %

Johann Pabst

Zutaten
für 4 Personen

Mohnparfait mit Rumbeeren

Parfait:
15 g gemahlener Mohn
50 ml Rotwein
2 Eigelb
20 g Kristallzucker
1/2 TL Vanillezucker
Prise Salz
3 Eiklar (Eiweiß)
20 g Kristallzucker
150 g Obers (Sahne)

Rumbeeren:
200 g Waldbeeren
50 g Staubzucker (Puder-)
20 ml Rum

Mohn mit Rotwein aufkochen und einreduzieren lassen, bis eine trockene Masse entsteht, auskühlen lassen. Eigelbe mit Zucker, Vanillezucker und einer Prise Salz über Dampf warm aufschlagen und anschließend kalt schlagen. Eiweiße ebenfalls über Dampf warm schlagen, Zucker einrühren und dann kalt schlagen. Die Mohnmasse unter die Eigelbmasse rühren, das Eiweiß melieren und das geschlagene Obers unterziehen. Masse in eine mit Frischhaltefolie ausgelegte Form füllen und am besten über Nacht ins Gefrierfach geben.

Für die Beilage die Beeren waschen und abtropfen lassen. Beeren in eine Schüssel geben, mit reichlich Staubzucker bestreuen, mit Rum beträufeln und vermischen. 1 – 2 Stunden ziehen lassen.

Form aus dem Tiefkühlfach nehmen, kurz ins heiße Wasser tauchen, stürzen und auf den Rumbeeren anrichten.

Serviertipp

→ Das Mohnparfait kann mit einem gebackenen Brandteigstangerl dekoriert werden.

Ernährungsinfo

Mohn: Samen des Schlafmohns. Mohngewächse. In einer Mohnkapsel befinden sich bis zu 3.000 Samenkörner. Der Milchsaft der unreifen Kapseln des Schlafmohns enthält eine Substanz, aus der Opium und Heroin hergestellt werden. In den reifen Samen findet sich diese Substanz allerdings nicht mehr. Sie sind dagegen besonders reich an ungesättigten Fettsäuren, Eiweiß, Ballaststoffen, Vitamin E, Kalium und Kalzium.

Nährwerte pro Portion

kcal:	345	Kohlenh.:	33,6 g
Eiweiß:	6,7 g	Ballastst.:	1,2 g
Fett:	18,3 g	Chol.:	164 mg

Besonders reich an

Flavonoiden
Phenolsäuren

Eine Portion deckt z. B. von der empfohlenen Tageszufuhr

Vitamin D:	25 %	Biotin:	19 %
Vitamin A:	14 %	Niacin:	12 %
Kalium:	11 %	Kalzium:	11 %
Kupfer:	11 %		

Johann Pabst

Zutaten

für 6 Personen

2 Eier
1 Eidotter (Eigelb)
60 g Kristallzucker
150 g Jogurt
150 g Schlagobers (-sahne)
ca. 40 ml Grand Manier

Grand Manier Parfait

Eier trennen. 3 Eidotter mit 30 g Zucker über Dampf schaumig schlagen, vom Dampf nehmen, kalt schlagen. Aus den 2 Eiweißen Eischnee schlagen, zum Schluss 30 g Zucker mitschlagen. Dottermasse, Jogurt und das geschlagene Obers vermengen, Eischnee kalt untermengen. Grand Manier einrühren, in gekühlte Dariolformen füllen, im Tiefkühlfach frieren, bis die Masse sturzfähig erscheint, am besten über Nacht.

Formen kurz in heißes Wasser halten, sofort auf gekühlte Teller stürzen. Nach Belieben garnieren.

Nährwerte pro Portion

kcal:	206	Kohlenh.:	14,0 g
Eiweiß:	4,7 g	Ballastst.:	0 g
Fett:	13,2 g	Chol.:	152 mg

Besonders reich an

Omega-3-Fettsäuren
hochwertigem Eiweiß
Glucosinolaten
Flavonoiden
Phenolsäuren

Eine Portion deckt z. B. von der empfohlenen Tageszufuhr

Vitamin D:	21 %	Vitamin B_{12}:	20 %
Vitamin A:	20 %	Biotin:	17 %

Ernährungsinfo

Disaccharide: Zweifachzucker. Setzen sich aus Einfachzucker-Molekülen zusammen. Dazu gehören Saccharose (Rohr- oder Rübenzucker), der Malzzucker (Maltose) und der Milchzucker (Laktose). Auch Honig bestehend aus Trauben- und Fruchtzucker ist ein Zweifachzucker.

Johann Pabst

Lebkuchenparfait

Zutaten

für 6 Personen

- 2 Eidotter (Eigelb)
- 30 g Kristallzucker
- 50 g Lebkuchen, fein gerieben
- Prise Lebkuchengewürz
- 1 EL Rum
- 5 Eiweiß
- 40 g Kristallzucker
- 150 g Schlagobers (-sahne)

Eidotter und Kristallzucker über Dampf warm schlagen, dann kalt schlagen. Geriebenen Lebkuchen mit dem Lebkuchengewürz und dem Rum unter die Eidottermasse rühren.

Eiweiße mit Kristallzucker ebenfalls warm aufschlagen, kalt fertig schlagen und unter die Eidottermasse ziehen.

Geschlagenes Obers untermengen, in Portionsformen füllen und für 5 – 6 Stunden frieren. Formen kurz in sehr heißes Wasser halten und Parfaits auf gekühlte Teller stürzen.

Serviertipp

→ Mit Glühweinsabayon, Kanarimilch oder Gewürzorangen dekorativ anrichten.

Ernährungsinfo

Lebkuchengewürz: Gewürzmischung aus fein vermahlenen Gewürzen wie Zimt, Gewürznelken, Piment, Muskatnuss, Koriander, Kardamom, Ingwer und Macis, die je nach Hersteller in unterschiedlichen Anteilen enthalten sind. Lebkuchengewürz wird zur Herstellung von Lebkuchen verwendet.

Nährwerte pro Portion

kcal:	204	Kohlenh.:	18,5 g
Eiweiß:	5,6 g	Ballastst.:	0,3 g
Fett:	11,5 g	Chol.:	118 mg

Eine Portion deckt z. B. von der empfohlenen Tageszufuhr

Vitamin A:	16 %	Vitamin D:	14 %
Biotin:	13 %		

Johann Pabst

Pfirsichparfait mit Erdbeer-Kiwi-Salat

Zutaten

für 2 Personen

- 1 gelber Pfirsich
- 1 Dotter (Eigelb)
- 40 g Zucker
- 60 g Jogurt
- 60 g Schlagobers (-sahne)
- 40 g Erdbeeren
- 1/2 Kiwi
- 1/16 l Orangensaft
- 5 g Honig
- 1 TL Grand Manier
- 1/2 Bund Minze

Pfirsich entkernen, mit der Schale im Mixbecher fein pürieren, durch ein Küchensieb streichen und kalt stellen. Dotter mit dem Zucker verrühren und im Wasserbad mit dem Mixer warm schlagen. Warm aufgeschlagene Eiermasse im kalten Wasserbad kalt rühren und mit dem Fruchtmark glatt rühren. Das Jogurt untermischen. Cremig aufgeschlagenes Schlagobers locker unter die Grundmasse heben.

Terrinenform oder Dariolformen ausspülen, mit Frischhaltefolie auslegen. Masse einfüllen und mindestens 6 Std. durchfrieren.

Frische Gartenerdbeeren waschen und vierteln. Kiwi schälen und in dünne Scheiben schneiden. Früchte mit frisch gepresstem Orangensaft, Honig und Grand Manier marinieren. Parfait in Scheiben schneiden, leicht bei Zimmertemperatur 10 Minuten antauen lassen und mit dem Fruchtsalat anrichten. Mit frischer Minze anrichten.

Nährwerte pro Portion

kcal:	317	Kohlenh.:	37,4 g
Eiweiß:	4,9 g	Ballastst.:	3,1 g
Fett:	15,3 g	Chol.:	159 mg

Besonders reich an

Flavonoiden
Phenolsäuren
Carotinoiden

Eine Portion deckt z. B. von der empfohlenen Tageszufuhr

Vitamin C:	52 %	Vitamin A:	30 %
Kalium:	19 %	Eisen:	18 %
Vitamin D:	17 %	Kupfer:	13 %
Kalzium:	12 %		

Serviertipp

→ Über das Parfait können mit zerlassener weißer Schokolade und Milchschokolade feine Fäden gezogen werden (mit einer Papiertüte).

Ernährungsinfo

Kiwi: Frucht des Chinesischen Strahlengriffels. Familie der Farngewächse. Kiwis wachsen in großer Zahl traubenartig an strauchähnlichen Pflanzen, die an Gerüsten gezogen werden. Kiwis enthalten große Mengen an Vitamin C und sind reich an den Mineralstoffen Kalium, Kalzium und Eisen und enthalten außerdem Flavonoide, Phenolsäuren und Carotinoide.

Johann Pabst

Jogurtparfait mit Kiwi-Orangen-Soße

Zutaten

für 5 Personen

1 Ei
1 Dotter (Eigelb)
60 g Zucker
100 g Jogurt
80 g Schlagobers (-sahne)

2 Kiwis
30 g Läuterzucker
Zesten von 1 Orange
1/8 l frisch gepresster Orangensaft
40 g Zucker
10 ml Cointreau

Ei, Dotter, Zucker über Wasserbad schaumig schlagen, anschließend kalt rühren, Jogurt und zum Schluss das geschlagene Obers unterheben.

Kiwis schälen und mit Läuterzucker mixen. Anschließend pürieren. Zesten in feine Streifen schneiden, mit Orangensaft und Zucker kochen, bis sich ein schwacher Faden ziehen lässt. Cointreau in die kalte Soße geben.

Das Parfait in Dariolformen oder Mokkatassen füllen, einfrieren und ca. 4 – 6 Stunden durchfrieren lassen.

Zubereitungstipp

→ Läuterzucker kann man selbst herstellen, indem man Zucker und Wasser im Verhältnis 1 : 1 einmal kurz aufkochen lässt und anschließend kalt stellt.

Ernährungsinfo

Limonen: Pflanzenschutzstoff. Terpen. Riecht nach Zitronen und kommt in Pfefferminz-, Eukalyptus- und Baldrianöl und in den Ölen von Fenchel, Kümmel, Dill und in allen Zitrusfrüchten vor. Ist sehr licht- und luftempfindlich. Kann vor der Entstehung von Krebskrankheiten (Darm, Haut und Brust) schützen.

Nährwerte pro Portion

kcal:	242	Kohlenh.:	32,7 g
Eiweiß:	4,1 g	Ballastst.:	2,0 g
Fett:	9,4 g	Chol.:	117 mg

Besonders reich an

Flavonoiden
Phenolsäuren
Limonen

Eine Portion deckt z. B. von der empfohlenen Tageszufuhr

Vitamin C:	44 %	Vitamin A:	18 %
Vitamin D:	15 %	Biotin:	14 %
Vitamin B_{12}:	14 %	Kalium:	13 %

Johann Pabst

Champagner-Sangria

Zutaten

für 4 Personen

- 2 1/2 Blatt Gelatine
- 1/8 l Champagner
- 5 ml Cointreau
- 10 ml Bacardi
- 20 g Läuterzucker
- 3 ml Cognac
- 300 g Früchte oder Beeren

Die Gelatine in kaltem Wasser einweichen, gut ausdrücken und auflösen. Mit Champagner, Cointreau, Bacardi, Läuterzucker und Cognac vermischen und 10 Minuten kalt stellen.

Die Früchte oder Beeren, je nach Sorte, schälen, waschen und falls nötig klein schneiden, in tiefen Tellern oder Schalen verteilen, mit der leicht gelierenden Sangria begießen und kühl stellen.

Vor dem Servieren mindestens 20 Minuten im Kühlschrank aufbewahren.

Zubereitungstipp

→ Statt Champagner kann man auch Sekt oder Prosecco verwenden.

Serviertipp

→ Nach Wunsch mit einer Kugel Sorbet, Minze und etwas Staubzucker belegen und garnieren.

Ernährungsinfo

Läuterzucker: Zuckersirup. Wird aus Zucker und Wasser durch Aufkochen und anschließendes Abkühlen hergestellt. Der Zuckeranteil des Läuterzuckers ist wie Haushaltszucker ein Disaccharid aus Trauben- und Fruchtzucker.

Nährwerte pro Portion

kcal:	113	Kohlenh.:	18,2 g
Eiweiß:	1,2 g	Ballastst.:	0,6 g
Fett:	0,2 g	Chol.:	0 mg

Besonders reich an

Phenolsäuren
Flavonoiden

Eine Portion deckt z. B. von der empfohlenen Tageszufuhr

Vitamin D:	13 %	Kalium:	8 %
Kupfer:	6 %	Eisen:	5 %

Johann Pabst

Zutaten

für 4 Personen

Steirisches Kürbiskernkrokantparfait

Kürbiskernkrokant:

1 EL Kürbiskerne

1/2 EL Kristallzucker

1/2 TL Vanillezucker

Parfait:

2 Eidotter (Eigelb)

20 g Kristallzucker

4 g Vanillezucker

15 g weiße Kuvertüre

1 EL Kernöl

125 g Schlagobers (-sahne)

Kürbiskerne trocken rösten. Mit dem Kristall- und Vanillezucker einen hellen Karamell kochen. Die gerösteten Kürbiskerne einrühren, auf eine Silikonmatte gießen und erkalten lassen. Anschließend mit einer Küchenmaschine grob reiben.

Eidotter und Kristall- und Vanillezucker zuerst über Wasserdampf warm und dann kalt schlagen. Kuvertüre auflösen und gemeinsam mit dem Kernöl unterrühren. Das geschlagene Obers gemeinsam mit dem Kürbiskernkrokant darunter heben.

Die Masse in mit Klarsichtfolie ausgekleidete Dariol- oder Terrinenformen einfüllen und mindestens 4 Stunden einfrieren, danach stürzen und anrichten.

Zubereitungstipp

→ Kürbiskernkrokant kann man in einem Plastikbeutel wunderbar einfrieren oder auch trocken und dunkel lagern.

Serviertipp

→ Das Parfait kann mit Erdbeermark, gesüßtem Jogurt und Früchten zu einem besonders attraktiven Dessert angerichtet werden.

Ernährungsinfo

Kürbiskerne: Samen von Kürbissen. Familie der Kürbis-/Gurkengewächse. Kürbiskerne haben eine weiche, weiße Schale, das Fruchtfleisch darunter ist dunkelgrün und aromatisch. Sie sind reich an ungesättigten Fettsäuren, Ballaststoffen, Vitamin E, Kalium, Zink und Eisen. Sie enthalten ein breites Spektrum an sekundären Pflanzeninhaltsstoffen wie Phytosterine, Phenolsäuren, Carotinoide und Lignane.

Nährwerte pro Portion

kcal:	239	Kohlenh.:	12,3 g
Eiweiß:	3,4 g	Ballastst.:	0,3 g
Fett:	19,9 g	Chol.:	158 mg

Eine Portion deckt z. B. von der empfohlenen Tageszufuhr

Vitamin A:	22 %	Vitamin D:	17 %
Biotin:	12 %		

Zimtobers
Kürbis-
mousse
Kürbiskern-
krokantparfait
Kürbisstrudel

Johann Pabst

Zutaten

für 2 Personen

Maronensoufflé mit Maronen-Orangen-Ragout

5 EL Magermilch
1/2 Pkg. Vanillezucker
15 g Butter
1 EL Stärkepulver
1 EL Magermilch
2 Eidotter (Eigelb)
25 g Maronenpüree
10 ml Grand Manier
2 Eiweiß
15 g Zucker

Maronen-Orangen-Ragout:

6 frische Maronen
40 g Zucker
1/4 l Orangensaft
1 unbehandelte Orange
10 ml Grand Manier

4 EL Milch mit Vanillezucker und Butter zum Kochen bringen. Stärkepulver mit 1 EL Milch und Dotter verrühren. Heiße Milch unter Rühren zugeben und aufkochen lassen. Das Maronenpüree und den Grand Manier beigeben.

Eiweiße mit dem Zucker zu Schnee schlagen und unter die warme Masse heben, die Formen 3/4 voll füllen und im Wasserbad bei 140 °C 25 – 30 Minuten backen.

Für das Ragout Maronen in Wasser weich kochen (ca. 15 Minuten) und schälen. Zucker karamellisieren, mit Orangensaft ablöschen und auf 1/3 der Menge einkochen. Maronen dazugeben und glacieren. Von der unbehandelten Orange Zesten abziehen, dann die Orange schälen und filetieren. Zum Schluss die Orangenfilets und die blanchierten Orangenstreifen dazugeben und mit Grand Manier abschmecken.

Nährwerte pro Portion

kcal:	506	Kohlenh.:	74,0 g
Eiweiß:	11,3 g	Ballastst.:	3,9 g
Fett:	14,6 g	Chol.:	258 mg

Besonders reich an

Flavonoiden
Phenolsäuren

Eine Portion deckt z. B. von der empfohlenen Tageszufuhr

Vitamin C:	83 %	Vitamin D:	37 %
Kalium:	30 %	Vitamin A:	28 %
Vitamin B_1:	23 %	Folsäure:	23 %
Kupfer:	23 %	Eisen:	20 %

Zubereitungstipp

→ Das Maronensoufflé kann im Dampfgarer zubereitet werden.

Ernährungsinfo

Maroni (Maronen): Steinfrucht. Familie der Buchengewächse. Maroni werden auch Ess- oder Edelkastanien genannt. Sie werden zum Verzehr geröstet oder gekocht. Dabei wandelt sich ein Teil der enthaltenen Stärke in Zucker um und ergibt den angenehmen Geschmack. Sie enthalten im Gegensatz zu Nüssen sehr wenig Fett, sind aber reich an Kohlenhydraten, Ballaststoffen, Vitamin C und Kalium.

Johann Pabst

Gefrorenes Soufflé vom Chivas mit Früchten

Zutaten

für 2 Personen

1 Ei
20 g Zucker
1 Eiklar (Eiweiß)
15 g Zucker
30 ml Chivas Regal Whiskey
20 ml Drambuie Whiskey Likör
50 g Schlagobers (-sahne)

Whiskeysoße:

20 g Zucker
1 EL Wasser
1/8 l Orangensaft
1/2 TL Stärkemehl
Chivas Regal zum Parfümieren

20 g Mangoscheiben
20 g Ananasscheiben
20 g Orangenscheiben
Minzeblätter zum Garnieren
Staubzucker (Puder-) zum Bestreuen

<u>Parfait:</u> Ei und Zucker über Dampf warm schlagen, bis eine dickcremige Masse entsteht. Das Eiweiß mit Zucker ebenfalls über Dampf warm schlagen und kalt fertig aufschlagen. Whiskey und Whiskeylikör unter die Eiermasse rühren, den Eischnee melieren (= unterheben) und das geschlagene Obers unterziehen.

Die Masse in Portionsformen füllen und etwa 6 Stunden einfrieren. Am besten das Parfait schon am Tag vorher zubereiten.

<u>Whiskeysoße:</u> Zucker mit Wasser karamellisieren lassen, mit Orangensaft ablöschen und bei kleiner Hitze auf ca. 1/4 reduzieren. Mit Stärkemehl auf gewünschte Konsistenz bringen. Den Chivas dazugeben und die Soße durch ein feines Sieb passieren.

Die Früchte auf einem großen Teller anrichten. Das Soufflé in die Mitte des Tellers stürzen. Die Früchte mit der Soße überziehen. Mit Minzeblättern garnieren und mit Staubzucker bestreuen.

Nährwerte pro Portion

kcal:	385	Kohlenh.:	42,9 g
Eiweiß:	7,4 g	Ballastst.:	0,7 g
Fett:	12,6 g	Chol.:	149 mg

Besonders reich an

Carotinoiden
Phenolsäuren
Flavonoiden

Eine Portion deckt z. B. von der empfohlenen Tageszufuhr

Vitamin C:	31 %	Vitamin B_{12}:	28 %
Vitamin A:	25 %	Biotin:	24 %
Vitamin D:	23 %	Vitamin B_2:	20 %
Kalium:	13 %	Kupfer:	12 %

Ernährungsinfo

Minze, Pfefferminze: Gewürzpflanze, Lippenblütler. Pfefferminze ist die Kulturform der Minze. Sie wird sowohl frisch, vor allem zum Dekorieren, als auch getrocknet als Tee verwendet. Pfefferminze hat einen hohen Gehalt an ätherischen Ölen, vor allem an Menthol. Sie wirkt gegen Blähungen und Magen-Darm-Krämpfe und regt den Gallenfluss an.

Johann Pabst

Kokosnuss-Soufflé mit Himbeeren

Zutaten

für 3 Personen

5 g Mehl
5 g Butter
60 g Magermilch
70 g feine Kokosraspel
70 ml Rum
1 Pkg. Vanillezucker
1 Dotter (Eigelb)
1 Eiweiß
25 g Zucker
8 g Stärkemehl

Himbeeren:

250 g Himbeeren
(ca. die Hälfte der Himbeeren zu Mark pürieren und passieren)
10 ml Waldhimbeergeist

Mehl in Butter hell anschwitzen, mit Milch aufgießen, aufkochen und Kokosraspel, Rum und Vanillezucker beigeben. ca. 6 Minuten leicht kochen lassen. Diese Grundmasse überkühlen lassen und den Dotter einmengen. Anschließend gänzlich erkalten lassen. Eiweiß und Zucker zu Schnee schlagen und mit dem Stärkemehl unter die Kokosmasse heben. In beschichtete oder ausgebutterte, angezuckerte Formen füllen und im Wasserbad bei 180 °C im Rohr ca. 15 – 20 Minuten pochieren.

Die Himbeeren mit Himbeermark und Waldhimbeergeist mindestens 1 Stunde marinieren.

Serviertipp

→ Stürzen Sie die Kokosnuss-Soufflés auf Teller und servieren Sie sie mit Beeren und karamellisierten Kokosblättern (sehr dünn aufgeschnittenes Kokosnussfleisch mit Staubzucker bestreuen und im Backrohr bei Obertemperatur bräunen lassen).

Ernährungsinfo

Himbeere: Sammelsteinfrucht. Familie der Rosengewächse. Wie bei den meisten anderen Beeren ist die in Wäldern wachsende Wildform besonders aromatisch. Himbeeren liefern reichlich Vitamin C, Betakarotin, Vitamin B_1, B_2, Kalium, Kalzium, Phosphor sowie Flavonoide (Farbstoff Anthocyan).

Nährwerte pro Portion

kcal:	338	Kohlenh.:	21,0 g
Eiweiß:	5,7 g	Ballastst.:	10,3 g
Fett:	18,5 g	Chol.:	84 mg

Besonders reich an

Flavonoiden
Phenolsäuren

Eine Portion deckt z. B. von der empfohlenen Tageszufuhr

unlösliche Ballaststoffe: 55 %

Kupfer:	27 %	Mangan:	26 %
Vitamin C:	21 %	Eisen:	19 %
Kalium:	17 %	Magnesium:	15 %

Johann Pabst

Soufflierter Topfenschmarren

Zutaten

für 2 Personen

- 1 Dotter (Eigelb)
- 1 Ei
- 15 g Kristallzucker
- 1/2 Pkg. Vanillezucker
- 10 g Rum
- Zitronenschale
- Prise Salz
- 100 g Magertopfen (-quark), gut ausgedrückt
- 1 EL Sauerrahm (saure Sahne)
- 1 EL Grieß
- 1 TL Stärkemehl
- 1 Eiklar (Eiweiß)
- 15 g Kristallzucker
- 1 TL Butter für die Pfanne
- 30 g Fruchtmus
- Staubzucker (Puder-) zum Bestreuen

Dotter und Ei mit Kristall- und Vanillezucker, Rum, etwas geriebener Zitronenschale und Salz schaumig schlagen. Anschließend Topfen, Sauerrahm, Grieß und Stärkemehl in die Masse einrühren. Das Eiklar mit Zucker zu Schnee schlagen und unter die Masse heben.

Die Masse in eine eingefettete Pfanne geben und im vorgeheizten Rohr bei 160 °C ca. 15 Minuten herausbacken.

Danach in Stücke schneiden und in der Pfanne mit etwas Butter durchschwenken.

Auf Teller geben, anzuckern und mit Fruchtpüree (Erdbeere, Heidelbeere, Weichsel) servieren.

Nährwerte pro Portion

kcal:	236	Kohlenh.:	27,0 g
Eiweiß:	13,2 g	Ballastst.:	0,6 g
Fett:	6,8 g	Chol.:	129 mg

Eine Portion deckt z. B. von der empfohlenen Tageszufuhr

Vitamin B_{12}:	38 %	Biotin:	28 %
Niacin:	21 %	Vitamin D:	19 %
Zink:	12 %		

Ernährungsinfo

Glykämische Last (GL): Errechnet sich aus dem glykämischen Index unter Berücksichtigung des Kohlenhydratgehaltes eines Lebensmittels: Glykämischer Index (GI) dividiert durch 100 multipliziert mit der Menge der verzehrten Kohlenhydrate. Niedrige GL bis 10, mittlere GL 11 – 19 und hohe GL ab 20.

Johann Pabst

Zutaten

für 4 Personen

150 g Jogurt
60 g Magertopfen (-quark)
40 g Staubzucker
4 EL Zitronensaft
2 Blatt Gelatine
10 ml Cointreau
80 g geschlagenes Obers (Sahne)

Zitronenmousse

Jogurt mit Topfen, Staubzucker und Zitronensaft glatt rühren. Die Gelatine in kaltes Wasser einweichen, gut ausdrücken und mit dem Cointreau leicht erwärmen, bis sich die Gelatine vollständig aufgelöst hat und dann unter die Jogurtmasse rühren. Geschlagenes Obers unterheben.

Dariolformen mit kaltem Wasser ausspülen, die Mousse einfüllen und für 3 – 4 Stunden kalt stellen.

Zubereitungstipp

- An Stelle von Zitronen eignen sich auch vorzüglich Limetten, rosa Grapefruits oder auch Blutorangen.

Ernährungsinfo

Zitrone: Beerenfrucht. Familie der Rautengewächse. Zitronen schätzen weder Kälte noch Hitze und gedeihen deshalb in der gemäßigten Klimazone (z. B. Mittelmeerraum) am besten. Zitronen sind reich an Fruchtsäuren, v. a. Zitronensäure, sowie Vitamin C und Pektin. Sie enthalten die sekundären Pflanzeninhaltsstoffe Flavonoide, Phenolsäuren sowie die Terpene Limonen und Limonoide.

Nährwerte pro Portion

kcal:	167	Kohlenh.:	16,0 g
Eiweiß:	4,4 g	Ballastst.:	0 g
Fett:	8,6 g	Chol.:	28 mg

Eine Portion deckt z. B. von der empfohlenen Tageszufuhr

Vitamin B_2: 10 % Vitamin B_{12}: 10 %

Topfensoufflé

Den Topfen passieren, Eidotter, Stärkemehl, eine Prise Salz, Vanillezucker, geriebene Zitronenschale sowie Sauerrahm beigeben und alles glatt rühren. Eine oder mehrere geeignete Souffléformen mit Butter ausstreichen und mit Zucker ausstreuen.

Ein passendes Wasserbad bei 180 °C ins Backrohr stellen.

Eiklar mit Zucker steif schlagen und unter die Topfenmasse heben. Soufflémasse etwa 2/3 hoch in die Formen füllen, diese ins Wasserbad stellen und etwa 30 Minuten pochieren. Soufflé stürzen und rasch servieren.

Zutaten

für 3 Personen

80 g Magertopfen (-quark)
1 Eidotter (Eigelb)
1 KL Stärkemehl
Prise Salz
Prise Vanillezucker
Schale von 1 Zitrone
40 g Sauerrahm (saure Sahne)
Butter und Zucker für die Form
1 Eiklar (Eiweiß)
1 EL Zucker

Zubereitungstipp

- Dieses Gericht eignet sich hervorragend für die Zubereitung im Dampfgarer.

Serviertipp

- Als Garnitur kann man diverse Sorbets, frische Früchte oder Vanillesoße dazugeben.

Ernährungsinfo

Dampfgaren: Schonende Zubereitungsart durch Wasserdampf bei einer Temperatur um 100 °C. Durch den Wasserdampf werden Zellwände aufgeweicht, Eiweißstoffe aufgeschlossen und Stärke gequollen. Vitamine und Mineralstoffe und auch der Eigengeschmack bleiben besser erhalten als beim Kochen. Dämpfen kann man mit einem Einsatz im Kochtopf oder in speziellen Geräten.

Nährwerte pro Portion

kcal:	115	Kohlenh.:	7,0 g
Eiweiß:	6,2 g	Ballastst.:	0 g
Fett:	6,9 g	Chol.:	95 mg

Besonders reich an

hochwertigem Eiweiß

Eine Portion deckt z. B. von der empfohlenen Tageszufuhr

Vitamin B_{12}:	15 %	Biotin:	14 %
Vitamin A:	11 %		

Johann Pabst

Kokosnussmousse

Zutaten

für 3 Personen

200 g Kokosmilch
60 g Kokosraspel
30 g Zucker
10 g Stärkemehl
20 g Kokosmilch
2 Blatt Gelatine
40 g Batida de Coco (Kokoslikör)
60 g Jogurt
60 g Schlagobers (-sahne)

Kokosmilch mit den Kokosraspeln und Zucker aufkochen, Stärkemehl mit Kokosmilch glatt rühren und einkochen. Die Gelatineblätter in kaltem Wasser einweichen, ausdrücken und in der noch heißen Kokosmasse auflösen. Die Masse im kalten Wasserbad abkühlen. Wenn sich die Masse kühl anfühlt und leicht zu stocken beginnt, den Kokoslikör und das Jogurt unterrühren und dann das geschlagene Obers unterziehen.

Eine Terrinenform vorbereiten. Diese mit Klarsichtfolie auskleiden und die Masse einfüllen. Etwa 6 Stunden durchkühlen lassen.

Serviertipp

→ Mit Kokos- und Schokoraspeln kurz vor dem Servieren garnieren.

Ernährungsinfo

Kokosnuss: Steinfrucht der Kokospalme. Was als Kokosnuss bezeichnet wird, ist genau genommen der Kern der Frucht. Verwendet werden sowohl Fruchtfleisch als auch die Kokosmilch. Kokosnüsse sind relativ energie- und fettreich, sie enthalten große Mengen an gesättigten Fettsäuren. Sie liefern aber auch nennenswerte Mengen an B-Vitaminen, Kalium, Phosphor und Eisen.

Nährwerte pro Portion

kcal:	322	Kohlenh.:	23,3 g
Eiweiß:	3,3 g	Ballastst.:	4,0 g
Fett:	20,9 g	Chol.:	26 mg

Eine Portion deckt z. B. von der empfohlenen Tageszufuhr

unlösliche Ballaststoffe: 21 %

Kupfer:	25 %	Mangan:	22 %
Kalium:	19 %		

Topfensoufflé mit Rumbrombeeren und Karamell-Eis

Den Topfen passieren, Eidotter, Stärkemehl, eine Prise Salz, Vanillezucker, geriebene Zitronenschale sowie Sauerrahm beigeben und alles glatt rühren. Eine oder mehrere geeignete Souffléformen mit Butter ausstreichen und mit Zucker ausstreuen. Ein passendes Wasserbad im Backrohr bei 180 °C vorbereiten. Eiklar mit Zucker steif schlagen und unter die Topfenmasse heben. Soufflémasse etwa 2/3 hoch in die Formen füllen, diese ins Wasserbad stellen und etwa 30 Minuten pochieren. Soufflé stürzen.

Die Brombeeren mit Rum, Vanillezucker und Staubzucker marinieren.

Für das Karamell-Eis Kristallzucker karamellisieren und mit Milch und Obers ablöschen. Mit Eidotter zur Rose abziehen, die anderen Zutaten beigeben und in der Sorbetiere gefrieren.

Zu dem gestürzten Soufflé das Karamell-Eis dazugeben und die Beeren rundherum platzieren.

Zubereitungstipp

- → Dieses Gericht eignet sich hervorragend für die Zubereitung im Dampfgarer.

Ernährungsinfo

Wasserlösliche Vitamine: Mikronährstoffe. Der Name entspricht ihren chemischen Eigenschaften. Vertreter: Vitamin B_1, B_2, Niacin, B_6, Pantothensäure, Folsäure, B_{12}, Biotin und C. Eine Aufnahme wasserlöslicher Vitamine über den Bedarf hinaus führt zu einer verminderten Aufnahme in den Körper oder zu einer erhöhten Ausscheidung.

Zutaten

für 3 Personen

80 g Magertopfen (-quark)
1 Eidotter (Eigelb)
1 KL Stärkemehl
Prise Salz, Prise Vanillezucker
Schale von 1 Zitrone, abgerieben
40 ml Sauerrahm (saure Sahne)
Butter und Zucker für die Form
1 Eiklar (Eiweiß)
1 EL Zucker

Rumbrombeeren:

100 g Brombeeren
1 EL Rum
1/2 Pkg. Vanillezucker
2 EL Staubzucker (Puder-)

Karamell-Eis:

50 g Kristallzucker
20 g Magermilch
20 g Obers (Sahne)
1 Eidotter (Eigelb)
Vanillezucker

Nährwerte pro Portion

kcal:	307	Kohlenh.:	39,7 g
Eiweiß:	8,0 g	Ballastst.:	2,2 g
Fett:	11,6 g	Chol.:	182 mg

Besonders reich an

hochwertigem Eiweiß
Flavonoiden
Lignanen

Eine Portion deckt z. B. von der empfohlenen Tageszufuhr

Biotin:	21 %	Vitamin A:	21 %
Vitamin B_2:	20 %	Vitamin B_{12}:	20 %
Vitamin D:	18 %	Eisen:	12 %

Johann Pabst

Schokoladenauflauf im Strudelkörbchen mit Birnensoße

Zutaten

für 2 Personen

Birnensoße:
- 1 vollreife Birne, geschält, entkernt, gewürfelt
- 1/2 EL Kristallzucker
- 1 EL Zitronensaft
- 1/2 kleine Zimtstange
- Zitronenschale
- 2 cl Birnenbrand

Strudelkörbchen:
- 2 Strudelblätter, aufgetaut
- 10 g flüssige Butter zum Bestreichen
- Butter und Brösel für die Formen
- 2 EL Kristallzucker zum Bestreuen
- Staubzucker (Puder-) zum Bestreuen

Schokoladenauflauf:
- 40 g dunkle Kuvertüre
- 1 Dotter (Eigelb)
- 20 g Kristallzucker
- 1/2 KL Amaretto
- 20 g Mascarpone
- 2,5 g Stärkemehl
- 3 EL Schlagobers (-sahne)
- 1 Eiklar (Eiweiß)

<u>Birnensoße:</u> Birnenwürfel mit Zucker, Zitronensaft und Zimtstange zugedeckt bei geringer Hitze etwa 10 Minuten dünsten; von der Hitze nehmen, Zitronenschale untermengen und vollständig auskühlen lassen. Zimtstange entfernen, Birnenwürfel pürieren und mit Birnenbrand abschmecken.

<u>Strudelkörbchen:</u> 1 Strudelblatt mit flüssiger Butter bestreichen, mit dem 2. Strudelblatt belegen und in 4 Quadrate (15 x 15 cm) teilen. 2 Dariolformen (Füllinhalt 1/8 l) mit flüssiger Butter ausstreichen und mit Bröseln bestreuen. Dariolformen mit den zugeschnittenen Teigstücken auslegen, Strudelteig an den Innenseiten gut mit den Fingern andrücken. Die Böden der Strudelkörbchen mit Kristallzucker (je 1 EL) bestreuen und die Teigspitzen mit Staubzucker bestreuen. Dariolformen mit Strudelkörbchen auf ein Backblech geben und im vorgeheizten Rohr auf unterster Schiene bei 180 °C etwa 7 Min. backen, auskühlen lassen.

<u>Schokoladenauflauf:</u> Kuvertüre über Dampf schmelzen. Dotter mit Zucker und Amaretto schaumig rühren. Mascarpone, Stärkemehl und lauwarme Kuvertüre unterrühren. Schlagobers steif schlagen und unterheben. Eiklar zu steifem Schnee schlagen und vorsichtig unterheben.

Die Schokoladenmasse in die vorgebackenen Strudelkörbchen füllen und im vorgeheizten Rohr auf unterster Schiene bei 170 °C etwa 35 Min. backen, überkühlen lassen. Dariolformen vorsichtig lösen und Strudelkörbchen mit Birnensoße dekorativ anrichten.

Nährwerte pro Portion

kcal:	567	Kohlenh.:	68,6 g
Eiweiß:	9,8 g	Ballastst.:	6,9 g
Fett:	25,8 g	Chol.:	169 mg

Besonders reich an

Flavonoiden, Tanninen

Eine Portion deckt z. B. von der empfohlenen Tageszufuhr

unlösliche Ballaststoffe: 39 %

Kupfer:	49 %	Eisen:	27 %
Biotin:	21 %	Magnesium:	19 %
Zink:	19 %	Mangan:	18 %

Ernährungsinfo

Mascarpone: Milchprodukt. Mascarpone entsteht wie Schlagobers beim Entrahmen der Milch aus dem fettreichen Milchanteil, der durch Zugabe von Säure zum Gerinnen gebracht wird. Mascarpone hat einen besonders hohen Fettgehalt von über 40 %. Er liefert Eiweiß, Vitamin A, D, B_2 und Kalzium, allerdings in geringerer Menge als fettärmere Milchprodukte.

Zutaten

für 6 Personen

140 g Wasser
60 g Kristallzucker
20 g Kakao
60 g Zartbitterschokolade

Schokoladensoße

Wasser mit Kristallzucker und Kakao aufkochen lassen. Schokolade in kleine Stückchen teilen und im Wasser schmelzen lassen.

Soße mit einem Stabmixer ca. eine halbe Minute aufmixen und kalt stellen.

Serviertipp

→ Die Schokoladensoße ist eine universelle Beilage für Desserts. Sie passt zu Palatschinken, Eis und eignet sich als Dekoration für fast alle Süßspeisen.

Ernährungsinfo

Schokolade: Genussmittel. Schokolade wird aus gerösteten, gemahlenen und zu Kakaomasse verarbeiteten Kakaobohnen sowie Milch, Zucker und Lecithin hergestellt. Je höher ihr Kakaoanteil, desto bitterer schmeckt Schokolade, desto mehr Schutzstoffe, allen voran Flavonoide, enthält sie allerdings und desto niedriger ist auch ihr glykämischer Index.

Nährwerte pro Portion

kcal:	91	Kohlenh.:	14,9 g
Eiweiß:	1,7 g	Ballastst.:	2,9 g
Fett:	2,7 g	Chol.:	0 mg

Besonders reich an

Flavonoiden
Tanninen

Eine Portion deckt z. B. von der empfohlenen Tageszufuhr

unlösliche Ballaststoffe: 18 %
Kupfer: 28 %

Johann Pabst

Hippenmasse

Zutaten

für 40 Stück

- 4 Eiklar (Eiweiß)
- 125 g Staubzucker (Puder-)
- 125 g flüssige Butter
- 125 g Mehl

Eiklar mit Staubzucker, flüssiger Butter und Mehl vermischen. Mit der Schablone auf eine Silikonmatte oder auf ein Butterpapier streichen und bei 180 °C ca. 3 Minuten backen. Herausnehmen und über eine Dariolform oder Mokkatasse stürzen (um eine schöne Form zu erhalten).

Serviertipp

→ Die Hippenmasse kann beliebig geformt und verwendet werden: Zu Stanitzeln geformt kann man sie mit Schokomousse füllen, zu Schälchen geformt kann man sie mit Erdbeerragout füllen oder zu Röllchen geformt kann man sie mit Früchten füllen.

Ernährungsinfo

Fett: Makronährstoff. Bezeichnung für in Wasser unlösliche, in organischen Lösungsmitteln lösliche organische Verbindungen. Sind wichtige Bestandteile biologischer Membranen und wichtige Energiereserve (Depotfett). Liefern 9,3 kcal pro Gramm. Träger von fettlöslichen Vitaminen und unverzichtbar für deren Aufnahme. Höchstens 30 % der zugeführten Tagesenergie sollten von Fetten stammen.

Nährwerte pro Stück

kcal:	48	Kohlenh.:	5,4 g
Eiweiß:	0,7 g	Ballastst.:	0,1 g
Fett:	2,6 g	Chol.:	8 mg

Johann Pabst

Zutaten
für 2 Personen

70 g Mehl
150 ml Magermilch
2 Eidotter (Eigelb)
Salz
1/2 Pkg. Vanillezucker
Zitronenschale, gerieben
1 TL Rum
4 Eiklar (Eiweiß)
1 EL geklärte Butter
1 säuerlicher Apfel
Staubzucker (Puder-)
zum Bestreuen

10 g Butter
1 TL Kristallzucker
8 Stk. Walnüsse

Apfelschmarren mit Walnüssen

Mehl mit Magermilch, Eidottern, Salz, Vanillezucker, Zitronenschale und Rum glatt rühren und das geschlagene Eiklar unterheben. Die geklärte Butter leicht erhitzen und in den Teig hineingeben. Den Apfel schälen und teilen. Eine Apfelhälfte vierteln, auf dem Teig verteilen und ihn in den auf 200 °C vorgeheizten Ofen schieben. Wenn der Teig oben trocken wird, umdrehen und etwas Butter seitlich dazugeben. Hat der Schmarren eine schöne Farbe, ihn dann mit einer Palette in Rautenstücke reißen, Staubzucker darüber streuen und im Ofen bei starker Oberhitze wenige Minuten karamellisieren.

Apfel: Butter mit dem Zucker karamellisieren, die restliche Apfelhälfte in Spalten schneiden, hinzugeben und rasch glacieren. Sobald die Apfelspalten Farbe bekommen haben, die geschälten Nüsse dazugeben.

Nährwerte pro Portion

kcal:	478	Kohlenh.:	49,2 g
Eiweiß:	19,4 g	Ballastst.:	3,1 g
Fett:	21,2 g	Chol.:	263 mg

Besonders reich an

komplexen Kohlenhydraten
mehrfach ungesättigten Fettsäuren
hochwertigem Eiweiß
Lecithin

Eine Portion deckt z. B. von der empfohlenen Tageszufuhr

Pantothensäure: 24 %

Biotin:	49 %	Vitamin B_{12}:	49 %
Vitamin D:	38 %	Niacin:	32 %
Kupfer:	27 %	Kalium:	22 %

Zubereitungstipp

→ Walnüsse lassen sich gut schälen und bleiben schneeweiß, wenn man sie kurz in Milch aufkocht.

Ernährungsinfo

Quercetin: Pflanzenschutzstoff. Polyphenol. Hellgelbes Pigment in Pflanzen. Besonders hohe Konzentrationen in gelben Zwiebeln, Grünkohl, Apfel- und Quittenschalen. Gehalt nimmt durch Kochen im Wasser, aber nicht durch Anbraten im Öl stark ab. Wirkt als Antioxidans, schützt vor Krebserkrankungen und hemmt Entzündungen, Bakterien, Viren und Pilze.

Johann Pabst

Jogurtschmarren mit Waldbeeren

Zutaten

für 2 Personen

1/16 l Magermilch
1/16 l Magerjogurt
2 Dotter (Eigelb)
80 g Mehl
Zimt, Salz, Vanillezucker
2 Eiklar (Eiweiß)
25 g Zucker
125 g gemischte Beeren
20 g Staubzucker (Puder-)

Milch, Jogurt, Dotter, Mehl, Zimt, etwas Salz und Vanillezucker zu einem glatten Teig verrühren. Das Eiklar mit Zucker zu einem festen Schnee schlagen und diesen unter den Teig heben. Den Teig in eine größere beschichtete Pfanne hineingießen, am Herd anbacken lassen und im Rohr bei 190 °C Heißluft ca. 15 Minuten backen. Wenn er fertig ist, mit einer Gabel und Backschaufel zerreißen. Die gewaschenen Beeren dazugeben, mit dem Staubzucker bestreuen, leicht in einer Pfanne anrösten und den Schmarren auf Tellern anrichten.

Serviertipp

→ Werten Sie diese süße Verführung mit cremigem Vanilleeis auf.

Ernährungsinfo

Polyphenole: Pflanzenschutzstoffe. Sind u. a. Farbpigmente, regeln den Pflanzenwuchs und schützen die Pflanzen vor Schädlingen. Zu ihnen zählen die Phenolsäuren, die Flavonoide und die Hydroxyzimtsäure. Stärken das Abwehrsystem, schützen vor Krebserkrankungen und hemmen das Wachstum von Bakterien, Viren und Pilzen. Werden in der Lebensmittelindustrie als Antioxidantien eingesetzt.

Nährwerte pro Portion

kcal:	388	Kohlenh.:	63,9 g
Eiweiß:	14,4 g	Ballastst.:	2,1 g
Fett:	7,6 g	Chol.:	239 mg

Besonders reich an

Flavonoiden
Phenolsäuren

Eine Portion deckt z. B. von der empfohlenen Tageszufuhr

Vitamin B_{12}:	47 %	Biotin:	40 %
Vitamin D:	35 %	Niacin:	23 %
Vitamin B_2:	20 %	Zink:	18 %
Kupfer:	17 %	Kalzium:	12 %

Johann Pabst

Orangen-Pistazien-Schmarren mit Vanille-Glühwein-Soße

Zutaten

für 2 Personen

Teig:

1/16 l Magermilch
1/16 l Orangensaft
1 Eidotter (Eigelb)
75 g Mehl
Salz
Zucker zum Bestreuen
Vanillezucker
15 g Pistazien, gehackt
Zesten von 1/2 Orange
1 Eiweiß

Soße:

0,1 l Rotwein
50 g Zucker
10 g Glühweingewürz
1/2 Vanilleschote
Stärkemehl zum Binden

Die Zutaten zu einem glatten Teig verrühren und das geschlagene Eiweiß unterheben.

Den Teig in einer Pfanne einlaufen lassen und kurz ca. 2 Minuten anbraten. Wenden und im Backrohr bei 160 °C Heißluft 10 Minuten fertig garen. Anschließend herausnehmen und mittels Palette und 2-Zack-Gabel zerreißen oder in schöne Rauten schneiden.

Soße: Rotwein, Zucker und Gewürze aufkochen lassen und mit Stärkemehl binden.

Serviertipp

→ Gemeinsam mit den Orangenfilets, Minzeblättern, gehackten Pistazien und dem Mark einer Vanilleschote servieren.

Ernährungsinfo

Vanille: Frucht eines Orchideengewächses. Die so genannte Vanilleschote ist botanisch eine Kapselfrucht. Das Aroma der Vanille rührt vom Inhaltsstoff Vanillin her, der in den schwarzen Samen und dem umgebenden Öl enthalten ist. Man verwendet das Gewürz, indem man die Früchte der Länge nach aufschneidet und das Mark herauskratzt. Neben dem süßen, aromatischen, weichen Aroma wirkt Vanille wachstumshemmend auf Krankheitskeime.

Nährwerte pro Portion

kcal:	464	Kohlenh.:	78,4 g
Eiweiß:	10,7 g	Ballastst.:	3,4 g
Fett:	8,3 g	Chol.:	119 mg

Eine Portion deckt z. B. von der empfohlenen Tageszufuhr

Vitamin D:	45 %	Eisen:	30 %
Biotin:	25 %	Vitamin B_{12}:	25 %
Kupfer:	22 %	Mangan:	22 %

Johann Pabst

Orangenmus

Zutaten

für 6 Personen

1 Ei
1 Eidotter (Eigelb)
2 Blatt Gelatine
10 ml Cointreau
150 g weiße Schokolade, zerlassen
1/8 l Orangensaft, reduziert um die Hälfte
4 Eiweiß
1/8 l Schlagobers (-sahne), geschlagen

Ei und Eidotter über Dampf warm schlagen, dann kalt schlagen. Gelatine einweichen und im erwärmten Cointreau auflösen. Die zerlassene weiße Schokolade mit der aufgelösten Gelatine und dem Orangensaft unter die Eiermasse rühren.

Die Eiweiße ebenfalls über Dampf warm schlagen, kalt fertig aufschlagen und unterziehen. Das geschlagene Schlagobers unterziehen und kalt stellen.

Serviertipp

→ Mus in einer Honigwabe oder in einer Hippenblüte mit gemischten Früchten anrichten.

Ernährungsinfo

Orange: Beerenfrucht. Familie der Rautengewächse. Je nach Sorte ist ihr Fruchtfleisch hellorange bis dunkelrot. Allen Sorten gleich ist ihr hoher Gehalt an Vitamin C. Orangen liefern nennenswerte Mengen an Kalium und Kalzium und sind reich an Pektin, Flavonoiden, Phenolsäuren sowie dem Terpen Limonen.

Nährwerte pro Portion

kcal:	261	Kohlenh.:	18,8 g
Eiweiß:	6,8 g	Ballastst.:	0 g
Fett:	17,2 g	Chol.:	109 mg

Besonders reich an

hochwertigem Eiweiß

Eine Portion deckt z. B. von der empfohlenen Tageszufuhr

Vitamin B_2:	20 %	Biotin:	17 %
Vitamin B_{12}:	17 %	Vitamin A:	16 %
Vitamin D:	14 %		

Orangengelee

Zutaten

für 30 Stück

- 10 Blatt Gelatine
- 450 g Orangensaft
- 30 g Grand Manier
- 120 g Zucker
- Saft 1 Zitrone
- Schale 1 Orange
- Kristallzucker zum Wälzen

Gelatine in kaltem Wasser einweichen. Orangensaft, Grand Manier, Zucker, Zitronensaft und geriebene Orangenschale vorsichtig zum Kochen bringen. Abseihen, Gelatine dazugeben. Masse in ein flaches Gefäß etwa 1 cm hoch eingießen. Erkalten lassen. Beliebige Formen ausstechen und in Kristallzucker wälzen.

Serviertipp

→ Das Orangengelee wird vorwiegend als Garnitur bei verschiedenen Desserts verwendet.

Ernährungsinfo

Gelatine: Gelier- und Verdickungsmittel. Besteht aus tierischem Bindegewebseiweiß (Kollagen). Wird aus Häuten, Knochen und Schwarten vom Rind und hauptsächlich vom Schwein hergestellt. Gelatine quillt in kaltem Wasser, löst sich beim Erwärmen auf und erstarrt beim Abkühlen wieder.

Nährwerte pro Stück

kcal:	31	Kohlenh.:	6,3 g
Eiweiß:	0,4 g	Ballastst.:	0,0 g
Fett:	0,0 g	Chol.:	0 mg

Johann Pabst

Orangenblätter mit Topfen

Zutaten

für 2 Personen

Orangenblätter:

30 g Butter
30 g geriebene Mandeln
60 g Staubzucker (Puder-)
15 g glattes Mehl
Saft und geriebene Schale von 1/2 Orange

Topfencreme:

125 g Magertopfen (-quark)
20 g Honig
Saft von 1/4 Zitrone
50 g Jogurt
1 Blatt Gelatine

Dekoration:

Filet von 1 Orange
Zimt zum Bestreuen

Kalte Butter in kleine Würfel schneiden, mit den geriebenen Mandeln, dem Staubzucker, Mehl, Orangensaft und der geriebenen Orangenschale verrühren und danach einige Stunden kalt stellen. Eine dünne Schablone mit einem Durchmesser von etwa 5 cm zuschneiden, die Masse dünn mit einer Palette aufstreichen und im vorgeheizten Ofen bei 160 °C etwa 7 – 8 Minuten goldgelb backen.

Für die Topfencreme Topfen, Honig und Zitronensaft vermischen. Jogurt und eingeweichte und aufgelöste Gelatine unterheben. Die Masse in einen Spritzsack geben, die Orangenblätter schichtweise damit füllen. Mit Orangenfilets anrichten, mit Zimt bestreuen und sofort servieren.

Nährwerte pro Portion

kcal:	498	Kohlenh.:	58,9 g
Eiweiß:	14,1 g	Ballastst.:	4,6 g
Fett:	22,0 g	Chol.:	39mg

Besonders reich an

hochwertigem Eiweiß
Flavonoiden
Phenolsäuren

Eine Portion deckt z. B. von der empfohlenen Tageszufuhr

Vitamin C:	50 %	Vitamin E:	35 %
Vitamin B_2:	30 %	Kalium:	22 %
Kupfer:	21 %	Kalzium:	19 %
Eisen:	17 %	Folsäure:	13 %

Serviertipp

→ Die Orangenblätter können mit getrockneten Orangenchips dekoriert werden: Orangen mit einer Brotschneidemaschine in dünne Scheiben schneiden, durch Läuterzucker ziehen. Auf einer Silikonmatte oder auf Backpapier im Backrohr bei 100 °C 1 Stunde trocknen, dann umdrehen, das Rohr auf 50 °C zurückschalten und über Nacht im leicht geöffneten Backrohr trocknen lassen. Dies kann auch mit Äpfeln, Birnen, Zitronen usw. gemacht werden.

Ernährungsinfo

Vitamin B_2 (Riboflavin): Wasserlösliches Vitamin. Ist wesentlich beim Abbau von Fett, Eiweiß, Kohlenhydraten beteiligt. Ist Bestandteil von Enzymen und besonders wichtig für eine gesunde Haut. Ein Mangel führt u. a. zu Rissen in Mundwinkeln, Veränderungen an den Lippen und der Nase, aber auch zu Entzündungen der Haut und der Schleimhaut im Verdauungstrakt und zu brüchigen Fingernägeln.

Johann Pabst

Zutaten

für 2 Personen

Marinierte Orangen:

1 EL Zucker

1/16 l frischer Orangensaft

15 ml Cointreau

fein geschnittener Ingwer

etwas Vanillemark

1/2 TL Stärkemehl

etwas Orangensaft

Crème Brûlée:

170 g Vollmilch

30 g Zucker

30 g Orangensaft

1 Ei

Mark einer 1/4 Vanilleschote

1 saftige Orange, filetiert

brauner Zucker zum Bestreuen

Pfefferminzblatt

Nährwerte pro Portion

kcal:	300	Kohlenh.:	46,1 g
Eiweiß:	7,9 g	Ballastst.:	1,8 g
Fett:	6,7 g	Chol.:	129 mg

Besonders reich an

Flavonoiden
Phenolsäuren
Terpenen

Eine Portion deckt z. B. von der empfohlenen Tageszufuhr

Vitamin C:	53 %	Vitamin B_{12}:	30 %
Biotin:	29 %	Vitamin B_2:	20 %
Vitamin D:	19 %	Kalium:	19 %
Kalzium:	17 %	Vitamin A:	15 %

Crème Brûlée mit marinierten Orangen und Ingwer

Für die marinierten Orangen Zucker karamellisieren, mit Orangensaft und Cointreau ablöschen. Ingwer und Vanillemark dazugeben, 15 Minuten leicht köcheln lassen und mit Stärkemehl, das zuvor mit etwas Orangensaft angerührt wurde, binden. Orangenfilets einlegen und einige Stunden marinieren lassen.

Für die Crème Brûlée alle Zutaten verrühren, durch ein Sieb passieren und in Teller oder Souffléformen füllen. Mit Klarsichtfolie abdecken und im Rohr bei 100 °C ca. 40 Minuten backen. Anschließend abkühlen lassen. Mit braunem Zucker bestreuen, wenn vorhanden mit einem Flämmer oder starker Oberhitze gratinieren.

Zum Schluss die Orangenfilets auf die Crème Brûlée setzen und mit einem Pfefferminzblatt garnieren.

Ernährungsinfo

Ingwer: Gewürz aus dem Wurzelstock eines Ingwergewächses. Ingwer wird entweder frisch oder getrocknet und gemahlen für Süßspeisen, exotische Gerichte, Soßen, Marinaden und auch Getränke verwendet. Ingwer enthält ätherische Öle und Bitterstoffe. Er wirkt appetitanregend, gegen Verdauungsstörungen, gegen Übelkeit und Reisekrankheit.

Johann Pabst

Gewürzorangen

Zutaten

für 6 Personen

- 150 g Honig
- 700 ml Orangensaft
- 1 Zimtstange
- 10 Nelken
- 10 grüne Pfefferkörner
- 1 Lorbeerblatt
- Orangenschalenjulienne
- evtl. Stärkemehl zum Binden
- 3 Blutorangen
- 3 Orangen

Honig, Orangensaft und Gewürze auf die Hälfte einkochen lassen, evtl. mit Stärkemehl binden. Von 2 gewaschenen unbehandelten Orangen mit einem Zestenreißer (= Küchenwerkzeug mit dem Orangenstreifen herunter gezogen werden) Julienne herunter reißen und in ein Einmachglas geben. Alle 6 Orangen mit einem Messer schälen und auch diese in das Einmachglas geben. Den heißen Gewürzfond darüber gießen und mindestens 3 Tage ziehen lassen. Die Gewürzorangen kann man länger im Kühlschrank aufbewahren.

Serviertipps

→ Diese Gewürzorangen eignen sich besonders gut als Beilage für einen Sterzauflauf.

→ Selbstverständlich können diese auch für andere Desserts verwendet werden.

Ernährungsinfo

Fruchtzucker (Fruktose): Einfachzucker. Kommt vor allem gemeinsam mit Traubenzucker in Früchten vor. Bestandteil von Zweifachzuckern wie Saccharose (= Zucker) und Honig. Als Süßungsmittel auch im Handel erhältlich. Ist der süßeste aller natürlichen Zucker. Wird langsam vom Dünndarm aufgenommen und lässt somit den Blutzuckerspiegel langsamer und nicht so hoch ansteigen.

Nährwerte pro Portion

kcal:	272	Kohlenh.:	60,4 g
Eiweiß:	2,7 g	Ballastst.:	3,8 g
Fett:	0,5 g	Chol.:	0 mg

Besonders reich an

Flavonoiden
Phenolsäuren
Terpenen

Eine Portion deckt z. B. von der empfohlenen Tageszufuhr

Vitamin C:	79 %	Kalium:	21 %
Kupfer:	17 %	Vitamin B_1:	15 %
Eisen:	15 %		

Johann Pabst

Buttermilch-Honig-Eis

Zutaten

für 8 Personen

3/8 l Buttermilch
1/8 l Schlagobers (-sahne)
50 g Honig
Saft von 1 Limette

Alle Zutaten mit einem Schneebesen gut vermengen und in einer Sorbetiere (Eismaschine) gefrieren.

Zubereitungstipp

→ Sollte man einen Pacojet haben, so kann man diese Masse auch in einem für dort bestimmten Becher abfüllen und das Eis portionsweise herunterpacosieren.

Ernährungsinfo

Buttermilch: Milchprodukt. Buttermilch ist ursprünglich die bei der Herstellung von Butter aus Rahm anfallende Flüssigkeit. Heute wird sie alternativ hergestellt, indem fettarme Milch mit Milchsäurebakterien versetzt wird. Im Gegensatz zu der aus Vollmilch hergestellten, ähnlich schmeckenden Sauermilch enthält Buttermilch maximal 1 % Fett, ist reich an hochwertigem Eiweiß, Vitamin B_2 und Kalzium.

Nährwerte pro Portion

kcal:	97	Kohlenh.:	8,0 g
Eiweiß:	2,0 g	Ballastst.:	5,4 g
Fett:	6,2 g	Chol.:	20 mg

Eine Portion deckt z. B. von der empfohlenen Tageszufuhr

Vitamin B_2:	10 %	Vitamin A:	7 %
Kalzium:	7 %	Vitamin D:	6 %
Kalium:	5 %		

Johann Pabst

Sauerrahmeis

Zutaten

für 8 Personen

250 g Sauerrahm (saure Sahne)
50 g Obers (Sahne)
110 g Staubzucker (Puder-)
Schale von 1 unbehandelten Limette, gerieben
Saft von 2 Limetten

Alle Zutaten mit einem Schneebesen verrühren und in einer Sorbetiere oder in einem Pacojet gefrieren.

Ernährungsinfo

Sauerrahm (saure Sahne): Milchprodukt. Sauerrahm entsteht wie Schlagobers beim Entrahmen der Milch aus dem fettreichen Milchanteil. Der vorerst entstehende süße Rahm wird durch Milchsäuregärung zu Sauerrahm. Dadurch ist er einerseits länger haltbar und andererseits bekömmlicher. Sauerrahm enthält 15 % Fett, Eiweiß, Vitamin B_2 und Kalzium.

Nährwerte pro Portion

kcal:	138	Kohlenh.:	16,8 g
Eiweiß:	1,1 g	Ballastst.:	0 g
Fett:	7,1 g	Chol.:	23 mg

Johann Pabst

Zutaten

für 2 Personen

1 Ei
30 g Zucker
Mark einer 1/2 Vanilleschote
50 g Jogurt
80 g Schlagobers (-sahne)
1/2 TL Zimt gemahlen
1/2 EL Rosinen,
kurz in Wasser aufgekocht
1 Apfel (Golden Delicious),
geschält und
in Spalten geschnitten
1/16 l trockener Weißwein
5 g Zucker
20 g Walnüsse
Staubzucker (Puder-)
und Zimt zum Garnieren
Minzeblatt zum Garnieren

Nährwerte pro Portion

kcal:	405	Kohlenh.:	31,3 g
Eiweiß:	7,7 g	Ballastst.:	2,4 g
Fett:	25,2 g	Chol.:	169 mg

Eine Portion deckt z. B. von der empfohlenen Tageszufuhr

Vitamin D:	44 %	Biotin:	26 %
Vitamin B_{12}:	26 %	Vitamin A:	26 %
Kupfer:	19 %	Eisen:	17 %
Kalium:	16 %	Vitamin E:	15 %

Eisreindling mit gedünsteten Äpfeln und Walnüssen

Ei mit Zucker über Dampf bei ca. 70 °C cremig und dann kalt schlagen, mit Vanillemark abschmecken und Jogurt und das geschlagene Schlagobers darunter heben. 2 Portionsguglhupfformen oder Dariolformen oder eine Terrinenform mit Klarsichtfolie auslegen und das Parfait abwechselnd mit Zimt und Rosinen einfüllen. Mehrere Stunden im Eisschrank frieren.

Den in Spalten geschnittenen Apfel mit Weißwein weich dünsten und mit etwas Zucker leicht karamellisieren.

Auf einem kalten Teller den Reindling mit 5 – 6 Apfelspalten anrichten. Walnüsse hacken und in einer Pfanne trocken anrösten. Diese über das Parfait streuen und mit Zimtzucker und Minze garnieren.

Serviertipp

→ Auch Erdbeeren können als Garnitur verwendet werden.

Ernährungsinfo

Walnuss: Steinfrucht. Familie der Walnussgewächse. Walnüsse zeichnen sich durch einen hohen Gehalt an mehrfach ungesättigten Fettsäuren aus. Darüber hinaus sind sie reich an Eiweiß, Ballaststoffen, Vitamin E, Vitamin B_6, Kalium und Phosphor und enthalten Phytosterine, Flavonoide und Tannine.

Johann Pabst

Zutaten

für 2 Personen

2 Birnen
20 g Butter
10 g Kristallzucker
1/8 l Birnensaft
1 Vanillestange
1 Zimtstange
4 Stück Sternanis
6 Kardamomkapseln
20 g Ingwerscheiben
einige Gewürznelken
und Neugewürzkörner
Saft von 1 Zitrone
2 cl Williams
1 EL Granatapfelsirup

Nährwerte pro Portion

kcal:	289	Kohlenh.:	44,5 g
Eiweiß:	1,7 g	Ballastst.:	5,0 g
Fett:	9,5 g	Chol.:	24 mg

Besonders reich an

Flavonoiden
Terpenen

Eine Portion deckt z. B. von der empfohlenen Tageszufuhr

unlösliche Ballaststoffe: 26 %

Eisen:	29 %	Kupfer:	25 %
Mangan:	18 %	Ballastst.:	17 %
Kalium:	16 %		

Birnen mit weihnachtlichen Aromen gebraten

Birnen schälen, halbieren und das Kerngehäuse ausschneiden. Butter in einer Pfanne mit Zucker leicht erhitzen, die Birnenhälften einlegen, und mit Birnensaft aufgießen. Sämtliche Gewürze und Zitronensaft beigeben und ca. 12 – 15 Minuten im 200 °C heißen Rohr braten. Die Birnenhälften zwischendurch öfter wenden und mit dem entstandenen Sirup übergießen. Wenn die Birnen weich sind, aus dem Rohr nehmen, den Sirup mit Birnenschnaps (Williams) parfümieren und die Birnen auf Teller legen. Mit dem entstandenen Birnensirup und den Gewürzen anrichten und den Granatapfelsirup tropfenweise auf den Tellern verteilen.

Zubereitungstipp

→ Statt Granatapfelsirup kann man auch Preiselbeersaft verwenden.

Ernährungsinfo

Terpene: Pflanzenschutzstoffe. Haben eine besondere Bedeutung als Aromastoffe (z. B. Menthol der Pfefferminze, Limonen der Zitrusfrüchte, Carvon im Kümmel). Sind Bestandteil von ätherischen Ölen und werden in der Lebensmittelindustrie häufig zur Aromatisierung verwendet. Schützen vor Krebserkrankungen.

Kleiner Beerenstrudel mit Marzipan und Nüssen

Marzipan, Honig und Likör verrühren, Nüsse hacken und gemeinsam mit den Pinienkernen und geschälten Pistazien in einer beschichteten Pfanne trocken rösten. Nüsse unter die Marzipanmasse rühren und zum Schluss die Beeren unterheben.

Masse auf den Frühlingsrollenblättern verteilen, Rollen formen und bei 180 °C ca. 8 Minuten backen.

Zubereitungstipp

→ Statt Frühlingsrollenteig kann man auch Strudelteig verwenden.

Ernährungsinfo

Stachelbeere: Beerenfrucht. Familie der Stachelbeergewächse. Es gibt gelbe, grüne, weißliche und rote Stachelbeeren. Sie haben eine grobe Schale und meist borstenartige Flaumhaare auf deren Oberfläche. Stachelbeeren sind reich an fruchteigenem Zucker, Ballaststoffen, Vitamin C, Folsäure, Kalium und Flavonoiden.

Gerald Zeitler

Zutaten

für 2 Personen

20 g Marzipan
30 g Honig
10 ml Beerenlikör
10 g Pinienkerne
10 g Pistazien
10 g Haselnüsse
80 g Beeren der Saison
6 Blätter Frühlingsrollenteig

Nährwerte pro Portion

kcal:	374	Kohlenh.:	51,5 g
Eiweiß:	7,8 g	Ballastst.:	3,5 g
Fett:	14,3 g	Chol.:	26 mg

Besonders reich an

mehrfach ungesättigten Fettsäuren
Flavonoiden
Phenolsäuren

Eine Portion deckt z. B. von der empfohlenen Tageszufuhr

unlösliche Ballaststoffe: 15 %

Vitamin B_1:	13 %	Kalium:	14 %
Magnesium:	14 %	Eisen:	19 %
Mangan:	23 %	Kupfer:	26 %

Johann Pabst

Apfelstrudel

Zutaten

für 1 Strudel / 12 Portionen

50 g Rosinen
1 EL Rum
1,5 kg säuerliche Äpfel (Delicious oder Granny Smith)
2 EL Kristallzucker
1/2 Pkg. Vanillezucker
Saft von 1 Zitrone
Zimt

Butterbrösel:

30 g Butter
80 g Semmelbrösel
1/2 Pkg. Vanillezucker
1 EL Kristallzucker
Zimt

Fertiger Strudelteig für 1 Strudel
Butter zum Bestreichen
Kristallzucker zum Bestreuen
Zimt zum Bestreuen

Rosinen in eine Schüssel geben, mit Rum schwach bedecken und zugedeckt am besten über Nacht ziehen lassen.

Die Äpfel schälen, entkernen und blättrig schneiden. Dann mit Kristallzucker, Vanillezucker, Zitronensaft, Zimt und je nach Geschmack mit Rumrosinen marinieren.

Für die Butterbrösel Butter erhitzen und Semmelbrösel darin hellbraun rösten, anschließend mit Vanillezucker, Kristallzucker und Zimt abschmecken.

Strudelteig ausziehen und mit Butter bestreichen, am unteren Drittel mit Butterbröseln bestreuen und die Apfelfülle auf den Bröseln verteilen, Strudel einrollen, mit Butter bestreichen und mit einer Mischung aus Zimt und Kristallzucker bestreuen. Im Rohr bei 160 °C Heißluft 25 Minuten backen. (Der Zucker karamellisiert beim Backen und ergibt einen wunderbaren Geschmack.)

Zubereitungstipps

- Schneller geht es, wenn man die Rosinen mit dem Rum kurz aufkochen lässt. Durch die Hitze ziehen die Rosinen schneller durch, allerdings geht dabei der Alkohol verloren, aber das Rumaroma bleibt erhalten.
- Die Brösel kann man auch trocken in einer beschichteten Pfanne rösten.

Ernährungsinfo

Pektin: Ballaststoff. Vorkommend in den Zellwänden von Obst (vor allem in Zitrusfrüchten und Äpfeln) und Gemüse. Dient im Haushalt als Geliermittel für Marmelade und Gelees und in der Lebensmittelindustrie als Gelier- und Verdickungsmittel und als Stabilisator.

Nährwerte pro Portion

kcal:	233	Kohlenh.:	40,8 g
Eiweiß:	3,2 g	Ballastst.:	3,8 g
Fett:	5,7 g	Chol.:	8 mg

Besonders reich an

Phenolsäuren
Flavonoiden
Pektin

Eine Portion deckt z. B. von der empfohlenen Tageszufuhr

unlösliche Ballaststoffe: 19 %
Kupfer: 15 % Ballastst.: 13 %

Johann Pabst

Heidelbeerstrudel

Eiweiß, Zucker und Salz zu Schnee schlagen, Eigelbe, Zucker und Vanillezucker schaumig rühren, vorsichtig mit dem Schnee vermengen und das Mehl unterheben.

Masse auf das untere Drittel des ausgezogenen Teiges streichen, die Heidelbeeren auf der Masse verteilen und den Strudel einrollen. Im Rohr bei 160 °C Heißluft ca. 30 Minuten backen.

Zutaten

für 1 Strudel / 12 Portionen

4 Eiweiß
60 g Zucker
Prise Salz
4 Eigelb
60 g Zucker
1 Pkg. Vanillezucker
120 g Mehl
ca. 500 g Heidelbeeren
(frisch oder tiefgekühlt)

Strudelteig für einen Strudel

Zubereitungstipp

→ Statt Heidelbeeren können auch Erdbeeren, Weintrauben oder auch Himbeeren verwendet werden.

Ernährungsinfo

Heidelbeere: Familie der Heidekrautgewächse. Kulturheidelbeeren sind im Gegensatz zu Waldheidelbeeren wesentlich größer und wachsen auf bis zu zwei Meter hohen Sträuchern. Heidelbeeren sind die besten Radikalfänger unter den Obstsorten. Mit ihrem hohen Gehalt an Vitamin C, Gerbstoffen (Tanninen) und Polyphenolen schützen sie den Körper vor den Schäden von freien Radikalen.

Nährwerte pro Portion

kcal:	214	Kohlenh.:	35,7 g
Eiweiß:	5,9 g	Ballastst.:	3,3 g
Fett:	4,9 g	Chol.:	79 mg

Besonders reich an

Phenolsäuren
Flavonoiden
Tanninen

Eine Portion deckt z. B. von der empfohlenen Tageszufuhr

Mangan:	15 %	Biotin:	13 %
Vitamin B_{12}:	13 %	Vitamin C:	13 %
Vitamin D:	13 %	Vitamin E:	12 %

Johann Pabst

Zutaten

für 2 Personen

50 g Brioche, entrindet und gewürfelt
etwas Milch zum Beträufeln
25 g Butter
20 g Staubzucker (Puder-)
2 Eidotter (Eigelb)
1/2 TL Vanillezucker
geriebene Zitronenschale
25 g Magertopfen (-quark)
30 g Sauerrahm (saure Sahne)
2 Eiklar (Eiweiß)
10 g Kristallzucker

fertiger Strudelteig laut Rezept (1/3 Masse)

Milchrahmstrudel

Die Briochewürfel mit Milch leicht beträufeln. Butter mit Staubzucker, Eidottern und Aromen schaumig rühren. Angeweichte Briochewürfel, Topfen und Sauerrahm unterrühren.

Zum Schluss die mit Kristallzucker aufgeschlagenen Eiweiße unterheben und in gebutterte, gezuckerte und mit Strudelteig ausgelegte Dariolformen einfüllen.

Im Backrohr bei 180 °C ca. 15 – 18 Minuten backen.

Zubereitungstipps

- → Für einen ganzen Strudel (= 6 Portionen) die 3fache Masse nehmen.
- → Der Strudel lässt sich sehr gut einfrieren.

Serviertipp

- → Mit Beeren dekorieren und mit Kanarimilch servieren.

Ernährungsinfo

Vollmilch: Emulsion kleiner Fettpartikel in wässriger Lösung. Bei der Herstellung von Trinkmilch wird Rohmilch in der Molkerei bei etwa 70 °C pasteurisiert, um Krankheitskeime abzutöten, und homogenisiert, damit sich das Fett nicht absetzt. Vollmilch enthält mindestens 3,5 % Fett, hochwertiges Eiweiß, Kohlenhydrate, Vitamin B_2 und reichlich Kalzium und ist damit ein wichtiges Lebensmittel in der Prävention von Osteoporose.

Nährwerte pro Portion

kcal:	551	Kohlenh.:	61,0 g
Eiweiß:	16,1 g	Ballastst.:	2,1 g
Fett:	26,8 g	Chol.:	291 mg

Besonders reich an

Lecithin

Eine Portion deckt z. B. von der empfohlenen Tageszufuhr

Vitamin B_{12}:	49 %	Vitamin D:	44 %
Vitamin A:	36 %	Niacin:	27 %
Folsäure:	20 %	Eisen:	20 %
Zink:	20 %	Kupfer:	18 %

Johann Pabst

Milchreisstrudel

Zutaten

für 1 Strudel / 12 Portionen

- 500 g Magermilch
- 60 g Butter
- 20 g Vanillepuddingpulver
- 160 g Rundkornreis
- 3 Eigelb
- 1 Pkg. Vanillezucker
- Zitronensaft
- Schale 1 gewaschenen Orange
- etwas Rum
- 5 Eiweiß
- 100 g Zucker
- Prise Salz

- Fertiger Strudelteig für 1 Strudel
- Butter zum Bestreichen

Milch mit Butter und Vanillepuddingpulver zum Kochen bringen, den Reis einkochen und weich dünsten. Diese Masse überkühlen lassen und dann die Eigelbe und die Geschmackszutaten untermengen. Eiweiß, Zucker und Salz zu Schnee schlagen und vorsichtig unterheben.

Die Masse auf das untere Drittel eines ausgezogenen Strudelteigs verteilen, mit zerlassener Butter bestreichen, einrollen und bei 160 °C Heißluft 25 Minuten backen.

Serviertipp

→ Gemeinsam mit einer beliebigen Fruchtsoße servieren.

Ernährungsinfo

Magermilch: Entrahmte Milch. Magermilch wird aus pasteurisierter, homogenisierter Rohmilch hergestellt, von der das Milchfett abgetrennt wurde (Entrahmung). Sie enthält nur maximal 0,3 % Fett, aber ebenso viel Eiweiß, Kohlenhydrate, Vitamin B_2 und Kalzium wie Vollmilch und stellt aus diesem Grund eine hervorragende fettarme Alternative zu Vollmilch dar.

Nährwerte pro Portion

kcal:	263	Kohlenh.:	38,1 g
Eiweiß:	6,9 g	Ballastst.:	1,0 g
Fett:	8,8 g	Chol.:	74 mg

Besonders reich an

komplexen Kohlenhydraten

Eine Portion deckt z. B. von der empfohlenen Tageszufuhr

Niacin:	12 %	Mangan:	12 %
Biotin:	11 %	Vitamin A:	11 %

Johann Pabst

Zutaten

für 2 Personen

Fülle:

125 g Speisekürbisfleisch
2 EL brauner Zucker
1/2 TL Vanillezucker
Zimt, Ingwerpulver
60 g Semmelbrösel
1 EL Kristallzucker
Zimt

Strudelteig lt. Rezept
(1/3 Menge) oder
fertiger Strudelteig
10 g Butter, geschmolzen

Zimtsoße:

5 g Vanillepuddingpulver
1/8 l Magermilch
10 g Kristallzucker
1 TL Vanillezucker
Prise Salz
1 Zimtrinde

Süßer Kürbisstrudel mit Zimtsoße

Foto Seite 371

Kürbisfleisch grob raspeln und mit braunem Zucker, Vanillezucker, Zimt und Ingwer gut vermischen. Brösel in einer beschichteten Pfanne trocken rösten, Zucker und Zimt einstreuen und unter Rühren goldbraun rösten. Backrohr auf 190 °C vorheizen. Backblech mit Backpapier belegen.

Ein Strudelblatt auf ein Küchentuch legen, mit geschmolzener Butter bestreichen. Zweites Strudelblatt drauflegen. Zwei Drittel des Teiges mit der Hälfte der Brösel bestreuen. Die Hälfte der Kürbisfülle auf die Brösel setzen. Den freien Teil des Teiges mit flüssiger Butter beträufeln. Seitliche Teigränder einschlagen, Strudel mit Hilfe des Küchentuches einrollen und auf das Backblech setzen. Restlichen Teig und übrige Fülle ebenso verarbeiten. Strudel mit Butter bestreichen, im vorgeheizten Rohr bei 160 °C Heißluft ca. 35 Minuten backen und nochmals mit Butter bestreichen.

Zimtsoße: Vanillepuddingpulver mit ein wenig Milch glatt rühren. Restliche Milch mit Kristallzucker, Vanillezucker, Salz und Zimtrinde aufkochen. Zimtrinde entfernen, Vanille-Milch unter ständigem Rühren zugießen.

Nährwerte pro Portion

kcal:	485	Kohlenh.:	89,1 g
Eiweiß:	9,9 g	Ballaststoffe.:	4,8 g
Fett:	9,3 g	Chol.:	13 mg

Besonders reich an

Carotinoiden
Phenolsäuren

Eine Portion deckt z. B. von der empfohlenen Tageszufuhr

Kalium:	21 %	Niacin:	18 %
Vitamin B_1:	17 %	Eisen:	17 %
Vitamin B_6:	15 %	Vitamin B_2:	14 %
Kalzium:	13 %		

Ernährungsinfo

Monosaccharide: Einfachzucker. Kohlenhydrate, die zwischen drei und sieben Kohlenstoffatome enthalten. Zu ihnen zählen Fruchtzucker (Fruktose), Traubenzucker (Glukose) und Schleimzucker (Galaktose). Bestandteil von Zwei- und Mehrfachzuckern. Werden rasch ins Blut aufgenommen.

Johann Pabst

Lebkuchen-Maroni-Strudel

Zutaten

für 1 Strudel / 12 Portionen

- 80 g Butter
- 30 g Honig
- 1/2 Pkg. Vanillezucker
- 3 Eigelb
- 60 g Maroni, gekocht und gehackt
- 30 g geriebene Milchschokolade
- 20 g Lebkuchengewürz
- 3 Eiweiß
- 50 g Zucker
- 50 g Mandeln, gerieben
- 50 g Lebkuchenbrösel

fertiger Strudelteig für 1 Strudel

Butter, Honig und Vanillezucker schaumig rühren, Eigelbe nach und nach einrühren.

Maroni, Schokolade und Lebkuchengewürz unterrühren. Eiweiße und Zucker zu Schnee schlagen und mit Mandeln und Lebkuchenbröseln unter die Maroni-Schoko-Masse heben.

Masse auf das untere Drittel des ausgezogenen Strudelteiges geben, Teig einrollen und bei 160 °C Heißluft 25 Minuten backen.

Zubereitungstipp

→ Man kann entweder frische Maroni verwenden, die man einschneidet und in Wasser ca. 15 Minuten kocht und dann schält oder man kauft bereits gekochte Maroni.

Ernährungsinfo

Mandel: Steinfrucht. Familie der Rosengewächse. Dem Geschmack nach unterscheidet man Bitter- und Süßmandeln. Mandeln sind reich an Fett, vornehmlich einfach und mehrfach ungesättigten Fettsäuren, und Eiweiß. Sie liefern reichlich Ballaststoffe, Vitamin E, B_2, Kalium, Kalzium, Phosphor, Magnesium und Eisen.

Nährwerte pro Portion

kcal:	253	Kohlenh.:	28,4 g
Eiweiß:	5,5 g	Ballastst.:	2,5 g
Fett:	13,0 g	Chol.:	80 mg

Besonders reich an

Polyphenolen

Eine Portion deckt z. B. von der empfohlenen Tageszufuhr

Vitamin E:	15 %	Kupfer:	13 %
Vitamin A:	12 %	Vitamin D:	12 %
Eisen:	12 %	Biotin:	11 %
Vitamin B_{12}:	11 %		

Johann Pabst

Trauben-Nuss-Strudel

Zutaten

für 12 Portionen

- 4 Eiweiß
- 50 g Zucker
- Prise Salz
- 4 Eigelb
- 50 g Zucker
- Vanillezucker
- 65 g geriebene Walnüsse
- 65 g Mehl
- etwas Zimt

- fertiger Strudelteig für 1 Strudel
- 700 g gewaschene Weintrauben
- Butter zum Bestreichen

Eiweiße mit Zucker und 1 Prise Salz zu Schnee schlagen, Eigelbe mit Zucker und Vanillezucker schaumig rühren, beides vorsichtig vermengen, Nüsse, Mehl und Zimt vermischen und unterheben.

Masse auf das untere Drittel des ausgezogenen Teiges streichen, mit den Trauben bestreuen und einrollen. Mit Butter bestreichen und im Rohr bei 160 °C ca. 30 – 40 Minuten backen.

Zubereitungstipp

- → Die Trauben können je nach Wunsch auch halbiert und entkernt werden.

Ernährungsinfo

Weintraube: Beerenfrucht. Familie der Weinrebengewächse. Man unterscheidet grob zwischen roten und weißen Trauben. Tafeltrauben sind für den Frischgenuss, Kellertrauben für die Weinherstellung bestimmt. Neben reichlich Traubenzucker liefern Weintrauben auch Kalium, Resveratrol, Anthocyan (nur rote Trauben) und zahlreiche weitere sekundäre Pflanzeninhaltsstoffe.

Nährwerte pro Portion

kcal:	257	Kohlenh.:	37,3 g
Eiweiß:	6,3 g	Ballastst.:	1,9 g
Fett:	8,8 g	Chol.:	81 mg

Besonders reich an

Polyphenolen (Resveratrol)

Eine Portion deckt z. B. von der empfohlenen Tageszufuhr

Biotin:	16 %	Kupfer:	14 %
Vitamin B_{12}:	13 %	Vitamin D:	13 %
Vitamin B_6	11 %	Vitamin E:	11 %

Topfenstrudel

Butter, Zucker, Vanillezucker und Salz schaumig rühren, Brösel und Puddingpulver vermischen und unter die Buttermasse mischen, abwechselnd Topfen und Eier unterrühren und mit Zitronensaft und Rum abschmecken.

Die Rosinen mit Rum und Wasser kurz aufkochen und stehen lassen, Rosinen aus dem Fond nehmen und in die Topfenmasse rühren.

Die Masse auf das untere Drittel des Strudelteiges streichen, einrollen, mit Butter bestreichen und im Rohr bei 160 °C ca. 30 – 40 Minuten backen.

Ernährungsinfo

Topfen (Quark): Milchprodukt. Frischkäse. Entrahmte und pasteurisierte Milch wird durch Sauermilchbakterien und Lab eingedickt, anschließend werden Molke und Käsemasse getrennt. Je nach Fettstufe wird anschließend entsprechend Rahm beigemengt. Topfen ist leicht bekömmlich und verdaulich und enthält biologisch hochwertiges Eiweiß, B-Vitamine und Kalzium.

Zutaten

für 12 Portionen

150 g Butter
170 g Zucker
Vanillezucker
Prise Salz
35 g Semmelbrösel
35 g Vanillepuddingpulver
1.000 g Magertopfen (-quark)
4 Eier
Zitronensaft, Rum

Rumrosinen:

50 g Rosinen
1 EL Rum
2 EL Wasser

fertiger Strudelteig für 1 Strudel
Butter zum Bestreichen

Nährwerte pro Portion

kcal:	380	Kohlenh.:	41,9 g
Eiweiß:	15,6 g	Ballastst.:	1,2 g
Fett:	15,9 g	Chol.:	112 mg

Besonders reich an

hochwertigem Eiweiß

Eine Portion deckt z. B. von der empfohlenen Tageszufuhr

Vitamin B_{12}:	41 %	Vitamin B_2:	30 %
Biotin:	25 %	Niacin:	24 %
Vitamin A:	18 %	Vitamin D:	16 %
Zink:	13 %		

Johann Pabst

Zutaten

für 10 kleine Knödel (5 Portionen)

Teig:

5 Scheiben Toastbrot, entrindet und gewürfelt
1 Ei
1 Eidotter (Eigelb)
170 g Magertopfen (-quark)
Salz, Vanillezucker, Rum

Fülle:

100 g grüne Marzipanrohmasse
30 g Pistazienkerne
80 g Nougat

1 EL Lebkuchenbrösel
2 EL Semmelbrösel

Gewürzorangen:

2 Orangen
1 TL Kristallzucker
2 EL Weinbrand
1/8 l Orangensaft
Sternanis, Zimtstange, Vanilleschote, Gewürznelken
Stärkemehl zum Binden

Gefüllte Topfen-Mozart-Knödel mit Gewürzorangen

Knödelmasse: Toastbrotwürfel mit Ei, Eidotter, Magertopfen und Aromen zu einem Teig verarbeiten und im Kühlschrank ca. 30 Minuten rasten lassen.

Fülle: Marzipan mit den fein gehackten Pistazien glatt verkneten und ausrollen. Das Nougat zu 10 kleinen Kugeln formen, mit dem Marzipan umwickeln und für 30 – 45 Minuten einfrieren.

Topfenteig in gleichmäßige Stücke abstechen und die Nougat-Marzipan-Kugeln mit dem Teig umhüllen. In leicht gesalzenem Wasser ca. 5 Minuten lang ziehen lassen. Nach dem Kochen gut abtropfen lassen und im Lebkuchen-Semmelbrösel-Gemisch wälzen.

Gewürzorangen: Orangen schälen und in 4 mm dicke Scheiben schneiden. Zucker karamellisieren, mit Weinbrand ablöschen und mit Orangensaft aufgießen. Sternanis, Zimtstange, Vanilleschote, Sternanis und Gewürznelken beigeben und ca. 15 Minuten leicht köcheln lassen. Mit etwas Stärkemehl binden. Die Orangenscheiben einlegen und 4 – 6 Stunden ziehen lassen.

Die Gewürzorangenscheiben auf einem Teller dekorativ anrichten und die Knödel draufsetzen.

Nährwerte pro Portion

kcal:	444	Kohlenh.:	51,4 g
Eiweiß:	14,8 g	Ballastst.:	6,0 g
Fett:	17,6 g	Chol.:	99 mg

Besonders reich an

mehrfach ungesättigten Fettsäuren
Flavonoiden
Phenolsäuren

Eine Portion deckt z. B. von der empfohlenen Tageszufuhr

Vitamin E:	46 %	Kupfer:	40 %
Vitamin B_2:	27 %	Vitamin C:	26 %
Eisen:	25 %	Mangan:	25 %
Kalium:	24 %	Magnesium:	22 %

Ernährungsinfo

Gewürznelken: Blütenknospen des Gewürznelkenbaumes. Gewürznelken werden zum Würzen von Mehlspeisen, hauptsächlich Lebkuchen, Glühwein, Punsch, Tee, aber auch in der asiatischen Küche verwendet. Gewürznelken enthalten Gerbstoffe, Flavonoide und ätherische Öle und haben in Studien krebshemmende Eigenschaften gezeigt.

Johann Pabst

Zutaten

für 4 Personen

250 g Magertopfen (-quark)
60 g Jogurt
40 g griffiges Mehl
1 Ei
1 Prise Salz
etwas Zitronenschale
und Vanillezucker
100 g Brösel
1 EL Kristallzucker
Zimt

Topfennockerln

Alle Zutaten gut verrühren. 1 Stunde kalt stellen, Nockerln formen, in leicht gesalzenem Wasser aufkochen und ca. 8 – 10 Minuten ziehen lassen. Brösel in einer beschichteten Pfanne trocken anrösten, Zucker sowie Zimt beigeben. Die Nockerln in Zimt-Butter-Bröseln wälzen.

Serviertipp

→ Nockerln auf Fruchtmark anrichten und mit Zitronenmelisse garnieren.

Ernährungsinfo

Naringin: Pflanzenschutzstoff. Flavanon. Enthalten in Zitrusfrüchten. Schmeckt bitter. Schützt vor Krebserkrankungen. Die geschmacklose Variante ist das Naringenin. Es ist verantwortlich für die unerwünschten starken Wechselwirkungen einiger oraler Medikamente und des Grapefruitsaftes.

Nährwerte pro Portion

kcal:	224	Kohlenh.:	34,2 g
Eiweiß:	13,9 g	Ballastst.:	1,8 g
Fett:	3,0 g	Chol.:	62 mg

Besonders reich an

hochwertigem Eiweiß

Eine Portion deckt z. B. von der empfohlenen Tageszufuhr

Vitamin B_2:	20 %	Niacin:	22 %
Biotin:	23 %	Vitamin B_{12}:	32 %

Topfenschaumnockerln mit Erdbeersoße

Den abgetropften Topfen mit halber Menge Staubzucker und den Aromen schaumig schlagen. Die aufgelöste Gelatine unterrühren. Zum Schluss das geschlagene Obers sowie das aufgeschlagene Eiweiß unterziehen und in ein Sieb mit einem Etamin (Passiertuch) geben, damit die enthaltene Flüssigkeit abtropfen kann. Im Kühlschrank 5 – 6 Stunden kalt stellen.

Für die Soße die Erdbeeren mit Zucker aufkochen, mixen und passieren. Mit Erdbeerlikör parfümieren.

Zutaten

für 4 Personen

125 g Magertopfen (-quark)
50 g Staubzucker (Puder-)
Vanillezucker, Zitrone, Salz, Zitronensaft
1 1/2 Blatt Gelatine
80 g Schlagobers (-sahne)
1 Eiweiß, mit halber Staubzuckermenge aufgeschlagen

Erdbeermark:

100 g Erdbeeren
20 g Kristallzucker
1 cl Erdbeerlikör

Nährwerte pro Portion

kcal:	198	Kohlenh.:	24,5 g
Eiweiß:	6,1 g	Ballastst.:	0,5 g
Fett:	7,4 g	Chol.:	24 mg

Besonders reich an

hochwertigem Eiweiß

Eine Portion deckt z. B. von der empfohlenen Tageszufuhr

Kalium:	16 %	Vitamin B_{12}:	12 %
Vitamin C:	11 %		

Ernährungsinfo

Traubenzucker (Glukose): Einfachzucker. Wichtig bei der Energiegewinnung im Organismus. Unter physiologischen Bedingungen decken Gehirn, Nierenmark und rote Blutkörperchen ihren Energiebedarf ausschließlich aus Glukose. Speicherbar in Form von Glykogen in der Leber und Muskulatur.

Gerald Zeitler

Zutaten

für 2 Personen

Süßkartoffel-Gnocchi mit Früchteragout

Gnocchi:

250 g Süßkartoffeln
20 g Butter
80 g Mehl
20 g Grieß
1 Dotter (Eigelb)
Salz
Zitronenschale
1 KL Zimt

Ragout:

1 EL Zucker
1 EL Honig
1 EL Williamsbirnenbrand
1/8 l Apfelsaft, frisch gepresst
80 g Früchte der Saison

Die Kartoffeln kochen, schälen und passieren. Mit Butter, Mehl, Grieß, Dotter, Salz, Zitronenschale und Zimt zu einem Teig kneten. Gnocchi formen und in Salzwasser ca. 2 – 3 Minuten kochen.

Zucker karamellisieren, Honig und Williamsbirnenbrand beigeben und mit Apfelsaft aufgießen. Etwas einreduzieren lassen und Früchte dazumischen.

Gnocchi auf einem Teller anrichten und das Früchteragout darauf verteilen.

Nährwerte pro Portion

kcal:	534	Kohlenh.:	91,2 g
Eiweiß:	9,0 g	Ballastst.:	7,6 g
Fett:	13,0 g	Chol.:	144 mg

Besonders reich an

komplexen Kohlenhydraten
Phenolsäuren
Flavonoiden

Eine Portion deckt z. B. von der empfohlenen Tageszufuhr

unlösliche Ballaststoffe: 31 %

Vitamin C:	47 %	Kalium:	37 %
Vitamin B_6:	36 %	Kupfer:	35 %
Eisen:	34 %	Zink:	29 %

Ernährungsinfo

Süßkartoffel: Batate. Wurzelknollen bodennaher Sträucher. Sie sind nicht mit der Kartoffel verwandt. Batate sind rot bis weiß und schmecken süßlich und kastanienartig. Sie werden gekocht, gebacken oder gebraten verzehrt. Die Knolle enthält hauptsächlich Stärke. Ihr süßlicher Geschmack ist auf den hohen Zuckergehalt zurückzuführen. Sie sind reich an Betakarotin, Vitamin E, C, Kalium, Magnesium, Eisen und Zucker.

Johann Pabst

Zutaten
für 15 Stück

14 Scheiben Toastbrot, entrindet und gewürfelt
500 g feiner Magertopfen (-quark)
3 Eier
Salz, Vanillezucker, Rum (für süße Knödel)
Salz, Pfeffer, Muskat (für pikante Knödel)

Topfenteig für süße oder pikante Knödel

Toastbrot, Topfen, Eier und restliche Zutaten miteinander vermengen und ca. 10 Minuten im Kühlschrank rasten lassen.

Anschließend den Teig nach Geschmack füllen, dann in leicht siedendes Wasser einkochen und 10 Minuten kochen lassen.

Zubereitungstipps

- Die süßen Knödel in Pistazien- oder Krokantbröseln wälzen.
- Füllvorschläge für süß: Nougat, verschiedene Früchte, Schokolade....
- Füllvorschläge für pikant: Grammelfülle, Fleischhaschee, Selchkäse....
- Dieses Gericht eignet sich hervorragend für die Zubereitung im Dampfgarer.

Serviertipp

- Als Beilage mit verschiedenen Fruchtpürees, Ragouts oder Ratatouille servieren.

Ernährungsinfo

Toastbrot: Brotsorte. Kastenförmiges, meist vorgeschnitten und verpackt erhältliches Brot. Üblicherweise ist Toastbrot ein helles Weizenbrot, es gibt aber auch Vollkorn-Toastbrot. Toastbrot hat feine Poren, eine weiche Kruste und ist mild im Geschmack. Vor dem Verzehr wird es häufig getoastet. Wie alle Brotsorten ist es reich an komplexen Kohlenhydraten.

Nährwerte pro Stück (ohne Fülle)

kcal:	115	Kohlenh.:	15,0 g
Eiweiß:	8,0 g	Ballastst.:	0,8 g
Fett:	2,4 g	Chol.:	48 mg

Besonders reich an

hochwertigem Eiweiß

Eine Portion deckt z. B. von der empfohlenen Tageszufuhr

Vitamin B_{12}:	19 %	Biotin:	17 %
Niacin:	14 %		

Johann Pabst

Apfel-Topfen-Knödel

Zutaten

für 4 Personen

- 25 g Butter
- 10 g Zucker
- 1 Ei
- 125 g Magertopfen (-quark)
- Salz
- Vanillezucker
- Zitronenschale

- 70 g kleine Apfelwürfel
- Butter zum Anschwenken
- 1 EL Calvados
- 30 g Mehl
- 40 g Biskuitbrösel

Butter mit Zucker und Ei schaumig schlagen, Topfen, Salz, Vanillezucker und Zitronenschale beigeben.

Die Apfelwürfel in Butter kurz anschwenken und mit Calvados ablöschen, die Flüssigkeit einreduzieren. Die erkalteten Apfelwürfel der Masse beigeben und zum Schluss das Mehl unterheben. Die Masse für ca. 1 Stunde in den Kühlschrank stellen. Danach kleine Knödel formen, in Salzwasser einkochen, ca. 8 – 10 Minuten ziehen lassen und anschließend in den Biskuitbröseln wälzen.

Zubereitungstipp

→ Dieses Gericht eignet sich hervorragend für die Zubereitung im Dampfgarer.

Serviertipp

→ Mit kalter Vanillesoße und Erdbeermark dekorativ anrichten.

Ernährungsinfo

Apfel: Sammelbalgfrucht. Familie der Rosengewächse. Es gibt 20.000 verschiedene Sorten, von denen etwa 30 in großem Maßstab kultiviert werden. Äpfel sind reich an Kohlenhydraten, Ballaststoffen (z. B. Pektin), Vitamin C, Flavonoiden (v. a. Quercetin) und Phenolsäuren. Sie enthalten die Vitamine A, E, B_1, B_2, B_6, Niacin und Folsäure, die Mineralstoffe Eisen, Phosphor und Kalzium.

Nährwerte pro Portion

kcal:	178	Kohlenh.:	14,4 g
Eiweiß:	7,8 g	Ballastst.:	0,7 g
Fett:	9,1 g	Chol.:	139 mg

Eine Portion deckt z. B. von der empfohlenen Tageszufuhr

Vitamin B_{12}:	25 %	Biotin:	20 %
Vitamin D:	15 %	Vitamin A:	13 %
Niacin:	12 %		

Johann Pabst

Polenta-Obst-Knödel in Pistazienbröseln mit Gewürzorangenragout

Zutaten

für 10 Personen

250 g Magermilch
30 g Butter
30 g Honig
80 g Polenta (Maisgrieß)
Orangenschale
Zitronenschale
2 Eier
1 Dotter (Eigelb)
110 g Brösel
300 g Erdbeeren

Gewürzorangen:
Zesten von
1 unbehandelten Orange
5 Orangen
50 g Zucker
1 EL Grand Manier
Sternanis, Zimtstange,
Gewürznelken
Stärkemehl zum Binden

50 g Brösel
80 g Pistazien, geschrotet
Staubzucker (Puder-)
zum Bestreuen

Milch, Butter und Honig aufkochen. Polenta einkochen und die Zitronen- und Orangenschale beigeben. Die Masse etwas abkühlen lassen, Eier, Dotter und Brösel beigeben und verkneten. Erdbeeren dünn mit der Knödelmasse umgeben und ca. 10 Minuten köcheln lassen.

Gewürzorangen: Von einer unbehandelten Orange Zesten abziehen. 3 Orangen gut auspressen. Den Zucker mit Grand Manier karamellisieren, mit Orangensaft aufgießen, die Gewürze beigeben, mit etwas Stärkemehl binden und ca. 1/2 Stunde ziehen lassen. Aus den restlichen 2 Orangen Filets schneiden und mit den Zesten der Orangensoße zufügen.

Brösel und Pistazien rösten und die gekochten Knödel darin wälzen. Mit den Gewürzorangen anrichten.

Zubereitungstipps

- Die Knödel lassen sich wunderbar einfrieren und dann im gefrorenen Zustand kochen.
- Statt frischem Obst als Füllung kann man auch Dörrobst, das in Wasser mit Zucker, Zimt und Nelken aufgekocht wird, verwenden.
- Für Schokofans kann man diese Knödel auch mit Schokowürfeln oder Nougat, das zu kleinen Kugeln geformt und kurz eingefroren wird, füllen.

Ernährungsinfo

Pistazie: Steinfrucht. Familie der Sumachgewächse. Pistazien sind reich an Eiweiß, Fett (hauptsächlich ungesättigten Fettsäuren), Ballaststoffen, Vitamin E, B_1, den Mineralstoffen Kalium, Kalzium, Phosphor, Magnesium, Eisen, Kupfer sowie Phytosterinen.

Nährwerte pro Portion

kcal:	327	Kohlenh.:	40,7 g
Eiweiß:	7,4 g	Ballastst.:	3,5 g
Fett:	14,3 g	Chol.:	93 mg

Besonders reich an

komplexen Kohlenhydraten
Flavonoiden
Phenolsäuren
Terpenen

Eine Portion deckt z. B. von der empfohlenen Tageszufuhr

unlösliche Ballaststoffe: 15 %

Vitamin C:	32 %	Biotin:	21 %
Kupfer:	19 %	Eisen:	17 %
Vitamin B_1:	16 %	Kalium:	15 %

Johann Pabst

Zutaten
für 2 Personen

125 g Kürbisfleisch, in grobe Stücke geschnitten ohne Schale und Kerne (Muskatkürbis oder Hokkaido)
1/2 unbehandelte Zitrone
1/2 unbehandelte Orange
1/2 Vanilleschote
1/2 Zimtstange
5 g geschälter frischer Ingwer
1/2 TL Honig
2,5 Blatt Gelatine
Saft von 1/2 Zitrone
5 ml Grand Manier
100 g Schlagobers (-sahne)
1 Eiweiß
20 g Zucker

Nährwerte pro Portion

kcal:	288	Kohlenh.:	23,3 g
Eiweiß:	5,6 g	Ballastst.:	2,6 g
Fett:	18,3 g	Chol.:	59 mg

Besonders reich an

Carotinoiden
Phenolsäuren

Eine Portion deckt z. B. von der empfohlenen Tageszufuhr

Vitamin C:	30 %	Kalium:	21 %
Vitamin A:	17 %	Kupfer:	13 %
Eisen:	12 %		

Steirisches Kürbismousse

Foto Seite 371

Den Backofen auf 200 °C vorheizen, Kürbisstücke auf ein großes Stück Alufolie legen, Zitrone und Orange in Scheiben schneiden und mit der aufgeschnitten Vanilleschote, Zimtstange, dem Ingwer und dem Honig darauf geben. Folie gut verschließen, so dass nichts auslaufen kann. Das Päckchen in eine Form legen und bei 200 °C auf mittlerer Schiene im Rohr für ca. 30 – 40 Minuten backen.

Päckchen ganz abkühlen lassen. Gewürze und Zitrusscheiben entfernen. Das Kürbisfleisch mit dem entstandenen Saft pürieren und durch ein Sieb passieren. Gelatine in kaltem Wasser einweichen, ausdrücken, auflösen und unter das Kürbispüree rühren. Das Püree über eine Schüssel mit Eiswasser und Eiswürfeln setzen und kalt rühren, bis es zu stocken beginnt. Den durchgesiebten Zitronensaft und Grand Manier unterrühren. Das Obers aufschlagen. Das Eiweiß mit dem Zucker über Dampf zu cremigem Schnee schlagen. Zuerst das Obers unterheben, dann den Eischnee.

Mousse in die gewünschten Portionsformen füllen und ca. 4 Stunden kalt stellen.

Serviertipp

→ Die gestürzte Mousse lässt sich dekorativ mit kleinen Walderdbeeren und Vanillesoße anrichten.

Ernährungsinfo

Muskatkürbis: Speisekürbis. Gerippt, mit zunächst dunkelgrüner, im reifen Zustand beiger bis oranger Schale und einem Gewicht von 2 bis 15 kg. Das Fruchtfleisch riecht süßlich, muskatähnlich. Muskatkürbisse eignen sich für Suppen, als Gemüsebeilage und auch roh als Salat. Sie sind reich an Betakarotin und Kalium.

Johann Pabst

Steirische Apfelpastete mit Karamellsoße und Zimtjogurt

Fülle: Äpfel schälen, Kerngehäuse ausstechen und in Spalten schneiden. Weißwein, Wasser, Zucker, fein geriebene Zitronenschale, Zitronensaft, Zimtrinde und Calvados aufkochen. Apfelspalten zugeben und bissfest kochen. Apfelspalten abseihen, auf einem Gitter abtropfen und abkühlen lassen. Den Saft mit Gelatineblättern (12 Blätter pro Liter Flüssigkeit) gelieren.

Eine halbrunde Terrinenform mit Klarsichtfolie auslegen. Form mit Palatschinken auslegen, so dass die Palatschinken ein wenig über den Rand der Form hängen. Äpfel in die Form legen, den schon leicht gelierenden Sud darüber gießen und die Palatschinkenränder über die Fülle falten. Die Pastete für ca. 4 Stunden in den Kühlschrank stellen.

Karamellsoße: 1 EL Wasser mit dem Zucker aufkochen, leicht karamellisieren, bis die geeignete Farbe entsteht. Restliches Wasser und Milch (bis auf 2 EL) beigeben. Die restliche Milch mit dem Vanillepuddingpulver vermengen und in die kochende Karamellmilch einkochen, bis eine sämige Soße entsteht. Karamellsoße durch ein Sieb passieren.

Zimtjogurt: Jogurt, Honig und Zimt verrühren.

Pastete aus dem Kühlschrank nehmen, auf ein Brett stürzen und mit einem scharfen Messer in Scheiben schneiden. Karamellsoße auf Teller geben, Pastete in die Soße setzen und mit Zimtjogurt garnieren.

Ernährungsinfo

Zimt, Zimtrinde: Lorbeergewächs. Verwendet wird die trockene Rinde junger Zweige des Zimtbaumes entweder im Ganzen oder zu Pulver gemahlen. Zimt zählt zu den süßen Gewürzen, er wird hauptsächlich für Süßspeisen verwendet, in der asiatischen Küche werden damit allerdings auch Fleisch- und Gemüsegerichte gewürzt. Das ausgeprägte Zimtaroma rührt vom hohen Gehalt an ätherischen Ölen her. Zimt wirkt appetitanregend.

Zutaten

für 12 Portionen oder
1 Terrinenform (40 x 5 x 5 cm)

Fülle:

1 1/2 kg Äpfel
1/4 l Weißwein
1/4 l Wasser
120 g Kristallzucker
1/2 Zitrone
Saft von 2 Zitronen
1/2 Zimtstange
3 cl Calvados
8 – 10 Blatt Gelatine

3 Palatschinken mit 24 cm Ø

Karamellsoße:

1/8 l Wasser
150 g Kristallzucker
1/4 l Magermilch
2 TL Vanillepuddingpulver oder Stärkemehl

Zimtjogurt:

1/4 l Magerjogurt
10 g Honig
Zimt

Nährwerte pro Portion

kcal:	244	Kohlenh.:	45,7 g
Eiweiß:	3,6 g	Ballastst.:	2,7 g
Fett:	2,3 g	Chol.:	15 mg

Besonders reich an

Phenolsäuren
Flavonoide
Pektin

Eine Portion deckt z. B. von der empfohlenen Tageszufuhr

Kupfer:	16 %	Kalium:	13 %
Vitamin C:	12 %	Vitamin D:	12 %

Johann Pabst

Steirische Hochzeitskrapfen

Zutaten

für 30 Portionen à 2 Stück

250 g Mehl
250 g Sauerrahm (saure Sahne)
1 Prise Salz

Fülle:

250 g Magertopfen (-quark)
1 Eigelb
Zimt
Vanillezucker
Zitronensaft
25 g Mohn
15 g gehackte Dörrpflaumen
1 Eiklar (Eiweiß)
50 g Zucker
1 Prise Salz

Eigelb zum Bestreichen
Butterschmalz zum Herausbacken

Für den Teig alle Zutaten miteinander nur kurz verkneten.
Eine Stunde gut kühlen lassen.
Für die Fülle Topfen, Eigelb, Zimt, Vanillezucker, Zitronensaft, Mohn und Dörrpflaumen verrühren. Eiklar mit Zucker und Salz zu Schnee schlagen und unterziehen.
Die Masse in einen Spritzbeutel mit kleiner Lochtülle füllen.
Den Teig sehr dünn ausrollen und Krapfen ausstechen (mit rundem Ausstecher). Die Hälfte mit Eigelb und etwas Fülle bestreichen, zu einem Mond zusammenklappen und mit einem etwas kleineren Ausstecher den Rand andrücken, so dass beim Backen keine Füllung auslaufen kann. Krapfen auf ein bemehltes Backblech legen und einfrieren. Die gefrorenen Krapfen in Butterschmalz goldbraun herausbacken.

Zubereitungstipp

→ Teig nur kurz verkneten, da er sonst sehr zäh wird und sich schlecht ausrollen lässt.

Serviertipp

→ Mit Zimtzucker bestreuen und auf geeister Vanillesoße anrichten.

Ernährungsinfo

Dörr-/Trockenfrüchte: Durch Trocknung an der Luft oder durch Wärmezufuhr haltbar gemacht. Die Konservierung erfolgt einerseits durch Wasserentzug und andererseits durch hohe Mengen an fruchteigenem Zucker in den getrockneten Früchten. Dörrobst enthält hohe Mengen an Biotin, Kalium, Magnesium und Mangan, hat aber auch einen hohen Zuckergehalt. Zur Konservierung können Trockenfrüchte geschwefelt sein.

Nährwerte pro Portion

kcal:	310	Kohlenh.:	17,6 g
Eiweiß:	5,4 g	Ballastst.:	1,2 g
Fett:	24,4 g	Chol.:	118 mg

Eine Portion deckt z. B. von der empfohlenen Tageszufuhr

Vitamin A: 26 % Vitamin D: 11 %

Johann Pabst

Sterzauflauf mit Beerensoße

Zutaten

für 4 Personen

400 g Magermilch
Salz
Zitronenschale
50 g Maisgrieß
2 Dotter (Eigelb)
25 g Butter
1/2 Zitrone
3 Eiklar (Eiweiß)
20 g Rohzucker
Butter und Rohzucker für die Form

Beerensoße:

250 g vollreife Beeren (Erdbeeren, Himbeeren, Heidelbeeren)
30 g Honig
2 EL Wasser

Magermilch mit Salz und Zitronenschale aufkochen. Maisgrieß einrühren und bei kleiner Hitze 15 Minuten quellen lassen. Die Masse auskühlen lassen. Dotter mit Butter schaumig rühren, Saft einer halben Zitrone dazugeben, Eiklar mit Rohzucker aufschlagen und mit der Dottermasse unter die Maisgrießmasse heben. Auflaufformen (4 – 6 cm) mit zerlassener Butter ausstreichen, mit Rohzucker ausstreuen und die Masse bei 220 °C ca. 25 Minuten gar ziehen lassen.

Für die Beerensoße die Beeren zusammen mit dem Honig und dem Wasser aufkochen lassen, gut mixen und durch ein Haarsieb passieren. Die Aufläufe auf heiße Teller stürzen und mit Beerensoße anrichten.

Nährwerte pro Portion

kcal:	261	Kohlenh.:	29,0 g
Eiweiß:	9,8 g	Ballastst.:	3,0 g
Fett:	11,0 g	Chol.:	142 mg

Besonders reich an

Phenolsäuren
Flavonoiden

Eine Portion deckt z. B. von der empfohlenen Tageszufuhr

unlösliche Ballaststoffe: 15 %

Vitamin B_2:	26 %	Vitamin C:	21 %
Kupfer:	17 %	Kalium:	15 %
Kalzium:	15 %	Eisen:	13 %

Ernährungsinfo

Phenolsäure: Pflanzenschutzstoff, bioaktive Substanz. Gehört wie die Flavonoide zu den Polyphenolen. Die häufigsten vorkommenden Phenolsäuren sind die Kaffee- und Ferulasäure, Vanillinsäure und Salicylsäure. Enthalten in Beeren, Äpfeln, Zitrusfrüchten, Blattsalaten und in den Randschichten vom Getreide. Stärken das Abwehrsystem, schützen vor Krebserkrankungen und hemmen das Wachstum von Bakterien, Viren und Pilzen.

Pralinenmus mit Preiselbeersoße

Zutaten

für 4 Personen

- 2 Eidotter (Eigelb)
- 15 g Zucker
- 1/2 Pkg. Vanillezucker
- 2 Blatt Gelatine
- 1 EL Rum
- 50 g Pralinenmasse (Nuss-Nougat-Creme)
- 1 EL Crème de Cacao
- 4 Eiklar (Eiweiß)
- 35 g Kristallzucker
- 1 Prise Salz
- 120 g geschlagenes Obers
- 35 g Kuvertüre, fein gehackt

Preiselbeersoße:

- 50 g Preiselbeeren
- 30 g Gelierzucker
- 30 g Wasser
- etwas Orangenlikör
- Saft 1/2 Zitrone

Eidotter mit Zucker und Vanillezucker über Dampf warm aufschlagen und dann kalt schlagen.

Die zuvor in kaltem Wasser eingeweichte Gelatine in etwas erwärmtem Rum auflösen, mit der Pralinenmasse und dem Kakaolikör unter die Eidottermasse rühren.

Eiklar mit Zucker und Salz über Dampf warm schlagen und dann kalt fertig schlagen.

Den Eischnee unter die Masse ziehen und das geschlagene Obers mit der gehackten Kuvertüre unterheben und am besten über Nacht, aber mindestens 5 – 6 Stunden kalt stellen.

Für die Preiselbeersoße alle Zutaten kalt vermischen und langsam zum Kochen bringen. Nach 10 Minuten Kochzeit kurz mixen und durch ein feines Sieb seihen.

Ernährungsinfo

Preiselbeere: Familie der Heidekrautgewächse. Preiselbeeren sind reich an Flavonoiden (z. B. Farbstoff Anthocyan) und Phenolsäuren, die den Körper vor den Schäden durch freie Radikale schützen. Darüber hinaus enthalten sie kondensierte Tannine (Pro-Anthocyane), die einerseits als Antioxidantien wirken und andererseits das Bakterienwachstum hemmen, weshalb Preiselbeeren zur Vorbeugung von Harnwegsinfektionen eingesetzt werden.

Nährwerte pro Portion

kcal:	324	Kohlenh.:	29,9 g
Eiweiß:	8,6 g	Ballastst.:	2,0 g
Fett:	17,2 g	Chol.:	165 mg

Besonders reich an

Flavonoiden
Phenolsäuren

Eine Portion deckt z. B. von der empfohlenen Tageszufuhr

Kupfer:	27 %	Biotin:	22 %
Vitamin A:	22 %	Vitamin B_2:	20 %
Vitamin D:	18 %		

Johann Pabst

Topfen-Jogurt-Crêpes

Zutaten

für 3 Personen

Creme:

1 Ei
50 g Zucker
1/2 TL Stärkemehl
Vanilleschote
3 Blatt Gelatine
100 g Magertopfen (-quark)
100 g Jogurt
etwas Zitronensaft

Crêpe-Teig:

2 Eier
30 g Mehl
20 g Zucker
1 Prise Salz
125 ml Magermilch

Ei, Zucker, Stärkemehl und das ausgekratzte Mark einer Vanilleschote über Wasserbad warm aufschlagen, die aufgelöste Gelatine, den Topfen und das Jogurt dazugeben. Mit etwas Zitronensaft abschmecken.

Alle Zutaten des Crêpe-Teiges miteinander verrühren. In einer beschichteten Pfanne hauchdünne Palatschinken backen, mit der Creme füllen und dreieckig zusammenschlagen.

Serviertipp

→ Mit marinierten Erdbeeren servieren.

Ernährungsinfo

Jogurt: Milchprodukt. Jogurt ist mit Milchsäurebakterien vergorene (= fermentierte) Milch. Je nach Fettgehalt der Milch gibt es Jogurt in unterschiedlichen Fettstufen. Jogurt ist reich an hochwertigem Eiweiß, Vitamin B_2 und Kalzium. Die enthaltene Milchsäure erhöht den Ausnutzungsgrad von Eiweiß und Kalzium.

Nährwerte pro Portion

kcal:	297	Kohlenh.:	38,1 g
Eiweiß:	16,6 g	Ballastst.:	0,4 g
Fett:	8,1 g	Chol.:	242 mg

Besonders reich an

hochwertigem Eiweiß
Lecithin

Eine Portion deckt z. B. von der empfohlenen Tageszufuhr

Vitamin B_{12}:	59 %	Biotin:	43 %
Vitamin D:	36 %	Vitamin B_2:	33 %
Zink:	17 %	Kalzium:	16 %
Folsäure:	13 %	Kalium:	13 %

Johann Pabst

Honiggesüßtes Bauernjogurt mit frischen Fruchtsoßen

Zutaten
für 2 Personen

500 g Bauernjogurt
50 g Waldhonig
80 g Heidelbeeren
80 g Marillen (Aprikosen)
10 g Staubzucker (Puder-)
Zitronensaft

Bauernjogurt mit dem Waldhonig verrühren und in Suppentellern oder Dessertschüsseln anrichten.

Für die Fruchtsoßen die vollreifen Früchte jeweils getrennt mit dem Staubzucker und Zitronensaft mixen und anschließend durch ein feines Sieb passieren.

Die Fruchtsoßen auf dem Jogurt verteilen und mit einem Holzspieß ein dekoratives Muster hineinziehen.

Zubereitungstipp

- → Je reifer die verwendeten Früchte sind, desto weniger Honig bzw. Zucker benötigt man zum Süßen.

Serviertipp

- → Es können auch noch andere frische Früchte nach Belieben dazu serviert werden.

Ernährungsinfo

Kalzium (Ca): Mineralstoff. Wichtig für die Bildung von Knochen und Zähnen. Beeinflusst die Erregbarkeit von Nerven und Muskeln und ist unerlässlich für die Blutgerinnung. Ein Mangel führt zur Entmineralisierung des Skeletts (= Osteoporose beim Erwachsenen und Rachitis bei Kindern), zu Krämpfen, erhöhter Blutungsneigung und schlechter Zahnqualität. Milchzucker, Vitamin D und Fruchtsäuren erhöhen die Aufnahme aus dem Darm.

Nährwerte pro Portion

kcal:	317	Kohlenh.:	44,2 g
Eiweiß:	11,0 g	Ballastst.:	2,7 g
Fett:	9,3 g	Chol.:	29 mg

Besonders reich an

Carotinoiden
Phenolsäuren
Flavonoiden

Eine Portion deckt z. B. von der empfohlenen Tageszufuhr

Vitamin B_2:	37 %	Kalzium:	31 %
Kalium:	26 %	Vitamin B_{12}:	25 %
Vitamin A:	22 %	Niacin:	21 %
Biotin:	21 %		

Gerald Geitler

Zutaten
für 2 Personen

2 reife Pfirsiche
1 EL Zucker
70 ml Rotwein (Merlot)
50 ml Prosecco
50 ml Pfirsichsaft
20 g Zucker
1 TL Himbeersirup
3 Blatt Gelatine

Pfirsich in Rotweingelee

Pfirsiche schälen und in kleine Stücke schneiden. Zucker karamellisieren, Rotwein, Prosecco, Pfirsichsaft, Zucker und Himbeersirup langsam aufkochen lassen. Eingeweichte Gelatine beigeben und etwas überkühlen lassen.

Pfirsiche untermischen und in Schalen füllen.

3 Stunden kalt stellen.

Serviertipp

→ Entweder in der Schale servieren oder stürzen.

Ernährungsinfo

Fruchtsaft: Saft, der zu 100 % aus Früchten oder Fruchtsaftkonzentrat hergestellt wird. Zur längeren Haltbarkeit wird er im Herstellungsprozess kurz erhitzt. Im Gegensatz zu Fruchtnektar, Fruchtsaftgetränk oder Limonade enthält Fruchtsaft nur fruchteigenen Zucker. Je nach Ausgangsprodukt sind Fruchtsäfte reich an Vitamin C, Betakarotin, Kalium und Magnesium.

Nährwerte pro Portion

kcal:	187	Kohlenh.:	33,5 g
Eiweiß:	2,5 g	Ballastst.:	2,6 g
Fett:	0,1 g	Chol.:	0 mg

Besonders reich an

Carotinoiden

Eine Portion deckt z. B. von der empfohlenen Tageszufuhr

Kalium:	13 %	Vitamin A:	11 %
Vitamin E:	11 %		

Johann Pabst

Prosecco-Beeren-Sülze mit Zitronenmelissenjogurt

Zutaten

für 2 Personen

200 g gemischte Beeren (Heidelbeeren, Himbeeren, Erdbeeren, Holunderbeeren)
1 1/2 Blatt Gelatine
2 EL Grand Manier
15 g Staubzucker (Puder-)
100 ml Prosecco

Melissenjogurt:
10 Blatt Zitronenmelisse
1 EL Waldhonig
120 g Magerjogurt

Dariolformen mit Wasser ausspülen und mit Frischhaltefolie auslegen. Die Formen 2/3 hoch mit Beeren füllen, restliche Beeren für die Garnitur beiseite legen. Gelatine in kaltem Wasser einweichen, gut ausdrücken und mit dem Grand Manier erwärmen. Die noch warme Gelatine mit dem Staubzucker und Prosecco rasch verrühren und über den Beeren verteilen. Mit Frischhaltefolie abdecken und ca. 4 Stunden kalt stellen.

Für die Melissensoße die Zitronenmelisse julienne (in feine Streifen) schneiden und mit dem Honig erwärmen. Das Jogurt beigeben und mixen, bis es eine grüne Farbe hat. Die Soße auf einen Teller geben, die Sülze draufgeben und mit den restlichen Beeren garnieren.

Zubereitungstipps

- → Für dieses Dessert können auch sortenreine Beeren je nach Saison verwendet werden.
- → Statt Prosecco kann auch Gewürzweißwein (Weißwein mit Zimtstange, Nelken, Vanilleschote und Sternanis gekocht und abgeseiht) verwendet werden.

Ernährungsinfo

Zitronenmelisse: Gewürzpflanze, Lippenblütler. Die Blätter der Zitronenmelisse werden entweder frisch oder getrocknet verwendet. Sie riechen stark nach Zitrone, was von ihrem Gehalt an ätherischen Ölen herrührt. Getrocknete Blätter werden auch als Tee verwendet, aus frischen kann Sirup zum Verdünnen hergestellt werden.

Nährwerte pro Portion

kcal:	191	Kohlenh.:	26,8 g
Eiweiß:	4,3 g	Ballastst.:	4,4 g
Fett:	1,1 g	Chol.:	2 mg

Besonders reich an

Phenolsäuren
Flavonoiden
Terpenen

Eine Portion deckt z. B. von der empfohlenen Tageszufuhr

unlösliche Ballaststoffe: 22 %

Vitamin C:	37 %	Mangan:	17 %
Vitamin B_2:	13 %	Vitamin B_{12}:	12 %
Kalzium:	12 %	Niacin:	11 %

Johann Pabst

Zutaten

für 4 Personen

80 g Kristallzucker
1/4 l Magermilch
30 g Butter
30 g Weizengrieß
3 Eiweiß
40 g Kristallzucker
1/2 TL Vanillezucker
1 Prise Salz
etwas Zitronen- und Orangensaft
1/4 Ananas
20 g Honig

Karamellisierter Grießflammeri mit Ananas

Einen kleinen Kochtopf erhitzen und unter ständigem Rühren den Zucker langsam karamellisieren lassen. Wenn der Zucker vollständig geschmolzen ist, mit der Milch aufgießen, Butter beimengen und aufkochen lassen. Den Grieß unter Rühren beigeben und auf kleiner Stufe ca. 15 – 20 Minuten weich dünsten. Die Eiweiße mit Zucker zu Schnee schlagen, mit Vanillezucker, Salz, Zitronen- und Orangensaft unter die Grießmasse rühren und nochmals kurz erhitzen. Die Masse noch heiß in die mit kaltem Wasser ausgespülten Formen füllen und kalt stellen.

Ananas schälen, die braunen Vertiefungen mit einem spitzen Messer ausschneiden. Ananas in Spalten schneiden, Strunk ausschneiden, das Fruchtfleisch in Scheiben schneiden.

Flammeri aus dem Kühlschrank nehmen. Förmchen kurz ins heiße Wasser tauchen, Flammeri auf Teller stürzen. Für die Garnitur Ananasstücke mit Honig beträufeln und portionsweise übereinander schichten.

Nährwerte pro Portion

kcal:	286	Kohlenh.:	49,6 g
Eiweiß:	6,3 g	Ballastst.:	1,2 g
Fett:	6,5 g	Chol.:	18 mg

Besonders reich an

Phenolsäuren
Carotinoiden
Bromelin

Eine Portion deckt z. B. von der empfohlenen Tageszufuhr

Vitamin K:	20 %	Niacin:	12 %
Kalium:	12 %	Vitamin C:	11 %

Ernährungsinfo

Ananas: Beerenfrucht. Familie der Bromeliengewächse. Sie wurde 1493 von Christoph Kolumbus auf Guadeloupe entdeckt. Die Frucht enthält neben Vitamin A, C, Kalium, Kalzium, Eisen und Mangan als einzige Frucht nennenswerte Mengen des Enzyms Bromelin, das eiweißspaltend und damit verdauungsfördernd wirkt.

Johann Pabst

Schmankerlcreme mit Heidelbeeren

Zutaten

für 3 Personen

Schmankerl:

2 Blatt Gelatine
1 Ei
1 Dotter (Eigelb)
Mark von 1 Vanilleschote
45 g Kristallzucker
15 ml Kirschwasser
85 ml Schlagobers (-sahne)
90 g Magerjogurt

Schmankerlcreme:

1 Ei
40 g Staubzucker (Puder-)
1 Pkg Vanillezucker
40 g Mehl
Salz

Garnitur:

65 g Heidelbeeren
1 TL Staubzucker (Puder-)
Saft von 1/4 Zitrone

Auflaufförmchen mit kaltem Wasser ausspülen und kalt stellen.

Gelatine in kaltem Wasser einweichen. Ei, Dotter, Vanillemark und Kristallzucker verrühren und über Wasserdampf dickcremig aufschlagen. Creme vom Dampf nehmen. Kirschwasser erhitzen, Gelatine ausdrücken und darin auflösen, rasch in die Eimasse rühren. Schüssel in kaltes Wasser stellen und die Creme unter Rühren auf Zimmertemperatur abkühlen lassen.

Obers schlagen und gemeinsam mit dem Jogurt unter die Creme heben. Förmchen mit Frischhaltefolie auslegen und die Creme einfüllen. Zudecken und zum Festwerden 4 – 6 Stunden kühl stellen.

Backrohr auf 170 °C vorheizen. Backblech mit Backpapier belegen.

Ei mit Staub-, Vanillezucker, Mehl und einer kleinen Prise Salz glatt rühren. Masse dünn auf das Backpapier streichen und im Rohr bei 200 °C ca. 7 Minuten hellbraun backen. Teig aus dem Rohr nehmen, auskühlen lassen und in beliebige Stücke brechen.

Heidelbeeren mit Zucker und Zitronensaft vermischen und kurz ziehen lassen. Förmchen kurz in heißes Wasser tauchen, die Cremen auf Teller stürzen, mit den knusprigen Schmankerln garnieren und mit den marinierten Heidelbeeren anrichten.

Nährwerte pro Portion

kcal:	382	Kohlenh.:	48,6 g
Eiweiß:	8,9 g	Ballastst.:	1,7 g
Fett:	15,3 g	Chol.:	193 mg

Besonders reich an

Lecithin
Flavonoiden

Eine Portion deckt z. B. von der empfohlenen Tageszufuhr

Vitamin B_{12}:	34 %	Vitamin D:	30 %
Biotin:	25 %	Vitamin A:	24 %
Vitamin B_2:	20 %		

Ernährungsinfo

Flavonoide: Pflanzenschutzstoff. Zu ihnen zählen Flavonole (gelbe Pigmente; Quercetin; in Zwiebeln), Anthocyane (rote, blaue, violette Farbpigmente; Malvidin, in blauen Trauben, Kirschen, Hollunder- und Heidelbeeren), Flavanone (im Rotwein) und Isoflavonoide (Phytoöstrogen in Sojabohnen). Sind Antioxidantien, schützen u. a. vor Krebserkrankungen, sind entzündungshemmend und hemmen Bakterien, Viren und Pilze.

Johann Pabst

Müslicreme

Zutaten

für 3 Personen

- 200 g Naturjogurt
- 70 g Früchtemüslimischung
- 20 g Honig
- 20 g Orangensaft
- 2,5 Blatt Gelatine
- 10 ml Cointreau
- 50 g Schlagobers (-sahne)

Jogurt mit Müsli, Honig und Orangensaft vermischen und etwa 1/2 Stunde anziehen lassen.

Inzwischen die Gelatine in kaltem Wasser aufquellen lassen und mit dem Cointreau vorsichtig erwärmen, bis sich die Gelatine auflöst. Diese unter die Jogurtmischung rühren und das geschlagene Obers unterziehen.

Portionsformen mit kaltem Wasser ausspülen, die Creme einfüllen und für 4 – 5 Stunden kalt stellen.

Vor dem Servieren kurz in heißes Wasser tauchen und auf Teller stürzen.

Zubereitungstipp

→ Die Hälfte der Jogurtmenge kann durch Fruchtmark ersetzt werden.

Serviertipp

→ Mit beliebigen Fruchtsoßen servieren.

Ernährungsinfo

Ballaststoffe: Faserstoffe. Sind Bestandteile von Zellwänden, die zur Energiegewinnung im menschlichen Verdauungstrakt nicht oder kaum herangezogen werden. Regeln die Darmtätigkeit, wirken einer Verstopfung entgegen, helfen mit, Schadstoffe und potentielle krebserregende Stoffe schneller auszuscheiden, sättigen und senken auf natürliche Weise den Cholesterinspiegel.

Nährwerte pro Portion

kcal:	221	Kohlenh.:	24,8 g
Eiweiß:	5,9 g	Ballastst.:	1,7 g
Fett:	9,7 g	Chol.:	28 mg

Eine Portion deckt z. B. von der empfohlenen Tageszufuhr

Mangan:	15 %	Kalium:	13 %
Niacin:	11 %	Kalzium:	11 %

Johann Pabst

Karamellcreme

Zutaten
für 3 Personen

Karamell:
- 1/2 Orange
- 50 g Kristallzucker
- 1 TL Wasser

Eiermilch:
- 1/8 l Magermilch
- 35 g Kristallzucker
- 1/2 l Vanillezucker
- Salz
- 1 Ei
- 1 Eidotter (Eigelb)

Eine Pfanne (oder anderes Geschirr) ca. 1 cm hoch mit Wasser füllen und Souffléförmchen hineinstellen.

Orange waschen, Schale fein abreiben, Saft auspressen. Kristallzucker, Orangensaft und Wasser in einer Kasserolle aufkochen und zu einem goldbraunen Karamell kochen. Geschirr vom Feuer nehmen und ca. 3 Sekunden in kaltes Wasser stellen, Karamell ca. 2 mm hoch in die Formen füllen.

Magermilch, Kristallzucker, Vanillezucker, Orangenschale und eine Prise Salz aufkochen. Ei und Dotter in einer Schüssel glatt rühren. Heiße Milch unter ständigem Rühren zu den Eiern gießen. Masse durch ein Passiersieb abseihen und in die Formen füllen.

Wasser in der Pfanne aufkochen. Pfanne mit den Formen ins vorgeheizte Rohr schieben. Karamellcreme im Rohr bei Unterhitze ca. 150 °C 40 – 50 Minuten gar ziehen lassen.

Formen aus dem Rohr nehmen und mindestens 1 – 2 Stunden kalt stellen. Karamellcreme mit einem kleinen Messer vom Rand der Formen lösen und auf Teller stürzen.

Serviertipp

→ Als Garnitur eignen sich besonders gut frisch marinierte Früchte.

Ernährungsinfo

Karamell: Zuckerware. Karamell entsteht durch trockenes Erhitzen von Zucker. Dieser verfärbt sich aufgrund der entstehenden Röstprodukte gelb bis braun und entwickelt den typischen Geschmack. Karamell wird in der Lebensmittelindustrie auch als Farbstoff eingesetzt.

Nährwerte pro Portion

kcal:	198	Kohlenh.:	33,8 g
Eiweiß:	5,3 g	Ballastst.:	0,6 g
Fett:	4,3 g	Chol.:	159 mg

Eine Portion deckt z. B. von der empfohlenen Tageszufuhr

Pantothensäure:	12 %		
Vitamin B_{12}:	22 %	Biotin:	21 %
Vitamin D:	19 %	Vitamin C:	13 %
Vitamin A:	13 %		

Johann Pabst

Kanarimilch

Zutaten

für 2 Personen

- 1/8 l Milch
- 1 Pkg. Vanillezucker
- (Vanilleschote)
- 20 g Staubzucker (Puder-)
- 1 Eidotter (Eigelb)

Milch mit Vanillezucker aufkochen. Staubzucker mit Eidotter schaumig rühren, in die heiße Milch mittels Schneerute einschlagen. Unter ständigem Rühren bis zur Rosenprobe erhitzen (Schote entfernen).

Rosenprobe: Hält man einen Kochlöffel in die Flüssigkeit, hebt diesen wieder heraus und bläst über die Wölbung des Löffels, so entsteht ein wellenartiges, rosenblätterartiges Bild.

Serviertipp

→ Ideale Beilage für Buchteln oder Topfenauflauf.

Ernährungsinfo

Vanillezucker: Gewürz. Vanillezucker ist eine Mischung aus Kristallzucker und fein zerriebenen Vanilleschoten oder Vanilleextrakt. Da echte Vanille relativ teuer ist, wird statt Vanillezucker häufig Vanillinzucker verwendet. Dieser enthält den geschmackgebenden Inhaltsstoff der Vanille, das Vanillin, in synthetischer Form.

Nährwerte pro Portion

kcal:	131	Kohlenh.:	17,0 g
Eiweiß:	3,6 g	Ballastst.:	0 g
Fett:	5,3 g	Chol.:	127 mg

Eine Portion deckt z. B. von der empfohlenen Tageszufuhr

Biotin:	15 %	Vitamin B_{12}:	14 %
Vitamin A:	12 %	Vitamin D:	11 %

Johann Pabst

Zutaten

für 5 Stück (à 6 cm Ø)

Erdbeer-Jogurt-Törtchen

Biskuitblatt:
2 Eidotter (Eigelb)
40 g Kristallzucker
Prise Vanillezucker
Prise Salz
Zitronenschale, gerieben
2 Eiklar (Eiweiß)
45 g Mehl, gesiebt
Kristallzucker zum Bestreuen
50 g Erdbeermarmelade
5 cl Cointreau
Kristallzucker zum Stürzen

Jogurt-Erdbeer-Mousse:
100 ml Magerjogurt
70 g Erdbeermark
25 g Staubzucker
5 ml Cointreau
2,5 Blatt Gelatine, eingeweicht
1 TL Zitronensaft
1 TL Erdbeerlikör
130 ml Schlagobers (-sahne)

Erdbeergelee:
50 g Erdbeermark
1/2 Blatt Gelatine

Biskuitmasse: Dotter mit 20 g Kristallzucker, Vanillezucker, Salz und Zitronenschale schaumig rühren. Eiklar leicht schlagen, restlichen Kristallzucker einstreuen und zu Schnee ausschlagen. Beide Massen nur leicht miteinander vermengen. Das Mehl vorsichtig unterheben. Masse auf ein mit Backpapier ausgelegtes Backblech streichen, im vorgeheizten Rohr bei 200 °C etwa 10 – 14 Min. backen. Auf ein mit Zucker bestreutes Backpapier stürzen, das Backpapier vorsichtig abziehen. Biskuit erkalten lassen. 5 kleine Biskuitböden (Ø 5,5 cm) ausstechen. Erdbeermarmelade und Cointreau verrühren, leicht erwärmen, die Böden damit tränken und in kleine Ringformen legen.

Jogurt-Erdbeer-Mousse: Jogurt, Erdbeermark und Staubzucker verrühren. Gelatine im Cointreau auflösen und in die Jogurt-Erdbeer-Masse einrühren. Die restlichen Zutaten beigeben und das geschlagene Obers unterheben. Jogurt-Erdbeer-Mousse auf den Biskuitböden verteilen und für ca. 30 Minuten kühl stellen.

Erdbeergelee: 1 TL vom Erdbeermark wegnehmen, über Dampf erwärmen, Gelatine darin auflösen und unter das restliche Erdbeermark rühren. Leicht überkühlen lassen, dann die Törtchen damit überziehen. Für 2 Stunden kühl stellen. Törtchen mit einem in heißes Wasser getauchten Messer aus dem Ring schneiden und mit je einer halben Erdbeere garnieren.

Nährwerte pro Stück

kcal:	309	Kohlenh.:	35,9 g
Eiweiß:	6,1 g	Ballastst.:	1,7 g
Fett:	12,4 g	Chol.:	127 mg

Besonders reich an

Phenolsäuren, Flavonoiden

Eine Portion deckt z. B. von der empfohlenen Tageszufuhr

Vitamin C:	36 %	Biotin:	18 %
Vitamin A:	18 %	Vitamin D:	14 %
Kupfer:	13 %	Eisen:	12 %

Ernährungsinfo

Erdbeere: Sammelnussfrucht. Familie der Rosengewächse. Die heute kultivierten, im Vergleich zu Walderdbeeren relativ großen Erdbeeren entstanden vor über zwei Jahrhunderten aus einer zufälligen Kreuzung zweier Wildsorten. Erdbeeren liefern reichlich Vitamin C, Betakarotin, die Vitamine B_1, B_2, Folsäure sowie Kalium, Kalzium, Phosphor und Eisen und sind reich an Phenolsäuren und Flavonoiden (Farbstoff Anthocyan).

Johann Pabst

Irish-Cream-Törtchen

Zutaten

für 2 Personen

Biskuit:

1 Ei
30 g Kristallzucker
1/2 Pkg. Vanillezucker
1 kleine Prise Salz
15 g glattes Mehl
15 g Speisestärke
Kristallzucker zum Bestreuen

Irish-Creme:

50 g Schlagobers (-sahne)
40 g Jogurt
1/2 Pkg. Vanillezucker
1 Blatt Gelatine, eingeweicht und ausgedrückt
1 Eiklar (Eiweiß)
20 g Feinkristallzucker
1 EL starker schwarzer Kaffee
10 ml Whiskey

Garnitur:

10 g Schokospäne

Biskuit: Backrohr auf 200 °C vorheizen. Backblech mit Backpapier belegen. Ei mit Zucker, Vanillezucker und Salz verrühren und über Wasserdampf dickcremig aufschlagen. Masse vom Dampf nehmen und weiterrühren, bis sie abgekühlt ist. Mehl und Stärke darüber sieben und unterheben. Masse 1/2 cm hoch auf ein Blech streichen und im vorgeheizten Rohr ca. 10 Min. backen. Biskuit aus dem Rohr nehmen, auf ein mit Kristallzucker bestreutes Backpapier stürzen, Papier abziehen, Biskuit auskühlen lassen. Dann Scheiben (Ø 6 cm) ausstechen.

Creme: Obers halbfest schlagen und kalt stellen. Jogurt mit Vanillezucker verrühren. Kaffee und Whiskey erhitzen, Gelatine darin auflösen. Eiklar mit Kristallzucker zuerst warm über Dampf und dann kalt zu cremigem Schnee schlagen. Schnee mit Jogurt verrühren, danach die Kaffee-Whiskey-Mischung einrühren, zuletzt Obers unterheben. Creme in die vorbereiteten Formen füllen, Biskuitscheiben darauf legen und behutsam andrücken. Formen mit Frischhaltefolie zudecken und zum Festwerden ca. 8 Stunden kühlen.

Formen kurz in heißes Wasser tauchen und die Törtchen auf Teller stürzen. Törtchen mit Schokoladespänen bestreuen.

Nährwerte pro Portion

kcal:	365	Kohlenh.:	45,5 g
Eiweiß:	9,0 g	Ballastst.:	0,4 g
Fett:	14,8 g	Chol.:	151 mg

Eine Portion deckt z. B. von der empfohlenen Tageszufuhr

Vitamin B_2:	20 %	Vitamin B_{12}:	25 %
Vitamin A:	20 %	Vitamin D:	23 %

Ernährungsinfo

Koffein: Alkaloid. Vorkommend in Kaffee, schwarzem und grünem Tee, Cola- und Energy-Getränken. Wirkt u. a. gegen Müdigkeit, steigert die Leistungsfähigkeit, erhöht die Herzfrequenz und die Harnproduktion. Es wirkt verdauungsfördernd. In großen Mengen genossen können aber Beschwerden auftreten.

Johann Pabst

Mit Honig karamellisierte Apfelküchlein

Die Äpfel schälen, das Kerngehäuse entfernen, in dünne Scheiben schneiden und leicht in Weißwein andünsten. Aus Zucker, Honig und Wasser einen Karamell kochen, mit Weißwein ablöschen und den Boden kleiner Timbale-Formen oder Kaffee- oder Mokkatassen damit ausgießen.

Die gedünsteten Apfelscheiben ca. 7 – 10 mm hoch auf den Karamell schichten. Marzipan mit wenig Kirschwasser geschmeidig arbeiten und etwas davon auf die Apfelscheiben geben. Mit einer runden Mürbteigplatte abdecken, bei 200 °C ca. 12 – 15 Minuten backen und auf einen Teller gestürzt servieren.

Zutaten

für 2 Personen

100 g Äpfel
4 EL Weißwein
50 g Zucker
25 g Honig
6 EL Wasser
6 EL Weißwein
15 g Marzipan
1 TL Kirschwasser
60 g Mürbteig

Serviertipp

→ Eventuell mit Kanarimilch servieren.

Ernährungsinfo

Honig: Hochkonzentrierte Lösung verschiedener Kohlenhydrate (vor allem Frucht- und Traubenzucker) mit Spuren von Vitaminen, Mineralstoffen, Enzymen, Aromastoffen, Fett, Eiweiß und Pollen. Aufgrund des hohen Zuckergehaltes sehr energiereich (325 kcal/100 g). Süßkraft ist geringer als beim Zucker.

Nährwerte pro Portion

kcal:	386	Kohlenh.:	62,4 g
Eiweiß:	3,0 g	Ballastst.:	2,0 g
Fett:	8,8 g	Chol.:	34,5 mg

Eine Portion deckt z. B. von der empfohlenen Tageszufuhr

Vitamin D:	32 %	Kupfer:	14 %

Johann Pabst

Bellini-Törtchen mit Pfirsichsoße

Zutaten

für 6 Personen

Mürbteig:

100 g Butter, in Stücke geschnitten
150 g glattes Mehl
50 g Staubzucker (Puder-)
1 Pkg. Vanillezucker
Schale von 1/2 Zitrone
1 Prise Salz
1 Dotter (Eigelb)

Pfirsichcreme und Gelee:

400 g vollreife Pfirsiche
50 g Staubzucker (Puder-)
4 Blatt Gelatine, eingeweicht und ausgedrückt
60 ml trockener Sekt
75 ml Schlagobers (-sahne)
75 ml Magerjogurt

Pfirsichmark:

2 – 3 vollreife Pfirsiche
1 EL Zucker
2 EL Weißwein

Butter mit Mehl verbröseln, mit Zucker, Vanillezucker, Zitronenschale, Salz und Dotter rasch verkneten. Teig in Frischhaltefolie wickeln und ca. 2 Stunden rasten lassen. Backrohr auf 180 °C vorheizen. Teig 1/2 cm dick ausrollen, 6 Scheiben (Ø 75 mm) ausstechen, auf das mit Backpapier belegte Backblech legen und mit einer Gabel anstechen. Backen, aus dem Rohr nehmen und auskühlen lassen. 1 Platte mit Frischhaltefolie überziehen. Plastikringe darauf stellen und die Teigscheiben einlegen.

Creme: Pfirsiche halbieren, entkernen und in kleine Stücke schneiden. Fruchtstücke mit Zucker mischen, langsam aufkochen und fein pürieren. 100 g vom Püree für das Gelee wegnehmen.
3 Gelatineblätter im übrigen Püree (ca. 200 g) auflösen. Sekt zugießen und kurz aufmixen, Fruchtmus abkühlen lassen. Obers schlagen und gemeinsam mit dem Jogurt unterheben. Creme in Formen füllen. Die Törtchen mit Frischhaltefolie abdecken und ca. 5 Std. kühlen.

Gelee: 1 Blatt Gelatine in reserviertem, erwärmtem Fruchtmark auflösen. Gelee auf den Törtchen verteilen, nochmals ca. 1 Stunde kühlen.

Pfirsichmark: Pfirsiche vom Kern lösen, mit Zucker und Weißwein weich kochen. Mixen, passieren und erkalten lassen.

Zum Anrichten die Törtchen mit einem kleinen Messer aus den Formen lösen, auf Teller setzen.

Nährwerte pro Portion

kcal:	414	Kohlenh.:	50,6 g
Eiweiß:	5,4 g	Ballastst.:	3,9 g
Fett:	19,9 g	Chol.:	95 mg

Besonders reich an

Carotinoiden

Eine Portion deckt z. B. von der empfohlenen Tageszufuhr

unlösliche Ballaststoffe: 16 %

Vitamin A:	30 %	Vitamin D:	18 %
Niacin:	15 %	Kalium:	15 %
Vitamin C:	13 %	Eisen:	12 %

Ernährungsinfo

Pfirsich: Steinfrucht. Familie der Rosengewächse. Pfirsiche werden teils roh verzehrt, teils zu Saft, Kompott, Konserven oder auch zu Trockenobst verarbeitet. Rohe Pfirsiche enthalten Vitamin C, Kalium, Eisen sowie Flavonoide und Carotinoide.

Johann Pabst

Zutaten

für 12 Stück

Boden:

2 Eiweiß, 30 g Zucker
2 Eidotter (Eigelb)
50 g Butter
60 g Kochschokolade
40 g Mehl

Mousse:

2 Eidotter (Eigelb)
150 g feinherbe Sahneschokolade
2 Blatt Gelatine, eingeweicht und ausgedrückt
20 ml Mokka
4 Eiweiß
30 g Kristallzucker
180 g Obers (Sahne)

Soße:

3 Mangos
Saft von 1 Zitrone
1/8 l Mangosirup
1/16 l Wasser

Nährwerte pro Stück

kcal:	285	Kohlenh.:	31,7 g
Eiweiß:	6,4 g	Ballastst.:	4,4 g
Fett:	14,6 g	Chol.:	107 mg

Besonders reich an

Carotinoiden
Polyphenolen

Eine Portion deckt z. B. von der empfohlenen Tageszufuhr

unlösliche Ballaststoffe: 25 %

Kupfer:	41 %	Vitamin C:	25 %
Kalium:	18 %	Magnesium:	17 %
Eisen:	17 %	Vitamin D:	14 %

Dunkle Schokoladentorte auf Mango

Eiweiße mit Zucker zu Schnee schlagen. Dotter glatt rühren und vorsichtig unter den Schnee mischen. Butter und Kochschokolade getrennt schmelzen, aber zusammen unter die Eimasse heben und das Mehl unterziehen. Einen Tortenring mit 23 cm Durchmesser auf ein mit Backpapier belegtes Backblech setzen und die Masse einfüllen. Bei 160 °C im vorgeheizten Rohr 20 Minuten backen. Herausnehmen und gut auskühlen lassen.

Mousse: Eidotter über Dampf warm aufschlagen, dann kalt rühren und die zerlassene Schokolade unterrühren. Gelatine mit dem Mokka erwärmen, bis sie vollständig aufgelöst ist und unter die Schokoladen-Ei-Masse rühren. Die Eiweiße mit dem Zucker ebenfalls über Dampf warm schlagen, kalt fertig aufschlagen und unter die Schokomasse ziehen. Zum Schluss das geschlagene Obers unterheben.

Einen Tortenring mit Folie auskleiden, den Tortenboden einlegen und die Mousse einfüllen. Mit einer Palette glatt streichen und am besten über Nacht oder zumindest 5 – 6 Stunden kalt stellen.

Soße: Mangos schälen und dünne, dekorative Scheiben, Würfel oder Stifte abschneiden. Das restliche Fruchtfleisch von den Kernen lösen, mit Zitronensaft, Mangosirup und Wasser mixen und durch ein Sieb seihen. Die Schokoladentorte aus dem Ring nehmen, in Stücke schneiden und mit Mangoscheiben und Soße anrichten.

Ernährungsinfo

Mango: Familie der Sumachgewächse. Mangos wachsen auf tropischen Bäumen, die bis zu 25 Meter hoch werden können. Unter einer grünen, gelben bis roten Schale befindet sich das intensiv gelbe Fruchtfleisch, das neben Vitamin C, Kalzium und Eisen vor allem Carotinoide, allen voran Betakarotin, enthält, die im Körper zu Vitamin A aufgebaut werden können und darüber hinaus hochwirksame Antioxidantien sind.

Johann Pabst

Kastanienguglhupf

Zutaten

für 12 Portionen

- 7 Eier
- 150 g Kristallzucker
- 1 TL Vanillezucker
- 100 g passierte Kastanien (Kastanienpüree)
- 40 g glattes Mehl
- 80 g geriebene Haselnüsse
- Butter und Mehl für die Form
- 40 g Butter, zerlassen
- Staubzucker (Puder-) zum Bestreuen

Eier trennen. Dotter (Eigelbe) mit der Hälfte des Zuckers und dem Vanillezucker sehr schaumig schlagen. Kastanienpüree, Mehl und Haselnüsse vermischen. Eine Gugelhupfform mit Butter ausfetten und mit Mehl stauben.

Eiklar (Eiweiße) mit dem restlichen Zucker steif schlagen. Die Dottermasse mit etwas Eischnee vermengen und das Mehl-Kastanien-Gemisch und den restlichen Eischnee unterheben. Zuletzt die zerlassene Butter zugeben. Die Masse in die Gugelhupfform füllen. Im vorgeheizten Backrohr bei 160 – 170 °C etwa 45 Minuten backen. Kurz stehen lassen, dann stürzen und den erkalteten Gugelhupf mit Staubzucker bestreuen.

Ernährungsinfo

Lecithin: Fettähnlicher Stoff. Nicht essentiell. Wichtiger Bestandteil von Zellwänden, des Nervengewebes vor allem im Gehirn. Reichlich enthalten im Eigelb, in Pflanzenwurzeln (Karotten, Sellerie), Pflanzenölen und Hülsenfrüchten (Sojalecithin). Diskutiert wird eine Beeinflussung der Gedächtnisleistung bei neurologischen Erkrankungen. Dient in der Lebensmittelverarbeitung als Emulgator.

Nährwerte pro Portion

kcal:	200	Kohlenh.:	19,3 g
Eiweiß:	5,9 g	Ballastst.:	1,2 g
Fett:	11,0 g	Chol.:	147 mg

Besonders reich an

Lecithin

Eine Portion deckt z. B. von der empfohlenen Tageszufuhr

Biotin:	26 %	Vitamin B_{12}:	23 %
Vitamin D:	21 %	Vitamin E:	20 %
Mangan:	14 %	Vitamin A:	13 %
Kupfer:	13 %		

Johann Pabst

Marzipankonfekt

Zutaten
für 25 Stück

300 g Marzipanrohmasse
75 g Pistazien
40 ml Rum
40 ml Orangensaft
ca. 200 g Zartbitterschokolade
ca. 500 g Zartbitterkuvertüre zum Überziehen

Marzipanrohmasse mit den fein gemahlenen Pistazien mischen, am besten mit der Küchenmaschine und dem „Bischof“ (verstärkter Rühreinsatz oder Knethaken) vermengen. Rum und Orangensaft nach und nach untermengen, bis eine dressierbare Masse entsteht. Je nach Bedarf etwas mehr oder weniger Rum bzw. Orangensaft beigeben.

Aus der geschmolzenen Zartbitterschokolade ca. 25 Kreise (Ø 2,5 cm) auf ein Backpapier streichen und kalt stellen.

Auf die kalten Kuvertürekreise die Marzipanmasse mit einem Dressiersack mit glatter Tülle aufdressieren und einen Tag bei Zimmertemperatur trocknen lassen.

Kuvertüre schmelzen, das Konfekt in die ca. 30 °C heiße Kuvertüre tauchen und mit Hilfe einer Gabel herausheben. Etwas abtropfen lassen und auf einem Backpapier absetzen. Ganze oder gehackte Pistazien auf die noch weiche Kuvertüre geben und fest werden lassen.

Zubereitungstipp

- Da das Konfekt in die Kuvertüre getaucht wird, braucht man mehr davon. Der Rest kann das nächste Mal oder für ein anderes Dessert verwendet werden.

Ernährungsinfo

Marzipan: Zuckerware. Hergestellt wird es aus Marzipanrohmasse, die aus mit Zucker verriebenen, erhitzten Mandeln besteht, und Zucker. Mit weiteren Zusätzen oder Farbstoffen versetzt dient Marzipan vor allem zur Herstellung und Dekoration von Mehlspeisen. Da Marzipan zu einem großen Teil aus Mandeln besteht, ist es reich an Fett, Eiweiß, Vitaminen und Mineralstoffen, enthält natürlich aber auch große Mengen Zucker.

Nährwerte pro Stück

kcal:	115	Kohlenh.:	8,6 g
Eiweiß:	2,9 g	Ballastst.:	2,9 g
Fett:	7,2 g	Chol.:	0 mg

Besonders reich an

mehrfach ungesättigten Fettsäuren

Eine Portion deckt z. B. von der empfohlenen Tageszufuhr

unlösliche Ballaststoffe: 15 %
Kupfer: 22 % Vitamin E: 17 %
Magnesium: 12 %

Johann Pabst

Mini-Biskotten

Zutaten

für 25 Stück

- 2 Eier
- 40 g Kristallzucker
- 1 Pkg. Vanillezucker
- 1 kleine Prise Salz
- 50 g glattes Mehl
- Staubzucker zum Bestreuen

Backrohr auf 200 °C vorheizen. Ein Backblech mit Backpapier belegen. Eier in Dotter (Eigelb) und Klar (Eiweiß) trennen. Dotter mit der Hälfte des Zuckers, Vanillezucker und Salz gut schaumig rühren.

Eiklar mit übrigem Zucker zu cremigem Schnee schlagen.
Zuerst Mehl, dann Schnee behutsam unterheben. Masse in einen Dressiersack mit glatter Tülle füllen und ca. 2 cm lange Streifen auf das Papier dressieren.

Biskotten mit Staubzucker bestreuen und im vorgeheizten Rohr ca. 10 Minuten – dabei muss die Backrohrtür einen Spalt offen bleiben – backen, anschließend Biskotten mit dem Papier vom Blech ziehen und auskühlen lassen.

Ernährungsinfo

»Zucker« (Saccharose): Rohrzucker, Rübenzucker, Haushaltszucker, Weißzucker. Besteht aus Trauben- und Fruchtzucker. Kommt vor allem im Zuckerrohr und in der Zuckerrübe vor, aber auch in vielen Früchten. Aus ernährungsphysiologischem Standpunkt kein essentieller (unbedingt notwendiger) Nährstoff. Technologisch aber bei der Lebensmittelverarbeitung und -konservierung unersetzbar.

Nährwerte pro Stück

kcal:	24	Kohlenh.:	3,8 g
Eiweiß:	0,8 g	Ballastst.:	0 g
Fett:	0,6 g	Chol.:	19 mg

Gerald Zeitler

Zutaten

für 4 Personen

Vollkornpalatschinke mit Gewürzzwetschgen und Zimt-Sabayon

Palatschinkenteig:

1/2 l Magermilch

1 EL Sodawasser

1 Ei

Salz

100 g Vollkorn-Dinkelmehl

Gewürzzwetschgen:

1/4 l Johannisbeersaft

Mark von 1 Vanilleschote

1/2 Sternanis

1/2 EL Kardamom

Safran

Orangen- und Zitronenzesten

20 Dörrzwetschgen

Sabayon:

2 Dotter (Eigelb)

1/16 l Jogurt

2 KL Zimt

2 EL Honig

1 EL Öl zum Ausbacken

Palatschinkenteig aus Magermilch, Sodawasser, Ei, Salz und Mehl zubereiten und 20 Minuten stehen lassen.

Johannisbeersaft mit Gewürzen aufkochen, die halbierten Zwetschgen beigeben und ziehen lassen.

Für den Sabayon Dotter, Jogurt, Zimt und Honig in einem Schneekessel vermengen und mit einem Schneebesen über heißem Wasserdampf schaumig schlagen.

In einer beschichteten Pfanne Öl erhitzen und jeweils einen Schöpflöffel Palatschinkenteig eingießen. Auf beiden Seiten goldgelb backen.

Die Palatschinken mit den Dörrzwetschgen füllen und auf einem Teller mit dem Sabayon anrichten.

Nährwerte pro Portion

kcal:	189	Kohlenh.:	28,5 g
Eiweiß:	6,4 g	Ballastst.:	4,0 g
Fett:	4,5 g	Chol.:	91 mg

Besonders reich an

Phenolsäuren, Phytoöstrogenen
Phytinsäure, Terpenen

Eine Portion deckt z. B. von der empfohlenen Tageszufuhr

Kalium:	22 %	Kupfer:	20 %
Eisen:	19 %	Mangan:	19 %
Niacin:	16 %	Biotin:	15 %
Vitamin B_{12}:	15 %		

Ernährungsinfo

Sternanis: Gewürz. Frucht des Sternanisbaums, Sternanisgewächs. Dieses sternförmige Gewürz erinnert mit seinem süßlichen Geruch an Anis, schmeckt aber intensiver, etwas bitter bis scharf. Sternanis wird im Ganzen, zerbrochen oder gemahlen angeboten und findet vor allem in der asiatischen Küche häufig Anwendung. Sternanis ist reich an ätherischen Ölen.

Johann Pabst

Vollwert-Linzerschnitten

Zutaten

für 12 Portionen

- 160 g Butter
- 160 g Honig
- 1 Msp. Zimt
- 1 Msp. Nelkenpulver
- Salz, Zitronensaft
- 2 Eier
- 135 g Weizenvollmehl
- 3 g Backpulver
- 180 g Mandeln, gemahlen
- 4 EL Ribiselmarmelade (Johannisbeer-)
- 2 EL gehobelte Mandeln

Butter, Honig, Zimt, Nelkenpulver, Salz und Zitronensaft schaumig rühren, anschließend die Eier in die Masse einrühren.

Weizenvollmehl, Backpulver und Mandeln verrühren und anschließend vorsichtig unterheben.

2/3 der Masse auf das Blech streichen, mit Ribiselmarmelade bestreichen, mit dem Teigrest ein Gitter darüber dressieren.

Zum Schluss noch mit gehobelten Mandeln bestreuen und im Backrohr bei 170 °C Ober- und Unterhitze etwa 45 Minuten backen.

Nährwerte pro Portion

kcal:	302	Kohlenh.:	21,5 g
Eiweiß:	5,9 g	Ballastst.:	3,8 g
Fett:	21,5 g	Chol.:	72 mg

Besonders reich an

mehrfach ungesättigten Fettsäuren
Phenolsäuren
Phytoöstrogenen
Saponinen
Phytosterinen

Eine Portion deckt z. B. von der empfohlenen Tageszufuhr

unlösliche Ballaststoffe: 17 %

Vitamin E:	39 %	Kupfer:	20 %
Mangan:	20 %	Magnesium:	16 %
Eisen:	13 %	Zink:	12 %

Ernährungsinfo

Ribisel (Rote Johannisbeere): Familie der Stachelbeergewächse. Heute wird sie in allen Ländern mit gemäßigtem bis kaltem Klima angebaut. Ribiseln sind reich an Ballaststoffen, allen voran Pektin, Vitamin C und Kalium. Ihr saurer Geschmack stammt von dem hohen Gehalt an Fruchtsäuren, vor allem Zitronensäure.

Marillenbuchteln

Zutaten

für 4 Personen als Dessert oder
für 2 Personen als Hauptspeise

20 g Hefe
125 g Magermilch
300 g Weizenmehl
1 Ei
45 g Kristallzucker
1/2 Pkg. Vanillezucker
Prise Salz
1/2 TL Zitronensaft
1 Spritzer Rum
30 g Butter

Marillenmarmelade (Aprikosen-) zum Füllen
Butter zum Eintauchen

Die Hefe mit lauwarmer Milch verrühren, 100 g Mehl einrühren und an einem warmen Ort rasten lassen. Ei, Kristallzucker, Vanillezucker, Salz, Zitronensaft und Rum schön schaumig schlagen. Butter schmelzen und unter die Eiermasse rühren. Hefemischung mit dem übrigen Mehl und der Eiermischung in einer Rührschüssel zu glattem Teig verarbeiten und nochmals 30 Minuten rasten lassen. Danach den Teig ausrollen, rund ausstechen, mit Marillenmarmelade füllen und gut verschließen. In warme Butter tauchen und in eine befettete Pfanne setzen. Wieder aufgehen lassen und bei 160 – 170 °C etwa 25 – 30 Minuten backen.

Serviertipp

→ Mit Vanillesoße servieren und mit Puderzucker bestreuen.

Ernährungsinfo

Marille (Aprikose): Steinfrucht. Familie der Rosengewächse. Sie enthält Vitamin C, Kalium, Kalzium, Phosphor und Eisen. Besonders hervorzuheben ist ihr hoher Gehalt an Betakarotin. Marillen werden auch häufig als Trockenobst angeboten.

Nährwerte pro Portion (bei 4 Portionen)

kcal:	474	Kohlenh.:	76,5 g
Eiweiß:	11,1 g	Ballastst.:	3,1 g
Fett:	12,9 g	Chol.:	90 mg

Besonders reich an

komplexen Kohlenhydraten

Eine Portion deckt z. B. von der empfohlenen Tageszufuhr

Niacin:	22 %	Vitamin B_2:	20 %
Folsäure:	20 %	Kupfer:	20 %
Biotin:	19 %	Vitamin B_6:	15 %
Eisen:	15 %	Zink:	15 %

Johann Pabst

Zutaten

für 6 Stück

Teig:

50 g Kokosflocken

1/8 l Magermilch

80 g glattes Mehl

3 EL Öl

1 Ei

1 Eidotter (Eigelb)

1 Prise Salz

1 TL Vanillezucker

Marillenröster:

400 g Marillen (Aprikosen)

120 g Kristallzucker

Saft und Schale von 1/2 Zitrone

1/2 Stange Zimt

30 ml Marillenbrand (Aprikosen-)

Staubzucker (Puder-) zum Bestreuen

Kokospalatschinken mit Marillenröster

Kokosflocken auf ein Backblech schütten, gleichmäßig darauf verteilen und im Rohr bei 180 – 200 °C bei trockener Hitze (nicht Heißluft!) 3 – 5 Minuten rösten (so kommt das Aroma besonders gut zur Geltung).

Kokosflocken und Milch am besten mit einem Stabmixer verrühren. Mehl, Öl, Ei, Dotter, Salz und Vanillezucker unter die Kokosmilch rühren. Diesen Palatschinkenteig ca. 15 Minuten rasten lassen.

Inzwischen Marillen waschen, halbieren, entkernen und in Spalten schneiden. Zucker, Zitronensaft, Zitronenschale, Zimtstange und Marillenbrand in einer Kasserolle aufkochen. Marillenspalten zugedeckt im Sirup ein wenig kochen.

Palatschinken in einer beschichteten Pfanne backen. Auf vorgewärmte Teller legen, Marillenröster auftragen und Palatschinken dreieckig einschlagen. Palatschinken mit Staubzucker bestreuen und mit ein paar geviertelten Erdbeeren garnieren.

Serviertipp

→ Mit einer Kugel Kokoseis servieren oder mit etwas Schlagobers garnieren.

Ernährungsinfo

Kokosette: Kokosflocken, -raspeln. Hergestellt aus getrocknetem Fruchtfleisch der Kokosnuss, sowohl geröstet als auch ungeröstet erhältlich. Kokosflocken werden hauptsächlich zur Zubereitung von Süß- und Mehlspeisen verwendet. Sie sind sehr fettreich, enthalten vor allem gesättigte Fettsäuren, sind aber auch reich an Ballaststoffen, Kalium und Magnesium.

Nährwerte pro Stück

kcal:	303	Kohlenh.:	38,2 g
Eiweiß:	4,9 g	Ballastst.:	3,5 g
Fett:	13,1 g	Chol.:	80 mg

Besonders reich an

Carotinoiden

Eine Portion deckt z. B. von der empfohlenen Tageszufuhr

unlösliche Ballaststoffe: 16 %

Vitamin A:	18 %	Kupfer:	17 %
Kalium:	14 %	Biotin:	12 %
Eisen:	12 %	Vitamin B_{12}:	11 %

Johann Pabst

Himbeer-Panna-Cotta

Zutaten

für 2 Personen

175 g Himbeeren
2 Blatt Gelatine
35 g Kristallzucker
Saft von einer 1/2 Zitrone
1 EL Himbeergeist

Oberscreme:

1/2 Vanilleschote
1 1/2 Blatt Gelatine
100 ml Schlagobers (-sahne)
15 g Honig
Vanilleschote

Garnitur:

60 g Himbeeren
Minzeblätter

Förmchen mit kaltem Wasser ausspülen und kalt stellen.

Für das Püree Himbeeren verlesen und putzen. Gelatine in kaltem Wasser einweichen. Ca. 50 g Himbeeren für die Einlage reservieren. Übrige Beeren mit Zucker, Zitronensaft und Himbeergeist pürieren und durch ein Sieb streichen. Wenig Püree über Wasserdampf erwärmen. Gelatine gut ausdrücken und darin auflösen. Mit dem restlichen Püree verrühren. Reservierte Beeren unterheben, die Mischung in die Förmchen füllen und ca. 2 Stunden kühlen.

Oberscreme: Vanilleschote der Länge nach aufschneiden und das Mark herauskratzen. Gelatine in kaltem Wasser einweichen. Obers mit Honig, Vanillemark und -schote verrühren, aufkochen und vom Herd nehmen. Gelatine gut ausdrücken und in der warmen Obersmischung auflösen. Mischung auskühlen lassen. Vanilleschote entfernen, die Oberscreme auf das gestockte Himbeerpüree gießen und ca. 4 Stunden kühlen. Vor dem Anrichten Himbeeren für die Garnitur verlesen. Förmchen kurz in heißes Wasser tauchen, Panna Cotta auf Teller stürzen, mit Himbeeren, Minzeblättern garnieren.

Zubereitungstipps

- Die halbe Menge Schlagobers kann durch Magerjogurt ersetzt werden.
- Statt Himbeeren können auch andere Früchte wie Marillen (Aprikosen), Preiselbeeren, Erdbeeren usw. verwendet werden.

Ernährungsinfo

Schlagobers (Schlagsahne): Milchprodukt. Beim Entrahmen der Milch entsteht aus dem fettreichen Milchanteil Schlagobers. Dieses wird teilweise zu Butter weiterverarbeitet. Es enthält 30 bis 36 % Fett und wird häufig zum Binden von Suppen und Soßen oder für die Zubereitung von Süßspeisen verwendet. Schlagobers liefert Cholesterin, hochwertiges Eiweiß, Vitamin A, D, B_2 und wie alle anderen Milchprodukte auch Kalzium.

Nährwerte pro Portion

kcal:	335	Kohlenh.:	33,0 g
Eiweiß:	4,5 g	Ballastst.:	8,0 g
Fett:	18,4 g	Chol.:	59 mg

Besonders reich an

Phenolsäuren
Flavonoiden

Eine Portion deckt z. B. von der empfohlenen Tageszufuhr

unlösliche Ballaststoffe: 42 %

Vitamin C:	34 %	Ballastst.:	23 %
Kupfer:	18 %	Mangan:	15 %
Kalium:	14 %	Eisen:	14 %

Gratinierte Waldbeeren

Backrohr auf 250 °C Oberhitze vorheizen. Beeren putzen. Mit einem Schuss Grand Manier, Zitronensaft und Zucker marinieren.

Topfen durch ein Sieb passieren. Mit den übrigen Zutaten verrühren und das geschlagene Schlagobers und das mit Zucker steif geschlagene Eiklar unterheben. Die marinierten Beeren in ein feuerfestes Geschirr geben. Mit der Gratiniermasse bedecken und im Rohr bei 170 °C ca. 10 Minuten überbacken.

Zutaten

für 2 Personen

200 g gemischte Waldbeeren (Himbeeren, Brombeeren, Heidelbeeren und Walderdbeeren)
1 Schuss Grand Manier
etwas Zitronensaft
1 TL Staubzucker (Puder-)

Gratiniermasse:

2 EL Magertopfen (-quark)
1 Eidotter (Eigelb)
1 Pkg. Vanillezucker
1 Schuss Grand Manier
1/16 l Schlagobers (-sahne)
1 Eiklar (Eiweiß)
2 EL Staubzucker (Puder-)

Serviertipp

→ Mit Zitroneneis servieren.

Ernährungsinfo

Spurenelemente: Mikronährstoffe. Vertreter sind u. a. Eisen, Jod, Zink, Kupfer, Mangan, Selen. Spurenelemente kommen im menschlichen Körper zu weniger als 50 mg pro kg Körpergewicht vor. Sie sind als Bestandteile von Enzymen an vielen Stoffwechselreaktionen beteiligt, wirken antioxidativ und sind z. T. Bausubstanzen.

Nährwerte pro Portion

kcal:	316	Kohlenh.:	32,2 g
Eiweiß:	7,2 g	Ballastst.:	5,0 g
Fett:	15,0 g	Chol.:	157 mg

Besonders reich an

Flavonoiden
Phenolsäuren
Lignanen

Eine Portion deckt z. B. von der empfohlenen Tageszufuhr

unlösliche Ballaststoffe: 24 %

Vitamin C:	21 %	Biotin:	20 %
Mangan:	17 %	Vitamin B_2:	16 %
Kupfer:	16 %	Eisen:	14 %

Johann Pabst

Johann Pabst

Zutaten

für 2 Personen

100 g Sauerrahm (saure Sahne)
1 Eidotter (Eigelb)
70 g Mehl
2 Eiklar (Eiweiß)
20 g Zucker

Fülle:

3 EL Beerenragout oder Powidl

Rahmdalken

Sauerrahm mit Eidotter und Mehl glatt rühren. Das Eiklar mit dem Zucker steif schlagen und unter die Sauerrahmmasse heben. Danach mit einem Suppenlöffel kleine Dalken in eine beschichtete Pfanne geben, diese 1 Minute beidseitig braten und auf einem Küchenpapier abtropfen lassen.

Die Dalken versetzt oder 2 – 3 Stück übereinander mit Powidl oder Beerenragout gefüllt servieren.

Serviertipp

→ Mit Vanillesoße servieren.

Ernährungsinfo

Rahm: Milchprodukt. Häufig auch als Sahne bezeichnet. Fettreicher Milchanteil. Wird durch Abschöpfen oder Zentrifugieren gewonnen. Man unterscheidet süßen Rahm (süße Sahne) und den daraus durch Milchsäuregärung entstehenden Sauerrahm (saure Sahne). Rahm hat einen Fettgehalt von 10 – 15 %.

Nährwerte pro Portion

kcal:	355	Kohlenh.:	52,6 g
Eiweiß:	10,7 g	Ballastst.:	1,6 g
Fett:	11,0 g	Chol.:	144 mg

Besonders reich an

hochwertigem Eiweiß

Eine Portion deckt z. B. von der empfohlenen Tageszufuhr

Biotin:	20 %	Niacin:	18 %
Vitamin A:	18 %	Vitamin D:	15 %
Vitamin B_{12}:	13 %	Eisen:	12 %

Gerald Zeitler

Zutaten

für 2 Personen

Marinade:

80 g Zucker, braun
3 Sternanis
6 Kardamomkapseln, zerdrückt
1 Zimtstange, klein
Schale von 1 Limette
20 g Pflaumenwein
50 ml Coruba Rum
50 ml Grenadin Sirup
50 ml Cassislikör
110 ml Wasser
1 TL Stärkemehl

150 g Zwetschgen,
gewaschen und entkernt

Zwetschgen mit Sternanis und Kardamom

Alle Zutaten der Marinade mit Wasser erwärmen und mit Stärkemehl binden.

Zwetschgen waschen, halbieren und entkernen. Marinade über die Zwetschgen gießen und 4 bis 5 Tage kalt stellen.

Serviertipp

→ Diese Süßspeise wird am besten gemeinsam mit Palatschinken serviert.

Ernährungsinfo

Kardamom: Gewürz. Ingwergewächs. Erhältlich sind sowohl die ganzen Früchte (Kapseln), aus denen man den Samen kurz vor Gebrauch entnimmt, als auch Kardamompulver. Kardamom schmeckt süß und aromatisch und wird in der asiatischen Küche häufig verwendet. Er ist reich an ätherischen Ölen, die vorwiegend Terpene enthalten. Kardamom wirkt appetitanregend und verdauungsfördernd.

Nährwerte pro Portion

kcal:	416	Kohlenh.:	76,6 g
Eiweiß:	0,8 g	Ballastst.:	2,2 g
Fett:	0,2 g	Chol.:	0 mg

Besonders reich an

Flavonoiden
Carotinoiden
Terpenen

Eine Portion deckt z. B. von der empfohlenen Tageszufuhr

Eisen:	17 %	Kalium:	15 %
Kupfer:	15 %		

Holunderröster

Zutaten

für 10 Portionen

- 300 g Holunderbeeren
- 100 ml Rotwein
- 100 g Kristallzucker
- ca. 1/2 TL (zur gewünschten Konsistenz) Stärkemehl
- 50 ml Rotwein
- 20 g Vanillezucker
- Zimt nach Geschmack

Holunderbeeren mit 100 ml Rotwein und Kristallzucker aufkochen und 10 – 15 Minuten bei schwacher Hitze zugedeckt köcheln lassen. Stärkemehl mit 50 ml Rotwein anrühren und die Holunderbeeren damit binden. Mit Vanillezucker und Zimt abschmecken.

Serviertipp

→ Der Holunderröster ist eine vielseitige Beilage für Desserts. Er passt zu Puddings, Topfenpalatschinken, süßen Schmarren, Äpfeln in Backteig, süßen Ravioli oder kann auch einfach allein gegessen werden.

Ernährungsinfo

Holunderbeere: Familie der Geißblattgewächse. Ihre dunkle Färbung verdanken sie dem Farbstoff Anthocyan, einem Flavonoid. Des Weiteren sind Holunderbeeren reich an Vitamin C, Niacin, Kalium und Phosphor. Holunderbeeren dürfen nur in ganz reifem Zustand und gekocht verzehrt werden. Zur Herstellung von Saft werden häufig auch die weißen Blüten des Holunderstrauches verwendet.

Nährwerte pro Portion

kcal:	76	Kohlenh.:	15,4 g
Eiweiß:	0,8 g	Ballastst.:	1,3 g
Fett:	0,2 g	Chol.:	0 mg

Besonders reich an

Flavonoiden
Phenolsäuren

Eine Portion deckt z. B. von der empfohlenen Tageszufuhr

unlösliche Ballaststoffe: 7 %
Vitamin D: 8 % Mangan: 7 %

Johann Pabst

Geflämmter Limonenflan mit karamellisierten Zwetschgen

Zutaten

für 3 Personen

Boden:

1 Ei, 30 g Zucker
15 g Mehl, 15 g Maisstärke
10 g flüssige Butter

Flan:

30 g Zitronensaft
20 g Crème fraîche
45 g Zucker
1 Dotter (Eigelb)
6 g Mehl
1 Blatt Gelatine, eingeweicht und ausgedrückt
1 Eiklar (Eiweiß)
Staubzucker (Puder-) zum Bestreuen

Zwetschgen:

15 g Zucker
6 g Butter
50 g Zwetschgen
25 ml Rotwein
7 ml Zwetschgenschnaps
1/2 Zimtstange
1 Nelke
evtl. Stärkemehl zum Binden

Boden: Ei mit Zucker über Dampf schaumig schlagen und anschließend kalt schlagen.

Mehl und Maisstärke vorsichtig unterheben. Flüssige Butter einrühren, Teig auf einem Backpapier 1 cm dick aufstreichen und im Rohr bei 180 °C etwa 15 Minuten backen.

Flan: Die Hälfte des Zitronensaftes mit Crème fraîche aufkochen. Den restlichen Saft mit der Hälfte des Zuckers, Dotter und Mehl glatt rühren und in die heiße Crème-fraîche-Masse einrühren. Gelatine in erwärmtem Zitronensaft auflösen und unter die Masse rühren. Eiklar mit restlichem Zucker steif schlagen und unter die Masse geben.

Biskuit ausstechen, in Metallringe oder Dariolformen geben. Masse einfüllen und im Kühlschrank kalt stellen. Vor dem Servieren mit Staubzucker bestreuen und mit einem Gasbrenner flämmen.

Für die karamellisierten Zwetschgen Zucker in Butter bräunen, Zwetschgen beigeben, mit Rotwein und Zwetschgenschnaps ablöschen. Zimtstange und Nelke beigeben und kurz einkochen lassen. Wenn gewünscht, mit etwas Stärkemehl binden.

Zubereitungstipp

→ Statt Zitronensaft kann man den Flan auch mit Orangen- oder Blutorangensaft zubereiten.

Ernährungsinfo

Zwetschge: Steinfrucht. Familie der Rosengewächse. Die Zwetschge ist eine Pflaumensorte. Sie ist länglich mit spitz zulaufenden Enden, dunkelblauer Schale und gelbem Fruchtfleisch. Zwetschgen enthalten neben reichlich Kalium ein weites Spektrum sekundärer Pflanzeninhaltsstoffe: Flavonoide (Farbstoff Anthocyan), Carotinoide, Ferulasäure und Tannine. Zwetschgen werden häufig auch als Trockenobst angeboten.

Nährwerte pro Portion

kcal:	319	Kohlenh.:	44,3 g
Eiweiß:	6,5 g	Ballastst.:	0,7 g
Fett:	11,5 g	Chol.:	174 mg

Eine Portion deckt z. B. von der empfohlenen Tageszufuhr

Pantothensäure:	12 %		
Vitamin D:	30 %	Vitamin B_{12}:	28 %
Biotin:	23 %	Vitamin A:	18 %

Johann Pabst

Gewürzsoufflé mit Gewürzjogurt

Eidotter, Mehl, geriebene Mandeln, Lebkuchengewürz, Rum und Schokolade vermischen. Eiweiße und Kristallzucker zu einer cremigen Schneemasse schlagen und unter die Masse heben. Diese dann in die gebutterten Formen füllen und im Wasserbad bei 180 °C ca. 20 Minuten im Rohr backen.

Für das Gewürzjogurt Rotwein, Zucker, Gewürze und Rum um ein Drittel einreduzieren lassen, mit Stärkemehl binden, abkühlen lassen und Jogurt unterrühren.

Zubereitungstipp

→ Dieses Gericht eignet sich hervorragend für die Zubereitung im Dampfgarer.

Ernährungsinfo

Ei: Hühnereier bestehen aus Schale, Eiweiß und Eigelb. Sie sind reich an hochwertigem Eiweiß, ungesättigten Fettsäuren, liefern reichlich Vitamin A, D, E, K, Folsäure, Biotin, Eisen und Zink. Hühnereier sind reich an Cholesterin, ein Ei liefert bereits jene Menge, die man pro Tag höchstens aufnehmen sollte.

Zutaten

für 4 Personen

3 Eidotter (Eigelb)
15 g glattes Mehl
10 g geriebene Mandeln
2 Msp. Lebkuchengewürz
1 cl Rum
15 g geriebene dunkle Schokolade
3 Eiweiß
35 g Kristallzucker
etwas Butter für die Form

Gewürzjogurt:

1/4 l Rotwein
1 TL Kristallzucker
1 Gewürznelke
1/4 Orangenzeste
1/4 Zitronenzeste
1/4 Zimtstange
1 cl Rum
Stärkemehl zum Binden
1/8 l Magerjogurt

Nährwerte pro Portion

kcal:	240	Kohlenh.:	19,1 g
Eiweiß:	8,0 g	Ballastst.:	1,4 g
Fett:	9,3 g	Chol.:	187 mg

Eine Portion deckt z. B. von der empfohlenen Tageszufuhr

Vitamin D:	50 %	Biotin:	25 %
Vitamin B_2:	20 %	Kupfer:	19 %
Vitamin B_{12}:	18 %	Vitamin A:	16 %

Zutaten

für 3 Gläser à 500 g

1 kg Herzkirschen
6 EL Zucker
1/8 l Essig
1/4 l Rotwein
1/4 l Orangenjuice
1/4 l roter Portwein
Zimtstange
Nelken
Sternanis

Eingelegte Herzkirschen

Die Herzkirschen kontrollieren (Fäulnis oder angeschlagen), gut waschen und auf ein Tuch zum Abtrocknen legen.

Zucker in einem Topf karamellisieren, mit Essig ablöschen und mit Rotwein aufgießen, etwas einreduzieren lassen und dann mit Orangenjuice und Portwein aufgießen. Zimtstange, Nelken und Sternanis beigeben und ca. 12 – 15 Minuten ziehen lassen.

In die heiße Marinade die getrockneten Kirschen geben, einmal kurz aufkochen lassen, in Rexgläser einfüllen und verschließen.

Serviertipps

- Die Kirschen lassen sich für längere Zeit im Kühlschrank aufbewahren und sind eine ideale Ergänzung für so manche Desserts.
- Sie eignen sich auch als Beigabe zu einem Aperitif oder Digestif oder als kleines „Give-away“.
- Wenn man die Kirschen mit Kuvertüre überzieht, kann man sie auch als kleinen Happen für Zwischendurch servieren.

Ernährungsinfo

Kirsche: Steinfrucht. Familie der Rosengewächse.
Man unterscheidet Süß- und Sauerkirschen. Süßkirschen sind gelb bis dunkelrot gefärbt. Sie liefern Vitamin C, Vitamin B_1, B_2, B_6 und Folsäure, Kalium, Phosphor und Eisen sowie Phenolsäuren, Flavonoide (Farbstoff Anthocyan) und Monoterpene.

Nährwerte pro EL

kcal:	13	Kohlenh.:	2,1 g
Eiweiß:	0 g	Ballastst.:	0,1 g
Fett:	0 g	Chol.:	0 mg

Besonders reich an

Flavonoiden
Phenolsäuren

Physaliskompott

Kristallzucker leicht karamellisieren und mit Orangensaft ablöschen, ausgeschabte Vanilleschote beimengen, auf 1/8 l einkochen lassen und mit Stärkemehl leicht binden. Zum Schluss halbierte Physalis hinzufügen.

Zutaten

für 2 Personen

2 EL Kristallzucker
1/4 l Orangensaft
1 Vanilleschote
Stärkemehl zum Binden
20 Stk. Physalis

Ernährungsinfo

Physalis: Kapstachelbeere. Familie der Nachtschattengewächse. Die gelben kirschgroßen Beeren sind jeweils von einer dünnen, hellbraunen, lampionähnlichen Hülle umgeben und enthalten kleine Samenkerne. Der Name leitet sich vom griechischen Wort für Blase ab. Physalis stammen ursprünglich aus der südamerikanischen Andenregion. Sie sind reich an Vitamin C, Phosphor, Eisen und Carotinoiden.

Nährwerte pro Portion

kcal:	154	Kohlenh.:	34,2 g
Eiweiß:	1,4 g	Ballastst.:	1,5 g
Fett:	0,4 g	Chol.:	0 mg

Besonders reich an

Carotinoiden
Pektin

Eine Portion deckt z. B. von der empfohlenen Tageszufuhr

Kupfer:	15 %	Kalium:	13 %

Johann Pabst

Nährwerte

Nährstoff	Tageszufuhr #	Funktion/Wirkung
Hauptnährstoffe		
Eiweiß	0,8 g pro kg Normalgewicht pro Tag *	Bausubstanz, Erhaltung der Muskelmasse, Hormone, Enzyme, Krankheitsabwehr
Fett	30 % der Energie ***	Energielieferant, Träger fettlöslicher Vitamine, Geschmacksträger, Bausubstanz, Schutzfunktion
Omega-6-Fettsäuren	2,5 % der Energie *	Essentielle Fettsäuren, können vom Körper nicht selbst hergestellt werden
Omega-3-Fettsäuren	0,5 % der Energie **	Essentielle Fettsäuren, können vom Körper nicht selbst hergestellt werden
Cholesterin	max. 300 mg ***	Bestandteil von Zellhüllen, Ausgangssubstanz für den Aufbau von Hormonen und Gallensäuren
Kohlenhydrate	mind. 50 % der Energie ***	Energielieferant, Bausubstanz v. a. im Knochen- und Bindegewebe
Ballaststoffe **- löslich**	mind. 15 g ***	Cholesterinspiegelsenkend, Erhöhung der Sättigungswirkung
- unlöslich	mind. 15 g ***	Erhöhung von Stuhlgewicht und -häufigkeit, Verminderung des Darmkrebsrisikos
Vitamine		
Vitamin A **Retinol**	♂ 1,0 mg * ♀ 0,8 mg	Wachstum, Sehprozess, Erhaltung von Haut und Schleimhäuten, Krankheitsabwehr, Zellschutz
Vitamin D **Calciferol**	5 µg *	Knochen- und Zahnaufbau, hormonähnliche Wirkung im Kalziumstoffwechsel
Vitamin E **Tocopherol**	♂ 14 mg ** ♀ 12 mg	Antioxidans, Schutz vor Krebserkrankungen
Vitamin K	♂ 70 µg ** ♀ 60 µg	Blutgerinnung, Knochenaufbau

Referenzwerte für die tägliche Zufuhr von Erwachsenen im Alter von 25 bis 50 Jahren

\# Referenzwerte für die tägliche Zufuhr von Erwachsenen im Alter von 25 bis 50 Jahren
* Empfehlung
** Schätzwert
*** Richtwert ♀ Frauen ♂ Männer

Besonderheiten	Vorkommen
Mangel: Abbau von Muskelmasse, Wachstumsstörungen, erhöhte Krankheitsanfälligkeit **Überversorgung:** erhöhte Belastung der Niere	Fleisch, Fisch, Milch, Milchprodukte, Hülsenfrüchte, Nüsse
Überversorgung: Entstehung von Übergewicht, möglicherweise Fettstoffwechselstörungen, möglicherweise Krebserkrankungen	Fette, Öle, Fleisch, Fleischwaren, Milch, Milchprodukte, Samen, Nüsse
Mangel: Hautekzeme, Fettleber, Blutarmut, Infektanfälligkeit, Störungen der Wundheilung und des Wachstums	Pflanzenöle (z. B. Sonnenblumen-, Maiskeim-, Distelöl)
Mangel: Sehstörungen, Muskelschwäche, Zittern, Wahrnehmungsstörungen	Fisch, v. a. fetter Seefisch (Lachs, Tunfisch, Makrele, Hering, Sardine), Soja- und Rapsöl
Überversorgung: Fettstoffwechselstörungen	ausschließlich in tierischen Produkten: Fleisch, Fleischwaren, Eigelb, Milch, Milchprodukte
Mangel: Abbau von Körpereiweiß (z. B. Muskelmasse), Beeinträchtigungen des Eiweiß- und Fettstoffwechsels **Überversorgung:** Entstehung von Übergewicht (erst bei sehr hoher Aufnahme)	Getreide, Getreideprodukte, Obst, Gemüse
Ballaststoffe benötigen zum Quellen Flüssigkeit, deshalb ist eine ausreichende Flüssigkeitszufuhr notwendig.	Obst und Gemüse
	Vollkorngetreide, -produkte, Hülsenfrüchte
Mangel: Störungen von Haut, Schleimhäuten, Wachstum, verringerte Sehkraft, Nachtblindheit, Haarausfall, erhöhte Infektanfälligkeit **Überversorgung:** bei längerer Zufuhr der 10fachen Empfehlung: Hautveränderungen, Haarverlust, Schwäche, Knochen- und Gelenkschmerzen, Leberschäden, Wachstumsverzögerung	Leber, Karotten, Spinat, Fenchel, Kohl, Marillen, Eigelb, Käse
Mangel: Schäden am Skelett, Knochenverformungen bei Kindern (Rachitis), Osteomalazie (Erweichung der Knochen) bei Erwachsenen **Überversorgung:** nur nach extrem hoher Aufnahme von Nährstoffpräparaten: vermehrter Abbau von Kalzium aus den Knochen, Kalziumablagerungen in den Gefäßen und Nieren, Kopfschmerzen, Schwäche, Erbrechen, Magen-Darm-Störungen	Lebertran, fettreiche Fische (Lachs, Tunfisch, Makrele, Hering, Sardine), Leber, Eigelb, Milch, Milchprodukte
Mangel: nur bei Störungen der Fettverdauung: Durchblutungs- und Entwicklungsstörungen, Erschöpfung, Unlust, Infektanfälligkeit **Überversorgung:** beim Menschen praktisch unbekannt	Keimöle, Getreide, Nüsse
Mangel: nur bei Beeinträchtigung der Darmflora (Vitamin K kann von den Darmbakterien gebildet werden): Blutgerinnungsstörungen, erhöhte Blutungsneigung **Überversorgung:** nicht bekannt	grünes Gemüse (Kohl, Spinat), Milch, Milchprodukte, Fleisch, Eier

Nährstoff	Tageszufuhr #	Funktion/Wirkung
Vitamin B_1 Thiamin	♂ 1,2 mg * ♀ 1,0 mg	Koenzym im Energie- und Kohlenhydratstoffwechsel, Funktion im Nervensystem
Vitamin B_2 Riboflavin	♂ 1,4 mg * ♀ 1,2 mg	Bestandteil zweier Koenzyme, die am gesamten Stoffwechsel beteiligt sind, für gesunde Haut
Niacin	♂ 16 mg * ♀ 13 mg	Bestandteil von Koenzymen, die an zahlreichen Stoffwechselprozessen beteiligt sind, Funktionen in der Haut und im Nervensystem
Vitamin B_6 Pyridoxin	♂ 1,5 mg * ♀ 1,2 mg	Koenzym im Eiweißstoffwechsel, beteiligt auch am Kohlenhydrat- und Fettstoffwechsel, Nervensystem, Krankheitsabwehr, Bildung der roten Blutkörperchen
Folsäure	400 µg *	Zellbildung (z. B. Blutzellen), Funktion im Nervensystem
Pantothensäure	6 mg **	Bestandteil eines Koenzyms, das an zahlreichen Stoffwechselprozessen beteiligt ist, „Hautvitamin"
Biotin	30 – 60 µg **	Koenzym im Kohlenhydrat-, Eiweiß- und Fettstoffwechsel, „Hautfaktor"
Vitamin B_{12} Cobalamin	3 µg *	Bestandteil von Koenzymen im Fett- und Eiweißstoffwechsel, beteiligt am Folsäurestoffwechsel und an der Bildung der roten Blutkörperchen
Vitamin C	100 mg *	Antioxidans, Schutz vor Krebserkrankungen, Zellaufbau, Krankheitsabwehr
Mineralstoffe		
Natrium	550 mg **	Erregungsleitung im Nervensystem und in der Muskulatur, Aktivator einiger Enzyme, regelt den osmotischen Druck und den Wasserhaushalt
Chlorid	830 mg **	Regelt den osmotischen Druck, Bestandteil der Magensalzsäure

Besonderheiten	Vorkommen
leichter Mangel: Müdigkeit, Schwäche, Nervenstörungen, Gedächtnis- und Konzentrationsschwäche, Infektionsanfälligkeit **schwerer Mangel:** Beriberi (Lähmungen, Muskelabbau, Störungen der Herztätigkeit, Krämpfe) **Überversorgung:** nicht bekannt	Fleisch (v. A. Schweinefleisch), Vollkorngetreide, Hülsenfrüchte, Sonnenblumenkerne
leichter Mangel: Risse in den Mundwinkeln, Veränderungen an Lippen und Nase, Brüchigwerden der Fingernägel **schwerer Mangel:** Entzündungen von Haut und Schleimhäuten im Verdauungstrakt, Wachstumsverzögerungen, Augenschädigungen **Überversorgung:** nicht bekannt	Leber, Hefe, Milch, Milchprodukte, Fleisch, Fisch, Eier, Vollkornprodukte
Mangel: Hautveränderungen (trockene und rissige Stellen), Durchfall, Gewichtsverlust, Schlaflosigkeit, Müdigkeit, Schwindel, Kopfschmerzen, Mangelkrankheit: Pellagra (= raue Haut) **Überversorgung:** nicht bekannt	Leber, Hefe, Erdnüsse, Fleisch, Fisch, Milch und Milchprodukte, Vollkorngetreide
Mangel: Schädigungen von Haut und Schleimhaut, Beeinträchtigung des Nervensystems (Reizbarkeit, Depressionen), Appetitlosigkeit, Durchfall, Erbrechen, Krämpfe, Blutarmut **Überversorgung:** nicht bekannt	Leber, Hefe, Hühner-, Schweinefleisch, Fisch, Kohl, grüne Bohnen, Linsen, Sonnenblumenkerne, Sesam, Vollkorngetreide
Mangel: Störungen des Blutbildes, Mangel an roten und weißen Blutkörperchen und Darmschleimhautzellen, Entzündungen der Zunge und Lippenschleimhaut, neuropsychiatrische Schäden (z. B. Depressionen, Neuropathie) bei älteren Menschen, bei Schwangeren Missbildungen des Ungeborenen, Fehlgeburt **Überversorgung:** nicht bekannt	Gemüse (v. A. Tomaten, Kohl, Spinat, Gurken, Fenchel), Hefe, Eigelb, Leber, Vollkorngetreide, Weizenkeime, Sojabohnen
Mangel: aufgrund der weiten Verbreitung in Lebensmitteln nicht bekannt **Überversorgung:** nicht bekannt	Leber, Fleisch, Sonnenblumenkerne, Mohn, Fisch, Milchprodukte, Vollkorngetreide, Hülsenfrüchte
Mangel: äußerst selten; schuppige Hautveränderungen und Haarausfall **Überversorgung:** nicht bekannt	Leber, Sojabohnen, Eigelb, Nüsse, Hefe, Haferflocken, Spinat, Champignons, Linsen
Mangel: Störungen des Blutbildes, Störung der Blutzellbildung, Gewebsschwund der Magenschleimhaut **Überversorgung:** nicht bekannt	Leber, Fleisch, Fisch, Eier, Milch, Milchprodukte
Mangel: Müdigkeit („Frühjahrsmüdigkeit"), Verminderung der Leistungsfähigkeit, schlechte Wundheilung, erhöhte Krankheitsanfälligkeit **schwerer Mangel:** Skorbut (Blutungen in Zahnfleisch, Haut, Schleimhaut und Muskelgewebe) **Überversorgung:** bei Einnahmen von 5 – 10 g täglich (50- bis 100fache Empfehlung) abführende Wirkung	Obst und Gemüse, v. A. Sanddorn, Hagebutte, Paprika, Brokkoli, schwarze Ribisel, Fenchel, Zitrusfrüchte, Schnittlauch, Petersilie
Mangel: nur bei anhaltendem Durchfall, Erbrechen oder starker Schweißabgabe: Schwäche, Absinken des Blutdrucks **Überversorgung:** Blutdrucksteigerung, Ödembildung, Unruhe, Schwindel, Erbrechen, Übererregbarkeit der Muskulatur, Austrocknung von Haut und Schleimhaut, Herzversagen	Salz, Suppenwürze, Käse, Wurst, Backwaren, Fertiggerichte
Mangel: nur bei lang anhaltendem Erbrechen: Muskelschwäche, Alkalose (zu hoher pH-Wert des Blutes) **Überversorgung:** nicht bekannt	Salz, Suppenwürze, Käse, Wurst, Backwaren, Fertiggerichte (im Salz vergesellschaftet mit Natrium)

Nährstoff	Tageszufuhr #	Funktion/Wirkung
Kalium	2.000 mg **	Regelt den osmotischen Druck und den Wasserhaushalt, Erregungsleitung im Nervensystem und in der Muskulatur, Aktivator einiger Enzyme, blutdrucksenkend
Kalzium	1.000 mg *	Baustein von Knochen und Zähnen, Blutgerinnung, Erregungsleitung im Nervensystem und in der Muskulatur, Blutgerinnung
Phosphor	700 mg *	Übertragung, Speicherung und Verwertung von Energie im Stoffwechsel, Bestandteil von Knochen und Zähnen
Magnesium	♂ 350 mg * ♀ 300 mg	Aktiviert Enzyme des gesamten Stoffwechsels, Erregungsleitung im Nervensystem und in der Muskulatur, Baustein von Knochen
Eisen	♂ 10 mg * ♀ 15 mg	Bestandteil des Blutfarbstoffes (Hämoglobin), Sauerstofftransport im Blut, Bestandteil des Muskelfarbstoffes und einiger Enzyme
Jod	200 µg *	Als Bestandteil der Schilddrüsenhormone beteiligt bei Wachstum und Reifung und am Grundumsatz
Fluorid	♂ 3,8 mg *** ♀ 3,1 mg	Härtung des Zahnschmelzes, Hemmung der Kariesentstehung, Hemmung der Aktivität von Mundbakterien, Erhöhung der Knochenstabilität
Zink	♂ 10 mg * ♀ 7 mg	Aktiviert eine Vielzahl von Enzymen im gesamten Stoffwechsel, beeinflusst den Stoffwechsel von Hormonen, Krankheitsabwehr, Bestandteil eines körpereigenen antioxidativen Enzyms
Selen	30 – 70 µg **	Als Bestandteil von Enzymen Funktion im Jodstoffwechsel, bei der Entgiftung von Schwermetallen, Bestandteil eines körpereigenen antioxidativen Enzyms, Krankheitsabwehr
Kupfer	1,0 – 1,5 mg **	Bestandteil vieler Enzyme (z. B. im Eisenstoffwechsel), Funktionen im Binde- und Nervengewebe, Bestandteil eines körpereigenen antioxidativen Enzyms
Mangan	2,0 – 5,0 mg **	Bestandteil einiger Enzyme, Bildung von Knochen und Bindegewebe, Bestandteil eines körpereigenen antioxidativen Enzyms

Besonderheiten	Vorkommen
Mangel: Müdigkeit, Muskelschwäche, Darmträgheit, Herzstörungen, Appetitlosigkeit, Schwäche, Blutdruckabfall bis hin zum Kollaps **Überversorgung:** bei Funktionsstörungen der Niere möglich: Störung der Herzfunktion	Obst und Gemüse (v. A. Tomaten, Bananen, Zitrusfrüchte), Hülsenfrüchte, Getreide, Nüsse, Feigen
Mangel: Kalziumabbau aus dem Skelett (Osteoporose bei Erwachsenen, Rachitis bei Kindern), Krämpfe, erhöhte Blutungsneigung, schlechte Zahnqualität **Überversorgung:** krankhafte Kalziumeinlagerungen („Kalk-Gicht") in verschiedenen Organen, Verstopfung, Harnsteinbildung bei Personen mit Neigung zu Nierensteinen Für die Aufnahme von Kalzium in den Knochen ist Vitamin D notwendig.	Milch, Milchprodukte, Kohl, Sesam, Mohn, Feigen
Mangel: selten Muskelschwäche, Knochenleiden, in Verbindung mit Mangel an Vitamin D Rachitis **Überversorgung:** Verkalkung der Nieren	Fleisch, Fisch, Eier, Milch, Milchprodukte, Weizenkleie, Kürbiskerne
Mangel: Krämpfe und Muskelzucken, Gewichtsabnahme, Herzrhythmusstörungen **Überversorgung:** bei verminderter Nierenfunktion Blutdrucksenkung, Schläfrigkeit, Hautrötung bis hin zur Atemlähmung	Kürbiskerne, Sonnenblumenkerne, Sesam, Mohn, Nüsse, Bohnen, Getreide
Mangel: Blutarmut (Anämie), allgemeine Schwäche, Abfall der Leistungsfähigkeit **Überversorgung:** sehr selten, da die Aufnahme bei erhöhtem Angebot herabgesetzt wird Durch gleichzeitige Aufnahme von Vitamin C oder Fruchtsäuren wird die Ausnutzung des Nahrungseisens verbessert.	Fleisch, Innereien, Vollkorngetreide, Blattgemüse, Samen und Nüsse
Mangel: Vergrößerung der Schilddrüse (Kropf) bis zu schweren geistigen Entwicklungsstörungen **Überversorgung:** nur bei extrem hoher Zufuhr: Jodakne und Überfunktion der Schilddrüse	Jodiertes Speisesalz, Meeresfisch, Meeresfrüchte, Innereien
Mangel: Karies, Stabilitätsverlust der Knochen **Überversorgung:** Verfärbungen des Zahnschmelzes bei Kindern, Knochendeformationen, bei sehr großen Aufnahmemengen Übelkeit und Erbrechen	Schwarztee, Meerestiere, Walnüsse, Käse
Mangel: allgemeine Stoffwechselstörungen, Appetitverlust, Verlust des Geschmacks- und Geruchsempfindens, Wundheilungsstörungen, Zwergenwuchs, Augenveränderungen, Störungen der Krankheitsabwehr, Verhaltensstörungen, Haarlosigkeit **Überversorgung:** selten Verringerung des Blutfarbstoffs	Fleisch, Fisch, Milchprodukte, Eier, Vollkorngetreide, Mohn, Kürbiskerne
Mangel: Beschleunigung des Alterungsprozesses, Muskelerkrankungen, Nagelveränderungen (weiße Flecken), dünne, blasse Haare **Überversorgung:** Leberzirrhose, Haarausfall, Herzmuskelschwäche	Fisch, Fleisch, Innereien, Nüsse
Mangel: sehr selten Verminderung der Eisenausnutzung, Hemmung der Bildung des roten Blutfarbstoffes **Überversorgung:** Vergiftungen nach Konsum von z. B. sauren Lebensmitteln aus kupferhaltigen Behältern (Erbrechen, Übelkeit, Durchfall)	Innereien, Schalentiere, Nüsse, Kakao, Hülsenfrüchte, Vollkorngetreide, Hefe
Mangel: beim Tier Störungen der Fruchtbarkeit, des Skelettwachstums, im Fett- und Kohlenhydratstoffwechsel und des Nervensystems **Überversorgung:** durch Lebensmittel nicht bekannt	Nüsse, Vollkorngetreide, Hülsenfrüchte, grünes Blattgemüse, Früchte, Mohn, Schwarztee

Nährstoff	Tageszufuhr #	Funktion/Wirkung
Chrom	30 – 100 µg **	Verstärker der Insulinwirkung als Bestandteil des Glukosetoleranzfaktors
Molybdän	50 – 100 µg **	Koenzym im Purinstoffwechsel
Sekundäre Pflanzeninhaltsstoffe		
Karotinoide (z. B. Betakarotin, Lycopin)	–	Antioxidantien, senken Risiko für Krebserkrankungen, Stärkung des Abwehrsystems
Phytosterine	–	Cholesterinspiegelsenkend, Schutz vor Krebserkrankungen
Saponine	–	Schutz vor Darmkrebs, Hemmung von Bakterien, Viren und Pilzen, Stärkung des Abwehrsystems, cholesterinspiegelsenkend
Glucosinolate	–	Schutz vor Krebserkrankungen, Hemmung von Bakterien, Viren und Pilzen, Vorbeugung von Infektionen, cholesterinspiegelsenkend
Phenolsäuren	–	Antioxidantien, Hemmung von Bakterien, Viren und Pilzen
Flavonoide	–	Antioxidantien, Schutz vor Krebserkrankungen, entzündungshemmend, Hemmung von Bakterien, Viren und Pilzen, Unterdrückung der Bildung von Blutgerinnseln
Protease-Inhibitoren	–	Antioxidantien, Schutz vor Krebserkrankungen, Beeinflussung des Blutzuckerspiegels
Terpene	–	Schutz vor Krebserkrankungen
Phytoöstrogene	–	Antioxidantien, Schutz vor Krebserkrankungen
Sulfide	–	Antioxidantien, Schutz vor Krebserkrankungen, Stärkung des Abwehrsystems, Hemmung von Bakterien, Viren und Pilzen, Unterdrückung der Bildung von Blutgerinnseln, entzündungshemmend, blutdruckregulierend, verdauungsfördernd
Phytinsäure	–	Antioxidans, Schutz vor Krebserkrankungen, Stärkung des Abwehrsystems, cholesterinspiegelsenkend, Blutdruck regulierend

Besonderheiten	Vorkommen
Mangel: bei übermäßiger Aufnahme von Zucker Störungen des Blutzuckerhaushalts **Überversorgung:** nicht bekannt	Bierhefe, Kalbsleber, Weizenkeime, Honig, Fleisch, Vollkornprodukte
Mangel: beim gesunden Menschen nicht bekannt **Überversorgung:** bei extrem hoher Zufuhr über lange Zeit gichtähnliche Symptome	Milch, Milchprodukte, Hülsenfrüchte, Innereien, Getreide
Karotinoide können im menschlichen Körper in Vitamin A umgewandelt werden, ihre Wirkung liegt vor allem in der Krebsprävention, wirksam ist eine Zufuhr von 2 mg Betakarotin pro Tag.	Rote, orange, gelbe und grüne Gemüse- und Obstsorten
Eine tägliche Aufnahme von 2 – 3 g Phytosterinen kann den Cholesterinspiegel um ca. 10 % senken.	Fettreiche Pflanzenteile: Nüsse, Samen, unraffinierte Pflanzenöle
–	Linsen, Bohnen, Erbsen, Kichererbsen, Sojabohnen
–	Kohl, Rettich, Senf, Kohlrabi, Brokkoli, Rotkraut, Karfiol
–	Beeren, Äpfel, Zitrusfrüchte, Blattsalate, Kartoffeln, Nüsse, grüner und schwarzer Tee, Gewürze
–	Trauben, Beeren, Zitrusfrüchte, Sellerie, Zwiebeln, Äpfel, Blattsalate, Kohl, Tomaten, Melanzani, Sojabohnen, Tofu, Vollkorngetreide, Samen und Nüsse, grüner und schwarzer Tee, Kakao
–	Vollkorngetreide, Sojabohnen, Bohnen, Linsen
–	Orangen, Weintrauben, Marillen, Zitronen, Gewürze
Phytoöstrogene können wie körpereigene Östrogene wirken, haben allerdings eine wesentlich geringere Hormonwirkung und können so der Entstehung von Brust- und Prostatakrebs entgegenwirken.	Granatapfel, Rotklee, Vollkorngetreide, Hülsenfrüchte, Tofu, Sojamehl, Kohl, Leinsamen, Leinöl, Weizenkeimöl, Sojaöl
–	Zwiebeln, Schalotten, Lauch, Schnittlauch, Knoblauch
Phytinsäure setzt die Ausnutzung einiger Mineralstoffe (Eisen, Zink, Kupfer, Mangan) herab. Phytinsäurereiche Lebensmittel sind allerdings reich an diesen Mineralstoffen, weshalb der Verlust leicht ausgeglichen wird.	Vollkorngetreide, Ölsaaten, Hülsenfrüchte

\# Referenzwerte für die tägliche Zufuhr von Erwachsenen im Alter von 25 bis 50 Jahren

* Empfehlung

** Schätzwert

*** Richtwert ♀ Frauen ♂ Männer

Glossar

Abschnitte
Gemüse: Schalen, Stängel etc.

Fleisch: Abfälle, die durch das Zuschneiden oder Zurechtschneiden von überflüssigen Sehnen und Haut entstehen (= Parüren).

Abschnitte werden hauptsächlich für die Zubereitung von Fonds verwendet.

Blind backen
Blätter- oder Mürbteig wird vor dem Füllen mit trockenen Hülsenfrüchten belegt und gebacken, um die Entstehung von Luftblasen zu vermeiden.

Bouquet garni
Kräutersträußchen: Karotten, Petersilienwurzel, Lauch, Lorbeerblatt, Thymian, Selleriegrün und Knoblauch, evtl. als Ergänzung Rosmarin, Zwiebel und Bohnenkraut zu einem Sträußchen zusammenbinden.

Braune Butter
goldgelbe, erhitzte Butter (= Nussbutter)

Brunoise
feinwürfelig geschnittenes Gemüse

Butter klären
Butter wird geklärt, indem sie entweder erhitzt und die sich absetzende Molke abgeleert wird oder indem sie gekocht wird, bis keine Molke mehr vorhanden ist. Dabei ist Vorsicht geboten, da die Butter beim Erhitzen schnell braun wird.

Dariolformen
Kleine konische Formen für z. B. portionierte Terrinen; statt Dariolformen können im Privathaushalt auch Kaffee- oder Mokkatassen verwendet werden.

Dressiersack
zum dekorativen Aufspritzen von Cremes, Püree etc.

Einreduzieren bis zum Faden
auf Körpertemperatur abgekühlter Zuckertropfen zwischen Daumen und Zeigefinger – Fadenbildung

Etamin
Siebtuch zum Abseihen von Soßen etc.

Als Alternative kann man auch ein Geschirrtuch verwenden.

Geflügelklein
Abatis = Geflügelklein wie Magen, Leber, Hals, Flügel

Ghee
geklärte Butter

Glace
sirupartiger Fleisch- oder Fischextrakt

Julienne
in feine Streifen geschnittenes Gemüse

Bratensaft, Fleischsaft, Fruchtsaft	**Jus**
Zucker mit etwas Wasser oder Weißwein erhitzen, schmelzen und braun werden lassen	**Karamellisieren**
Gerippe, Rumpf vom Geflügel bzw. Gräten und Köpfe von Fischen	**Karkassen**
Gargut (z. B. Fleisch, Fisch) ca. drei bis fünf Minuten ziehen lassen	**Kurzdünsten**
Farbloser Zuckersirup, wird hergestellt, indem man Wasser und Zucker zu gleichen Mengen (z. B. 1 kg Zucker mit 1 Liter Wasser) vermischt, einmal kurz aufkochen und dann auskühlen lässt.	**Läuterzucker**
Binden von Soßen und Suppen mit Eidotter und Obers (Sahne). Dabei darf die Soße oder Suppe nicht auf mehr als 70 °C erhitzt werden.	**Legieren**
Grillgut so auf den Rost legen, dass sich das Gitter darauf abzeichnet.	**Markieren am Grill**
in Mehl wenden	**Mehlieren**
Eischnee unterheben	**Melieren**
in Würfel geschnittenes Röstgemüse für Soßen oder Suppen	**Mirepoix**
Fertige Soßen oder starken Fond mit kalten Butterflocken leicht binden und verfeinern. Die Soße darf dann nicht mehr kochen.	**Montieren**
gleichmäßiges Überziehen mit Soße	**Nappieren**
goldgelbe, erhitzte Butter (= braune Butter)	**Nussbutter**
portionieren mittels Paco-Jet (Gerät in der Großküche)	**Pacosieren**
abschmecken mit einer wohlriechenden Substanz	**Parfümieren**
Fleisch von Sehnen und Knochenhäuten befreien	**Parieren**
Abfälle, die durch das Zuschneiden oder Zurechtschneiden von überflüssigen Sehnen und Haut entstehen; werden hauptsächlich für die Zubereitung von Fonds verwendet.	**Parüren**
Fleisch bzw. Fisch in Flüssigkeit langsam garen, ziehen lassen Zum Pochieren von Terrinen legt man einen Bräter mit Zeitungspapier aus, stellt die Formen hinein, gießt Wasser dazu und stellt den Bräter bei 130 °C ins Backrohr.	**Pochieren**

Rasten lassen	Fleisch nach dem Braten aus der Pfanne nehmen und auf einem Stück Alufolie oder einem mit Alufolie abgedeckten Teller ziehen lassen
Reduzieren	starkes Einkochen von Flüssigkeiten, z. B. Obers, Fonds und Soßen um den Geschmack zu verstärken oder bessere Dickflüssigkeit zu erreichen
Rosenprobe	Man hält einen Kochlöffel in die Flüssigkeit, hebt diesen wieder heraus und bläst über die Wölbung des Löffels, so bildet sich ein wellenartiges, rosenblattartiges Bild.
Salamander	Gratinierofen mit sehr starker Oberhitze zum kurzen Überbacken. Ein ähnliches Ergebnis kann mit der Grillfunktion im Backrohr erreicht werden.
Sautieren	rasches Anbraten oder Schwenken in einer flachen Pfanne, auch trockenes Rösten in einer beschichteten Pfanne
Savarinformen	portionierte Ringform
Schmierig aufschlagen (z. B. Eiweiß)	nur halb schlagen
Selleriesalz	gefriergetrocknete Sellerie und Meersalz vermischt
Simmern	leichtes Köcheln
Sorbetiere	Gerät zur Herstellung von Speiseeis
Suren	mit Pökelsalz einreiben oder in Salzlake einlegen
Timbale-Formen	Dariolformen (siehe S. 472).
Tomates Concassées	Tomaten ganz kurz überkochen, in kaltem Wasser abschrecken, die Haut abziehen und die Tomaten vierteln. Die Kerne herausschneiden und das Fruchtfleisch in kleine Würfel schneiden.
Tomatisieren	Tomatenmark zugeben und rösten
Tournieren	Abdrehen oder Formen von Gemüse und Pilzen (Champignons)
Tülle	Spitze, die auf dem Dressiersack aufgesteckt wird. Es gibt glatte und gezackte Tüllen.
Wurzelwerk	Wurzelgemüse (Karotten, Knollensellerie, Petersilienwurzel, Lauch)

Index

Reinkuscheln & Wohlfühlen ...

Johann Pabst

Der Steirerhof, verwöhnt täglich etwa 300 Gäste mit leichten, herrlich schmeckenden Menüs. Johann Pabst liebt bodenständige frische Zutaten aus der Region – das internationale Publikum schätzt die Küche im »Steirerhof« ganz besonders.

Die enge Zusammenarbeit mit den Wissenschaftlern war für Johann Pabst ein besonderes Erlebnis. Er versteht es, Gesundheit und Geschmack exzellent zu verbinden.

*****
HOTEL & SPA
DER STEIRERHOF
BAD WALTERSDORF

Wer sich so richtig luxuriös verwöhnen lassen möchte, allein oder mit dem Partner, ist im **führenden Spa-Hotel** der Steirischen Thermenregion mit der **größten privaten Wohlfühltherme** genau richtig. Allein schon die Lage des gemütlichen Fünf-Sterne-Hauses auf der Anhöhe von Bad Waltersdorf inmitten **60.000 m² Naturgarten** lässt bereits die Großzügigkeit des gesamten Hotels erkennen.

Zwei der vielen Highlights des Steirerhofs sind die **2.250 m² große hoteleigene Therme und der 1.250 m² Vital & Spa Bereich** unter ärztlicher Leitung.

Kulinarische Gaumenfreuden zählen im Steirerhof zur Philosophie eines perfekten Wohlfühlurlaubs. Ausgezeichnet mit einer **Haube (Stern) von Gault Millau und der grünen Haube für Naturküche,** bietet das Speisenangebot für jedermanns Geschmack das Richtige.

Nicht zuletzt durch die **besondere Dienstleistungsqualität** im gesamten Haus ist DER STEIRERHOF***** Bad Waltersdorf die Top-Adresse unter Österreichs Ferien-Hotels.

*****
HOTEL & SPA
DER STEIRERHOF
BAD WALTERSDORF

Infos & Buchungen:
Hotel & Spa DER STEIRERHOF*****
Bad Waltersdorf
A-8271 Bad Waltersdorf
Telefon: 03333-3211-0,
Fax DW -444
reservierung@dersteirerhof.at
www.dersteirerhof.at

Sensationell ...

Gerald Jeitler

Bei Gerald Jeitler gelingt die selbstverständliche Koexistenz von Bodenständigem und Avanciertem perfekt. Zum einen deftige Wirtshausklassiker, zum anderen durchkomponierte Feinschmecker-Menüs. All das wird mit einer umfangreichen Auswahl bester heimischer und internationaler Weine abgerundet. Er gehört dem Team der österreichischen Präventionskochschule an und setzt die ernährungswissenschaftlichen Anforderungen an die gesunde Küche hervorragend um.

JEITLER

Anfang der 90er-Jahre sprach sich der Geheimtipp herum: Im hintersten Winkel des Schlattentals in der Buckligen Welt im Süden Niederösterreichs, raunte man sich in kennenden Kreisen zu, koche ein fanatischer Autodidakt sensationell auf.

Hauben, Sterne und andere Auszeichnungen später ist Gerald Jeitlers Landgasthaus in Bromberg zur Pilgerstätte für Liebhaber des Wohlgeschmacks geworden – seine Küchenlinie orientiert sich am regionalen und saisonalen Angebot, verfeinert mit großer Kreativität und einer feinen frankophilen Prise. Legendär sind mittlerweile »Jeitler-Klassiker« wie geschmorte Rindswangerl, lauwarmer Alpenlachs in Eierschwammerl-Lauch-Fond, gerolltes Carpaccio mit Kräuterbeize oder cross gebratener Wels mit Roter-Rüben-Soße.

Die Küchenzeiten bei Jeitler sind vor allem am Wochenende besonders gastfreundlich, weil durchgehend – und die wunderbare Landschaft der Buckligen Welt macht einen Besuch bei Jeitler auch zum Anlass für einen prächtigen ländlichen Ausflug. Und wer die Natur der Buckligen Welt genießen möchte, dem steht bei Jeitler ein lauschiger Gastgarten nebst Bächlein zur Verfügung.

JEITLER

Landgasthaus Jeitler
Gasthaus, Vinothek, Gästezimmer
Oberschlatten 1, 2833 Bromberg
Dienstag und Mittwoch Ruhetag,
Donnerstag ab 17 Uhr geöffnet
Reservierungen bitte unter Tel.:
02629/8267, Fax: 02629/8267-4
office@geraldjeitler.at
www.geraldjeitler.at